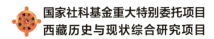

国家社科基金重大特别委托项目
西藏历史与现状综合研究项目

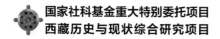

国家社科基金重大特别委托项目

西藏历史与现状综合研究项目

西藏乡村五十年社会变迁

朗塞岭村和柳村的回访研究

方素梅　主编

社会科学文献出版社

SOCIAL SCIENCES ACADEMIC PRESS (CHINA)

西藏历史与现状综合研究项目
编 委 会

总　序

郝时远

　　中国的西藏自治区，是青藏高原的主体部分，是一个自然地理、人文社会极具特色的地区。雪域高原、藏传佛教彰显了这种特色的基本格调。西藏地区平均海拔 4000 米，是人类生活距离太阳最近的地方；藏传佛教集中体现了西藏地域文化的历史特点，宗教典籍中所包含的历史、语言、天文、数理、哲学、医学、建筑、绘画、工艺等知识体系之丰富，超过了任何其他宗教的知识积累，对社会生活的渗透和影响十分广泛。因此，具有国际性的藏学研究离不开西藏地区的历史和现实，中国理所当然是藏学研究的故乡。

　　藏学研究的历史通常被推溯到 17 世纪西方传教士对西藏地区的记载，其实这是一种误解。事实上，从公元 7 世纪藏文的创制，并以藏文追溯世代口传的历史、翻译佛教典籍、记载社会生活的现实，就是藏学研究的开端。同一时代汉文典籍有关吐蕃的历史、政治、经济、文化、社会生活及其与中原王朝互动关系的记录，就是中国藏学研究的本土基础。现代学术研究体系中的藏学，如同汉学、东方学、蒙古学等国际性的学问一样，曾深受西学理论和方法的影响。但是，西学对中国的研究也只能建立在中国历史资料和学术资源基础之上，因为这些历史资料、学术资源中所蕴含的不仅是史实，而且包括了古代记录者、撰著者所依据的资料、分析、解读和观念。因此，中国现代藏学研究的发展，不仅需要参考、借鉴和吸收西学的成就，而且必须立足本土的传统，光大中国藏学研究的中国特色。

作为一门学问，藏学是一个综合性的学术研究领域，"西藏历史与现状综合研究项目"即是立足藏学研究综合性特点的国家社会科学基金重大特别委托项目。自2009年"西藏历史与现状综合研究项目"启动以来，中国社会科学院建立了项目领导小组，组成了专家委员会，制定了《"西藏历史与现状综合研究项目"管理办法》，采取发布年度课题指南和委托的方式，面向全国进行招标申报。几年来，根据年度发布的项目指南，通过专家初审、专家委员会评审的工作机制，逐年批准了一百多项课题，约占申报量的十分之一。这些项目的成果形式主要为学术专著、档案整理、文献翻译、研究报告、学术论文等类型。

承担这些课题的主持人，既包括长期从事藏学研究的知名学者，也包括致力于从事这方面研究的后生晚辈，他们的学科背景十分多样，包括历史学、政治学、经济学、民族学、人类学、宗教学、社会学、法学、语言学、生态学、心理学、医学、教育学、农学、地理学和国际关系研究等诸多学科，分布于全国23个省、自治区、直辖市的各类科学研究机构、高等院校。专家委员会在坚持以选题、论证等质量入选原则的基础上，对西藏自治区、青海、四川、甘肃、云南这些藏族聚居地区的学者和研究机构，给予了一定程度的支持。这些地区的科学研究机构、高等院校大都具有藏学研究的实体、团队，是研究西藏历史与现实的重要力量。

"西藏历史与现状综合研究项目"具有时空跨度大、内容覆盖广的特点。在历史研究方面，以断代、区域、专题为主，其中包括一些历史档案的整理，突出了古代西藏与中原地区的政治、经济和文化交流关系；在宗教研究方面，以藏传佛教的政教合一制度及其影响、寺规戒律与寺庙管理、僧人行止和社会责任为重点，突出了藏传佛教与构建和谐社会的关系；在现实研究方面，则涉及政治、经济、文化、社会和生态环境等诸多领域，突出了跨越式发展和长治久安的主题。

在平均海拔 4000 米的雪域高原，实现现代化的发展，是中国改革开放以来推进经济社会发展的重大难题之一，也是没有国际经验可资借鉴的中国实践，其开创性自不待言。同时，以西藏自治区现代化为主题的经济社会发展，不仅面对地理、气候、环境、经济基础、文化特点、社会结构等特殊性，而且面对境外达赖集团和西方一些所谓"援藏"势力制造的"西藏问题"。因此，这一项目的实施也必然包括针对这方面的研究选题。

所谓"西藏问题"是近代大英帝国侵略中国、图谋将西藏地区纳入其殖民统治而制造的一个历史伪案，流毒甚广。虽然在一个世纪之后，英国官方承认以往对中国西藏的政策是"时代错误"，但是西方国家纵容十四世达赖喇嘛四处游说这种"时代错误"的国际环境并未改变。作为"时代错误"的核心内容，即英国殖民势力图谋独占西藏地区，伪造了一个具有"现代国家"特征的"香格里拉"神话，使旧西藏的"人间天堂"印象在西方社会大行其道，并且作为历史参照物来指责 1959 年西藏地区的民主改革、诋毁新西藏日新月异的现实发展。以致从 17 世纪到 20 世纪上半叶，众多西方人（包括英国人）对旧西藏黑暗、愚昧、肮脏、落后、残酷的大量实地记录，在今天的西方社会舆论中变成讳莫如深的话题，进而造成广泛的"集体失忆"现象。

这种外部环境，始终是十四世达赖喇嘛及其集团势力炒作"西藏问题"和分裂中国的动力。自 20 世纪 80 年代末以来，随着苏联国家裂变的进程，达赖集团在西方势力的支持下展开了持续不断、无孔不入的分裂活动。达赖喇嘛以其政教合一的身份，一方面在国际社会中扮演"非暴力"的"和平使者"，另一方面则挑起中国西藏等地区的社会骚乱、街头暴力等分裂活动。2008

年，达赖集团针对中国举办奥运会而组织的大规模破坏活动，在境外形成了抢夺奥运火炬、冲击中国大使馆的恶劣暴行，在境内制造了打、砸、烧、杀的严重罪行，其目的就是要使所谓"西藏问题"弄假成真。而一些西方国家对此视而不见，则大都出于"乐观其成"的"西化""分化"中国的战略意图。其根本原因在于，中国的经济社会发展蒸蒸日上，西藏自治区的现代化进程不断加快，正在彰显中国特色社会主义制度的优越性，而西方世界不能接受中国特色社会主义取得成功，达赖喇嘛不能接受西藏地区彻底铲除政教合一封建农奴制度残存的历史影响。

在美国等西方国家的政治和社会舆论中，有关中国的议题不少，其中所谓"西藏问题"是重点之一。一些西方首脑和政要时不时以会见达赖喇嘛等方式，来表达他们对"西藏问题"的关注，显示其捍卫"人权"的高尚道义。其实，当"西藏问题"成为这些国家政党竞争、舆论炒作的工具性议题后，通过会见达赖喇嘛来向中国施加压力，已经成为西方政治作茧自缚的梦魇。实践证明，只要在事实上固守"时代错误"，所谓"西藏问题"的国际化只能导致搬石砸脚的后果。对中国而言，内因是变化的依据，外因是变化的条件这一哲学原理没有改变，推进"中国特色、西藏特点"现代化建设的时间表是由中国确定的，中国具备抵御任何外部势力破坏国家统一、民族团结、社会稳定的能力。从这个意义上说，本项目的实施不仅关注了国际事务中的涉藏斗争问题，而且尤其重视西藏经济社会跨越式发展和长治久安的议题。

在"西藏历史与现状综合研究项目"的实施进程中，贯彻中央第五次西藏工作座谈会的精神，落实国家和西藏自治区"十二五"规划的发展要求，是课题立项的重要指向。"中国特色、西藏特点"的发展战略，无论在理论上还是在实践中，都是一个现在进行时的过程。如何把西藏地区建设成为中国"重要的国家安全屏障、重要的生态安全屏障、重要的战略资源储备基地、重要的高原特色农产品基地、重要的中华民族特色文化保护地、重要的世界旅游目的地"，不仅需要脚踏实地地践行发展，而且需要科学研究的智力支持。在这方面，本项目设立了一系列相关的研究课题，诸如西藏跨越式发展目标评估，西藏民生改善的目标与政策，西藏基本公共服务及其管理能力，西藏特色经济发展与发展潜力，西藏交通运输业的发展与国内外贸易，西藏小城镇建设与发展，西藏人口较少民族及其跨越式发展等研究方向，分解出诸多的专题性研究课题。

注重和鼓励调查研究，是实施"西藏历史与现状综合研究项目"的基本原则。对西藏等地区经济社会发展的研究，涉面甚广，特别是涉及农村、牧区、城镇社区的研究，都需要开展深入的实地调查，课题指南强调实证、课题设计要求具体，也成为这类课题立项的基本条件。在这方面，我们设计了回访性的调查研究项目，即在 20 世纪五六十年代开展的藏区调查基础上，进行经济社会发展变迁的回访性调查，以展现半个多世纪以来这些微观社区的变化。这些现实性的课题，广泛地关注了经济社会的各个领域，其中包括人口、妇女、教育、就业、医疗、社会保障等民生改善问题，宗教信仰、语言文字、传统技艺、风俗习惯等文化传承问题，基础设施、资源开发、农牧业、旅游业、城镇化等经济发展问题，自然保护、退耕还林、退牧还草、生态移民等生态保护问题，等等。我们期望这些陆续付梓的成果，能够从不同侧面反映西藏等地区经济社会发展的面貌，反映藏族人民生活水平不断提高的现实，体现科学研究服务于实践需求的智力支持。

如前所述，藏学研究是中国学术领域的重要组成部分，也是中华民族伟大复兴在学术事业方面的重要支点之一。"西藏历史与现状综合研究项目"的实施涉及的学科众多，它虽然以西藏等藏族聚居地区为主要研究对象，但是从学科视野方面进一步扩展了藏学研究的空间，也扩大了从事藏学研究的学术力量。但是，这一项目的实施及其推出的学术成果，只是当代中国藏学研究发展的一个加油站，它在一定程度上反映了中国藏学研究综合发展的态势，进一步加强了藏学研究服务于"中国特色、西藏特点"的发展要求。但是，我们也必须看到，在全面建成小康社会和全面深化改革的进程中，西藏实现跨越式发展和长治久安，无论是理论预期还是实际过程，都面对着诸多具有长期性、复杂性、艰巨性特点的现实问题，其中包括来自国际层面和境外达赖集团的干扰。继续深化这些问题的研究，可谓任重道远。

在"西藏历史与现状综合研究项目"进入结项和出版阶段之际，我代表"西藏历史与现状综合研究项目"专家委员会，对全国哲学社会科学规划办公室、中国社会科学院及其项目领导小组几年来给予的关心、支持和指导致以崇高的敬意！对"西藏历史与现状综合研究项目"办公室在组织实施、协调联络、监督检查、鉴定验收等方面付出的努力表示衷心的感谢！同时，承担"西藏历史与现状综合研究项目"成果出版事务的社会科学文献出版社，在课题鉴定环节即介入了这项工作，为这套研究成果的出版付出了令人感佩的努力，向他们表示诚挚的谢意！

2013 年 12 月北京

目 录

导　言

　　回访或重访研究是人类学民族学的一个重要特点和方法。20 世纪 30 年代以来，中国学术界展开了持续不断的乡村社会调查，形成了一大批卓有创见的研究著作和调查报告，并且在田野方法及理论探索等方面都达到了极高的学术水准。20 世纪 80 年代开始，一批学人大力倡导回访研究，对经典人类学著作的调研地进行学术重访，并撰述了具有传承和发展意义的著作，对中国人类学的重建与复兴起到了重要的推动作用。[①] 值得注意的是，20 世纪 80 年代以来开展的田野回访几乎都是汉人社区，其原因一方面是研究者所关注的经典著述的研究主体就是汉人社区，另一方面是中国人类学意欲通过汉人社区研究走出依附民族学的学科发展道路。[②] 故此，少数民族地区的田野回访不仅数量较少，在问题意识和研究方向等方面亦大多从属于汉人社区的理论范式。

　　事实上，自人类学民族学引入中国以来，许多经典著作都是基于对少数民族聚居地区的田野调查基础上诞生的。同时，产生了一批具有极高研究价值的调查报告和调查资料汇编。特别是 20 世纪五六十年代进行的前所未有、规模巨大的少数民族语言和社会历史调查，不仅是对中国国情进行认识的一次重大的科学活动，也为人类学民族学学科的建设和发展奠定了坚实的基础。如果按照人类学民族学的规范要求，这些社会历史调查很难

[①]　关于人类学回访研究的评述和介绍，可参见潘守永《重返中国人类学的"古典时代"——重访台头》，《中央民族大学学报》2000 年第 2 期；马丹丹、王晟阳：《中国人类学从田野回访中复兴（1984 - 2003 年）》，《广西师范大学学报》2015 年第 5 期；参见赵旭东《八十年后的江村重访——王莎莎博士所著〈江村八十年〉书序》，《原生态民族文化刊》2016 年第 4 期。

[②]　参见马丹丹、王晟阳《中国人类学从田野回访中复兴（1984 - 2003 年）》，《广西师范大学学报》2015 年第 5 期。

称得上完整意义的人类学调查或民族志作品，然而它们所包含的社会结构、经济活动、婚姻家庭、文化宗教、语言历史等方面的内容，其价值和意义绝不亚于古典人类学理论和方法指导下的研究成果。这些社会历史调查，为我们描述了 20 世纪五六十年代中国少数民族地区社会经济文化的生动影像，亦为开展少数民族地区回访研究提供了难得的样本和基础。因此，半个多世纪过去后，在社会环境发生巨大变革的历史背景下，运用多学科的理论方法对前辈学人所调查的少数民族地区进行更加全面的回访，逐渐引起了学术界的重视和关注。

20 世纪五六十年代在西藏全面开展的社会历史调查，涉及 30 多个乡村，搜集了数以百万字计的、以藏族为主的社会历史资料，最后形成 6 卷本的《藏族社会历史调查》（修订本）。调查报告保存了大量有关 20 世纪五六十年代西藏地方政治、经济、文化等方面的珍贵资料，对我们了解和认知藏族社会发展历程具有重要的学术研究价值。曾经被前辈学人详细记录下经济社会方面面的藏族乡村，经过 50 多年的发展，人民生活和社会面貌彻底换了新颜。因此，对这些乡村展开回访调查，其所具有的重要学术价值和现实意义不言而喻。

本课题的回访田野为西藏自治区山南地区[①]扎囊县扎其乡朗塞岭村（rnam-sres-gling）[②] 和日喀则地区[③]拉孜县柳乡柳村（sle'u），民主改革以前分别称朗塞岭豁卡和柳豁卡[④]，是西藏封建领主庄园的组成部分。朗塞

---

① 现为山南市。2016 年国务院批复西藏自治区撤销山南地区和乃东县，设立地级山南市。

② 朗塞岭为藏语音译，20 世纪 60 年代的社会历史调查报告写为囊色林，其他不同时期的材料亦写为囊色林、朗塞岭、朗色林、朗色岭等，现各类文件多写为朗塞岭。本书一律采用朗塞岭的写法，如直接引用的材料，则按照材料中的写法。

③ 现为日喀则市。2014 年国务院批复西藏自治区撤销日喀则地区，设立地级日喀则市。

④ 豁卡，旧时西藏社会农业区的基层组织和经济组织。由地方政府、贵族和寺院三大领主拥有，属于封建庄园性质。其历史十分久远，据说公元 10 世纪以后即在西藏各地逐渐形成。17 世纪上半叶，格鲁派的五世达赖喇嘛得到和硕特蒙古军事力量的支持，执掌西藏政教大权，史称"甘丹颇章政权"。甘丹颇章政权建立之初，对西藏地区不同政教势力的经济利益进行了大规模调整，特别是对土地制度进行了调整和完善，形成了由曲豁（寺属庄园）、格豁（贵族庄园）和雄豁（政府庄园）构成的封建农奴制庄园。作为西藏地方的基层组织和经济组织，豁卡担负着农业生产和各种劳役的繁重任务。三大领主主要派遣其代理人至豁卡管理，或租给大的差巴经营。一般的豁卡内领主的代理人，即豁卡具体的管理者称"豁堆"或"豁本"，下设有"涅巴"（管家）和"列本"（监工）或"根保"1～2 人。大的豁卡在豁本之下还设有"强佐"（大管家）一人。他（转下页注）

岭豁卡地处藏南谷地，土地肥沃，气候温和，是半农半牧地区，为贵族朗塞岭家所有，民主改革时有 142 户 611 人。柳豁卡是后藏重要豁卡之一，相继由班禅拉让（即扎什伦布寺）、九世班禅家族、噶厦、扎什伦布寺管辖，属政府豁卡，民主改革时有 98 户 691 人，居民以农业为主，兼营牧业和手工业。朗塞岭豁卡和柳豁卡当时的面貌，实际上是西藏封建农奴制的缩影。半个多世纪以来，朗塞岭村和柳村与西藏的其他地方一样，在经历了曲折的发展历程以后，经济社会各个方面已经发生了巨大变化。以这两个乡村为个案进行回访研究，详细剖析当地社会文化变迁的轨迹和发展模式，有助于我们更好地理解西藏地区其他乡村 50 多年来的发展状况。

　　20 世纪五六十年代在朗塞岭豁卡和柳豁卡开展的社会历史调查，内容大体一致又各有不同。其中，《扎朗县囊色林豁卡调查报告》①分为以下几大部分。（1）概况。包括朗塞岭豁卡的地理位置、经济活动、庄园建筑、领主及代理人、组织系统。（2）土地占有及经营情况。包括朗塞岭豁卡土地变迁及五种土地经营类型。（3）乌拉差役。包括差巴差、玛岗差、堆穷差、朗生（另作囊生）差和手工差等情况。（4）高利贷。包括朗塞岭豁卡高利贷的概况、特点和影响，以及债务人借债原因、债务形式等。（5）阶级、等级和阶级斗争。（6）婚姻。包括婚姻形式和结婚禁例。（7）民主改革后的新气象。全文数万字。《柳豁卡调查材料》②内容分为以下几大部

（接上页注④）们除监督、经营生产，派、支差役外，还有一定的司法权力。豁卡里的属民即为农奴，其经济条件各有差异，最低等级的是奴隶。这些豁卡分属不同的领主，自主经营，内部分工，实际上是一个个自给自足、相对独立的社会经济组织，虽然有利于甘丹颇章政权分而治之，但不同庄园领地之间缺乏更多的社会交往和联系，不利于区域、部门、行业之间分工的形成，从而阻碍了西藏社会经济总体上的发展与进步，使其长期处于封闭隔绝、停滞不前的状态。随着时代的变迁，西藏各地豁卡所属及数量不断发生变化。道光年间，西藏政府曾经按照驻藏大臣的指令，对卫藏地方行政机构——宗豁所属之所有岗顿差地进行勘查，厘定差赋，制成《铁虎年清册》60 件，详细记载了卫藏各地地方政府所属豁卡、寺院豁卡和贵族豁卡的岗、顿数，以确定其按岗、顿承担差赋的数量。20 世纪 50 年代末 60 年代初民主改革后，封建农奴制废除，豁卡也随之解体。

①　《扎朗县囊色林豁卡调查报告》由西藏社会历史调查资料丛刊编辑组编，收入国家民委民族问题五种丛书之一、中国少数民族社会历史调查资料丛刊《藏族社会历史调查》（二），1988 年西藏人民出版社出版，2009 年民族出版社出版修订版。

②　《柳豁卡调查材料》由西藏社会历史调查资料丛刊编辑组编，收入国家民委民族问题五种丛书之一、中国少数民族社会历史调查资料丛刊《藏族社会历史调查》（五），1989 年西藏人民出版社出版，2009 年民族出版社出版修订版。

分。（1）概况。包括柳黢卡地理位置，黢卡管理机构，居民、土地、牲畜状况，黢卡自营地收益的上缴情况，历任黢本简况，特殊的差巴。（2）生产力状况。包括农业（土地状况、作物品种和耕作制度，耕畜和工具，耕作程序与劳动力的使用，主要灾害与对策，赤门村的农业情况等），畜牧业，手工业，家庭作业，附录几首生产歌谣。（3）土地的占有和使用。包括领主直接经营的土地、差岗地、租佃地、开荒地等情况。（4）人身奴役。包括农奴的买卖、人质、抵债、赠送情况，以及农奴主对妇女的欺辱和蹂躏，对农奴的役税、支配和酷刑等。（5）差乌拉。包括差巴负担的乌拉差、堆穷负担的乌拉、巴如牧场牧民的乌拉差，以及几种特殊支差情况。（6）高利贷。包括放贷者、负债者情况，借贷方式等。（7）领主的残酷压迫和农奴的反抗斗争。包括农奴同黢本的斗争，抗差、抗租、怠工、逃亡等。（8）婚姻与家庭。包括婚姻形式及其形成原因、婚姻习俗、家庭继承、亲属称谓、家庭收支个案等。全文估计超过十万字。

20世纪五六十年代在朗塞岭黢卡和柳黢卡进行的社会历史调查，较为全面地记录了当地藏族社会的政治制度、经济关系、生产力状况、社会分层、婚姻家庭等，为我们开展回访研究提供了极有价值的样本和线索，便于我们进行纵向的比较研究。同时，由于时代的局限和社会的特点，当时的调查也缺少诸多内容，特别是文化、教育、卫生、宗教等。为此，我们根据20世纪五六十年代朗塞岭黢卡和柳黢卡的调查材料，以及半个世纪以来西藏农村社会发展的轨迹，将回访研究的重点放在如下几个方面。

第一，朗塞岭村和柳村概况。主要是在研究分析《藏族社会历史调查》的基础上，结合我们的回访调查及档案材料，对20世纪五六十年代以来朗塞岭村和柳村的村庄概况进行描述，力图展现其半个世纪以来社会变革的轨迹，以及它们各自的特点和差异，为其后专题的论述提供背景资料和支撑。第二，朗塞岭村和柳村的经济发展状况。内容包括经济体制的变化、生产力的发展、产业结构的调整、经济合作组织的出现，等等。其中，重点对生产力各构成要素的发展、变化进行描述性分析和比较，对当地人在用水方面的制度安排、纠纷调解及现代化背景下西藏农村的用水问题的变化进行探讨，对农村专业合作社的出现及其运转方式和特点进行研究，等等。第三，朗塞岭村和柳村社会发展状况。内容包括基础设施、文化、教育、卫生、社会保障各项事业的建设与发展，以及人民群众的宗教信仰情况。同时，专门对两村的婚姻家庭进行了较为深入的考察，包括婚姻方式的变迁、婚姻关系和家庭关系的变化，等等。

2012 年 6 ~ 7 月，本课题组在西藏山南地区扎囊县朗塞岭村和日喀则地区拉孜县柳村开展了田野调查。在此基础上，结合档案资料和相关统计资料，通过历史比较研究的方法进行描述和分析，形成了这部反映朗塞岭村和柳村 50 多年社会变迁过程和新面貌的成果调查报告和学术专著。为了与田野访谈材料在时间上取得一致，研究中所参考引用的其他相关资料和统计数据，一般截至 2012 年底。

经过努力，我们希望能在几个方面有所创新：一是调查内容更加全面、系统，不仅反映人口家庭、社会组织、生产活动、产业结构、宗教信仰等方面的情况，还有乡村治理模式的历史变迁、民族政策的实施、教育文化卫生等各项社会事业的发展，等等；二是在实地调查的基础上，运用多学科的理论方法进行分析研究，提出问题，探求问题产生的原因和影响，尽力寻找解决问题的方法和建议；三是通过对朗塞岭村和柳村半个多世纪以来社会变迁的历史过程进行总结和分析，梳理出两地经济社会发展的轨迹和模式，为了解和研究西藏其他乡村社会变革提供参考。由于客观因素的影响，本课题组在田野调查中遇到了一些难以克服的困难，导致问卷调查、个案访谈和相关资料搜集都出现了不同程度的问题，留下了不少的遗憾，只能留待未来的研究去弥补了。

第一章　经济社会发展概况

朗塞岭村（rnam-sres-gling）和柳村（sle'u）均位于雅鲁藏布江中上游地带。朗塞岭村所在的山南地区，是西藏高原海拔较低的地区之一，气候温和多雨，雅鲁藏布江沿岸农田交错，土质肥沃，是西藏主要产粮地区之一。柳村所在的日喀则地区西部，自然条件比较恶劣，经济发展相对滞后。民主改革以前，这两个村庄的居民都处于封建农奴制统治之下，分别由领主或地方政府管辖。民主改革以来，朗塞岭村和柳村与西藏所有的乡村一样，共同经历了一系列的变革，社会面貌发生了巨大的变化，成为西藏乡村社会变迁的缩影。本章通过对两个村庄的经济社会发展概况进行描述，力图展现其半个世纪以来社会变革的轨迹，以及它们各自的特点和差异，为其后各章的论述提供背景资料和支撑。①

第一节　朗塞岭村

朗塞岭村为西藏自治区山南地区（现为山南市）扎囊县扎其乡的一个行政村。民主改革以前，朗塞岭村属于朗塞岭谿卡，归贵族朗塞岭占有。民主改革以来，朗塞岭村的经济社会发展经历了巨大的变化。由于自然地理条件和历史文化等因素的影响，尽管朗塞岭村所在的山南地区是西藏农耕较为发达的地区，但截至 2012 年 7 月，朗塞岭村整体还没有摆脱贫困，实现小康社会和现代化的任务面临较多困难和挑战。

---

① 本章资料和数据除特别注明的外，均来自课题组实地调研的访谈及问卷统计，以及朗塞岭村和柳村党支部、村委会、驻村工作队提供的各类文件和资料。

一 地理历史人口

朗塞岭村位于雅鲁藏布江中游南岸的山谷地带，与著名的桑耶寺隔江对望。这是一个山口洪水冲积形成的宽谷，又称朗塞岭沟。山谷东西南三面靠山，北面临江，地势较为平坦，从山上流下的泉水汇为一条小溪，向北面的江边流去。山谷里除了朗塞岭村，还有宗嘎村（rdzong-dkar）和门卡绒村（mon-dga'-rong）[①]，朗塞岭村处于谷地中央。村庄3千米外临江不远处有拉泽公路经过，这是早在1956年就建成的拉萨通往山南的交通干线，现为101省道。村庄距离乡政府所在地10千米，距离县城31千米，距离山南地区行署所在地泽当镇25千米，距离拉萨市120千米。所处地域接近山南政治文化中心，在地理位置上具有一定便利条件。

朗塞岭村地处藏南谷地，海拔相对较低，大约为3500多米，属高原半干旱气候，日照充分，冬长夏短，春秋相连，冬季长且寒冷干燥，春季多风沙，夏季温暖雨量集中，秋季低温干旱。自然灾害主要有干旱、冰雹、大风和山洪。历史上，山南地区素有"西藏粮仓"之称，扎囊县经济亦以农业为主，农牧并举。全县耕地集中在7条山沟中，朗塞岭沟即是其中之一。

图 1 – 1　朗塞岭村全貌（杨春宇摄于 2012 年 7 月）

---

① 门卡绒（mon-dga'-rong）系藏语音译，在不同时期的材料中又写成孟嘎如等，本书一律写为门卡绒。

朗塞岭村在民主改革以前为朗塞岭（20 世纪 60 年代的社会历史调查资料写作囊色林）豁卡。朗塞岭是一家古老贵族，据说最早的封文见于五世达赖喇嘛时期。朗塞岭家居住的庄园是山南最为著名的庄园，其建筑年代不详。[①] 庄园处于村庄中心靠南，占地面积达 1000 多平方米，主要建筑物为高达 7 层（一说 9 层）的土、石筑成的楼房，设有起居室、卧室、经堂、拉康、护法神殿等，一楼设有织布机房，底层设有囚禁农奴的牢房。高楼旁建有矮屋，供朗生（家奴）居住，以及作为加工各类农产品的作坊和粮仓，还建有马厩、牛圈等。庄园建筑包围在双重城墙内，外墙呈长方形，内墙呈方形，高约 10 米，四角设有碉楼。双墙之间，开筑有宽约 5米、深 3 米的壕沟。庄园围墙外北侧，有一片很大的场院，作为庄园的打麦场。外墙外南侧，有一座风景秀丽的花果园，占地不亚于庄园围墙内的面积。园内种植苹果树、桃树、杏树等果树，还有许多品种的花卉，花丛中建有一个亭台。西藏和平解放后，中共西藏工委就注意到了其独特的文物价值和教育价值，于 1959 年 10 月提出了成立"囊色林农奴主庄园博物馆"的意见：

> 囊色林的建筑时代较早，规模较大，主楼有七层，全部为石砌成，庄园周围有城两道，外为土城，内为基城，二城墙之间有壕沟，内城四角有简陋之碉楼，庄园之后有一极大的打青稞场院，如此规模之庄园极为少见，据传，此建筑乃为乃东王朝时期，一个王子的颇章。这一组建筑十分完整，应加保护，将来可利用此庄园，成立农奴庄园博物馆，除恢复其主要生活及朗生住屋等典型房间以外，可辟室陈列剥削、压迫农奴的展览室。
>
> 在庄园楼上经堂中，有些塑像年代较早较好，并发现一个石刻建筑小模型，此模型当系后藏拉当寺中所藏，为明永乐年间施的印度"将木金"庙宇建筑模型中的一个，不知因何到此，将来应送还该寺。

---

① 一些报道说朗塞岭庄园是西藏历史上最早的庄园，始建于吐蕃王朝晚期，并于帕竹王朝时期形成现在的规模。参见张晓明、崔士鑫、李文健《西藏朗赛岭庄园：昔日贵族庄园 今朝百姓家园》，中国西藏新闻网，http://www.tibet.cn/bxrj/index/201109/t20110913_1133736.htm，2011 年 9 月 11 日。

由此看来，此处可能还有其他文物，今后应加清理、登记保存。①

1959 年，西藏部分上层分子发动叛乱，朗塞岭庄园成为其中的一个叛乱据点。在叛乱中以及其后的"文化大革命"中，庄园坍毁严重，园内所藏文物荡然无存，庄园附属建筑和花果园也被拆毁，只剩下残缺不全的主楼及内外墙。为促进地方旅游业发展，扎囊县政府于 2009 年投资 1200 万元，组织修建朗塞岭庄园，目前已经基本翻建完工，预计一两年内对外开放。2011 年，政府又投资 768 万元，将拉泽公路至庄园的道路新铺了柏油，并延伸 6.8 千米至宗嘎村。朗塞岭庄园现为国家重点文物保护单位。

图 1-2 新翻建的朗塞岭庄园（方素梅摄于 2012 年 7 月）

关于朗塞岭名称的由来众说纷纭。据说扎囊县扎唐寺所藏《噶恰》（即《扎唐寺志》）记载：远在墀松德赞时期，墀松德赞次子被放逐于门隅地区，后来他率领门隅人打回雅鲁藏布江南岸，在此修建了建筑物，称为门卡绒（至今朗塞岭村附近依然有门卡绒村）。五世达赖时期，门卡绒改称朗塞岭。朗塞岭家的后人则认为朗塞岭因其庄园建筑形似囊色神（毗沙

① 《关于扎囊县几处文物保护场所的说明》，转引自郭克范《扎囊县民主改革时期档案整理与研究》，社会科学文献出版社，2014，第 199 页。

门）的宫殿而得名，耸立在高楼北面的 7 座神塔传说就是囊色神的塔位。①
19 世纪以后，关于朗塞岭的记载已经十分准确。如道光十年（1830）形成
的《铁虎清册》第 20 件关于扎其地区的内容说道："贵族朗色林，除在职
免差地及旧抛荒地外，应支四十二顿差。"② 还有一篇游记记载了 1920 年
末期的朗塞岭庄园：

> 住南塞林。按南塞林，为藏南第一宦家，居楼九层，封地极广，
> 人民众多，其楼之高，为藏中所罕见。楼之四周墙上有枪口，其外有
> 壕沟，在楼下观之，俨然一座小城。院之西，有数丈高之宝塔七座，
> 传闻伊家曾降生过红教教主四次。按红教教主为莲花生之转生，居红
> 教本寺。次日由南塞林赠茶叶炒面等，余因行途不便，仅领酥油一小
> 块，余均辞谢未收。③

正如该游记所述，朗塞岭的庄园主里曾出过多名著名人物。包括贡嘎
县古老的多吉扎寺的两位活佛、大学者班禅·罗桑益西和原西藏噶厦政府
的噶伦等。最后一位庄园主名为班觉晋美，1947 年起他在西藏政府噶厦中
任孜本（四品），于是迁居拉萨，庄园遂由其表兄全知·拉旺才仁代管。④
朗塞岭谿卡原先分为达定、雪定、曲科定、甲热抗定四个"定"。"定"是
支差小集体，也是领主管理农奴的行政小单位。据说除了朗塞岭谿卡，贵
族朗塞岭还占有附近的拉巴谿卡⑤、雅尔谿卡⑥和门卡绒村的一些土地。但
在民主改革前，这三处土地都转让了出去，只剩下贵族朗塞岭的根基谿
卡——朗塞岭谿卡。

西藏和平解放后，班觉晋美曾任西藏自治区筹备委员会的委员和常务
委员。然而，此人"系亲英的积极分子，在政治上他主张脱离祖国而'独

---

① 神塔现今已不存在。
② 格桑卓嘎、洛桑坚赞、伊苏编译《铁虎清册》，中国藏学出版社，1991，第 129 页。
③ 段克兴：《西藏奇异志》，商务印书馆，1931，第 79 页。
④ 参见西藏社会历史调查资料丛刊编辑组编、《中国少数民族社会历史调查资料丛刊》修订
编辑委员会《藏族社会历史调查》（二），民族出版社，2009，第 95 页。
⑤ 即今日的宗嘎村。
⑥ 即今日的挖藏村。

立’。……据闻最近所谓‘人民会议’的反对组织，他是领导人之一”。[①]
1959 年 1 月 4 日，班觉晋美等人组织山南地区 20 多座大寺庙的上层代表
及各宗谿头人，在哲古等地召开叛乱会议。3 月 10 日，西藏农奴主全面发
动武装叛乱，班觉晋美任扎囊地方“志愿军”总指挥。3 月 28 日，国务院
总理周恩来发布命令，解散西藏地方政府，撤销包括班觉晋美在内的参与
叛乱人员的筹委会委员、常务委员职务。[②]

山南地区的叛乱很快就被平息，随即开展民主改革运动。其中，扎囊
从 4 月即开始进行农区“三反双减”、牧区“三反两利”和寺庙“三反三
算”各项运动。5 月和 6 月，扎囊县人民政府和中共扎囊县委相继成立。6
月 13 日，扎囊县正式铺开 4 个点，开展“三反双减”运动。7 月 25 日，
中共扎囊县委向上级提出报告，拟将全县划分为 4 个区，并筹划成立各乡
农民协会。8 月 18 日，扎囊县召开了首届一次农民代表大会。通过开展
“三反双减”运动和建立农民协会，迅速培养了一批藏族干部。9 月初，扎
囊县开始土地改革试点；9 月 28 日，扎囊县首届二次农民代表大会通过
《关于在全县范围内全面进行土地制度改革运动的决议》。全县土地改革分
三批进行，至 11 月上旬全部结束，体现出进展快、规模大、发展健康的
特点。[③]

按照中共扎囊县委和县人民政府的安排，朗塞岭谿卡属于第一批
进行土地改革的地区，即 9 月初开始，10 月结束，次年 5～7 月进行复
查。土改完全按照《关于在全县范围内全面进行土地制度改革运动的
决议》的安排进行，即在“三反双减”斗争的基础上，开展发动和教
育群众、查实土地和人口、划分阶级、分配土地和物资的运动。当时，
朗塞岭谿卡共有 142 户 611 人（不含领主人口），其划分阶级情况如表
1－1 所示。

---

① 《西藏人物简介》，内部参考材料，铅印本，第 95～97 页，似为 1952 年底或 1953 年初西
藏军区编写。转引自郭克范《扎囊县民主改革时期档案整理与研究》，社会科学文献出版
社，2014，第 12 页。

② 郭克范：《扎囊县民主改革时期档案整理与研究》，社会科学文献出版社，2014，第 12～
13、18 页。

③ 中共扎那县委员会：《在扎那县第三次农民代表会议上关于民主改革运动的总结报告》，
1959 年 11 月 17 日，文件藏扎囊县档案馆，手抄稿。

表1-1　民主改革时期朗塞岭谿卡阶级划分情况统计

单位：户、人、%

阶级 内容	户数	占比	人口	占比
农奴主	1	0.71	——	——
农奴主代理人	7	4.93	44	7.2
富裕农奴	10	7.04	89	14.57
中等农奴	30	21.13	137	28.6
贫苦农奴	67	47.18	260	42.42
奴隶（朗生和差若）	27	19.01	79	12.93

注：本表根据西藏社会历史调查资料丛刊编辑组 "中国少数民族社会历史调查资料丛刊"
修订编辑委员会《藏族社会历史调查》（二）资料制作，民族出版社，2009，第123～124页。

　　从表1-1可知，该谿卡农奴主及其代理人占总户数的5.64%，农奴
占总户数的75.35%，奴隶（含家奴）占19.01%。这反映中共中央及西
藏工委对西藏社会的判断是准确的，制订的土地改革方案是符合实际的。
这样划分阶级，"依靠的力量达到百分之七十五左右，团结的面达到百分
之二十左右，打击的面只在百分之五以下，而这百分之五以内还有一部分
爱国进步朋友，需要争取团结也是可以争取团结的力量，依靠、团结百分
之九十五以上的力量来对付百分之五以下的最反动的、叛乱的农奴主和农
奴主代理人，那是极为有利的"①。

　　经过民主改革，彻底推翻了封建农奴制度，建立了人民民主政权。朗
塞岭村和宗嘎村组成朗塞岭乡，成立了乡农民协会，归属扎其区管辖。
1959年10月，互助组也开始在这里发展起来，全乡组织了17个互助组，
共196家农户参加，占应入组户数的97%。②

　　民主改革以来的半个多世纪里，朗塞岭的行政建制随着时代的变迁而
变化。1962年，成立了朗塞岭乡党支部，归扎其区委管辖。1968年，成立
朗塞岭人民公社，仍包括朗塞岭村和宗嘎村，归扎其区革命委员会管辖。

① 《关于土改方案的几点说明》（1959年9月29日），扎囊县档案馆所藏西藏工委扩大会议
　文件之三十二，打印稿。
② 西藏社会历史调查资料丛刊编辑组、《中国少数民族社会历史调查资料丛刊》修订编辑
　委员会：《藏族社会历史调查》（二），民族出版社，2009，第136页。

截至 1980 年 6 月上旬，全公社人口数量及其构成如表 1-2。[①]

表 1-2　1980 年朗塞岭公社人口统计

单位：户、人

| 总户数 | 总人口数 | 男 | 女 | 阶级成分 | | | | | | | 备注 |
				代理	富农	社员	富裕中农	贫农	下中农	中农	外逃
236	1050	490	560	6	3	56	92	706	31	156	5

　　1980 年 4 月，西藏自治区党委书记阴法唐带领工作组到扎囊县开展联产承包责任制试点。当年 5 月，开始在全县推广联产承包责任制。1984 年，全县 32 个人民公社改为乡人民政府，朗塞岭恢复乡建制，归扎其区委管辖。1987~1988 年，扎囊县将全县 5 个区、32 个乡陆续撤并为 11 个乡，147 个生产队合并为 63 个村委会。朗塞岭乡与门卡绒乡合并为朗塞岭乡，辖朗塞岭村、门卡绒村和宗嘎村。表 1-3 为 1989 年全乡人口统计情况。[②]

表 1-3　1989 年朗塞岭乡人口统计

单位：户、人

村名	户数	人数	男	女	全劳力	半劳力
一村	105	552	271	281	226	58
二村	133	732	354	378	264	51
三村	86	547	242	305	191	10
合计	324	1831	867	964	681	119

注：一村指门卡绒村，二村指朗塞岭村，三村指宗嘎村。

　　1999 年，扎囊县又对各乡镇行政区划进行调整，将全县 11 个乡合并为 3 乡 2 镇，下辖 294 个自然村 65 个行政村。朗塞岭乡与扎其乡、民主乡合并为扎其乡，朗塞岭成为其下辖的一个行政村至今。[③]

---

① 根据《扎期区朗色岭、充堆人口统计表》制作，中共扎囊县委档案馆档案，西藏自治区扎朗县扎期区委民政类，全宗号 XW42，案卷号 35。

② 数据来自《朗塞岭乡一九八九年国民经济统计年报表》，中共扎囊县委档案馆档案，朗塞岭乡人民政府综合类，全宗号 XW42，案卷号 129。

③ 参见扎囊县地方志办公室编《扎囊县志》（初审稿）第二篇"行政建置"第二章"行政区划"，2011 年 11 月印制。

目前，朗塞岭村共有 3 个组。截至 2011 年底，全村有 161 户 779 人，全部为藏族。其中：男性 310 人，女性 469 人，80 岁以上老人 14 人，有一定技能的 47 人，在读大学生 33 人、高中生 35 人、初中生 26 人、小学生 62 人（见表 1 – 4）。

表 1 – 4　2011 年朗塞岭村户数人口基本情况统计

类别＼数量	总户数	总人口	劳动力	男	女	各类学生
人数（户／人）	161	779	359	310	469	156
全村总比例（％）	100	100	46.08	39.79	60.20	20.02

二　土地和经济活动

朗塞岭村以农业生产为主，兼营牧业。织氆氇是传统的家庭手工业。作物品种以青稞、小麦和豌豆为主，也产油菜籽、萝卜、圆根、土豆和黄麻。此外，这里的居民还在农田之间和村旁宅隅种植林木和桃、梨、苹果、海棠等果树。尤其是庄园旁边领主的花果园里，树木花草更为繁茂。

民主改革前，朗塞岭豀卡共有耕地 1521 克 18 哲①，全部分布在山谷里，如果按照生活在豀卡的人口计算，人均耕地面积近 2.5 克。然而，这些耕地全由班觉晋美为主的领主所占有。该领主的封文写着："山、水、草的主权都归囊色林。"其中，班觉晋美直接占有 1190 克 8 哲土地，占全豀卡土地总数的 78.53%。全豀卡的山坡、水源和荒地，也归其所有。豀卡的农奴必须承担相应的差役和赋税，才能使用小片差地、租地或"协"地。②

---

① 西藏计量单位。用于计算容量时，有普、哲、克等几种。6 普等于 1 哲，20 哲为 1 克，1克约相当于国际单位制中的 14 千克。用于计算土地计量时，有普、哲、克、托几种，"普"指能播撒 1 普青稞种子的土地；"哲"指能播撒 1 哲青稞种子的土地；"克"指能播撒 1 克青稞种子的土地（平均约合 1 市亩）；"托"指一头耕牛一天所能耕的土地，约3~5 克。参见西藏社会历史调查资料丛刊编辑组编、《中国少数民族社会历史调查资料丛刊》修订编辑委员会《藏族社会历史调查》（二），民族出版社，2009，第 92~93 页。

② 关于民主改革前朗塞岭豀卡各阶级阶层土地占有及使用情况，详见西藏社会历史调查资料丛刊编辑组编、《中国少数民族社会历史调查资料丛刊》修订编辑委员会《藏族社会历史调查》（二），民族出版社，2009，第 102~104 页。

黎卡山谷两侧和谷底后山是浅草牧场，谷口的乱石滩地和农田间的空隙地与流经山谷的溪畔两侧，也是畜牧的场所。据统计，1958 年全黎卡共有各种牛 701 头（其中领主占有 184 头），绵羊和山羊 3299 只（其中领主占有 200 只），马、骡、驴 241 匹（其中领主占有 22 匹）。民主改革前的几十年里，不少人被迫外逃，造成黎卡劳动力不足，农奴们负担的差役更加沉重。许多人为了交差，借钱借粮，陷进了债务的深坑，以致倾家荡产。据统计，民主改革前共有 62 户农奴欠债，占本阶层户数的 87.32%，平均每户欠债折合青稞超过 352 克（注：藏克，下同）。[①]

经过民主改革，西藏彻底推翻了封建农奴制度。参加叛乱的农奴主班觉晋美及其 4 家代理人的财产被没收；其余未叛代理人的财产则进行了赎买。中等和富裕农奴的土地得到保留；无地和少地的农奴，每人至少分到 1 克 15 哲土地，还分到耕牛、犁铧、骡马、牛羊、衣物和家具等生产工具和生活用品，很多单身农奴组成了家庭。广大农奴摆脱了人身依附、乌拉差役和高利贷的束缚，开始走上社会主义的发展道路。[②] 根据地方史志记载，1960～1967 年互助合作时期，扎囊县农牧民以换工方式进行互助劳动。人民公社时期，实行集体劳动，按劳分配，改革开放后鼓励发展家庭农副业。人民公社的收益分配以生产队为基本核算单位进行，社员平时劳动按日记分，全劳力日工分 10 分，半劳力 5～6 分等。秋后分配实物、年终决算以全生产队农牧林一并计算收入。总收入扣除税金、办公费、干部补贴等支出和种子、饲料以及公积金和公益金。社员分配除以全队全年总劳动日数，算出每个劳动日的价值。劳动日价值乘以各户的劳动日数为各户的全年总收入。各户总收入减去所分口粮和副产品等实物折款合计后为各户净收入。在粮食分配上实行按人均口粮和工分粮结合的办法。基本口粮每人每年 12.5 克左右，工分粮按比例确定，其总数除以总工分为每个工分应分的工分粮。副产品按人和牲畜平均分配，所分粮食和副产品等实物均按规定价格计算。1980 年国家开始免征农业税后，分配上不再扣除税

---

① 参见西藏社会历史调查资料丛刊编辑组编、《中国少数民族社会历史调查资料丛刊》修订编辑委员会《藏族社会历史调查》（二），民族出版社，2009，第 94 页、97～98 页、105～123 页。

② 西藏社会历史调查资料丛刊编辑组编、《中国少数民族社会历史调查资料丛刊》修订编辑委员会：《藏族社会历史调查》（二），民族出版社，2009，第 134 页。

金。公积金用于扩大再生产，公益金用于社员福利。粮油等实物和现金分配的多少、高低与产量和收入成正比例。①

1984年中央召开第二次西藏工作会后，实行"两个归户"政策，以家庭为单位进行生产经营，收入均归农户自己所有，农牧民生活水平逐步提高。根据扎其区委和区公所1986年4月的调查，当时的朗塞岭乡（下辖朗塞岭村和宗嘎村）共有217户1186人，其生活水平分为六类（见表1-5）。②

表1-5　1986年朗塞岭乡群众生活水平统计

单位：户、人、%

项目 ＼ 类别	合计	富裕户	上中等户	中等户	下中等户	下等户	最困难户	五保户
户数	217	8	6	43	44	57	50	9
人数	1186	56	44	255	292	295	233	11
占总户数百分比	100	3.69	2.77	19.82	20.27	26.27	23.05	4.15

从表1-5可以看出，下等户及最困难户数量达107户528人，占总户数的49.30%，比例是很大的。根据调查材料的描述，他们住房条件一般，每年6月就开始缺粮，最困难户既缺钱又缺粮，生活状况很差。这其中的原因除了缺乏劳力、不会经营以及家底薄以外，最主要的原因是当地连续几年歉收。

根据相关统计，民主改革前朗塞岭的粮食产量平均克产7克，1960年达到12.8克，1961年遭灾减少到10.1克，1962年提高到13.14克。③ 不过，当时的调查没有说明粮食品种。到了1989年，该村冬小麦亩产约15.6克，青稞亩产约8.1克，小麦产量提高显著。当年，朗塞岭村居民人均粮食收入19.26克，比20世纪70年代扎囊县人均12.5克的水平有较大提高；同时，村民还获得一定的现金收入（参见表1-6和表1-7）。④

---

① 扎囊县地方志办公室编《扎囊县志》（初审稿），2011年11月印制，第150～151页。
② 扎其区委、扎其区公所：《关于朗色岭乡生活调查的情况报告》，1986年4月11日。中共扎囊县委档案馆档案，朗塞岭乡人民政府综合类，全宗号XW42，案卷号129。
③ 西藏社会历史调查资料丛刊编辑组编、《中国少数民族社会历史调查资料丛刊》修订编辑委员会：《藏族社会历史调查》（二），民族出版社，2009，第135页。
④ 根据《朗塞岭乡一九八九年国民经济统计年报表》制作，中共扎囊县委档案馆档案，朗塞岭乡人民政府综合类，全宗号XW42，案卷号129。以下关于1989年的相关统计，均来源于此件材料。

表 1-6　1989 年朗塞岭村农业产量统计

项目＼内容	耕地总面积（亩）				1826.57	
	粮食作物				经济作物	其他作物
	冬麦	青稞	蚕豌豆	合计	油菜籽	洋芋
面积（亩）	593.1	964.97	144.7	1702.77	—	123.8
产量（克）	9251.05	7816.4	324.4	17391.85	213.7	4803
折款（元）	51805.88	43771.85	1635.17	97212.9	1846.29	23486.67

表 1-7　1989 年朗塞岭村收益及分配统计

单位：户、人、藏克、元

项目＼内容	户数	人口	男	女	全劳力		半劳力	
人口	133	732	354	378	264		51	
收益	总计	农业收入	牧业收入		林业收入		副业收入	
	387320.19	125093.85	58481.34		700.00	203045.00	—	
分配	总收入	扣除金额	粮食		现金		油菜籽	
			总计	人均	总计	人均	总计	人均
	387320.19	15890.56	14099.3	19.26	1371429.63	507.42	213.7	0.29

　　据统计，1958 年朗塞岭共有各种牛 701 头（其中领主占有 184 头），绵羊和山羊 3299 只（其中领主占有 200 只），马、骡、驴 241 匹（其中领主占有 22 匹）。[①] 其后朗塞岭村的牲畜总数大体维持在此水平，主要在于畜牧条件的限制（参见表 1-8）。

表 1-8　1989 年朗塞岭村牲畜存栏统计

单位：头、只

项目＼内容	合计	大畜	小畜	家禽	
				猪	鸡
成畜死亡	78	12	66	—	—
接羔育幼成活	864	129	735	—	—

---

① 西藏社会历史调查资料丛刊编辑组、《中国少数民族社会历史调查资料丛刊》修订编辑委员会《藏族社会历史调查》（二），民族出版社，2009，第 94~98 页、105 页。

续表

项目＼内容	合计	大畜	小畜	家禽	
				猪	鸡
年底淘汰数	742				
存栏（1988 年底）	3408	850	2558	39	492
适龄母畜	1185				

改革开放以后，朗塞岭村的经济结构逐渐得到调整，副业在居民家庭收入中的比例不断提高，特别是外出打工成为主要的现金来源。扎囊县是有名的氆氇之乡，朗塞岭村的居民农闲时多自织自染氆氇，每户每年可制作一两条或三五条，每条约 11 抻（抻为双臂展开的长度），每件无袖女装约需 8 抻。质量好的氆氇每条可卖 2000 元左右，差的不到 1000 元。村里还有几个人从事木工、缝纫等手工艺行业，一些村民外出打工从事建筑业、修路和服务业等（参见表 1－9 和表 1－10）。

表 1－9　1989 年朗塞岭村副业收入统计

单位：元

内容	家庭纺织业产值	收入				总计
		纺织业	运输	劳务	商业饮食	
数量	110300	88240	2000	111949	856	203045

表 1－10　1989 年朗塞岭村主要生产生活用品统计

单位：台、只、个、间

内容	氆氇机架	手扶拖拉机	柴油机	脱粒机	扬场机	自行车	五匠（人）	缝纫机	收录音机	手表	盖新房
数量	109	4	1	2	3	25	8	25	37	31	27

扎囊县属于半干旱地区，农业生产受到旱灾严重影响。民主改革以前，全县只有历史上留下的七沟七渠，包括朗塞岭水渠。这些水渠由当地民众集资共同修建，主要用于农田灌溉及其水磨、人畜饮水。朗塞岭村虽然邻江，但是因为地势高，长期以来无法利用江水提灌。相反，雅鲁藏布江河滩上的泥沙却被大风吹上来，年复一年，靠近江边的土地变成了寸草不生的沙丘，朗塞岭沟耕地面积逐渐减少。2000 年，扎囊县开始实施较大

规模的扶贫搬迁工作，计划在朗塞岭靠近101省道的地段分两年进行200户（包括错那县60户）搬迁工程。2001年，自治区投入扶贫搬迁资金361万元，共建住房148套，将扎囊、错那两县的特困户相继迁移至此，其中也包括朗塞岭的一些贫困户，组成德吉新村（建制村），仍属扎其乡管辖。[①] 为了解决搬迁移民的生产生活问题，使其脱贫过上小康生活，政府同时在朗塞岭进行包括生态建设和扶贫开发在内的农业综合开发。2000年，投资1787.51万元，建成了朗塞岭提灌站。工程包括：35千伏输电线路4公里，35千伏变电站2座，一级泵站装机450千瓦，扬程17.06米，提水1.15平方米/秒，二级泵站装机375千瓦，扬程29.25米，提水0.37平方米/秒，总干渠全长3.3公里，一级东干渠全长2.6公里，二级东干渠全长4.8公里，二级西干渠全场2.6公里，四条干渠总控灌面积1.92万亩。[②] 之后的几年中，又累计投资数千万元，建设了2500亩草场、6000亩生态林，治理沙滩1100亩。2011年上半年，又完成各种造林52052.1万亩。[③]

尽管修建了朗塞岭提灌站，然而现有水资源依然无法满足人畜饮水问题，灌溉及人畜饮水安全已经成为朗塞岭村的典型问题。在距离村庄2575米处的山上，有几个水源丰富的泉眼，流出来的水由宗嘎村和朗塞岭村共用，以前修有简单的水渠，2005年左右修建了水泥的水渠，但是依然有不少地方出现严重的渗水、漏水、堵塞现象，不仅未能满足村庄土地的灌溉要求，而且浪费了水资源。为避免用水矛盾，两村制定了用水规则，即6个组（宗嘎村也分3组）轮流使用，按小时灌溉，有管水员监管。如发生矛盾，就要进行调解。2012年上半年，当地一直没有下雨。播种时泉水流量不足，村民就从井里打水和从江里提灌。为了更好地利用山上的泉水，朗塞岭驻村工作组向上级打了报告，申请资金145250元，希望建造一座蓄水池和6个取水点，以解决当地居民生产生活用水。[④]

① 参见张晓明、崔士鑫、李文健《西藏朗赛岭庄园：昔日贵族庄园 今朝百姓家园》，中国西藏新闻网，http://www.tibet.cn/bxrj/index/201109/t20110913_1133736.htm，2011年9月11日。

② 扎囊县地方志办公室编《扎囊县志》（初审稿），2011年11月印制，第189页。

③ 张晓明、崔士鑫、李文健：《西藏朗赛岭庄园：昔日贵族庄园 今朝百姓家园》，中国西藏新闻网，http://www.tibet.cn/bxrj/index/201109/t20110913_1133736.htm，2011年9月11日。

④ 扎囊县卫生系统工作队：《自治区创先争优强基惠民活动驻扎囊县朗塞岭村调研报告》，2011年10月23日。

截至 2012 年 1 月，朗塞岭村耕地总面积为 1828.94 亩，人均耕地 2.35 亩。2011 年，全村种植粮食作物 1828 亩，以小麦为主，青稞较少，约 200 亩。小麦和青稞里套种一些土豆、油菜等，其中，土豆数十亩，油菜 500 多亩。此外，村民也种植苜蓿，有 412.16 亩。还有人种植一些豌豆。根据访谈，当年粮食（小麦及青稞）亩产在 250～280 斤。如一组云丹家有耕地 10.2 亩，当年收获小麦 2576 斤、青稞 504 斤、油菜 360 斤、土豆 560 斤；二组边旦家有耕地 10.2 亩，当年收获小麦 980 斤、青稞 168 斤、油菜 240 斤、土豆 336 斤；三组嘎玛家有耕地 9.99 亩，当年收获小麦 1620 斤、青稞 560 斤、油菜 168 斤、土豆 840 斤。在生产力方面，除了传统的农具以外，耕作的机械化程度也有提高，截至 2012 年 6 月，全村共有播种机 10 台，收割机 7 台，拖拉机（也可犁地）113 台，扬场机及脱粒机合计 40 台。不过，近山居住的村民（以三组为主）的耕地大多呈阶梯形分布，面积小无法实现机械化耕种，同时这些耕地还严重缺乏灌溉设施，因此影响了粮食产量的提高。

牧业是朗塞岭村居民生计的组成部分，是提供肉食、畜力和皮毛的主要来源。截至 2012 年 1 月，全村共有草场面积 33336.4 亩（2222.4 公顷），其中：冬春草场 4667.10 亩（311.14 公顷），夏秋草场 28669.30 亩（1911.29 公顷）。有牲畜合计 8569.70 只（折合为绵羊单位，1 只牛折 5 只绵羊），户均 23.22 头（只）。按人头划草场人均草场面积 25.63 亩；按牲畜划草场畜均草场面积 1.56 亩（见表 1-11）。[①]

表 1-11　2011 年朗塞岭村牛、羊蓄养基本情况统计

单位：头、只、户

牲畜数量	<10	10～50	50～100	>100	合计
家庭数量	17	105	5	—	127

总的来说，朗塞岭村的草场面积不能满足全村人口发展畜牧业的需要，限制了全村牛、羊畜养的数量。因此，村民们大多是白天将牛羊赶到草场放牧，晚上再赶回村里圈着。全村专业牧户仅有 3 户，出生于 1964 年

---

① 扎囊县草场承包办公室制《朗塞林村草场划分明细表》，2012 年 1 月 4 日。

的二组村民达珍就是其中一户，她告诉我们：①

　　我父母住在一组，1 岁多时我被过继到姨妈家。姨妈姨父原来给
庄园附近的一家名叫扎西坚赞的贵族干活，是扎西家的朗生，住在主
人分给的一间小屋里，主要做扎西家地里的农活和家里的粗活，每顿
饭只有一小碗糌粑。民主改革后，他们在集体里赶驴车、运送青稞
等。我 5 岁时到村小上学，但只学了 3 个月，姨父姨妈开始为生产队
放牧，我就随他们上山游牧，每年只下山一次，每次在村里住三四
天，一是将牛羊及奶制品交给生产队，二是从队里领取上山的粮食和
其他必需品。实行家庭联产承包时，姨父姨妈把集体的牲畜赊账购买
过来，包括 20 多头牦牛和 27 头奶牛，折价 1.9 万元。我丈夫是姨父
的侄子，13 岁时来投靠姨父，后来我们就结婚了。姨父姨妈年老体衰
后回村定居，我们夫妻俩带着大女儿继续在山上游牧，小女儿则在村
里随外公外婆生活学习。2003 年我们一家 4 口分到了 7 亩土地，我父
母帮助耕种了 4 年多，收获都留给我们。一般情况下，可收获青稞五
六百斤、小麦八九百斤、土豆三四百斤，油菜也有一些。后来我们自
己管理了，平时在山上放牧，农忙季节下山种地。现在，我们家有牦
牛 20 头、奶牛 13 头、肉牛 34 头、牛犊 2 头、绵羊 14 只，主要供自
家食用，2011 年生产酥油 80 多斤、奶渣 40 多斤，卖了七八斤奶渣，
每斤 13 元，也送一些给亲戚；宰杀了 2 头老奶牛，出售了 1 头奶牛
（收入 2500 元）和 1 头牦牛（收入 4000 元）。我们很少出售畜产品和
农产品，所以每年的现金收入大约只有 1.5 万元左右，既要用于生活
必需品的消费，又要购买化肥、农药等，现金积蓄很少。

　　朗塞岭村在雅鲁藏布江南岸，以前江边没有树木，只是沙滩。20 世纪
80 年代开始植树造林，村集体也购买树苗在江边种植柳树等。筹资方式为
村集体向村民出售集体林木，所得收入用于购买树苗，再集体种植在沙滩

---

①　本书个案访谈资料均于 2012 年 6～7 月实地调研期间获得，在此不一一注明访谈者、翻
　　译、访谈地点及访谈日期。绝大部分引用的访谈资料，可见"附录一：典型访谈个案"。

上。目前，江边的树木已经成林，村民可以按照规定在林子里捡拾柴火。朗塞岭村林地面积尚无确切统计，每年村民都在植树造林，面积也在变化，雅鲁藏布江边的林地归周围 4 个村庄共有，属于集体经济，树木每四年砍伐一次，每次可卖 2 万多元；每年均可修剪一些树枝，如出售可获三五千元，也可用于盖房顶；每三年每户人家可分约一拖拉机木材，需自己去捡拾。原来庄园的花果园大约有 8 亩，现由村里的一个残疾人及低保户承包，园子里种植了苹果梨树、桃树等，承包金交给村里的教学点。一些村民在自家院子和房子周围也种植少量果树，大多为苹果梨树和桃树，由于缺水，果树数量都不多，大多为一两棵或三五棵而已。

图 1－3　朗塞岭村的古核桃树（方素梅摄于 2012 年 7 月）

改革开放以后，朗塞岭村的经济结构逐渐得到调整，副业在居民家庭收入中的比例不断提高，特别是外出打工成为主要的现金来源。扎囊县是有名的氆氇之乡，朗塞岭村的居民农闲时多自织自染氆氇，每户每年可制作一两条或三五条，每条约 11 抻（抻为双臂展开的长度），每件无袖女装约需 8 抻。质量好的氆氇每条可卖 2000 元左右，差的不到 1000 元。村里还有几个人从事木工、缝纫等手工艺行业，一些村民外出打工从事建筑业、修路和服务业等。以前村里没有农产品加工企业，2012 年村里投资7.2 万元，购置了 4 台机器，在两间公房（约 80 平方米）内开办粮油加工企业，由村民承包，约定每年交村里 5500 元。该粮油加工部于 2012 年 6

月正式营业。

图 1 – 4　朗塞岭村民家织的氆氇（方素梅摄于 2012 年 7 月）

根据 1989 年的统计，全村有 27 户居民盖了新房；而 2012 年 7 月的调查发现，全村居民住房均有不同程度改善，许多人家盖起了二层藏式楼房。进入 21 世纪以后，2011 年，全村有超过 40% 的家庭现金收入达到 5000 元以上（见表 1 – 12）。[①]

表 1 – 12　2011 年朗塞岭村村民现金收入情况统计表

收入（元）	< 2000	2000 ~ 5000	5000 ~ 10000	10000 ~ 20000	> 20000
户数（户）	37	49	63	8	4
占全村比例（%）	23.0	30.4	39.1	0.7	0.5

通过对 20 世纪 60 年代初、80 年代末和 21 世纪 10 年代初材料的对比，我们可以看到朗塞岭村的经济变迁是显著的，生产力水平有较大提高，人

---

① 资料来源于扎囊县卫生系统工作队《自治区创先争优强基惠民活动驻扎囊县朗塞岭村调研报告》，2011 年 10 月 23 日。

图1-5 朗塞岭村民居（方素梅摄于2012年7月）

民生活有明显改善。但是随着经济社会的发展，朗塞岭受到自身条件限制的矛盾越来越突出，2011年全村总收入117万元，人均只有1500元左右，仍然属于贫困地区。经济结构单一、特色农产品缺乏、增收渠道狭窄、劳动力不足、基础设施较差等，成为朗塞岭村难以脱贫致富的重要原因。根据朗塞岭村驻村工作队的调查，全村除了18户人家，其他各户均表示存在不同程度的生活困难（参见表1-13）。[①]

表1-13 村民生活困难情况

村民反映的主要困难	户数（户）
缺少劳动力	39
粮食不够吃	9
急需解决住房	3
现金收入低，家庭支出多	79
家有老人、体弱多病者，支付药费困难	17
供养孩子困难，经济负担重	4
家有贷款，还款困难	5

---

① 资料来源于扎囊县卫生系统工作队《自治区创先争优强基惠民活动驻扎囊县朗塞岭村调研报告》，2011年10月23日。

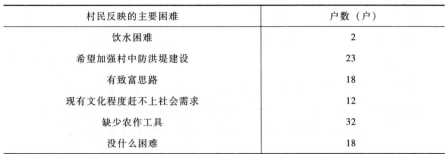

续表

村民反映的主要困难	户数（户）
饮水困难	2
希望加强村中防洪堤建设	23
有致富思路	18
现有文化程度赶不上社会需求	12
缺少农作工具	32
没什么困难	18

必须指出，2011 年朗塞岭村居民所反映的生活困难情况，与 1986 年的类别和标准有着很大的不同。1986 年有一半左右的居民还没有解决温饱，2011 年则基本不存在这样的问题，当然，缺乏现金收入依然是大多数居民面临的生活难题，这也是朗塞岭村未来经济发展迫切需要解决的问题。

三　村庄治理与公共服务

民主改革前，西藏广大农村处于封建农奴制度统治下，人民群众没有参与村庄治理的权利，这种状况在民主改革后发生了彻底的改变。民主改革期间，朗塞岭村就培养了一批积极分子和基层骨干，并于 1959 年 10 月土改结束时发展了两名党员。此后，基层党组织及村庄管理机构逐步发展起来。现在的朗塞岭村党支部和村委会的办公场所设在朗塞岭庄园东侧不远处的一栋二层藏式建筑中。

通过对一组居民次仁措姆的访谈，我们对朗塞岭村的社会治理发展历程有了一个侧面的了解。次仁措姆是朗塞岭的传奇人物，我们刚一到村子，就听到村委会的干部不断提起她。她曾经担任村领导 30 多年，亲身经历了村庄的发展与变迁。她告诉我们：

> 我今年 69 岁，出生在山南的泽当镇，五六岁时成为孤儿。8 岁那年，我投奔父亲在朗塞岭的亲戚。1959 年民主改革后，村子里建了小学，我就上学了，当时已经十六七岁。这个学校是初小，我读了 3 年就毕业了。然后去扎其区委书记家做了 6 年的保姆。这个书记是内地来的军人，会一点藏语。他们一家都对我很好，后来书记的妻子和孩

子要回内地，想带我走，我不敢去太远的地方，也留恋家乡，就回到村里了。从1969年开始，我在村里先后担任队长、妇女主任等职务。1972年10月加入中国共产党；12月，担任朗塞岭乡党支部副书记，一直到1987年。1987年撤区并乡，我回到村里，担任朗塞岭村党支部书记，一直到2008年。2008年改选时，还有不少人投我票，但是我已经64岁了，身体也不好，所以坚持不当了。我参加过西藏第五次党代会，我当老师的大女儿也参加过西藏第十五次党代会。

次仁措姆为何能够连续几十年担任村领导？她说，自己性格外向甚至有点泼辣，敢说敢做，大家都服她。但仅仅是这样一个因素吗？显然不是。次仁措姆能够参与村庄事务管理近40年，与她早年的教育和经历有密切关系。在藏区，四五十年前读过书的女性是极少的，即使是男性也不多。我们在村子里，听到不少关于次仁措姆的议论，但是很少非议多是敬佩。现在，次仁措姆还负责扶助邻居。这家邻居由四兄妹组成，年龄从30多岁到50多岁，均为遗传性智力障碍。次仁措姆扶助他们，不仅是出于一个共产党员的责任和义务，也是出于她的善良和爱心。

图1-6 朗塞岭村党支部在村委会院内举行党员日活动
（方素梅摄于2012年7月）

截至2012年6月底，朗塞岭村共有党员32名。党支部书记为男性，今年49岁，初中文化程度，年津贴6000多元；副支书也是男性，52岁，初中文化程度，年津贴 3497 元。还有一名委员，也是男性。目前，村党支部每年党员活动经费为 1850 元，村委会每年可获得下拨的办公经费 1050 元（见表 1-14）。

表 1-14　2011 年朗塞岭村党建、团建基本情况

类别	党员	预备党员	入党积极分子	团员
人数（人）	25	7	4	38

朗塞岭村委会是 2009 年改选的，当时有选举权的人数是 500 多人。村子没有集体债务，村委会按照要求财务公开。在修建道路、水利等基础设施时，多由上级政府拨款，村民各家出工。近年的公共设施建设，主要是 2006 年修建村委会办公用房，以及打水井。此外的开支还包括：收取水电费时，要从集体经费中给予一些劳务报偿。拉化肥，或是到乡卫生院及县医院看病，也可从集体经费中报销租车费用。

图 1-7　朗塞岭村党支部和村委会办公处（方素梅摄于 2012 年 7 月）

民主改革以后，朗塞岭村的基础设施与公共服务才逐步开展。尤其是近年来，随着政府投资力度的加快，朗塞岭村的基础设施与公共服务建设得到很大发展，道路、水电、教育、卫生、文化及社会保障等条件不断改

善（见表 1 – 15）。

表 1 – 15　2011 年朗塞岭村公共基础设施基本情况统计

类别	乡村公路	村容整治道路	敬老院	教学点	卫生室	村委会（含图书室）
数量	4000 米	1000 米	1 座	1 座	1 座	1 座

　　2011 年，扎囊县政府投资，将 101 省道通往朗塞岭村中心（村委会及朗塞岭庄园）的道路改为柏油路面，朗塞岭村的交通状况大为改观。不过，全村居民居住较为分散，除了靠近村委会的二组，通往一组和三组的道路仍然是砂石路，崎岖难行，夏季山洪暴发冲毁道路现象严重，经常造成村民雨季无法外出的窘境。

图 1 – 8　朗塞岭村新修建的柏油路（方素梅摄于 2012 年 7 月）

　　截至 2012 年 7 月，全村实现通电、通广播电视。当地电价为 0.5 ~ 0.6 元/度，村民则享受一定照顾，按 0.48 元/度购买，不足部分上调。村庄移动通信信号全覆盖，95% 的居民拥有通信设备。村庄没有邮政机构和设施，生态环境保持相对稳定。全村 93.2% 的村民家中已通水，村民生活用水主要来自山上的泉水，由于条件所限，村里还没有对饮用水进行集中净化处理，而且人畜饮水没有完全分开。在公共卫生方面，没有建设公共污水排放管道，生活污水也没有处理。不过，村里修建了一个垃圾场，集中焚烧生活垃圾，村庄各处安置了9个垃圾桶以回收垃圾。2007～2011年，在上级部门的支持下，约有140户村民修建了沼气池，由于受到使用技术以及原料不足影响，沼气的使用普遍存在火苗过弱问题，因此，目前大多数村民家中的沼气池已经废弃，沼气温室则用来种植蔬菜。

朗塞岭村于1960年开始有公办小学，1975～1994年改为教学点，只有1～3年级。1994～2002年，朗塞岭小学升级为完全小学，包括1～6年级，学生最多时有100多人，教职工达19个。2002～2010年又恢复为教学点，只有一年级和二年级，2010年后只剩下一年级，同时增设学前班。截至2012年4月，全村青少年、儿童就学率达到100%（除新生儿、残疾人外）（见表1－16）。

表1－16　2011年朗塞岭村学生、技能人员基本情况统计

类别	小学	初中	高中	大学	有一定技能人数	合计
人数（人）	62	26	35	33	47	203

图1－9　朗塞岭教学点（方素梅摄于2012年7月）

公共卫生服务得到很大发展。扎囊县是先心病高发区，也是疫情大县，主要有鼠疫、腮腺炎、细菌性痢疾，近年来控制得不错，2011 年法定传染病 9 例，发病率为 441.4/10 万。2011 年，扎囊县医疗卫生系统做了一项出色的工作，即为 20350 名农牧民建立健全健康档案，占全县农牧民人口的 60% 以上，在全区处于领先。个人档案都储存在磁卡中，刷卡即可显示个人信息，僧尼同样也建立健全了健康档案，西藏卫视"今日西藏"栏目曾对比进行过专题报道。扎囊县是全区率先做起来的，而且做得好，计划至 2012 年底建档率要达到 80%。朗塞岭村目前设有一个卫生室，有村医一名，可接收一般的常见病诊治。由于村庄离扎囊县城及原山南地区首府泽当镇不算太远，如今交通条件大为改善，如有重症村民都能及时送至那里的医院救治。

农村社会保障制度逐步完善。截至 2011 年底，全村 161 户村民全部参加了新型合作医疗，161 户人家均有人参加社会养老保险。全村有 17 户享受最低生活保障待遇；有五保户 17 户。村里设置有敬老院一座（扎其乡敬老院），有 3 位工作人员，负责照顾来自朗塞岭村和扎其乡其他村子的 12 位老人。截至 2012 年 4 月，朗塞岭村实现农牧民安居工程 141 户，达到 87%；待业青年就业率达到 70%，部分人因家庭原因或身体因素无法找到合适的就业岗位。近年来，朗塞岭村获得了一些救助，包括生活用品，如高压锅、手电筒等，基本每户都可分到，还给 32 户居民发放了彩电。2011 年，朗塞岭村共获得国家救助总额 9 万元，均为灾害救助款项。

第二节　柳村

柳村为西藏自治区日喀则地区（现为日喀则市）拉孜县柳乡的一个行政村。民主改革以前，柳村是柳黥卡的主体，主要归后藏的扎什伦布寺所有。民主改革以来，柳村的经济社会发展同样经历了巨大的变化，同时也体现出与朗塞岭村不同的特点和差异。总体来说，当地的自然条件比较恶劣，经济社会发展受到严重制约，全村人口贫困现象比较突出，需要政府和社会给予更多的关注和支持。

一　地理历史人口

柳村位于雅鲁藏布江中上游地区，处于拉孜县东部，东邻萨迦县吉定镇，南靠萨迦县城，西连热萨乡，北接扎西岗乡，距离县城72千米，距离日喀则78千米，海拔大约4000米，在拉孜县内属于海拔稍低的地方。柳村下辖4个自然村。从麦雄普曲河上游向下、自南向北依次是柳普（sle-phu）（85户、844亩田地）；查嘎（gra-kha）（130户）、萨贝（sa-spe）（80户），两组共有田地2350亩；以及在热曲河北岸台地上的杂（rdza）8户人家。

图1-10　柳村柳普组及查嘎组全貌（杨春宇摄于2012年7月）

民主改革以来，柳乡政府及学校、卫生室（所）、派出所等公共服务机构一直设在柳村的查嘎。这里距离318国道（即定日公路）大约3千米。进入21世纪以后，随着扶贫、移民等项目的开展，柳村部分人口搬迁到318国道旁，形成新区的萨贝组。新区里修建了乡政府、学校、卫生院等建筑，2006年以后乡政府和学校、卫生院也搬到了新区。

柳村属于高原半干旱农牧气候区。每年日照时数2800小时，每年平均气温6~7.3℃，最高气温14.5~16.3℃，最低气温-19.6℃，平均无霜期约为120天左右。雨季集中在每年的7~9月，占全年降水量的80%，年降水量230.2~355.1毫米。而10月至次年4月为旱季，年均蒸发量为

图1-11 318国道旁的柳村移民新区——萨贝组
（方素梅摄于2012年7月）

1440毫米，最大冻土层厚度为80厘米，平均风速3米/秒。主要的自然灾害有干旱、冰雹、霜冻、洪水、雪灾、虫灾等。

1959年以前，柳村属于柳谿卡。柳谿卡是后藏重要谿卡之一，原来管辖的范围很大，除了如今的柳村之外，还包括今春门村①、吾木宗村等一些地方的土地及帕如牧场。历史上，柳谿卡归扎什伦布寺所有，亦即后藏政府所有，大约在1898年划归九世班禅家族管辖。20世纪30年代九世班禅避走内地期间，西藏噶厦政府接管了柳谿卡，但在1939年前后重新划归扎什伦布寺管辖。因此，与西藏大多数谿卡性质不同，柳谿卡是政府谿卡，一般情况下委托谿本进行管理。在柳普河谷较为宽阔的地带，建有谿本居住的二层楼房一座，共有大小房屋近30间，房屋旁还建有几百平方米的林卡。一直到20世纪50年代末的民主改革时，这栋楼房都还保护得比较完好。不过，谿本很少居住在柳谿卡里，而是另派代理人进行管理。代理人之下又设有两个根布，配合代理人的工作。根布通常由富裕差巴担

---

① 藏语音译，或写为赤门。

任，其职责是为政府收取各种实物差，摊派外差乌拉。他们不仅可以低租耕种一定面积的土地，还可免除大部分差徭，甚至可以领取到一定数量的工资。民主改革前，柳豁卡的豁本是代娃夏·旺秋加喔，他是扎什伦布寺的喇嘛，担任柳豁卡的豁本达 21 年之久。①

柳豁卡所有权属于扎什伦布寺，因此它的土地和束缚在土地上的农奴也都属于后藏政府。根据 20 世纪 60 年代的调查，1958 年柳豁卡共有领主 1 户、差巴 66 户、堆穷 3 户，另外还有一些长工、朗生、僧尼等。其中，除了个别农奴分属于前藏贵族杜素、热萨等其他领主（因为这些农奴原籍在那里，由于躲差、躲债而逃亡到柳，或是因婚嫁来柳，他们虽然定居在柳，但是人身关系依然在原来的属主那里），以及一些从其他地方雇来的长工和僧尼外，绝大多数农奴都属于柳豁卡的所有者——扎什伦布寺。其人口构成见表 1 - 17。

表 1 - 17　1958 年柳豁卡人口构成统计

单位：户、人

数量　类别	领主	差巴	堆穷	朗生	长工	僧	尼	合计
户数	1	66	31	—	—	—	—	98
人数	3	512	115	3	8	4	52	697

注：一户牧民差巴人口数缺漏。本表引自西藏社会历史调查资料丛刊编辑组编、《中国少数民族社会历史调查资料丛刊》修订编辑委员会《藏族社会历史调查》（五），民族出版社，2009，第 187 页。

民主改革以前，柳豁卡的农奴要为领主支应乌拉差，即负担劳役和实物地租税。其中，差巴既要支内差，即向自己的直属领主交纳实物、负担劳役；又要支外差，即向地方政府支乌拉差。管理者按照差岗地面积大小，对农民差巴摊派乌拉差；对牧民差巴的摊派则按照牛羊数量来计算，每 3 年重新计算一次，支差种类与农奴有所区别。由于差役赋税沉重，柳豁卡的农奴多次展开与豁本及其代理人的斗争。例如，九世班禅家族管理

---

① 西藏社会历史调查资料丛刊编辑组编、《中国少数民族社会历史调查资料丛刊》修订编辑委员会：《藏族社会历史调查》（五），民族出版社，2009，第 185 ~ 187 页。

柳黢卡期间，曾由藏军军官龙觉康萨·尼玛登珠任黢本，前后5年。他不断增加柳黢卡农奴的差役，逼迫他们花大量时间去耕种黢卡的自营地，差巴们不堪剥削，集体赴日喀则的尼玛登珠家中抗议，尼玛登珠害怕他们去扎什伦布寺告状，只好答应减差。后来又有一个叫香·日岸巴的任柳黢卡黢本达五六年之久，他依仗裙带关系，增加了一些新差役，并任意处罚百姓，激起了强烈的民愤。农奴们联合起来到扎什伦布寺抗议，要求班禅亲自接见他们。斗争持续了3年，终于迫使班禅家族撤换了日岸巴，并明文减去一些乌拉差。①

1951年，西藏实现和平解放。1959年下半年，西藏开始进行民主改革，同年12月，将原彭措林宗、拉孜宗和柳、西嘎、扎西岗、若作四个黢卡合并为拉孜县，成立了县人民政府，隶属日喀则地区管辖。县政府驻地最初设在拉孜雪（现拉孜镇），1968年7月迁至曲下区（现曲下镇）。拉孜县设立后，全县分为6个区。其中，以柳黢卡为中心成立了柳区，下辖孜龙、柳、热萨、宗白、帕如五个乡。柳乡所辖包括今柳村和春门村。民主改革时期，柳乡也开展了土地改革等一系列活动，社会制度发生彻底变化（参见表1-18）。②

表1-18　1964年柳乡人口社会阶层划分情况统计

项目	户数					人口数				
	合计	贫苦农奴	中等农奴	富裕农奴	代理人	合计	贫苦农奴	中等农奴	富裕农奴	代理人
数量	148	124	17	1	6	872	670	129	18	55

土地改革之后不久，西藏农牧民就开展了建立互助组的活动。柳乡群众也组织了不同类型的农民合作组织（见表1-19）。

---

① 西藏社会历史调查资料丛刊编辑组编、《中国少数民族社会历史调查资料丛刊》修订编辑委员会：《藏族社会历史调查》（五），民族出版社，2009，第188～189页。

② 资料来源于《柳区各乡基本情况统计表》（1964年），资料藏于中共拉孜县委档案馆。课题组在该馆查阅档案时，所需资料均由该馆负责人员代为复印，因而遗漏了卷宗号。本章以下所引该馆档案资料来源情况相同，不再一一说明。

表 1 – 19　20 世纪 60 年代柳乡人口和农业生产组织统计

年份 ＼ 项目	总人口		互助组			常年组		穷棒子		季节组		计划转常年			互助组长	成分		组长分类		
	户数	人数	组数	户数	人数	组数	户数	组数	户数	组数	户数	组数	户数	人数	人数	贫农	中农	一类	二类	三类
1964	—	—	25	141	822	2	11			23	130	2	11					11	7	8
1965	152	864	22	146	808	2	14	9	51						25	23	2			

资料来源:《柳区各类互助组情况统计表》(1964 年)、《柳区农业生产互助组情况统计表》(1965 年),资料藏于中共拉孜县委档案馆。

　　1965 年,中共中央决定于西藏自治区成立之时,结合社会主义改造,在西藏进行人民公社试点,实行公社、生产队两级所有,队为基础,保留自留地、自留畜等。柳乡的行政建制由此改为柳公社,归柳区管辖。柳公社下分 4 个生产队,一般称为一队、二队、三队、四队。根据相关资料记载,1971 年之前,柳区所辖的 5 个公社(即柳、孜龙、帕如、热萨、宗白)共有单干户 33 户 295 人,其中柳公社没有单干户。[①]

　　20 世纪 80 年代中期以后,随着家庭联产承包责任制的推行,西藏的人民公社逐步撤销,全面恢复乡的建制。柳公社改为柳乡,原先的一队、二队、三队、四队改为柳、吾木宗、孜龙、西嘎四个行政村。大约在 20 世纪 80 年代末或 90 年代初,春门从柳村脱离出去,单独成为一个行政村。该村位于柳乡西南山沟,距乡政府 10 千米,距离柳村查嘎自然组也有几公里,平均海拔 4300 米。由于地理环境和气候的限制,基本上是靠天吃饭。一旦发生较大的自然灾害,如干旱、冰雹、洪灾等,群众的生产生活将更加困难,因灾致贫、因灾返贫的现象比较严重。春门分立出去后,柳村群众的人均收入水平相应提高(参见表 1 – 20)。

　　目前,柳村共有 4 个村民小组,亦即由查嘎、柳普、杂三个自然村(组)和新区的萨贝组的居民组成,查嘎是柳乡自然条件相对较好的自然村,距离 318 国道边的乡政府约 2.8 千米,人口较为密集,村委会亦设在那里,柳普和杂则相对偏僻。

---

　　① 《柳区单干户农牧业生产情况统计表》(1972 年 1 月),资料藏于中共拉孜县委档案馆。

表 1 – 20　1990 年柳乡农村组织和人口情况统计

生产队个数	其中实行大包干的队数和户数	人口												农村劳动力中女劳动力
		总户数	其中		总人口	其中		劳动力	其中					
			农业户	牧业户		农业人口	牧业人口		农林牧副渔	社办工业	建筑	交通运输等	文教卫生和社会福利事业	外出临时（合同）工	
4	4/199	199	199	0	1140	1032	108	790	764	0	20	0	4	2	400

注：本表根据《1990 年柳区农村政社组织情况》资料制作，资料藏于中共拉孜县委档案馆。

截至 2012 年 6 月，全村共有居民 297 户 1453 人，全部是藏族。其中：男性 700 多人，女性比男性多数十人；60 岁以上老人 60 多人。查嘎自然村人口最为密集，有 130 户人家（参见表 1 – 21）。

表 1 – 21　柳村户数人口基本情况统计（2012 年 6 月）

数量＼类别	总户数	总人口	各类学生
人数（户/人）	297	1453	324
全村总比例（%）	100	100	22.29

二　土地和经济活动

历史上，柳村居民经济活动以农业为主，牧业占有一定比重。其土地属于沙壤土，土壤保水保肥性差，土壤较贫瘠。由于地理位置的原因，以及气候恶劣，整体土壤有机质含量低，土质差，适应种植的作物品种单一，主要农作物有青稞、小麦、豌豆、马铃薯等。动物资源主要有牦牛、绵羊、山羊等；野生动物有狐狸、藏雪鸡、斑鸠等。

民主改革前，柳谿卡是后藏重要谿卡之一，虽然历经变动，其所管辖的范围与其他谿卡相比可谓不小。根据 20 世纪 50 年代末 60 年代初的调查，当时柳谿卡管辖的范围如表 1 – 22 所示。①

①　此表根据西藏社会历史调查资料丛刊编辑组编、《中国少数民族社会历史调查资料丛刊》修订编辑委员会《藏族社会历史调查》（五）第 185 页相关数据制作。"岗"为当地度量单位，原著和修订者均没有进行注释和说明。

表 1-22　民主改革前柳黺卡管辖范围统计

地点	黺卡中心	春门	芒岗	龙白	宗白	吾木宗	普通觉甲	普通桑母觉	帕如牧场
数量	37.5岗	7岗	13岗	3岗	4岗	5岗	3.25岗	3.25岗	1个

根据当时的调查，柳黺卡大约有 3400 克[①]耕地，人均 5 克，其中黺卡自营地占 765 克，余下的 2600 克为农奴使用的差地，分成差岗，由差巴以支差为条件耕种。全部耕地以中等年景计算，产量共计 23800 克。[②] 柳黺卡的水利条件不算太差，每年组织维修水渠达 12 次。因此，耕地按土质、水利等条件分为上、中、下三等，中下等的一般掺杂有较多沙石乃至石块（见表 1-23）。[③]

表 1-23　1958 年柳黺卡耕地分类情况统计

种类 ＼ 性质	岗地自种（含黺卡自营地）				佃入地			
	上等	中等	下等	总计	上等	中等	下等	总计
面积（克）	733.35	1152.75	1152.61	3038.71	49.35	127.05	196.65	373.05
占比（%）	24.13	37.94	37.93	100.00	13.23	34.06	52.71	100.00

黺卡居民多数兼养牛、羊、驴、马等牲畜，除马、驴和部分牛作为役畜外，大多数人家都畜养奶牛、山羊和绵羊，以收取肉、奶、酥油和羊毛供日常生活所需，少数富户拥有较大的畜群，也是极重要的生产收入。全黺卡各类牲畜数量统计如表 1-24。[④]

表 1-24　民主改革前柳黺卡各类牲畜统计

单位：头、只、匹

种类	马	驴	牦牛	犏牛	耕牛	奶牛	黄牛	绵羊	山羊	小羊
数量	41	304.5	282.5	52	23	177.5	92	2320	3503	812

注：原书没有注明各类牲畜统计单位。

---

① 西藏度量单位，应同朗塞岭黺卡使用的"克"，柳黺卡调查组根据发音写为"尅"，本书统一改为"克"，下同。

② 西藏社会历史调查资料丛刊编辑组编、《中国少数民族社会历史调查资料丛刊》修订编辑委员会：《藏族社会历史调查》（五），民族出版社，2009，第 185 页。

③ 西藏社会历史调查资料丛刊编辑组编、《中国少数民族社会历史调查资料丛刊》修订编辑委员会：《藏族社会历史调查》（五），民族出版社，2009，第 193 页。

④ 西藏社会历史调查资料丛刊编辑组编、《中国少数民族社会历史调查资料丛刊》修订编辑委员会：《藏族社会历史调查》（五），民族出版社，2009，第 185 页。

除此之外，谿卡里还有 8 户居民以手工业为生，其中 5 户是铁匠，基本不耕种土地。其他的则为兼营手工业和副业，种类包括银匠、铜匠、木工、裁缝、屠宰、榨油、碾磨等。纺织则是家家户户都做的副业，既制作家人穿用的毛织物，也有为他人加工的。

　　由于柳谿卡土地较为贫瘠，加之差役繁重，农奴生活十分贫苦，借贷现象严重。对此，20 世纪 50～60 年代的调查资料有着较为详细的记录。[①]民主改革时期，农奴们获得了人身自由，分到了土地、房屋、牲畜、农具等生产生活资料，组织了生产互助组，劳动生产力得到一定提高。表 1－25～表 1－27 为 20 世纪 60 年代柳乡农牧业生产情况。

表 1－25　1964 年冬柳乡农业生产情况统计表

积肥（驮）		冬灌地（克）	冬修水利				兴修水利所花工日（天）	改造低产田（克）				当年新开荒地（克）	已运回草皮数（驮）
			水渠（条）		水塘（口）								
草皮肥料	家畜肥料		新修	整修	新修	整修		小计	属改良土壤的	属改善水利条件的	属消灭杂草的		
8845	68680	457		12			358	400			400	2	4423

　　资料来源：《柳乡六四年冬农业生产情况其数宗统计表》，填表日期为 1964 年 12 月 13 日，资料藏于中共拉孜县委档案馆。

表 1－26　1964 年冬柳乡牧业生产情况统计表

单位：头、只、个

山绵羊						大牲畜						整修棚圈数	储草越冬斤数
总头数	膘情			配种		总头数	膘情			配种			
	上	中	下	配种数	怀孕数		上	中	下	配种数	怀孕数		
3604	1071	1765	768	1300	820	1162	607	460	95	443	230	8	2610

　　资料来源：《柳乡六四年冬牧业生产情况统计表》，资料藏于中共拉孜县委档案馆。

　　民主改革以前，柳谿卡除了谿本居住的庄园旁有林卡外，其他地方的

---

　　① 参见西藏社会历史调查资料丛刊编辑组编、《中国少数民族社会历史调查资料丛刊》修订编辑委员会《藏族社会历史调查》（五），民族出版社，2009，第 85～388 页。

树木极少。而从表 1 - 27 可以看出，仅 1967 年柳乡植树造林就达 2000 多株。生产方式也有改变，包括开垦荒地、水利建设、农肥使用、推广新式农具，等等。由于柳谿卡的范围比柳乡大，故表 1 - 26 所反映的柳乡牲畜总数量不及表 1 - 24 所显示的柳谿卡牲畜数量多。

图 1 - 12　柳村查嘎组民居院内的林卡（方素梅摄于 2012 年 7 月）

根据相关资料，柳乡大约于 20 世纪 70 年代初期成立了人民公社，属柳区管辖。当时，柳区所辖的 5 个公社（即柳、孜龙、帕如、热萨、宗白）共有单干户 33 户 295 人，其中柳公社没有单干户。① 表 1 - 28 ~ 表 1 - 34 为 20 世纪 70 ~ 80 年代人民公社时期柳公社生产情况。

从表 1 - 32 可以看出，20 世纪 80 年代中期，柳公社的畜牧业生产比较突出，1985 年牲畜存栏达到了 7315 头（只），数量超过 20 世纪 50 年代和 60 年代的统计。此外，这一时期当地农民外出务工增加，外出务工收入逐渐成为村民家庭收入的重要组成部分。之后，柳公社恢复为柳乡，表 1 - 35 ~ 表 1 - 37 为 1990 年柳乡生产情况。

---

① 《柳区单干户农牧业生产情况统计表》（1972 年 1 月），资料藏于中共拉孜县委档案馆。

表 1－27　1967 年柳乡生产情况统计表

单位：克、条、个、件

总耕地面积		计划面积	比去年扩大面积	水利建设					增施肥料			改造低产田	丰产田	推广使用新式农具			选换良种克数	牧业		当年植树造林株数
	其中新开荒地			新修水渠	新修水塘	整修水渠	整修水塘	扩大灌溉面积	施肥面积	单位施肥亩数	比去年增加			步犁	使用件数	耕土地面积		牲畜头数	产羔成活数	
3470.45	13.1	3400.45	77.8	1	1	38	13	138	3392.45	43	8	50.15	300	65	60	2100	3.5	1463	1514	2485

资料来源：《柳乡农业生产情况统计表》，填表日期为 1967 年 6 月 11 日，资料藏于中共拉孜县委档案馆。

表 1－28　柳公社入社时土地与牲畜统计表

单位：克、头、只

队别	集体土地	耕牛				犏牛			毛耕牛			牦牛			山羊		绵羊		马			毛驴			自留地	自留畜
		一等	二等	三等	四等	一等	二等	三等	一等	二等	三等	一等	二等	三等	大	小	大	小	一等	二等	三等	一等	二等	三等		
一队	800	12	17	9	2	5	4	1	0	3	0	0	3	0	476	0	106	0	1	1	0	36	39	19	21.7	58
二队	911.95	12	15	7	8	10	7	0	1	3	0	0	1	2	345	110	204	68	0	2	0	25	48	28	23.8	85
三队	545	1	1	4	0	10	1	0	12	10	3	12	68	0	686	245	350	125	2	0	0	12	12	11	14.8	—
四队	763.45	9	9	13	1	5	3	0	14	9	6	0	128	0	718	180	454	119	1	0	2	4	51	23	25.3	86
合计	3020.4	34	42	33	11	30	15	1	27	25	9	12	200	2	2225	535	1114	312	4	3	2	77	150	81	85.6	—
说明	1. 一队 5 等耕牛 6 头，小毛驴一等 1 头、二等 1 头。2. 二队小毛驴一等 8 头。3. 四队 5 等耕牛 10 头，一等犏牛 2 头、二等犏牛 10 头。																									

资料来源：《柳公社入社时土地、牲畜》，填表日期为 1972 年 7 月 18 日，资料藏于中共拉孜县委档案馆。

表 1-29 柳公社入社时农具统计

单位：把、只、条、个

项目/队别	藏犁	犁头	抬杠	耙子	锄头	铁锹	毛口袋	粮食袋	马鞍子	驴鞍子	牛皮绳	草绳	牛毛绳	肥料袋	牛散子	十字镐	水磨	油坊
一队	34	30	25	13	26	16	92	—	—	92	—	188	63	199	—	—	—	—
二队	51	50	26	18	32	18	240	174	—	104	90	255	—	—	—	—	—	—
三队	34	37	16	—	9	—	—	—	2	33	31	93	10	77	12	—	—	—
四队	58	88	29	16	29	16	194	194	4	94	94	94	94	154	94	18	2	4
合计	177	205	96	47	96	50	332	368	6	229	121	536	167	430	106	18	2	4

资料来源：《柳公社入社时农具统计》，填表日期为 1972 年 7 月 20 日，资料藏于中共拉孜县委档案馆。

表 1-30 20 世纪 70 年代初期柳公社农牧业生产基本情况表

单位：亩、市斤、元

项目/年份	人口		粮食产量					油菜			牲畜									收入		
	户	人	土地面积	实播面积	单产	总产	社员分粮	播种面积	单产	总产	牦牛	黄牛	奶牛	马	猪	驴	山羊	绵羊	犏牛	总头只	副业收入	总收入
1970	165	957	3369.4	3085.8	236	720948.4	405170	204	247	50233.8	253	278	25	12	9	371	4041	2405	55	7389	7845.21	142177.95
1971	166	970	3558.5	3441.7	197	667916	405632	165.75	223	36305.9	294	191	23	12	14	347	4971	2663	54	8569	9298.14	140239.12
1972	—	—	—	—	—	—	—	—	—	—	—	—	22	15	30	316	5152	2713	50	8756	9466.69	97617.04
1973	187	995	3628.4	3443.1	214	708909.5	442878	192	229	42144	276	188	11	14	28	304	1285	2590	41	8740	7854.44	114140.32

资料来源：《柳公社办社以来牧业生产基本情况表》，填表时间为 1977 年，此时土地面积和粮油产量计量单位已经分别填写为"亩"和"市斤"。资料藏于中共拉孜县委档案馆，复印时遗漏了 1972 年的农业生产基本情况一页。

表 1-31　1985 年柳公社农作物种植情况半年统计表

单位：亩

播种面积总计	粮食作物				经济作物		其他农作物	
	合计	小麦	净种青稞	油菜青稞豌豆混种	合计	油菜含混合但折净面积	合计	蔬菜
3488.18	3386.78	570	273	2543.78	31.4	31.4	10	10

资料来源：《柳区 1985 年农作物种植情况半年统计表》，资料藏于中共拉孜县委档案馆。

表 1-32　1985 年柳公社畜牧业半年情况

单位：头、只、匹

期末牲畜存栏数（头）	大畜					羊			成畜损失情况			主要畜产品产量（张、斤）								
	合计	其中				合计	其中		合计	死亡		牛皮	羊皮	绵羊毛	牛绒	山羊绒	牛奶	羊奶	酥油	羔皮
		牛	马	驴	骡		绵羊	细毛羊		小计	其中大畜									
7315	1077	770	7	298	2	6240	2380	3860	79	79	9	3	70	70	3	140	50	0	150	179

资料来源：《柳区 1985 年畜牧业半年情况》，资料藏于中共拉孜县委档案馆。

表 1-33　1985 年柳公社农业生产基本情况半年统计表

农田水利基本情况				燕麦投土壤处理面积（亩）	使用优良品种情况（斤）		
维修水渠（条）	维修水塘（个）	上年实际灌溉面积（亩）	改土（亩）		合计	其中	
						青稞	油菜
43	41	3418.18	50	560	300	280	20

资料来源：《柳区 1985 年农业生产基本情况半年统计表》，资料藏于中共拉孜县委档案馆。

表 1-34　1985 年上半年柳公社副业收入情况

单位：元

副业总收入	其中		
	手工业收入	运输收入	外出劳务及其他收入
34025	500	5000	28525

资料来源：《柳区 1985 年副业上半年收入情况》，资料藏于中共拉孜县委档案馆。

表 1－35　1990 年柳乡农作物及其副产品产量统计表

项目	粮食作物（斤）合计	其中 青稞	其中 小麦	其中 豌豆	经济作物（斤）总计	油菜籽	其他农作物（斤）总计	蔬菜	粮食作物副产品（斤）总计	小麦秸	青稞秸	豆秸	经济作物副产品（市担）总计	油菜秆	其他作物副产品
合计	283249.7	127373.7	9376.9	6230.7	18179.8	18179.8	52225	52225	566699.2	124614	254727.4	9160	36359.6	36359.6	40630

说明：一市担等于 100 市斤。农作物副产品指晒干后重量。

注：本表根据 1990 年柳区《农作物产量》《农作物副产品数量》相关数据制作，资料藏于中共拉孜县委档案馆。

表 1－36　1990 年柳乡牧业生产情况表

单位：头、只、匹

	性畜总头数	役牛 合计	役牛 奶牛	役牛 能繁殖母畜	役牛 三岁以下幼畜	役牛 成畜死亡数	牦牛 合计	牦牛 奶牛	牦牛 能繁殖母畜	牦牛 三岁以下幼畜	牦牛 成畜死亡数	黄牛 合计	黄牛 奶牛	黄牛 能繁殖母畜	黄牛 三岁以下幼畜	黄牛 成畜死亡数	犏牛 合计	犏牛 奶牛	犏牛 能繁殖母畜	犏牛 三岁以下幼畜	犏牛 成畜死亡数	马 合计	马 能繁殖母畜	马 四岁以下幼畜	马 成畜死亡数	驴 合计	驴 能繁殖母畜	驴 三岁以下幼畜	驴 成畜死亡数	羊（山羊和绵羊）合计	羊 能繁殖母畜	羊 当年生仔畜	羊 当年死亡	家禽 鸡 总计
	7125	1158	606	329	90	115	487	343	268	122	75	38	29			1	33	10	10	20	0	3	1	0	1	306	135	157	19	5730	2456	1739	539	237

说明：成畜死亡数指一岁以上性畜死亡数。

注：本表根据《1990 年柳区牧业生产情况（年底性畜存栏头数）》（一）（二）（三）数据制作，资料藏于中共拉孜县委档案馆。

表 1 – 37　1990 年柳乡林业生产情况

营林情况					
年末实有林地面积（亩）	当年造林（亩）		当年零星植树（株）		年末实有育苗面积（亩）
	造林面积	实际成活面积	植树数量	实际成活数	
29	9	9	5580	2232	1.25

注：本表根据 1990 年柳区《林业生产情况》相关数据制作，资料藏于中共拉孜县委档案馆。

1988 年以前，春门和柳普是柳村比较贫困的自然村，春门独立为村后，柳村的经济水平相应提高。然而，由于整个村子处于半坡上，土层较薄，沙石较多，不利于农业机械的推行。坡地草产量少，草质差，鼠害及草场退化、沙化严重，可利用草场面积逐年减少，草畜矛盾增加。故此，长期以来柳村经济发展迟缓，村民生活一直得不到有效改善，2010 年人均收入 2580 元。2010 年，柳村所属的柳乡被列为日喀则地区 2008～2010 年西藏自治区实施整乡推进项目的 10 个乡之一。

截至 2012 年 6 月，柳村共有耕地面积 3348 亩，可灌溉面积 2391 亩。柳乡沿着国道有林地 3000 多亩，其中柳村 957 亩，但是几乎没有果树。全村有牧草地 15 万亩，2011 年 3 月承包到户，30% 的草场是按照人口来分，70% 的草场按照牲畜数量来分配。2000 年，国家无偿征用柳村的 3 亩土地建造太阳能电厂，2011 年又退回给村子，已经承包到户。

目前，柳村的主要农作物为青稞、小麦、豌豆，蔬菜主要为土豆、萝卜等。2011 年，全村种植青稞 1853 亩，小麦 109 亩，土豆、萝卜和其他蔬菜 549 亩；粮食产量 613.11 万吨，蔬菜产量 162.22 万吨。经济作物主要为油菜籽，2011 年种植 630 亩，产量 117.25 万吨；另种植苜蓿草 207 亩。当年，全村农业收入为 152.26 万元。

2011 年，全村养殖奶牛 265 头，每户至少 1 头；肉牛 72 头，牦牛 154 头，驴 271 头，犏牛 87 头；山羊 4273 只，绵羊 2755 只；其他家禽 185 只。全村畜牧收入为 2.36 万元。

近年来，柳村经济活动除了农业生产外，外出务工成为村民现金收入的主要来源。特别是 318 国道的修复，给柳村群众创造了务工机会。2011年，全村劳务收入为 135.10 万元，几乎与农业收入相当。

柳村没有市场，村民自办的小卖部有十余家。村里无农产品加工企

图 1 – 13　柳村查嘎组居民放牧途中（方素梅摄于 2012 年 7 月）

业，有一户人家从事焊接加工。目前，村里还没有生产合作组织。以满足家庭需要的农副产品加工各家均有，特别是传统的毛纺织业，闲暇时间大多都在进行。

三　村庄治理与公共服务

长期以来，柳村的查嘎自然村作为柳乡政府所在地，村庄治理和公共服务在全乡中发展较好。2006 年后，随着乡政府、卫生院、学校、派出所等机构迁往 318 国道旁的新区，柳村不再拥有全乡行政中心的热闹与便利。原来的乡政府驻地，转而成为柳村村委会的办公场所，同时，村医务室也设立在同一场院里，包括办公室 1 间、会议室 2 间、多媒体室 1 间、农家书屋 1 间、卫生室 2 间。

2011 年 10 月，日喀则地区第一高中驻村工作队进驻柳村，对柳村的村庄治理与公共服务建设起到了积极的推动作用。该工作队围绕"创先争优，强基础，惠民生活动"，开展基层建设年活动。一是加强基层组织建设，提高村党支部的执政能力。首先，利用村两委换届选举时机，深入村民中开展调研，走访了解村情民意，使村两委选举按

图 1-14　柳村党支部办公处（方素梅摄于 2012 年 7 月）

组织和群众意图实现，加强了班子队伍建设。其次，着力抓好党员队伍建设，对支部委员进行分工，无职务党员进行协作，使每个党员都有事可做，同时开展组织生活和专题学习，以提高党员的政治思想水平，增强了党支部的执政能力。二是建立和完善各项规章制度，加强组织建设。包括投入 3200 多元制作宣传栏，帮助制定和完善村党支部工作职责、村委会工作职责、财务管理制度、财务公开制度、依法治村工作规则等。三是及时开展村务公开，加强民主管理。驻村开展工作以来，坚持一个季度公布一次财务收入情况，做到村级财务收支清楚，债权、债务明晰。①

　　截至 2012 年 6 月，柳村有党员 26 人，其中男性 23 人，女性 3 人。村党支部第一书记由大学生村官兼任。这是一个 23 岁的藏族小伙子，老家在日喀则，2011 年 9 月到任。村党支部的另一名支书现年 53 岁，是柳村人，男性，小学文化程度，入党 4 年。村支书原来的工资标准是每年 4000

---

① 《日喀则地区一高驻拉孜县柳乡柳村工作队工作总结》，2012 年 6 月 15 日。

元，据说 2012 年提高到每年 5740 元，但是截至 7 月还没有落实到位。现任村委会主任 50 岁，男性，初中文化程度，中共党员，工资标准与村支书相同。年底工作考核合格后，他们均可获得 1394 元的奖励。其他村干部 2012 年的基本报酬是 2870 元/年，业绩考核合格可获奖励 697 元。村干部每两年可参加一次体检，补贴金额是 300 元。

柳村近年开展的公共事务主要包括修建道路和村委会。查嘎自然村通往 318 国道的道路状况原来很差，2011 年，日喀则地区第一高中驻柳村工作队从 10 万元的启动资金中，投入近 5 万元，组织群众撬开山崖、搭建路坝、开沟引渠，修建了一条长 450 米、宽 4 米的村道，各户以出工为主，出工少的则出资，每户出工按工分计算，年底时则折合为金额。这条道路的修建，大大方便了村民生活。驻村工作队还投入价值 7.5 万元的石料，由村民出工，对村委会进行硬化整治，使村委会办公活动场所的环境得到显著改善。

此外，还开展了小型农田水利基本建设、小水塘、植树造林等公共事务活动。由于每年山洪暴发都会冲毁耕地，柳村群众对修筑拦洪坝的要求强烈。驻村工作队于是垫资 8.4015 万元，修建了总长 183 米的拦洪护塘、护田堤坝，不仅防止水土流失，提高抵御洪水灾害能力，以消除因洪水冲毁而每年减少四五亩耕地面积的隐患，而且对于保护水塘正常运转，确保本村主产区近 1500 亩农田灌溉得到长远的有效保证，进而使该村 289 户 1375 名群众从中受益。同时，驻村工作队又投入 3.1 万元，对堵塞渗漏情况严重的边玛水塘进行清淤改建，预计可以解决 500 多亩农田灌溉难的问题；向上级部门争取到价值 1.125 万元的水泥管道，对柳普自然组上端泥石流区域的灌溉水渠进行改造。[①]

表 1-38　2012 年柳村公共基础设施基本情况统计

类别	村委会办公场所	会议室	多媒体室	农家书屋	卫生室	垃圾填埋场	学前班
数量（个）	1	2	1	1	1	1	1

① 《日喀则地区一高驻拉孜县柳乡柳村工作队工作总结》，2012 年 6 月 15 日。

目前，柳村的道路为沙石路面。自来水部分覆盖，有200户居民可以饮用。饮用水来源为山上的泉水，虽然没有经过集中净化处理，但在拉孜县有关单位的帮助下，查嘎自然组已经较好地解决了安全饮水方面的问题。柳普自然组60户也于2004年落实了安全饮水项目，但由于设备出现故障，自来水水管以及设备需要维修，截至2012年7月仍未能解决安全饮水问题。村庄无污水排放管道。查嘎自然村有一条山上雨水流下自然形成的小溪或小水沟，村民在此浣洗衣物，牲畜也在此饮水。灌溉用水为地表水，山上修建了3个较大的蓄水池，小的蓄水池则多些。村庄实行垃圾集中堆放，然后进行焚烧处理，但是只有一个垃圾填埋场。驻村工作队计划申请县环保局提供更多的垃圾箱以及在规定的地点开挖垃圾处理点，在本村内招收垃圾处理专职人员，为他们提供生活补贴。

村庄电力基本全覆盖，只有两户牧民无法使用。这两户在村子里有房子，但因承包了草场，因此常年在山上放牧。电价每度0.5元。固定电话或移动电话基本每家都有。广播电视也部分覆盖，截至2012年7月有112户人家可以收看有线电视，有40户人家接通广播。柳村原来实施过沼气池项目，有41户人家修建了沼气池，由于气少，许多人家已经废弃，只有部分家庭仍然在使用。柳村有一名初级农业技术人员，是县农牧局派来的，月工资4000多元。

柳村的学校教育是民主改革以后才发展起来的。2012年以前，查嘎一直是全乡教育中心。乡政府搬迁到新区以后，在那里修建了新校址，柳乡中心小学搬迁过去后，原先的校舍就用于开办学前班，学制一年，有2名公办老师，他们是原来乡中心小学的老师，因临近退休，故而留在村中教学前班，开设课程门类还不齐全。我们在学校调研时，看到这个学前班大约有20多名学生，均为走读，因为没有厨师，所以无法提供午餐。这些学生基本都是查嘎组居民的子女，新区的中心小学没有设立学前班，所以那里居民的子女还不能享受学前教育。柳乡没有中学，当地居民子女需要到县城或日喀则就读初中和高中。

柳乡的医疗机构原先也是设立在查嘎自然村，村民就医十分方便，但是设施较为简陋，一般只是给村民开些常用药和打针。2006年，乡卫生所搬迁到新区乡政府旁的新址，并更名为柳乡卫生院，设施条件大为改善，

图 1-15　柳村学前班学生在上课（方素梅摄于 2012 年 7 月）

医生业务水平也有提高。乡卫生所搬走后，柳村建立了村医务室，办公地点就设在乡卫生所旧址，共 2 间房。医务室有村医 2 名，分别为 31 岁和 26 岁，均为男性。他们都参加过专业培训，可以治疗感冒等常见病，或是进行药物注射等。

柳村以前是扎什伦布寺的豁卡，供奉着扎什伦布寺，因此他们朝拜的寺庙主要是扎什伦布寺，以及萨迦寺等。除此之外，在村子附近的山沟里，原先有一个兴龙寺，也是村民朝拜的寺庙，由于交通不便，村民难以进山，近年在大家的呼吁下，向上级申请获得了一些经费，正在将该寺搬迁到公路边。柳村附近没有神山，有的村民到较远的地方朝拜神山，如冈底斯山神山。在柳村，有一个拉康、一个白塔，建设与维护费用由群众集资。平时的宗教活动主要在这两个地方进行。

柳村有文化底蕴非常浓厚的传统藏戏和令巴（拉孜堆谐），正在申请加入国家二级非物质文化遗产保护名录。村里有藏戏团，成员 13～15 人，每年活动 3～4 次。除了在村里表演，也应邀到日喀则和其他县演出。柳村有一个图书室，计划于 2012 年底在村委会院内修建一个体育健身场所。

柳村没有敬老院，计划修建一个老年活动中心。当地藏族有孝顺的传统，老人都由家庭赡养。全村只有 2 个五保户，由政府发放五保金。平时老人都在村里的白塔转经，也帮助照看孙辈，或是做些力所能及的农活或家务。村里的 7 个孤寡老人都有亲戚照顾，他们一般是自己居住，亲戚时常来照看，并帮助耕种土地。老人不愿去敬老院，即使是五保户也不愿意去，可能与观念或风俗有关。

全村 297 户人家都参加了新型农村合作医疗，80% 的家庭参加了农村社会养老保险。58 户人家享受农村最低生活保障待遇。这里灾害还是比较频繁的，2011 年柳村就遭受水灾，虽然对房屋损害不大，但是河沿的农田被冲毁不少，受灾面积超过 1 亩的农户都获得了国家补贴，村里还有几只牛羊被水冲走。

第三节　居民问卷数据分析

一　问卷对象基本情况

课题组于 2012 年 6 ~ 7 月在朗塞岭村和柳村开展田野回访期间，共完成居民问卷 96 份。经整理录入后，主要使用统计软件 SPSS 加以分析。基本情况见表 1 – 39。

受访对象中，藏族占 86.5%；男女比例为 51∶49；24 ~ 30 岁受访者占 5.6%，31 ~ 40 岁受访者占 8.9%，41 ~ 50 岁受访者占 25.6%，51 ~ 60 岁受访者比例最高为 32.2%，61 ~ 89 岁的老年受访者占 27.8%；就家庭规模而言，1 ~ 3 人的家庭占 15.9%，4 ~ 7 人的受访家庭比例最高为 55.7%，8 人以上的家庭占 28.4%；语言方面，使用藏语的受访者占 95.4%，使用汉语的受访者比例为 23.0%；宗教信仰方面，全部受访者信仰佛教，其中 1.1% 特别指明了藏传佛教；宗族方面，大姓受访者占 24.5%，中姓受访者占 34%，小姓受访者占比最多 41.5%；政治面貌上，中共党员占 19.5%；现任职务上，68.3% 的受访者无职务；就业方面，在家务农比例最高为 82.2%，外出打工的受访者占 11.1%。以上为受访者群体的基本特征。

表 1 - 39 受访对象基本情况

		样本量	百分比（%）			样本量	百分比（%）
民族	未注明	13	13.5	宗教信仰	佛教	88	98.90
	藏族	83	86.5		藏传佛教	1	1.10
	合计	96	100.0		合计	89	100.0
性别	男	48	51	宗族	大姓	13	24.5
	女	46	49		中姓	18	34.0
	合计	94	100		小姓	22	41.5
年龄	61～89	25	27.80		合计	53	100.0
	51～60	29	32.20	政治面貌	中共党员	17	19.5
	41～50	23	25.60		非党员	70	80.5
	31～40	8	8.90		合计	87	100.0
	24～30	5	5.60	现任职务	村党支书	2	3.3
	合计	90	100.1		村委会主任	3	5.0
家庭人口	1～3人	14	15.9		党支部或村委会成员	2	3.3
	4～7人	49	55.7		村民小组长	1	1.7
	8人及以上	25	28.4		无职务	41	68.3
	合计	88	100.0		其他（请注明）	11	18.3
语言	汉语	20	23.0		合计	60	100.0
	藏语	83	95.4	就业现状	在家务农	74	82.2
	民族语言为主	13	14.9		村办集体企业职工	1	1.1
	汉语为主	0	0.0		外出打工	10	11.1
	合计	87	100.0		无业或家务	2	2.2
					其他（请注明）	3	3.3
					合计	90	100.0

二 家庭日常生活状况

（一）房屋与居住情况

房屋与居住情况反映了居民生活的基本情况。在房屋面积方面，受访者中家庭住房面积 112~200 平方米的比例最高，达 41.1%；100 平方米以下的受访者占 19.2%；也有 5.5% 的受访对象住房面积达到 1000 平方米以上。在房屋结构方面，藏族传统的砖（石）木结构比例最高（78.3%），钢筋混凝土住房比例最低为 7.6%。在建造费用方面，37.8% 的受访者建造房屋花费了 3.1 万~6 万元，36.6% 的受访者花费 3 万元及以下，13.4% 的受访者花费 6.1 万~10 万元，还有 6.1% 的受访者花费在 20 万元以上。在建造费用构成方面，71.88% 的受访者有借款，平均借款 2.6 万元；28.13% 的受访者享受了各种形式的国家资助，平均金额为 1.2 万元。

表 1－40　房屋与居住情况

	平方米	样本量	百分比（%）			
房屋面积	100 以下	14	19.2			
	112~200	30	41.1			
	220~300	12	16.4			
	345~864	13	17.8			
	1000 以上	4	5.5			
	合计	73	100.0			
房屋结构		样本量	百分比（%）			
	钢筋混凝土	7	7.6			
	砖（石）木	72	78.3			
	竹草土坯结构	13	14.1			
	合计	92	100.0			
建造费用金额	（元）	样本量	百分比（%）			
	3 万及以下	30	36.60			
	3.1 万~6 万	31	37.80			
	6.1 万~10 万	11	13.40			
	10.1 万~20 万	5	6.10			
	20 万以上	5	6.10			
	合计	82	100.00			
建造费用构成	（万元）	样本量	百分比（%）	最大值	最小值	平均数
	借款	69	71.88	28	0.1	2.6
	资助	27	28.13	8	0.05	1.2

（二）耐用消费品拥有情况

耐用消费品拥有情况反映了居民日常生活的水平。根据表 1 - 41，受访者耐用消费品拥有情况通过彩色电视机、影碟机、洗衣机、固定电话、手机、电脑、摩托车等大件消费品进行的测量。其中，84.8%的受访者拥有 1 台彩色电视机，91.4%的受访者拥有 1 台影碟机，49 位受访者家庭拥有固定电话，61 位受访者拥有手机，44 位受访者拥有摩托车。

表 1 - 41　耐用消费品拥有情况

		样本量	百分比（%）			样本量	百分比（%）
彩色电视机（台）	1	78	84.8	手机（部）	1	29	47.5
	2	14	15.2		2	15	24.6
	合计	92	100.0		3	12	19.7
影碟机（台）	1	64	91.4		4	4	6.6
	2	6	8.6		6	1	1.6
	合计	70	100.0		合计	61	100.0
洗衣机（台）	1	11	100.0	电脑（台）	1	2	100.0
	合计	11	100.0		合计	2	100.0
固定电话（部）	1	49	100.0	摩托车（辆）	1	43	97.7
	合计	49	100.0		3	1	2.3
					合计	44	100.0

（三）主要生活设施

主要生活设施决定了居民日常生活的基本面貌，是生活水平和生活便利程度的标志。下面将从饮用水设施、取暖设施、卫生设施等方面进行描述。

饮用水设施方面，自来水在 93 个样本当中覆盖率达到 95.7%；65%的受访者表示不存在饮水问题，基本解决了饮水困难问题。就主要水源来看，自来水比重最高达到 54.1%；江河湖水次之为 21.2%；浅井水与泉水也较为重要。其中非自来水水源距离居民家庭大多集中在 0.1 ~ 0.5 千米（40%）和 1 ~ 1.5 千米（26.7%）、2 ~ 5 千米（26.7%）之间，但有个别受访者距离水源较远。

表 1 – 42　饮用水设施

		样本量	百分比（%）
自来水	是	89	95.7
	否	4	4.3
	合计	93	100.0
饮水困难	是	28	35.0
	否	52	65.0
	合计	80	100.0
主要水源	自来水	46	54.1
	江河湖水	18	21.2
	雨水	1	1.2
	浅井水	6	7.1
	深井水	5	5.9
	泉水	6	7.1
	山上留下的水	1	1.2
	山水	2	2.4
	合计	85	100.0
非自来水水源 距离（千米）	0.1 ~ 0.5	12	40.0
	1 ~ 1.5	8	26.7
	2 ~ 5	8	26.7
	15	2	6.7
	合计	30	100.0

　　在青藏高原地区，取暖设施是最为重要的生活设施之一。据统计，炊事能源按照受访者的提及率，其重要性依次为：牛粪（34.4%）、柴草（30.7%）、煤气/天然气（14.3%）、太阳能（7.9%）、电（7.4%）等。家庭取暖设施主要采用的是炉子，受访者提及率达到89.6%；同时需要注意到6%的受访者表示没有取暖设施，这应该引起重视。问卷中主要以"家庭厕所类型"来测量卫生设施条件，旱厕是主要的家庭厕所类型（98.8%）。

表 1-43　取暖及卫生设施

		样本量	百分比（%）
炊事能源	煤	2	1.1
	柴草	58	30.7
	煤气、天然气	27	14.3
	沼气	8	4.2
	电	14	7.4
	太阳能	15	7.9
	牛粪	65	34.4
	合计	189	100.0
		样本量	百分比（%）
家庭取暖设施	火炕	1	1.5
	炉子	60	89.6
	无	4	6.0
	其他	2	3.0
	合计	67	100.0
		样本量	百分比（%）
家庭厕所类型	旱厕	85	98.8
	无	1	1.2
	合计	86	100.0

（四）收入和支出情况

问卷从收入及来源、支出及方向两个大的方面调查了当地居民家庭收支的基本情况，以了解当地家庭经济状况。全部受访者全年总收入的均值为 11935.28 元，其中工资性收入、第三产业收入、家庭经营收入是主要的收入来源。就支出来看，生活消费和家庭生产经营是主要的开支方向；教育支出、医疗保健消费支出、食品消费现金支出、衣着消费支出是花费较高的领域。

表 1-44　收入和支出情况

（元）	样本量	极小值	极大值	均值
全年总收入	53	300	85000	11935.28

续表

（元）	样本量	极小值	极大值	均值
家庭经营收入	5	1000	8000	3702.00
第一产业收入	5	300	1500	657.00
第二产业收入	0			
第三产业收入	22	2000	21000	8619.32
工资性收入	11	2500	39000	10663.64
财产性收入	1	80000	80000	80000.00
转移性收入	3	1000	6300	2933.33
家庭生产经营费用支出	18	100	17550	2569.44
第一产业生产费用支出	38	100	3984	1212.47
生活消费支出	18	2000	35100	8922.78
食品消费现金支出	52	120	17000	2261.15
衣着消费支出	43	200	5000	2082.56
交通通信消费支出	38	80	6000	1172.37
医疗保健消费支出	42	0	70000	3366.67
家庭设备/用品消费支出	36	0	5950	1345.97
文化、娱乐、节庆支出	32	0	6000	1160.94
教育支出	29	0	18000	3890.90
宗教活动支出	49	50	3000	641.63
人情消费支出	27	100	3000	721.04

三 生产经营活动情况

（一）土地使用情况

据调查，受访者户均经营耕地面积14.58亩，户均实际经营的牧草地面积1519.17亩（存在部分样本的极大值影响）。耕地主要来源于从户籍所在村集体承包，面积与实际经营耕地面积接近。租入、包入、转入耕地现象明显，存在农业经营大户，受访者表示租入土地主要是为了扩大生产经营；租出、包出、转出耕地面积较小，不突出，主要是因为"劳动力少，种不过来"。

表 1 – 45　土地使用情况

单位：亩

	样本量	极小值	极大值	均值
经营耕地面积	92	1	40	14.58
从户籍所在村集体承包耕地	42	2	38	13.84
自留地、开荒地	7	0	15	9.49
租入、包入、转入耕地	7	0	1959	283.36
租出、包出、转出耕地	5	3	20	9.61
实际经营的园地面积	15	0	30	8.95
实际经营的林地面积	28		32	3.35
实际经营的牧草地面积	30		39319	1519.17

（二）农作物种植与播种情况

根据上文的分析，农业仍然是当地的主要产业，就农作物种植与播种面积情况来看。青稞与小麦种植较为普遍，产量差距不大。但是青稞作为传统作物似乎更为普遍，种植面积与上文的户均耕地面积接近；农业大户主要种植小麦，表现为小麦的种植面积均值达到 69.59 亩，远高于户均耕地面积。

表 1 – 46　农作物种植与播种面积情况

	样本量	极小值	极大值	均值
青稞（亩）	65	1	25	8.42
产量（斤）	33	90	7500	1447.58
小麦（亩）	67	1	3276	69.59
产量（斤）	37	84	9520	1609.19
薯类（亩）	52		12	0.98
产量（斤）	34	15	2130	502.35
油菜（亩）	62		25	3.95
产量（斤）	35	12	1776	523.51

（三）农业技术应用情况

根据有效样本情况，机器耕种、机器播种、机电灌溉和机器收割采用比例较高。除机器耕种外，其他农业技术采用率均低于 30%，有较大提升空间。喷灌、滴灌渗灌等精细化农业技术更为鲜见。

表 1-47 农业技术应用情况

	样本量	极小值	极大值	均值
机耕（亩）	38	2	23	11.85
机电灌溉（亩）	21	0	14	5.27
喷灌（亩）	2	0	10	5.00
滴灌渗灌（亩）	3	8	15	10.51
机播（亩）	28	2	19	10.64
机收（亩）	23	0	25	5.96
农药使用量（公斤）	12	1	15	3.29
化肥使用量（公斤）	23	13	680	163.19

（四）畜禽养殖情况

畜禽养殖数量的调查显示，奶牛（这里受访对象指的应该是牦牛）的养殖最为普遍，82 位受访者有养殖，平均养殖 2.28 头；其次为绵羊，平均养殖 15.72 只，均值最高；54 位受访者养殖肉牛，平均 2.74 头。可见，奶用或肉用牛养殖最为普遍，而羊类（山羊、绵羊）的户均养殖规模较大。

表 1-48 畜禽养殖情况

	样本量	极小值	极大值	均值
奶牛（头）	82	1	13	2.28
肉牛（头）	54	1	34	2.74
驴（头）	26	0	3	1.23
猪（头）	37	1	3	1.43
山羊（只）	46	1	70	11.00
绵羊（只）	68	1	80	15.72
鸡（只）	24	1	25	7.58

四 教育与医疗

（一）教育情况

根据以上有关家庭支出的研究，子女教育是当地居民主要的支出之一。同时也是社会发展的重要保障。据统计,如表 1 - 49 所示,家庭平均子女数量为 3.13 人,其中 6 ~ 14 周岁,或九年义务教育在学子女数量 1.57 人。42.5% 的受访者表示曾经因为子女教育借债,主要渠道是通过亲戚朋友,其次是银行。

表 1 - 49　教育情况

		样本量	均值（人）
家庭子女数		83	3.13
在学子女数量		53	1.57
		样本量	百分比（%）
是否曾为子女上学借钱	是	17	42.5
	否	23	57.5
	合计	40	100.0
主要向谁借	亲戚朋友	10	62.5
	银行	5	31.3
	邻居	1	6.3
	合计	16	100.0

（二）辍学情况

辍学情况过去较为突出,32.3% 的受访者表示有子女辍学（含退学、失学、休学）的情况,构成当地教育发展的重要障碍。据受访者意见,男性（60.0%）辍学的比例高于女性（40.0%）。25 岁（10.9%）、30 岁（9.1%）、22 岁（9.1%）子女的辍学情况较为突出,22 岁以下（大学本科以下学龄）辍学提及率不高,显示辍学问题得到了逐步解决。辍学类型中,依比例分别是初中未毕业（含考取未上）38.0%,小学未毕业 34.0%,适龄未上学且不打算上学 20.0%。从辍学原因来看,家庭经济困难最为突出（57.4%）,其他原因包括家中劳力不足（14.8%）,小孩不愿学（11.1%）。

表 1 - 50　辍学情况

		样本量	百分比（%）
子女辍学（含退学、失学、休学）		62	64.6
	是	31	32.3

续表

		样本量	百分比（%）
子女辍学（含退学、失学、休学）	否	3	3.1
	合计	96	100.0
		提及率	百分比（%）
辍学子女性别	男	33	60.0
	女	22	40.0
	合计	55	100.0
	年龄	提及率	百分比（%）
	12	1	1.8
	14	1	1.8
	15	1	1.8
	16	3	5.5
	18	3	5.5
	19	2	3.6
	20	2	3.6
	21	3	5.5
	22	5	9.1
	23	4	7.3
辍学子女年龄	24	3	5.5
	25	6	10.9
	26	3	5.5
	27	3	5.5
	28	3	5.5
	29	1	1.8
	30	5	9.1
	31	2	3.6
	32	1	1.8
	33	2	3.6
	38	1	1.8
	合计	55	100.0

续表

		提及率	百分比（%）
辍学类型	适龄未上学且不打算上学	10	20.0
	小学未毕业	17	34.0
	初中未毕业（含考取未上）	19	38.0
	高中未毕业（含考取未上）	3	6.0
	其他	1	2.0
	合计	50	100.0
		提及率	百分比（%）
辍学原因	家庭经济困难	31	57.4
	小孩不愿学	6	11.1
	家中劳力不足	8	14.8
	其他	9	16.7
	合计	54	100.0

（三）医疗卫生情况

医疗卫生是民生事业的重要内容，关系民众生活水平和社会心态，对于社会发展具有重要意义。根据表1－51中的数据，受访者家中有慢性病患者的比例达到38.54%，其中有两位患者的比例近10%。正常情况下年均医疗支出多在2000元以下，其中1000元及以下占67.57%，1000元至2000元占21.62%。而近五年家庭成员患大病或重伤的受访者样本量达到52，在全部受访对象中占50%左右，需要引起重视。受访对象大病或重伤主要在县医院治疗（52.17%），其次是区内县级以上医院（19.57%），但也有17.39%的受访者在家未接受治疗。大病也带来医疗费用的上升，3000～5000元提及率达到15.91%，5001～10000元为20.45%，1万元以上达到22.73%。对于当地居民提高生活带来很大压力。

表1－51 医疗卫生情况

		样本量	百分比（%）
家中患慢性病的人数	0	59	61.46

		样本量	百分比（%）
家中患慢性病的人数	1	28	29.17
	2	9	9.38
	合计	96	100.0
		样本量	百分比（%）
正常情况下年均医疗支出（元）	1000 及以下	25	67.57
	1001～2000	8	21.62
	2001～10000	3	8.11
	10000 以上	1	2.7
	合计	37	100.0
		样本量	百分比（%）
近五年家庭成员患大病或重伤	是	52	98.11
	否	1	1.89
	合计	53	100.0
		提及率	百分比（%）
治疗地点	在家未治疗	8	17.39
	自我治疗	1	2.17
	村卫生室	1	2.17
	乡镇卫生院	3	6.53
	县医院	24	52.17
	区内县级以上医院	9	19.57
	合计	46	100.0
		提及率	百分比（%）
治疗支出（元）	1000 及以下	8	18.18
	1001～2999	10	22.73
	3000～5000	7	15.91
	5001～10000	9	20.45
	10001～20000	7	15.91
	20001 及以上	3	6.82
	合计	44	100.0

从以上问卷数据的分析，可以大致了解当前朗塞岭村和柳村居民生产生活的一般情况。由于各种因素的限定，课题组无法进行较大数量的问卷访谈，因此，在本节亦未采取分村的方法进行分析。在下面各章的内容中，我们将对朗塞岭村和柳村半个多世纪以来的变迁，进行较为全面的描述和讨论，以期通过两个村庄的案例，客观反映当代西藏乡村经济社会的发展和新貌。

第二章 生产方式及其变迁

按照历史唯物主义的观点，生产方式是指社会生活所必需的谋得物质资料的一种方式，体现着人与自然、人与人之间的密切关系，从结构上说，它包括生产力和生产关系两个方面，其中生产力是生产方式的物质内容，生产关系则是生产方式的社会形式。生产方式决定着社会制度的性质及其更替，因此生产方式的变化决定着社会的变迁，社会变迁则是生产方式变化的逻辑结果。那么，半个世纪以来西藏农村的生产方式如何？发生了哪些变迁？为了回答这些问题，我们主要基于朗塞岭村和柳村回访调查的部分资料，比照 20 世纪五六十年代的调研报告，试图通过一定数量个案的综合考察，客观、真实地反映出这一时段两地生产方式发展、变化的基本特点，并由此管窥西藏全区生产方式发展变化之一斑。

需要说明的是，1959 年西藏实行民主改革后，由于彻底废除了封建农奴制，逐步建立了社会主义新型的生产关系，农奴成为拥有自己土地的农民，并从此与全国其他地区一样，经历了互助组、人民公社、包产到组的生产责任制、家庭联产承包责任制等不同阶段，特别是进入 21 世纪以来，随着农村经济体制改革的继续深化，党的惠农、富农政策的不断推出，西藏农村正发生着翻天覆地的变化，因此从生产关系、所有制方面的变革而言，西藏农村与全国其他地区并无本质的区别，具有一定的同步性和同质性特点，所不同的则是由于自然环境条件及历史传统等因素的影响，在生产力的发展方面，较之内地乃至自治区各地之间，其区域性的差异仍很突出。因此，我们在处理生产力与生产关系两者的关系时，本着求异存同、关注差异的原则，拟重点对生产力各构成要素的发展、变化进行描述性分析和比较。

第一节　西藏传统生产工具的种类与变迁

传统是个相对性的概念，一般是指相沿成习，具有一定传承性的存在。西藏传统的生产工具，自然是指具有一定的传承性，承载着一定时期历史与文化因子的生产工具。本节中所说的传统工具无疑属于这一范畴，但就其具体时间段而言，主要是指西藏和平解放前后直到今天仍在相沿使用或加以部分改良的生产工具。这些生产工具种类不一，数量众多，以手工制造为突出特点，材料为木、竹、石、金属等，而以其功能或应用范围而言，大致又可以划分为农业用具、手工业或家庭副业用具两大类。

根据 20 世纪五六十年代的调查，西藏传统生产工具大致分为役畜、农具及农副产品加工工具几大类。役畜主要有犏牛、牦牛、驴、马、奶牛。黄牛和犏牛主要用于耕地和播种，驴主要用于驮运粮食、肥料等，马只供乘用，牦牛和奶牛很少用于耕地，主要是在秋收时用于踏场。主要农具为犁（春耕、春播的主要农具。犁身、犁杠为木制，犁铧为铁制）、锄（柄为木制，锄头为铁制）、锨（柄为木制，锨头为铁制）、镰刀（把为木制，刀身为铁制），其他还有用于收、打、运的生产工具。工具基本上是铁木结构，犁铧、锄头、镰刀等均为当地铁匠打制。中等以上农户每年都要雇请铁匠修理或打制农具，铁料则自备。铁匠有时也会打制少量农具供人选购。当地的木匠也会制作、修理一些木制农具。

另外除了一些主要农具外，也有许多专用的配套生产工具，如牛轭（二牛抬杠用横木，搁在两头牛的颈部，与犁连接）、木耙（春播下种后用于耙地，耙身木制，耙齿多木制，或铁制）、铁锨、挖坯锄、镰刀、连枷、四股叉、角叉、多齿耙、筛子（多为木框皮线的粗细筛，少量竹筛、铁筛）、圆匾（圆形，以羊皮条、扫帚草编制）、播种筐（扫帚草编制）、扫帚、背筐（草编，背土、背肥、背小牲畜等）、竹匾（竹编，呈方形，有大、小号两种，大号用于晾晒酒米、酒曲，小号盛放羊毛、萝卜等杂物）、草筐（竹编）等。

农副产品加工工具主要有纺织工具，包括木制织机、纺线车、纺线锤、缠线架等，以及粮食加工工具如水磨和石手磨。其他日常生活常用器具还有炒青稞的陶罐、制酥油的陶罐等。

一般而言，"各户拥有的农具数量的多少，一般与经营农业的规模有关，即耕地多的户农具也多，品种也齐全，反之，耕地少者，农具也少。以等级来分，差巴大部分经营一定数量的耕地，因而大部分都有齐全的农具，堆穷因为没有差地，租种地也不多，所以他们除个别户有犁、轭和耙外，其他只有部分户有几把镰刀或锄头、铁锨"。① 总体而言，虽然西藏的农牧业生产有着悠久的历史，并在长期的生产实践活动中，积累了丰富的高原农牧业生产经验，因地制宜发明创造了许多生产工具，但生产力水平较低，生产发展缓慢，直到西藏民主改革前，广大地区仍普遍使用藏犁耕地，人工撒播，牦牛踩场，工具以木制为主，与几百年前无多大区别。传统上西藏地区仅有农业和牧业的分工，手工业和商业所占比例很小，其中手工业生产基本属于家庭副业。少数地方甚至保持刀耕火种、烧荒肥田的原始农业方式。

1951 年和平解放后，中共中央对发展西藏农牧业生产非常重视，随着农业生产的发展，新式农具（如新式步犁）开始引进，逐步打破传统单一的藏犁耕地的模式。整个 20 世纪 50 年代，政府无偿将新式农具、铁制工具发放到户，如步犁、耙、锄、镰刀、斧头、羊毛剪等。随着新式农具的引进、投放和生产的发展，西藏农业机械从点到面，由小到大，由低到高，逐步发展。机耕农场先后在拉萨、日喀则、昌都等地建立，拖拉机开始进入高原。水车、畜力条播机、割晒机、畜力打场石磙等农机具逐渐推广，改进制造的铁制藏犁头、钉齿耙、木耙、挑筐、铁锨、石磙、风车、水力脱粒机、水车、耧、手推车、自卸马车、活底驮粪筐、新式步犁、梳毛机、纺毛机、脱粒机、麦筛等新式农具和农业机械逐步推广，特别是新式步犁和拖拉机等的引进和示范，对改变传统生产方式，促进生产力的发展具有重要作用。

1959 年的民主改革，为西藏的农牧业生产注入了新的活力，农业机械化得到进一步发展。20 世纪 60 年代，半机械化农具进一步推广，农具的数量更多，种类更加多样化，局部地区实现了"耕地铁犁化，收割镰刀化，打场石磙化"，过去木犁耕地，"一副背筐，压断脊梁""手拔收割，

---

① 西藏社会历史调查资料丛刊编辑组：《藏族社会历史调查》（二），西藏人民出版社，1988，第 214 页。

牦牛踩场"的原始生产方式有了很大改观。

20世纪70年代，西藏先后引进试验了多种动力脱粒机、扬场机、畜力七行播种机、四行播种机、畜力收割机，进一步改良畜力改良犁、搂草耙、四行播种机、简式动力脱粒机、扬场机、机引石磙等，机械化、半机械化农具更加普遍，经过不断引进、试验、推广机械化半机械化农具，促进了农业生产的发展，生产力水平大幅提高。特别是1975年人民公社化以后，社队农机具发展很快，拥有量大增，农机化水平相应提高，农机化覆盖率大大提高。[1]

20世纪80年代以后，随着农村改革的不断深入和生产责任制的落实和不断完善，原有的农机所有制形式、农机具经营方式也由此前的国家、集体所有制变为联营或个体农牧民经营为主，90%以上的中小型农机具转让给农民，除了山南，拉萨、日喀则等粮食主产区也普遍实行机耕、机播，现代农业机械已经成了西藏农村使用越来越频繁的生产工具。传统的"二牛抬杠"被更多的农业机械所替代，是西藏传统农业向现代农业转变的重要标志。农机经营形式的变化，一是刺激了农牧民购买农机具的热情，二是提高了农机具的利用率，但同时也使传统农具有了继续使用的空间，作为家户经营，传统农具的使用有其存在的合理性，但随着物流的发达，内地机制农具逐步占领市场，大量进入，正在逐渐取代传统的手工制农具，挤压其空间。因此，其使用的范围越来越小，其在生产领域的重要性在下降甚至丧失，沦为辅助性工具。三是内地机制小型农具进一步占领市场，且具有价格优势，很有可能完全取代当地的手工制农具。在努力推进农业机械化的同时，自治区政府根据西藏农业发展区域性不平衡的实际，在大力增补旧式农具的同时，开始大量推广效率高、轻便省力、耕作质量好的各种新式农具。大量新式农具的推广使用，使西藏大部分地区农业生产工具落后的面貌有了改观。

进入21世纪以来，党中央、国务院连续出台"一号文件"，把农机购置补贴政策，列入支农、惠农、强农的重要政策中。2005年，西藏开始享受国家农机购置补贴政策。2006年开始，自治区财政厅每年专门安排地方农机购置补贴资金。2009年，中央继续加大对西藏经济社会发展的支持力

---

① 田丽等：《西藏农业机械化发展过程》，《西藏日报》2009年11月12日。

度，将农机购置补贴规模提高到 5000 万元。2010 年中央第五次西藏工作座谈会突出强调要推进西藏跨越式发展，着力提高农牧业发展水平，改善农牧民生产生活条件，解决农牧业生产力水平低下等突出问题。这样，随着中央一系列扶持政策的出台，西藏农业机械化呈现快速、加速发展的趋势。特别是近年来，在农机化示范、引导、带动作用下，西藏全区农机服务领域不断扩大。一是扩大了种植业服务范围，有力提高了农业机械的田间作业水平。二是农业机械不断向农牧业生产的深度和广度推进。据不完全统计，2009 年，西藏机耕、机播、机收面积分别达到 200 万亩、197 万亩和 168 万亩，分别比 2008 年增加 2 万亩、3 万亩和 3 万亩。到 2011 年，全区共完成机械化耕、播、收面积 38.45 万公顷，其中完成机耕面积 13.7 万公顷，完成机播面积 13.45 万公顷，完成机收面积 11.3 万公顷，3 项作业综合机械化水平为 56.2%。2012 年，全区农机总动力达到 460 万千瓦，各类拖拉机配套农具达到 12 万台；全区各类运行规范的农机化合作组织达到 36 个，实现机耕 13.8 万公顷、机械播栽 13.4 万公顷、机收 11.4 万公顷，农田作业综合机械化水平达到 57% 以上，传统的"二牛抬杠"耕作模式得到彻底改变，农业耕作水平大幅度提高。到 2015 年，西藏大中型拖拉机保有量将达到 7 万台，拖拉机配套农机具达到 19 万套，主要农作物综合机械化作业水平将达到 61%。[①] 换言之，西藏农业机械覆盖面积的不断扩大，农业机械化的快速发展，农机使用率的不断提高，标志着西藏农业生产方式已实现了由人畜力作业为主向机械化作业为主的历史性跨越，西藏农业机械化的程度不断提高，农业发展正朝着机械化不断迈进。这就意味着传统生产工具将分批分期、阶段性地大量淡出生产领域，现代化的农机具将扮演更加主要的角色。这是生产力发展水平的一大进步，也是传统农耕文化向现代农业文化的一种全面转型乃至飞跃。

第二节 朗塞岭村生产力状况

朗塞岭村即昔日的朗塞岭谿卡，现为扎囊县扎其乡的一个行政村。截至 2012 年 6 月底，全村有 161 户 779 人，其中劳动力 359 人，占总人口的

---

① 《西藏自治区人民政府关于加快农业机械化发展的意见》，2012 年 6 月 27 日。

46.1%。有耕地1828亩，人均2.35亩，主要牲畜5230头，人均6.7头，以圈养为主，另有草场1.2万亩。农业是该村最主要的经济形式，体现着该村生产力的发展状况。

一　农业

（一）土地状况、作物品种和耕作制度

朗塞岭村地处藏南谷地，气候温和，土地肥沃，宜农宜牧，农田多分布于村庄周围的山谷低地，山谷两侧则为浅草牧场。过去水源充足，灌溉便利，近十几年来，农业用水的增加，特别是溪流上游水库的修建，导致下游来水骤减，河道萎缩，使原先流经该村的宽阔河流变成一条狭窄的水渠，宽不足一米，灌溉季节常造成水源紧张，生活用水也受到一定影响。谷口为河滩沙石地带，土地贫瘠，过去为放牧区，现为保护生态环境，广种林木，保护植被，成为一片公益林区。

朗塞岭村传统上以农为主，主要农作物为小麦、青稞、油菜、蚕豆、豌豆、土豆、萝卜、白菜等。以2011年为例，全村种植粮食作物1828亩，主要是小麦和青稞，其间套种土豆、油菜等作物，豌豆、蚕豆、蔬菜等的

图2-1　朗塞岭村种植的青稞（梁景之摄于2012年7月）

种植则相对较少。

在耕作制度上，朗塞岭村长期以来遵循自然的节令和传统习惯，并适应现代农业发展的基本要求，科学种田，适当调整耕作的制度和方式。民主改革前，作物一般为一年一熟，部分比较贫瘠的土地则实行撂荒轮歇制，即种一年撂荒2~3年，定期休耕以便恢复地力。民主改革后，逐步改变传统的耕作方式，实行青稞、小麦、豆类、油菜等轮作制，并增加冬播作物，增施肥料，开展中耕和苗期灌溉。近年来为了提高经济效益，开始实行套种，即油菜与青稞套种、玉米与马铃薯套种等模式，特别是青稞套种油菜，既可增产，又可肥沃地力。耕作制度的另一变化是增加冬种面积。过去只种植春小麦和春青稞，农田冬天闲置，从20世纪70年代开始冬小麦的种植得到逐步推广。耕地和中耕除草也是耕作制度的内容之一，过去普遍使用二牛抬杠的犁耕方式，劳动效率普遍较低。从20世纪60年代开始，逐渐以新式铁铧犁代替传统的藏犁，即铁铧木犁，下耕深度可达24厘米，从而有助于进一步改善土壤结构，保墒保水，提高土壤肥力。70年代，开始以手扶拖拉机为动力进行耕地、播种等，从而逐步走上播种、收割的机械化道路。至今，经过几十年的发展，拖拉机几乎走进了每家每户，成为一种主要的生产工具，机耕、机播、机收的面积和规模逐年扩大，农业机械化的程度不断提高，截至2012年6月，全村共有播种机10台，收割机7台，拖拉机（也可犁地）113台，扬场机及脱粒机合计40台。当然，对于那些少量的过于分散地块的耕种、收割以及少量作物的脱粒打场，由于不便于或者不需要机械作业，人们仍然会沿用传统的方式，如人工点播、镰刀收割或直接手拔、驴驮人背、牲畜踩场等，但这种情况已是越来越少。

所谓点播，即使用点种器等工具，一手点穴，一手撒种，随即覆土的一种方式，劳动强度较大，只可适合于零碎地块或田间地头的补种补播。踩场即打场，青稞、小麦等上场后，赶若干驴或牦牛等牲畜轮番踩踏，故谓之踩场。同时，结合连枷、马拉石磙等，不时拍打、碾压，然后用多齿耙、角叉、羊角叉、双股叉、推耙、筛子、簸箕等工具扬场、收拾、装运等。值得一提的是，该村几乎所有的劳动过程均伴随有相应的歌谣或歌曲。

据朗塞岭村2组1989年出生的格桑介绍，他家3口人，刚分立门户不久，有一个3岁孩子，在村中属于那种土地较少、靠季节性打工作为主要

图 2 - 2　朗塞岭村种植的土豆（杨春宇摄于 2012 年 7 月）

收入来源的家庭类型之一，认为自家的土地质量还可以，主要种植土豆（租借亲戚的少量土地种植）、冬小麦和油菜。至于每年种植什么作物，要由村委会统一安排和指导，实行轮作制，一年一熟，灌溉、施肥、打药、播种也是统一安排，收割时间则是根据作物成熟的情况由自己来定。劳动安排上没有严格的男女分工。7 月是田间除草季节，拔的草晒干后用来喂牛羊等家畜。和过去一样，收割、拔草、春耕、踩场、庆丰收都有劳动歌，如《妈妈的羊皮袄》《祝酒歌》《溜溜的姑娘像朵花》《纳木错女神》《瓦伽尼》《天际》等传统及流行歌曲。

　　朗塞岭村的劳动协作或互助，主要发生在农忙季节。如耕种时期，一般而言大都是用自家的拖拉机耕地，但有时也需要邻里协作，方式是互相帮工或换工。播种时，通常也是自家进行，假若自家没有拖拉机和播种机的话，就得借用，条件是由借用方负责加油或支付一定的费用作为油钱，假若没钱支付油钱的话，则用帮忙或换工的方式补偿。另外，田间拔草、搬运小麦等也多采用帮工或换工的方式。

　　农事活动主要是根据节令来安排。据了解，该村 2010 年发生严重旱灾，造成青稞大面积减产，所以从 2011 年开始全部改种小麦，而在这之前则是青稞、小麦均种植。

小麦收割全部是机收，由男人驾驶收割机收割，妇女帮助手工收割机器割不到的边边角角的小麦，收割 4~5 天即完成，接下来是运送、晾晒、压场、脱粒、储存，整个过程不到一个月就全部结束。

收割后翻地，公历 10 月往地里运送农家肥，撒肥后浇一次水。公历 12 月时，耙地，机耙一遍。

1 月份开始种青稞，机播，男女劳力一起劳动，男人负责驾驶，一位妇女负责撒种，后面是八九个男女劳力负责用多齿耙覆盖种子，并一起唱歌助兴，1 天可以播种 4~5 亩，15 天忙完。

2 月中旬，种植油菜和土豆，由男子驾驶拖拉机犁地起垄，两人负责撒种，其余的人负责用多齿耙覆盖。劳动过程中唱歌助兴。一天播种 4~5 亩，15 天干完。

4 月份为除草季节，多由妇女负责田间管理，用小弯锄薅草。

5 月至 8 月，主要是田间管理，除草、浇水三四次。浇水时，按顺序一家一家地浇水，每家出一个人负责管护，浇一亩地要一天时间，差不多四五天浇完。7~8 月开始收割小麦、油菜和土豆。

9 月初开始翻地播种小麦，大约 15 天即完工。

（二）役畜和农具

朗塞岭村绝大多数农户都饲养有数目不等的大小牲畜，如黄牛、奶牛、山羊、绵羊、牦牛、犏牛、马、驴、骡、猪等，截至 2012 年 6 月，共有 8569 头（只）。较之过去，牲畜的种类略有增加，但结构上有所调整。过去，牦牛、犏牛、马、驴、骡为主要役畜，用来耕种、运输、踩场等，现在由于农业机械的推广，部分役畜的功能在逐渐弱化，使用的机会和范围也大不如前，特别是在牲畜的结构上，马、驴、骡、黄牛等役畜所占比例大大下降，而肉用、奶用牲畜的比例相对较高，以入户访谈的 11 户为例，役畜中马、驴、骡无一户饲养，饲养黄牛的只有 1 户 1 头，而饲养奶牛的则有 4 户，每户 2 头，除 1 户无任何牲畜外，其他农户均饲养有数目不等的绵羊或山羊，少者 5 只，多者 23 只。由此可见，传统役畜在农业生产中的地位和作用已今非昔比，今后是否有可能完全退出生产领域也未可知。

根据入户调查统计，朗塞岭村现有农具不下 15 种，大致分为耕种、除草、收割、运输、打场、脱粒、研磨等几大类别。其中犁、锄、镰、锨、多齿耙、角叉、背筐等是主要或常用的农具。其中，既有传统手工制农具，也有新式的机制农具，或自制或购买，种类繁多，但不可否认，随着农业机械化的推进，人力农具特别是传统农具的使用范围在大大缩小，已成为一种纯粹辅助性的工具。现将主要农具描述如下。[①]

柳编背筐——斗形、底部20厘米见方、口部45厘米见方、高37厘米，四出头各长约9厘米，柳编或草编，有大小型号。河对岸桑耶乡松卡林村有藏族手艺人专做背筐，会不定期坐渡船过来沿村叫卖。每个20元至45元，可用三四年。用于背粮食、土肥、柴草、杂物，甚至牲畜等，属于家庭常用工具，少者2个，多者七八个，视家庭成员多少而定。

图2-3 传统柳编背筐

机编背筐——以尼龙带编制，整体呈斗状，上口宽30厘米、长38厘米、高30厘米，铁支架高约9厘米、长约22厘米，左右各一，底部宽19厘米、长28厘米。2011年于泽当购买，30元一个，使用者只有1户，用来背吃、穿、用的如鸡蛋、蔬菜等物品，不能用于背负柴草、牲畜幼崽等过重、过脏东西。

多齿耙——木制，齿托宽32厘米、柄长一般160厘米左右，头或齿托宽约33厘米，截面6×4厘米，齿8根、齿长约16～18厘米，齿根部周长约6厘米。或购买或自制。自制，须一年一换，熟练工一天可制作3～4个。用于平整土地或打场，属于常用工具，少者2个，多者8个。多齿铁耙（图2-5右二）少见，或出料请人加工，或购买，33元一把。一般雨天用铁耙，晴天用木耙。

———————————

① 本章图片除特别注明的以外，均为梁景之实地调研拍摄。

图 2 - 4　新式机编背筐

图 2 - 5　双股叉、推耙、连枷、多齿
木耙、铁耙、角叉

　　角叉——木制，柄为柳木，头或托为核桃木，齿为当地产一种荆棘类灌木"次巴木"，该木坚韧，不易磨损。或购买或自制。自制，一年一换。用于打场、翻晒柴草等，属于常用工具，每家均有若干件。

　　小铁锄——藏语音"久马"。锄把长 13 厘米、周长 10 厘米，锄身长 18 厘米，宽 3 厘米，厚度 0.6 厘米，呈弯月形，当地铁匠打制，可用 10

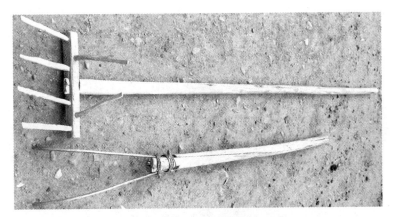

图 2-6　角叉（上）羊角叉（下）

年以上，出料加工费 5 元，田间薅草专用。

图 2-7　打制的传统薅草手锄（左）、镰刀（右）

镰刀——铁制，木柄。传统打制镰刀，25 元一把，弯曲状，把长 12 厘米，柄长 40 厘米，刀身长 23 厘米，宽处约 5 厘米，可用 10 年。机制镰刀（图 2-8 左），15 元一把（县城五金店则为 6 元一把），可用 2 年。用于收割青稞、小麦或割草，家庭常用工具，各家均有。

铁锨——机制，五金商店购买，多来自内地，每个 10 元或 12 元，可用 4 年。柄长 125 厘米，锨头宽 23 厘米、高 24 厘米，銎部高 3 厘米，用于挖土、出肥、翻地等，属于常用工具，每家均有。

点种器——藏语音"普祖"，器形比较原始，结构呈丁字形，木质，自制，可用 20 多年。柄长 12 厘米、柄径 3 厘米、通高 33 厘米，器身呈柳叶剑形，宽处 3.5 厘米，用于点种萝卜或补种小麦、油菜等作物，今已少见，只有一家在用。

图 2-8　机制镰刀（左）与打制镰刀（右）

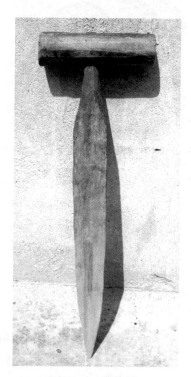

图 2-9　点种器

石磙——藏语音"聂都",石质,圆柱形,长80厘米,直径35厘米,用于压场脱粒,几近废弃,仅见诸一家。

图 2 - 10　石磙

石研磨器——藏语音"古丁",由磨盘、磨球构成,均取材于天然水冲石,石质坚硬,其中磨盘部分,因材随形,以凿稍事加工即可,多呈不规则圆形,大小不一,一般高七八厘米,直径30厘米左右,主要用于研磨辣椒、少量糌粑等物,每家均有,为日常生活用具之一。

图 2 -11　石质研磨器

水磨——受水流变化以及水源条件的限制，现该村仅存一座，属于个人经营，自用或给村民加工青稞、小麦等粮食，加工费8元一袋，季节性作业，冬季停用。

图2-12　古老的水磨

连枷（见图2-5中）——藏语音"加久"，传统脱粒工具，木制，由长柄、横轴和拍子三部分构成，器形比较原始，几近绝迹，目前该村只有一家在用，共两把，为10多年前自制，因为没人使用，1999年以后就不再制作。据称，熟练工一天可以制作6把。连枷杆柄部分长约160厘米，杆头以牛皮包裹，柳木制，横轴长21厘米，木制，拍子长53厘米，上部宽4厘米，下部宽14厘米，以坚硬的荆棘类"次巴木"制，主体为3根，

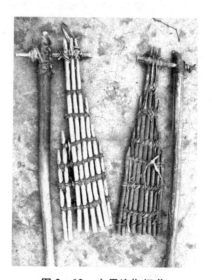

图2-13　女用连枷细节

以牛皮绳捆扎牢固，此为女用连枷，比较轻便，男性用连枷主体为4根，略重一些。主要用于青稞、小麦打场脱粒，使用时挥动长柄，使拍子绕横轴轮回转动，不停拍打，从而使籽粒脱落。

双股叉（见图2-5左一、左二）——木制，多自制，以柳树自然分叉加工而成。长度150~240厘米不等，双叉长度、角度不一，粗细以把握合适为度，用于扬场、挑晒次巴木等柴草。

推耙（见图2-5左三）或推板——藏语音"加古"。自制，柳木制作，用工近1个小时。杆长1.55米，耙头呈长方形，长55厘米、宽11厘米，厚度2.5厘米，打场时用来堆积或晾晒小麦、青稞等籽粒。

梳粒机——藏语音"加索"，底座为木制，呈长方体，长1.5米，截面14厘米见方，锥形梳齿为铁制，中间一根高40厘米，其余33厘米，单排列，宽度为85厘米。该款梳粒机于20世纪80年代开始使用，2008年弃置。当时是自备材料，包括核桃原木一根、细铁棍若干，到扎塘镇一家店铺加工而成，加工费500元。

图2-14 梳粒机

新式机耕农具——朗塞岭村除了传统的农具以外，最近几年，农业机械化程度有很大的提高，截至2012年6月，全村共有播种机10台、收割机7台，拖拉机（运输、耕种兼具）113台，扬场机及脱粒机合计40台以及大量的配套机耕犁铧等农具。总体而言，除少数农户外，大部分靠政府补贴购买数量不等的拖拉机等农机具，从而大大提高了劳动效率，缩短了生产周期，促进了生产力的发展。

图 2 – 15　机械耕具

图 2 – 16　大型收割机

图 2 – 17　拖拉机运输

二　家庭副业与手工用具

就实地考察的情况来看，近几年随着市场经济的发展与成熟，朗塞岭村传统的手工业或家庭副业虽然仍在延续，但在生活中的重要性及其所占比重却在逐年下降，熟练工越来越少，技艺的传承存在代际断层，年轻人普遍缺乏兴趣，对市场的依赖性越来越大。目前该村传统的家庭副业或手工业主要为织氆氇、酿酒、打酥油、裁缝和木匠，铁匠已经消失。其中织

图2-18　电动脱粒机

氆氇，应该说是最普遍的一种家庭手工业，但基本上限于中老年妇女的范围。打酥油是每个家庭主妇的专利，酿酒也几乎每家在做，且完全沿用古法，具体做法为：将当年产青稞洗净盛于铁锅煮1个小时，煮时随时添水，以免干锅，开锅后放于大篮子中，掺入酵母，待其完全冷却后，再盛于一大型陶罐内，注入两桶自来水，加盖密封，1个小时后即可饮用。喝完后，再添加自来水，比第一次用量要少一些，第三次则更少，喝毕，剩余渣水喂牛。陶罐20元一个，一罐能喝许久。

朗塞岭村原有老裁缝一人，名仁增，1941年出生，为家传手艺，主要代人加工藏袍、藏靴等服饰，2004年因视力不济，遂放弃祖艺。其父次仁丹增为朗塞岭豁卡的差巴，手工差，早年曾在拉萨学习裁缝，1967年去世。比较年轻的裁缝尚有五六人，主要工作是用氆氇等缝制卡垫、藏服、藏被等，制作一个卡垫，以前工费15元，现在是50元，需要工时一天。木工则有七八人，主要是制作藏式家具以及个别农具等。打酥油基本沿用传统做法，但随着电动酥油分离机、电酥油壶等家电的出现，传统的人力打制酥油的方法或面临挑战。

朗塞岭村目前使用的手用工具主要有下列几种。

纺锤——藏语音"永扣"，本村木工制作，由杆、锤两部分构成，杆呈锥状，长20厘米，底部为方形，5厘米见方，厚度3厘米，重约250克，核桃木为之，可用几十年，多自制。类型较多，锤或十字形或圆形。

纺车——藏语音"松扣"，本村木工制作，耗时2小时，由4部分构

图 2 - 19　电酥油壶

图 2 - 20　锥形纺锤

图 2 – 21　十字形纺锤

成，纺杆细长，62 厘米，荆棘类次巴木为之。纺架两个，高 34 厘米，间距 34 厘米，底座长 59 厘米、宽 9 厘米、厚 2 厘米，踏板长 32 厘米、宽 5 厘米。核桃木为之，可用几十年。

图 2 – 22　羊毛线梭和纺车

织机——藏语音"塔尺"，本村木工制作，耗时一个月左右，高 140 厘米左右、宽 150 厘米左右，可用几十年。

图 2 – 23　木制织机

吾而朵——抛石器，自制，费时一天，多用废旧的哈达和羊毛线等编制而成，牧羊工具。

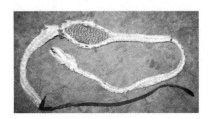

图2-24　吾而朵（抛石器）

酥油桶——传统酥油桶多用松木制（图2-25），束有若干道铁箍，桶体高85厘米、直径22厘米、杆长145厘米，桶盖石制，直径28厘米、厚度约1厘米，可用十几年。近年来，出现了新式电动酥油分离机（图2-25左），访谈中发现村里有一家农户在用，购买于山南电器店，价格500元。

图2-25　酥油桶

氆氇刷子（图2-26下）——藏语音"永塞"，竹制，2元一把，在泽当购买，已用四五年，现在市场上仍有出售，长 16 厘米，刷把部分捆扎密实，刷头蓬松，直径 7 厘米。

梳毛板（见图 2 - 26 上部）——藏语音"加些"，木制，把长 11 厘米，板呈长方形，长 20 厘米、宽 12 厘米、厚 1 厘米，密布铁丝，铁丝长 1 厘米。用于梳理羊毛，以便纺线，现已不用，2008 年开始用电动弹毛机代替，通常是将羊毛送到县城扎塘镇或山南去处理，弹毛费用一斤 18 元，数量不多的话一斤 15 元，均为个体加工作坊。

图 2 - 26　梳毛板和竹制氆氇刷

三　家户拥有生产工具情况举例及分析

下面我们根据家户访问情况对朗塞岭村生产工具使用情况进行分析。

表 2 - 1　朗塞岭村农户拥有生产工具情况统计

家户＼种类	铁锹	锄	镰刀	角叉	多齿耙	扫帚	背筐	织机	筛子	点种器	梳毛板	连枷	梳粒机	石磙	石磨器	石碌碡	酥油桶	抛石器	推耙	圆扁	合计
1 格桑	2	1	2		2	1	1										1			1	11
2 益西卓嘎	4	2	4	2	6	1	3		1								1				24
3 罗布	7	3	8	4	8	5	4	1	1								1				42
4 巴桑	2	2					3	1									1	1			9
5 卓玛	4	4	10		8		4		1								1				32
6 美多曲珍	4	2	3	3	2		4	1	1	1							1				22
7 巴桑	4	2	6		7	2	2							1	1	1	2				29
8 扎桑	1	1	2		1																5

续表

家户 \ 种类	铁锹	锄	镰刀	角叉	多齿耙	扫帚	背筐	织机	筛子	点种器	梳毛板	连枷	梳粒机	石磙	石磨器	石碌碡	酥油桶	抛石器	推耙	圆扁	合计
9 嘎玛								1	1			2	1							1	6
10 索朗如措											2										2
总计	28	17	35	9	34	9	21	4	5	1	2	2	1	1	1	1	1	7	1	1	182

家户1：受访者为出生于20世纪80年代的青年妇女，刚独立门户不久，农具的种类和数量相对较少，而且完全购自市场，铁制农具基本为机制，反映出几种主要的传统农具在市场中所占份额很小，机制农具基本取代传统手工农具。

家户2：受访者家境不错，收入来源主要靠子女打工，现有一台手扶拖拉机以及配套犁铧，此外有一些机制农具如铁锹、铁锄，以及少量传统农具如角叉、镰刀、扫帚、多齿耙等。

家户3：受访者为出生于20世纪60年代的男子，很明显该户中除农机具及铁制农具购自市场外，木制农具基本上为自制。较之新式机制农具，虽然人们更喜欢传统手工打造的农具，如镰刀，但本村的铁匠因年事已高，早已不再打制，也无传承，只能购买机制农具，不过机制农具的寿命普遍较短，不如传统打制的耐用。同时，说明除一些特殊技艺外，20世纪60年代出生的人，对一些比较简单的传统木结构农具的制作技术仍有一定的掌握。

家户4：受访者为出生于20世纪60年代的家庭主妇，家中生产工具比较单一，几种常用农具如背筐、铁锹、铁锄等均为购买，其中背筐为传统形制。织机占有最主要的地位，说明女性往往是传统家庭手工业的主要传承者。另外，吾而朵（抛石器）也是放牧羊群的必备工具，多自制。

家户5：该户是村中的困难户之一，农牧业是家庭唯一的收入来源，除政府补贴购有一套农机具外，虽然农具种类不多，但每种农具的数量却不少，其中镰刀和小铁锄均为铁匠传统技术打制，是该村中少数还在大量使用手工制农具的农户之一。

家户6：该户农具的最大特点是新老并存，如乡村中尚未流行的新式机织背筐、传统打制镰刀乃至几乎绝迹的古老点种器（普祖）等。

家户7：该户除了一些基本的农具外，尚有一种几被弃用的农具石磙。酥油桶有2个，其中一个为新式的电动酥油桶，这在本村中为数不多，但可以想见，省时省力的电动酥油桶的使用不久将会普遍化，虽说不可能完全替代传统的酥油桶。

家户8：这是一个夫妻常年在外打工的农户，可以看出除少量常用农具外，别无其他，而且全部购自市场。或许随着年青一代外出打工的常态化、普遍化，干农活似乎不再是一项重要的生计，农具或将不再具有传统上的意义。

家户9：受访者因为会简单木工活，所以除铁制农具外，所有的木结构农具，包括技术含量较高的连枷，完全由自己制作完成，不过遗憾的是，现在像连枷、推耙这类农具几近绝迹，掌握这门技艺而且愿意继续制作它的木匠已寥寥无几，因为很少有人再使用它。此外，曾经广泛使用的梳粒机也于几年前弃用，而代之以电动脱粒机，虽然传统的多齿木耙仍在沿用，但已出现机制的多齿铁耙。

家户10：受访户为裁缝世家，梳毛板用于梳理羊毛，以便纺线，但现在已不用，2008年开始用电动弹毛机代替。

此外，由于当地多实行青稞和小麦混播，使用扬场机难以将两者清选分开，所以像筛子这样的传统用具仍然大有用场，并有专门的制作匠人，市场上也很容易买到。

综上所述，假若朗塞岭村在山南地区具有一定的代表性和典型性的话，以此可以判断，随着农业机械化的逐步推进，农机化率的不断提高，原先以畜力为主的耕作方式逐步让位于以农机具为主的机械方式。拖拉机的覆盖率逐年提高，承担着耕翻、播种、收割、运输等田间作业，虽然传统农具仍在一定范围内大量使用，但所扮演的角色、地位和作用已是今非昔比，大多已由原来的主要生产工具变为辅助性的工具，且家户间的分布也不平衡，出现了一些打工家庭只有少数几件农具的情况。此外，生产工具的代际差异明显，新旧并存，如从过去比较常用的石磙、石碌碡，到梳粒机，再到电动脱粒机，从原始的点种器到现代化的播种农机具，从柳编背筐到机织尼龙背筐，从木制酥油桶到电动酥油桶，从制酥油陶罐到电动酥油壶等，其变迁的轨迹可谓一目了然。

第三节　柳村生产力状况

柳村为拉孜县柳乡的一个行政村，2012 年 6 月，该村有 297 户 1453 人，总耕地面积为 3348 亩，以农为主，种植青稞、小麦、油菜、土豆、豌豆、苜蓿等作物。同时兼营畜牧，据不完全统计，全村有草地 15 万亩，养殖奶牛 265 头、肉牛 72 头、牦牛 154 头、驴 271 头、犏牛 87 头、山羊 4273 只、绵羊 2755 只、家禽 185 只，牧业占有一定比重。

一　农业

（一）土地状况与耕作制度

柳村地处高原丘陵地带，土质不一，多砂石，多坡耕地，水源条件较好，一条溪流绕村而过，部分农田可以引水灌溉，属于上等地。2011 年，全村种植青稞 1853 亩，小麦 109 亩，土豆、萝卜和其他蔬菜 549 亩，油菜 630 亩，苜蓿 207 亩。

由于气候关系，当地作物一般一年一熟。过去，多习惯于根据地力状况实行休耕和轮作制度，现在由于技术的进步，轮作倒茬面积较小，同时为了充分利用耕地资源，除个别地力差、单产少、增产少的地块外，绝大多数不再休耕。不过，混播、混种一直在进行，有青稞、油菜二混播和青稞、油菜、豌豆三混播等，作物成熟时则混收。实践证明，青稞、油菜混播尽管产量较低，但抗倒伏能力强，更加适应当地的环境条件，所以农户长期以来一直坚持混播，而对政府提倡的单播多持消极态度。

柳村 2011 年开始实行草场承包制度，以联户即 10～15 户为单位划分草场，不改变传统的放牧范围和习惯，但四至需明确。习惯上，放牧作为一种家庭间的劳动组合与协作，方式上一般由 3 人构成，根据季节、草场以及畜群数量的多少，由每家定期出一个劳动力，轮流出牧，早出晚归，或者请村中专门的牧业户代牧，按代牧牲畜的数量和天数支付一定的费用。但该村因为有专门的羊倌即牧羊人放牧，即联户放牧，所以不用每家轮流出工，加上草场就在附近山坡，当日放牧当日可归，只需一只羊一年出 3 斤青稞给羊倌作为报酬即可，或者额外再送给其一些衣服、鞋子之类的物品，完全随意。

图 2–27　村民利用沼气池搭建的蔬菜小棚（梁景之摄于 2012 年 7 月）

物候和农事活动密切关联，是人们长期观察自然，认识自然规律性的总结，也是关于农事活动的节令性知识体系。以植物物候而言，柳村草本植物的生长期为 180 天左右，其中青稞 120～145 天，豌豆 120～145 天，油菜 120 天左右，春小麦 150～170 天左右。木本植物生长期各不相同，柳树从发芽到叶子全部脱落约 170 天，杨树约 150 天左右。以公历时间为准，具体为：4 月 10 日左右，柳树萌芽，野草普遍发芽。4 月 20 日，柳树开叶。4 月底，春小麦开始播种。5 月初，油菜、青稞、豌豆开始播种，牧草返青。5 月底，播种全部结束。6 月，草本植物进入生长盛期。7 月中旬，油菜开始开花，花期 15～20 天。7 月下旬，进入雨季，各种植物竞相生长。8 月上旬，青稞、小麦开始抽穗。9 月中旬，天气渐凉，树叶开始变黄，进入落叶期。9 月底，植物停止生长，进入收获期，各种野草开始枯黄。10 月初，树叶全部脱落，进入冬季。跟随物候的节律，该村一年的农事安排大致如下。

秋收——9 月开始收割小麦、青稞、油菜，大约 10 天完工。收割时唱劳动歌，和过去唱的一样。男女老少一起上阵，一日早中晚三餐。

打场：小麦等用毛驴、拖拉机、板车等运到场院，打场唱歌。打场方式是牛踩马踏。2006 年开始用手扶拖拉机四轮压场。因为本村是青稞、油菜混播，使用脱粒机不便于将油菜籽和青稞分开，所以只能用人工的方式，如用筛子分离，或者扬场分离等。

施肥：冬天施肥用毛驴、拖拉机，以及马车、手推车等运送。

农闲：1 月份为年节，一般不干农活。

农田建设：2 月份修水塘、搞水利。

春耕：3 月份耕地翻地，用牛耕，二牛抬杠，由男人来做，妇女负责清理犁铧上的杂草、平地等。

灌溉：4 月份，4 月 17 日放水浇地，用渠水、水塘水由妇女负责浇水。因为土地有好、中、差三等，所以要先浇上等地，再浇中等地，最后浇下等差地。年产量高的为上等好地。浇地主要由妇女来做，当然需要大面积浇地时，男人也会帮忙。一般是轮到浇灌谁家的地，谁家就得出一个女劳力。

播种：5 月份种地播种，小麦是单播，青稞和油菜混播。男人赶牛犁地，妇女撒种，边劳动边唱歌，县里规定在 5 月 28 日前完成春播，当然也会照顾到不同村落的具体情况。

灌溉：6 月份浇二遍水，进行田间管理。具体是 6 月 18 日浇水，施化肥，但不打农药。

7 月份依然是浇水、施肥，均由妇女负责，男性在家捻毛线，做藏靴藏鞋等针线活。

8 月份再浇水，全村有 3340 多亩水浇地。男的放牛，女的做饭、浇地。

（二）役畜和农具

传统上柳村耕种主要用犏牛和黄牛，驮运用毛驴，踩场用牦牛等牲畜。长期以来，畜力一直在农业生产活动中发挥着重要作用，即便今天，虽然拖拉机的普及度不断提高，但畜力特别是牛，在耕地、播种、踩场等场合仍扮演着重要角色，牛耕、牛播达 90% 以上，收割也几乎为人工。牛耕的技术特点为传统的二牛抬杠方式，即将一木质犁杠置于牛肩部，杠中间再系一竖杠与犁连接，耕地时一人牵牛，一人扶犁，一人跟随撒种，或者是不用别人牵牛，独自以缰绳操控耕牛来完成，耕毕用木槌人工碎土，或者以牛、马等畜力牵引，一人踩耙，借助人体重量，用耙齿碎土。

图 2 - 28　二牛抬杠（该图片系网络下载）

图 2 - 29　耙地场景（该图片系网络下载）

当然，随着农机的推广，二牛抬杠的使用范围越来越小，但在柳村以及一些耕地面积狭小而分散的山区，二牛抬杠的犁耕方式，以其轻便灵活、成本低，反而使用相当普遍。用牛踩场即打场，也是该村传统的一种脱粒方式，整个过程伴随着动听的劳动歌谣。毛驴以其体形小、耐力强、饲养成本低、耐粗饲料、役使方便等特点，至今仍是柳村最主要的一种驮运或代步工具，尤其适合家庭使用。

图 2 - 30　畜力驮运工具——毛驴

图 2 - 31　毛驴代步

从入户调查情况以及村干部的介绍来看，柳村由于农业机械化程度和水平普遍较低，所以在农业生产领域最为突出的一点，就是传统农具的大量使用和普遍存在，如犁、耙、锄、镰、叉、筐等，而且涵盖施肥、耕种、除草、浇水、收割、捆扎、运输、打场、脱粒、研磨等各个生产环节，可谓种类繁多，数量巨大，功能各异，特点明显。现将主要农具描述如下。

藏犁（图 2 - 32 左）——藏语"通加"。由铧、架两部分构成，杠为木制，犁杆长 225 厘米、柄长 82 厘米，铧为铁制，长 27 厘米、宽 14 厘米，或请铁匠打制或购买，100 元一部，可用若干年，每家均有。

牛轭（图 2 - 32 右）——藏语音"聂新"。木制，结构为两横四齿。横木长者 140 厘米，短者 120 厘米，多请当地木工制作，工费 150 元，可用若干年，每家均有。

木耙（图 2 - 32 中）——木结构框架，耙齿为铁制，共 9 齿，齿长约 2 厘米。耙体由两横四竖共 6 根长方木料构成，长 2.08 米、宽 16 厘米，截面 4 厘米见方，横木间距约 8 厘米。多请当地木工制作，传统工艺，工费 200 元，可用若干年，每家均有。

犁铧（图 2 - 33 左）——铁制，通长 39 厘米，其中铧体长 15 厘米，宽 13 厘米，铧头长 24 厘米，多由当地铁匠打制。

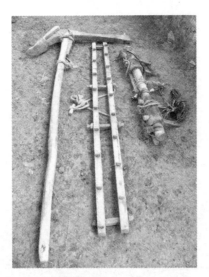

图 2 – 32　传统藏犁、木耙、牛轭

图 2 – 33　犁铧（左）和锄（镢头）

镰刀——有大小型号。少年儿童用小弯镰（图 2 – 34），把长 11 厘米，刀身 14 厘米，为十二三岁小孩使用，收割青稞、小麦等，不分男女，多由当地铁匠打制。

锄（镢头，图 2 – 33 右）——藏语音"道子"，锄头铁制，长 30 厘米，宽处 8 厘米，窄处 6 厘米。重约两三斤，多由当地铁匠打制。

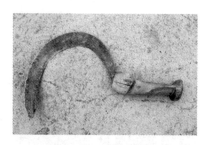

图 2 - 34　儿童用镰刀

挖坯锄——藏语音"帮到"，柄长 65 厘米，木制，锄头长 25 厘米，宽 13 厘米，铁制。多由当地铁匠打制。

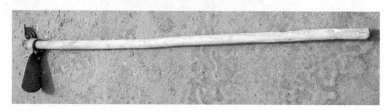

图 2 - 35　打制的铁锄（锸头）

打驮钩（图 2 - 36 右上）——藏语音"古鲁"，把为木制，长 16 厘米，铁钩高 14 厘米。青稞收割捆好后，用于抓提装运，多由当地铁匠打制。

图 2 - 36　当地铁匠打制的农具系列

镰刀（图 2 - 36 右）——把为木制，长 17 厘米，刀身铁制，高 20 厘米，弯月形，刀身最宽度为 3 厘米。当地铁匠打制。

羊角叉——藏语音"凯来"，传统上多用羊角制作，现多为铁制。柄长 140 厘米，铁叉各长 40 厘米，自制或请铁匠打制。

制坯模具——木制，多请木工制作。长65厘米、高15厘米、宽25厘米。只在一户受访者家庭中见到（图2-37）。

图2-37　制坯模具

圆扁（图2-38右下）——藏语音"伦布"，以芨芨草编制，口径34厘米，高5厘米，在洗菜、扬场时使用。由村里匠人编制，15元一个，可用多年。芨芨草为当地常见多年生草本植物，属于高大多年生密丛禾草，茎直立，坚硬，适应性强，生命力旺盛，耐干旱和盐碱，其嫩叶可供牛羊食用，老茎则可用来编筐、做扫帚。

竹扁即晒筐（图2-38左上）——藏语音"马加"，竹篾编制。多购买，50元一个。方形，长宽各70厘米、高10厘米，用于晾晒蔬菜、奶酪等物，可用多年。

筛子（图2-38左下）——藏语音"卓玛"，外框木制，长50厘米、宽27厘米、高8厘米，板材厚度1厘米，筛底用牛皮条编制而成，为传统形制。多购自扎西岗乡，35元一个，可用多年。

图2-38　筛子、圆扁、竹扁、背筐

石手磨——藏语音"亚达"，石质，上下两扇，圆形，径44厘米，厚约8厘米。用于磨制糌粑，家用型，大多已用十几年，当地石匠制作。

图 2 - 39　石手磨

扫帚——藏语音"公都",以芨芨草扎制,柄为木质,长 70 厘米,以手把握合适为度,帚身长 45 厘米,蓬松圆形,直径约 20 厘米。多自制,可用数年。

图 2 - 40　扫帚

新式铁犁——购自日喀则,50 元一部,该型犁在柳村所占比重不大,数量较少。

图 2 – 41　新式铁犁

石臼——以天然石凿制，高约 35 厘米，口径约 40 厘米，用于研磨少量青稞等谷物或粉碎羊骨煮汤。

图 2 – 42　石臼

二　家庭手工业与工具

织氆氇是柳村最为主要的一种家庭手工业或副业，织机、纺车的使用相当普遍，但产品绝少出卖，基本上自给自足。

虽然柳村也有专门打制传统用具的铁匠、木匠、石匠、编织匠等，但从业人数不多，以铁匠为例，原先村里有好几家，但现在仅剩丹增一户，主要为本村以及周边几个村庄加工农具、生活用具等。据丹增介绍，自己于 1958 年出生，有一个弟弟，全家 12 口人，三代同堂，主要从事农业和家庭手工业，其父拉巴是个老铁匠，1998 年去世后，由他和弟弟继承父业，属于家传铁匠手艺，也是现在本村唯一的铁匠世家。通常一天工可以打制挖坯锄 1 把、铁铧 7 个、镰刀 2 把、打驮钩 4 个、刀子 1 把。以前用的是羊皮风箱，现在是铁制手动风葫芦，这是技术上唯一的变化。

此外，会缝纫的手艺人也很少，据 1968 年出生的尼玛顿珠介绍，自己是拜师学艺，20 岁出徒，虽然目前自己还在做这一行，但也只是抽空缝制一些藏袍、藏靴等衣物。通常，制作一件藏袍需要 2 天，加工费 50 元。此外，本村还有 2 人在做，其余的因年龄等原因都已经不做了。

打制酥油则属于家庭日常生活的一部分，且保持传统做法。据了解，以前柳村有 7 座水磨，现已无存，代之以电动磨面机，传统的手工榨油也被电动榨油机取代，这是一大变化。

图 2-43　电动磨面机

图 2-44　电动榨油机

柳村目前的手用工具主要有以下几种。

梳毛板（见图 2-26 上）——藏语音"加些"，木制，手柄长 13 厘米，板长 20 厘米、宽 12 厘米、厚 1.5 厘米，钩齿长 1 厘米。购买于日喀则，35 元一对。形制与朗塞岭村的类似，可用 5 年以上，每家均有至少一对。

纺车——藏语音"加崩"，木制，机杼为铁制，长 50 厘米、底座长 40 厘米，后架柱高 37 厘米、前架柱高 30 厘米，后架柱安置纺轮 2 个、轮叶各 6 枚，长 42 厘米。纺车多由当地木匠制作，每家至少一部，可用十几年。也有一种用铁焊制的纺车，但属个别（图 2 - 45、图 2 - 46）。

图 2 - 45　木制纺车

图 2 - 46　焊制铁纺车

织机（参见图 2 - 23）——藏语音"它持"，木制，通常高 72 厘米，长 114 厘米、宽 106 厘米，多请当地木匠制作，可用十几年，每家至少一部。其形制与朗塞岭村的类似。

缠线架——藏语音"甚古"，木结构，底座长 47 厘米、宽 12 厘米、厚 2 厘米，柱高 42 厘米，桨叶呈十字形，长 64 厘米、宽 2 厘米、厚 1 厘米，各有齿柱 2 个，多由当地木匠制作或自制，每家均有，可用若干年。

酥油罐——藏语音"许"。市场购买，40 元一个，陶制，可用十几年。据介绍，通门县有个但那村，有专门制陶的陶工，偶尔会到这边来贩卖，但

图 2 - 47   十字形缠线架

现在塑料制酥油罐（图 2 - 49 左）开始出现，日喀则可以买到，30 元一个。

图 2 - 48   陶制酥油罐

背水桶（见图 2 - 49 右）——藏语"高松"，以前是木制，现均为铁制，日喀则购买，30 元一个。

图 2 - 49   塑料制酥油罐和铁制背水桶

藏秤——杆为木制，长 54 厘米，秤砣为天然原石，包以牛皮，呈圆形，围长约 22 厘米，现在已不用。

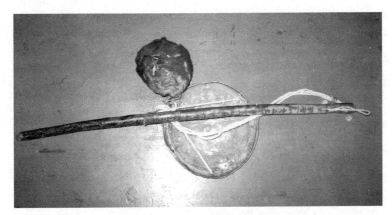

图 2-50　老式衡器——藏秤

三　家庭拥有生产工具情况举例及分析

下面我们根据家户访问情况对柳村生产工具使用情况进行分析。

表 2-2　柳村部分受访者家庭拥有生产工具情况统计

种类＼家户	犁	牛轭	木耙	铁锨	镰刀	锄	多齿耙	角叉	扫帚	圆圙	竹圙	背篓	梳毛板	织机	酥油罐	筛子	手磨	挖坯锄	打驮钩	羊角叉	酥油桶	合计
1 索朗卓玛										2			2	1								5
2 普姆	1	1	1	1	1	2	1	2	2	1	1	2		1	1	1	1				1	21
3 尼玛顿珠	2	1	2	1	5	2	1	3			2	1		1	1	1	1				1	25
4 扎西次仁	2	2	2	9	8	4	1	9	2		1	3			1	1	1				1	47
5 丹增	2	1	1	4	5	2	2				1	4		1	1	1	1	1	1	1	1	30
总计	7	5	6	15	19	10	5	14	4	3	5	10	2	4	4	4	4	1	1	1	4	128

家户 1：受访者为出生于 20 世纪 80 年代的家庭主妇，家中农具很少，但传统工具如梳毛板、圆圙等还在使用，且完全购自市场，说明传统生产工具在市场中占有一定份额，且存在一个相对稳定的匠人群体。

家户 2：受访户家庭人口较多，农业收入是家庭经济的主要来源，与之相应的是农具的种类比较齐全，基本购自市场，除传统的"二牛抬杠"

外，石手磨等仍在沿用，背后的依托即为制作传统农具的铁匠、木匠、石匠、编制匠人等群体的存在。

家户3：受访者家庭人口较多，以农为主，生产工具配套齐全，除部分购买外，木结构农具多请人制作，少量自制。在传统工具居多的情况下，个别用具发生变迁，如背水桶由传统的木制变为铁制，塑料制的酥油罐开始出现，与传统陶制酥油罐并存。不过传统制陶工艺仍在延续。

家户4：受访者家境中等，传统牛轭、铁犁等农具配套齐全，或请人制作或购自市场，某些用具可谓新旧并存，如陶制酥油罐与电动酥油壶并用，而一些用具业已弃用，如算盘、藏式杆秤等。

家户5：受访户现为该村唯一的一户铁匠，属于家族传承，因此大凡与铁字沾边的生产工具均为自制。而木结构农具及个别石质研磨器则为请人制作或购买。据了解，该户以前也制作日常生活中的刀具，但由于其他村庄专业刀匠的竞争，故放弃。本村也曾有一铁匠专门制作刀具，也因各种原因不再从事这一职业。

可以看出，由于拉孜县的农机化水平和农机化率较之扎囊县普遍较低，因此更多地沿袭了传统的耕作方式，如牛耕、牛播、人工收割，甚至以牛踏场等，基本完整地保留了许多传统的生产工具，如普遍使用的二牛抬杠式配套农具，大量使用的筐具、耙具、锄、锨、打驮钩等。有意思的是，古老的水磨、石手磨与电动磨面机并存，成为该村的一道特殊风景。至于传统的纺织机具，则更是每个家庭不可或缺的工具。传统手艺如铁匠、木匠、石匠等匠人群体，虽然较前有所萎缩，但相比山南地区仍有相当广泛的群众基础，传统用具在市场中仍然占有一定的份额。尽管如此，随着农机的逐步推广，传统生产工具的使用空间将进一步缩小，应用前景不容乐观，个别农具甚至会永远消失，这是一个必须面对的现实，也是大势所趋。

第四节　思考和建议

朗塞岭村和柳村分别属于西藏自治区今山南市和日喀则市，自然环境不同，生产条件有别，农业机械化水平和程度不等，但均以农为主，兼营畜牧，应该说两村的生产力发展状况在其所在地区均有一定的典型性和代表性，虽不能说代表西藏生产力的发展状况，但毕竟是其缩影，由此可在一定程度上管窥西藏经济社会发展的基本面貌和特点，而其中生产力的发展无疑是社会进步、变迁的重要因素，可谓在发展中变迁、在变迁中发展，发展与变迁已成为当今西藏农村的不变主题。两村的发展与变迁，正是这一大背景下的必然结果。两村在生产力发展方面的差异性，既是两地区域性差异的基本反映，也是西藏各地区域性发展不平衡的体现，这其中既有历史的因素，更有现实的原因，缩小差距、均衡发展无疑是今后的目标。

生产工具是生产力的重要表现形式。西藏的传统生产工具，承载着西藏的历史和文化，凝结着藏族的群体记忆和情感，反映着社会的发展和变迁，印证着科技的进步与飞跃，具有最为鲜明的民间性、大众性、广泛性、时代性等特点，属于真正的"根的文化"。因此，重视与开发传统生产工具的历史与文化价值，并从非物质文化遗产的层面加以保护、研究和利用就成为一项时代的新课题。

首先，努力借鉴国外先进经验，将传统生产工具纳入学术研究的范畴。

可从学术研究的视角，按地区或经济类型区，按计划、分步骤，在搞好全面普查的基础上，根据传统农具的濒危程度，分门别类，系统搜集、整理、保存、展示、研究。编著西藏传统生产工具档案或西藏传统农具档案等，通过现代科技手段，动态或静态展示、介绍传统农具的历史变迁、功能、特点、民俗及文化价值。

毋庸讳言，在科技飞速发展的时代，传统生产工具、生产技艺正面临日趋消亡的历史命运，但作为人类社会进步与发展过程中生产力水平的一种标志性要素，将传统生产工具作为非物质文化遗产而加以保护，已成为世界各国特别是发达国家的一项重要使命。作为近邻，日本是最早开展这方面研究与保护的国家，并在这方面积累了丰富的实践经验，形成了一种专门的学问，即民具学。按日本学界的解释，民具是日本文化研究上的术语之一，所谓民具是指普通老百姓在日常生产生活过程中制作、使用、沿袭、传承下来的所有用具或器具的统称，是研究民众日常生产生活变迁以及社会基层文化结构、性质的重要实物资料，具有鲜明的民俗性、大众性、地域性、民族性、时代性等特点。迄今，民具已成为学界所普遍接受，广泛认知，具有特定内涵的一种术语概念。民具以其功能和使用的范围而言，可以大致分为以下几类：（1）衣食住行的用具。如家具、寝具、灯具、灶具、厨具、饮食用具、穿戴用具乃至卫生保健用具等。（2）生产用具。包括农具，如犁、耧、耙、锹、锄、铁锹、镰刀等耕作、播种、收割用具，以及各种质地的筐、簸箕等用具；运输、牧业、渔猎等用具；纺织、酿酒、采矿、雕刻、建筑等手工用具。（3）交易用具，如度量衡具、计算具等。（4）各种仪礼用具。如诞生、婚丧、节日期间的器具。（5）民间信仰或宗教用具。如各种法器、偶像、供品、经教像设等。（6）民间游戏或竞技用具。由于民具承载并传承着一定时期的历史与文化，而且其本身又处于不断的演进、变迁过程中，其中大多数民具会随着现代生活方式的变化而逐渐消亡，或者被大量取代，因此对民具的调查、搜集、整理与研究就成为一项非常紧迫的课题。而且随着社会的发展，民具本身的范围也会发生某种变化，譬如根据民具的定义，现在许多的生产生活用具都可能被划入潜在民具、基本民具、新民具、自给民具、流通民具等的范畴，从而丰富民具的内涵，延续民具的历史文化功能。当然，基于民具研究对象、要素的变化而随时调整研究的方法，无疑也是今后值得探讨的一个新课题。

民具的收藏与展示作为非物质文化遗产保护工程的重要内容，同样受到各界的高度重视。目前在日本，业已形成从国家到地方，从学界到民间，从国立到私立，多层次、多渠道，涵盖广泛、内容丰富、各具特色的系统的保护、收藏、研究和展示平台。如神奈川大学常民研究所是日本较早开展民具学研究，且研究力量最强的机构之一，而千叶县国立民俗博物馆和大阪国立民族学博物馆，则是全国收藏民具数量最多的国家级机构，而地方性的民俗资料馆、历史民俗资料馆、乡土资料馆等机构更是数量众多，私营的展示馆也不在少数，同时还有为数不少的以民居、古城、府邸等为依托的各种专门性的展室。他山之石可以攻玉，借鉴国外的先进经验与民间的智慧，迅速启动传统生产工具的普查、搜集、保护与研究，自然具有多方面的现实意义和深远的历史意义。

其次，丰富和充实非物质文化遗产的内涵，将传统生产工具整体性纳入非遗的范畴。

中国是一个多民族的国家，悠久的历史和灿烂的古代文明为中华民族留下了极其丰富的文化遗产。我国历来高度重视文化遗产的保护工作，并于 2011 年 6 月 1 日开始实施《中华人民共和国非物质文化遗产法》，但随着经济的全球化和社会的现代化，我国文化遗产的生存环境渐趋恶化，保护现状堪忧，研究严重滞后。同时，对非遗内涵的界定也需与时俱进，根据国情、区情的不同，因地制宜，随时调整、充实。目前，关于非物质文化遗产的界定，比较权威的表述是："非物质文化遗产"是指被各群体、团体、有时为个人视为其文化遗产的各种实践、表演、表现形式、知识和技能及有关的工具、实物、工艺品和文化场所。因此，"非物质文化遗产"包括以下方面：（1）口头传说和表述，包括作为非物质文化遗产媒介的语言；（2）表演艺术；（3）社会风俗、礼仪、节庆；（4）有关自然界和宇宙的知识和实践；（5）传统的手工艺技能。我国首批国家级非物质文化遗产名录分为：民间文学类、民间音乐类、民间舞蹈类、传统戏剧类、曲艺类、杂技与竞技类、民间美术类、传统手工技艺类、传统医药类、民俗类 10 个类别。以此而论，传统生产工具则应属于"传统手工技艺类"。不过在非遗保护的具体实践过程中，不可能将传统生产工具整体纳入其中，所涵盖的不过是少数具有一定代表性、技术含量较高、具有一定影响或知名度的"精粹而已"。大量看似普通，但却可以代表生产力发展水平、具有丰富历史文化内涵的传统生产工具并未能纳入其中，更遑论得到应有的重视。如西藏从 2007 年开始正式启动了非物质文化遗产的普查工作，其中 22 个项目被列入首批国家级非物质文化遗产名录，其中传统手工技艺类为山南地区和日喀则地区的藏族邦典、卡垫织造技艺、藏族造纸技艺。而就拉孜县而言，截至 2012 年 7 月，已有农村歌舞"拉孜堆谐"、藏刀、六弦琴、藏靴、陶器、传统藏医等 6 个非物质文化遗产项目。其中拉孜藏刀是拉孜乃至全区著名的民族手工业品，历史悠久，做工精细，可以称之为民族特色产业的一朵奇葩，既是生活用具，又是民族特色工艺品。不过，无论是从全区的层面还是各县、市的层面来看，传统生产工具事实上所蕴含的非遗性质，并未能引起有关部门的重视，传统生产工具整体上仍然游离于非遗的视野之外。

最后，建设西藏民族特色的农具博物馆或乡土博物馆势在必行。

传统生产工具作为"民具"具有重要的学术价值，应当纳入民具学的研究范畴，而作为非物质文化遗产则具有十分突出的文化功能。截至 2012

年7月，全国3589个博物馆中，包括国有博物馆3054个、民办博物馆535个，专门的以传统生产工具为主题的博物馆为数甚少，这与我国悠久的农耕文明以及农业大国的地位极不相称。与此形成对照的则是民间对传统生产工具收藏与保护的重视，私营的农具博物馆不断涌现，知名者如苏州市甪直镇江南水乡农具博物馆、山西省长治市张庄村的农具博物馆等。就西藏自治区而言，西藏自治区博物馆算是门类最全、规模最大的博物馆，但即便如此，迄今该博物馆仍未辟出一处专门的传统生产工具展室或展馆。倒是有一座乡村博物馆，即工布江达县的太昭陈列馆收集、展示了部分与"民具"相关的内容。虽然是出于旅游的需要，距离自觉的乡土教育还很远，但毕竟是一个良好的开端。因此，随着非物质文化遗产保护工作的深入开展，建设专门的乡土博物馆或充分发挥现有博物馆的功能，对传统生产工具进行全面、系统的收集、整理、展示乃至研究，就成为今后的一项重要任务。

第三章　农业用水制度和祈雨仪式

对于任何依赖灌溉进行农业生产的社会来说，水资源具有无比重要的价值。水作为自然资源对于人类社会来说具有如下特点：（1）供给的相对稳定性，使人们能够持久地依赖某一水源而进行生产生活，而水资源总量及使用的方便程度决定了依赖其生活的人群的规模，总之，在数千年的繁衍生息过程中，人们对于某一水源的利用积累了较为丰富的知识和经验，并由此而创造了各具特色的用水制度。（2）水资源利用中的悖论是水的供给和人类的需求往往会出现背反的现象，比如干旱之年，降雨稀少，蒸发量大，农作物需要更多灌溉，然而，干旱之年水源枯竭，供给不足。为确保自己的利益，有的人会打破惯有的秩序，出现抢水、偷水等违背规则的行为，有时甚至不惜动用武力来争夺用水。农业社会的用水纠纷中出现严重的伤害极为常见。为了规避这种伤害事件的发生，共享同一水源的人们不得不相互协调关系，就监督使用和惩罚违规做出制度性安排。总之，用水问题是农业社会中普遍性的重大问题，埃莉诺·奥斯特罗姆的名著《公共事物的治理之道》[①] 主要研究人类社会集体行动制度的演进，其赖以分析的近 5000 个案例中最突出的部分即是各地的用水制度，从中不难发现世界各地丰富多样的用水制度。

西藏是全世界海拔最高的区域，西藏的农业生产历史悠久，农业文明积淀丰厚。在雅鲁藏布江、年楚河、拉萨河流域这些西藏古老的农业区，夏季蒸发量大，许多农田面临灌溉不足的问题。面对高原上特殊的气候以及青稞等独特的农作物，当地人在用水方面有着怎样的制度安排？如何调

---

① 参见埃莉诺·奥斯特罗姆（Elinor Ostrom）《公共事物的治理之道》（Governing the Commons），余逊达、陈旭东译，上海译文出版社，2012。

解、处理用水过程中出现的各种纠纷？在现代化背景下西藏农村的用水问题又呈现怎样的变化？这些问题不仅事关西藏的农业发展，也事关西藏农村居民的生活及基层社会的稳定，但是，前人就此并未展开广泛的调查研究。为此，2012 年夏季我们在朗塞岭村及柳村调研时，对农业用水问题进行了专门调查和研究。

第一节　农业用水制度

用水制度总是与一定的自然环境、特定的供水来源及农作物生产特点相联系。朗塞岭村与柳村的地理环境不同，气候特点不同，用水制度也呈现出多样化的特色。

一　朗塞岭村的用水制度

朗塞岭村属于山南地区扎囊县扎其乡，2012 年时，全村 161 户 779 人，有耕地 1828.94 亩，下辖 3 个村民小组，居民 100% 为藏族。朗塞岭村位于西藏最大的河流雅鲁藏布江南岸 3 千米左右的坡地上，村民每天都望得见滔滔东流的江水，然而村子农田明显高出河面，村民没有能力引水上山，千百年来朗塞岭村的农业生产不能得益于雅鲁藏布江。村里农田的灌溉用水主要依赖两条自南部山谷里流下来的溪水，即普雄曲（phu-gzhung chu）和邦噶曲（spang-dkar chu）。由于来水量不足且不稳定，灌溉用水不足的问题长期困扰着朗塞岭的村民。面对这样的用水条件，朗塞岭山沟三个村基于确保用水公平和效率，维护村际关系的稳定，在村际和村民两个层面构建了独特的用水制度。

（一）村际协议

朗塞岭山沟里原先有宗噶、朗塞岭、门卡绒三个村。历史上，三个村之间就有协商用水的传统。据村民介绍，当地夏季气候炎热干燥，蒸发量大，农作物生长期用水量大。小麦、青稞、油菜等主要作物每年需要灌溉多次，水量大的时候能灌溉 5～6 次，水量小的时候也至少需要灌溉 2～3 次，否则农作物有干旱致死或减产的危险。为此三村之间依据人口、田地数量的多少协商解决用水问题。另外，用水时间不能太长，否则有可能出现作物干死的现象。由于总水量小，也为了方便监管，所有水流统一使

图 3－1　从朗塞岭村眺望雅鲁藏布江（方素梅摄于 2012 年 7 月）

用，不做分割。传统上，三村之间的分配方案是门卡绒村 5 天，宗噶村和朗塞岭村总共 6 天，朗塞岭的村民说"过去门噶若村人很凶悍，势力大"。民主改革后，达成的协议是宗噶村、朗塞岭村用水 5 天，门卡绒村用水 6 天。

1996 年后，在朗塞岭山沟北侧地势开阔地带搞农业综合开发，特别是在靠近雅鲁藏布江的地方安置了从错那县、扎囊县其他高海拔乡搬迁而来的移民，形成德吉新村（bde-skyid grong-gsar）。作为移民新村的配套设施，政府出资兴建了"朗塞岭提灌站"，从雅鲁藏布江通过二级提水满足该村灌溉所需。提灌站输送的水也可灌溉门卡绒村的大半田地以及朗塞岭村的少量田地，这样村际用水分配出现了新的格局：如果门卡绒村不用上游来水，则主要由宗噶村与朗塞岭村之间签订协议。一般来说，3 月份，宗噶村用水 5 天，朗塞岭村 6 天，从 4 月到秋收，宗噶村 7 天，朗塞岭村 9 天。因为门卡绒村使用提灌系统，需要用电，负担较重，宗噶村、朗塞岭两个村子每年要给他们一两千元电费补贴。但是，门卡绒村有时也会提出用水要求，这时，则变成宗噶村 4 天、朗塞岭村 5 天、门卡绒村 5 天。

各村之间每年召开一次用水协调会，各村村干部参加，协商用水时间分配，一旦签署协议，必须严格执行，任何偷水行为都会遭到武力惩罚。

其实，这种用水制度是历史上延续下来的。当时，朗塞岭山沟最大的庄园主是朗塞岭家族①，虽然在门卡绒村也有夏玛尔黪卡等，但实力比较小，因此，用水协调一般由朗塞岭庄园（一般是庄园管家）主持，发生用水纠纷也多半由他来处理。民主改革后的用水协调会主要是在乡政府主持下由各村村干部协商。但是，尽管有上述的村际用水制度安排，但是，仍然会发生各类纠纷。

> 访谈案例：朗塞岭的用水纠纷
>
> 我们这里的灌溉用水主要是两条溪水，即普雄曲和邦嘎曲。各村之间虽然每年都有协议，但还是会发生用水纠纷，干旱的年份更严重些。旧社会，朗塞岭村和门卡绒村经常因为灌溉用水发生械斗，还有喷辣椒水等。那时候村里有规定，发生用水纠纷甚至武装冲突时，每家必须派一人参加。人民公社时期，我已经是村里的干部，那时也照样发生用水纠纷。20世纪七八十年代矛盾最多，因为当时人口增长很快，各村都扩大田地，用水短缺严重。80年代有一年干旱，庄稼快干死了，朗塞岭村的干部去找宗嘎、门卡绒村，跟他们商量，今年因为朗塞岭村干旱，在你们的轮期上给我们用水，他们答应了，但是，后来轮到朗塞岭用水时，门卡绒村没有还给他们水，于是发生了冲突，后来双方六七十人参与械斗，好多人受伤。2008年，朗塞岭村与门卡绒村又发生纠纷，原因是朗塞岭村灌溉的时间内，门卡绒村的南杰（化名）晚上偷偷地在进水把口放水到该村，当时就打起来了，朗塞岭村的两个水管员被刀刺伤。还有一次是有点洪水，上面的宗嘎村人觉得水大，放点到自己田里对下面影响不大，结果很多人家都这么干，到朗塞岭村时根本就没有水了，两个村又闹起来。只要发现违反用水协议的事，村里的管水员要罚款100元，当事村民被罚款500～600元。

由此可见，尽管各村之间有协商用水的机制，有约定俗成的用水制度，但是，用水纠纷依然难免。其根本原因是资源供给不足，只要这个约

---

① 朗塞岭家族的土地和属民并非只在朗塞岭庄园里，在朗塞岭周边也有该家族的属民。

束条件不改变，用水纠纷实际上很难避免。

（二）村内制度

朗塞岭的灌溉用水制度包括两个层次，一是流域各村之间的制度安排，二是村内各家户之间的制度安排。根据村际协议，朗塞岭村的用水时间是固定的，在规定的时间内完成灌溉，对于村民是很重要的。朗塞岭村内部分为3个村民小组（过去的生产队），灌溉用水时间的分配也是根据每个村民小组的田地数量确定的。村内每年召开一次用水会议，各组之间就用水的时间、方式达成协议。

图3-2 流经朗塞岭村的溪水（方素梅摄于2012年7月）

访谈案例：朗塞岭村内的用水制度

在朗塞岭村的用水时间内（过去一般是5天，现在有时是6天，有时是9天），村内三个村民小组因为田地数量差不多，平均分配用水时间（3组田地数少，但是机井水量小，适当照顾他们）。我们的灌溉方法是根据田地的位置，从上游向下游依次进行灌溉，避免浪费水流。在分配给我们的时间段内能灌溉多少算多少，当我们的时间结束后，水权就交给下一组，如果还有未灌溉的地，下一轮时就优先从那里开始。因此，在整体时间固定的条件下，关键是看能否灌溉更多的田地。

虽然，村里有按顺序灌溉的规定，但还是会发生纠纷，特别是在承包刚开始的时候，比如有的人家水已经汪在地里了，还不愿意放水给下一家；有的人家田里灌溉还未充分就被强横的下一家堵截了水源（某家因为家里青壮年男子多，屡次强行截水）。有的人把水放进自家田地后，去干别的事，水满了也不知道，造成浪费。这些事情常常造成家户之间的矛盾。为了解决这些矛盾，前几年，村里决定安排专门的管水员（chu-dpon），每个小组都有固定的管水员，并组建灌溉小组，统一负责灌溉，而不是各户负责自己的田地，避免争水纠纷。我们二组灌溉小组由10人组成，水大的时候分成4个小组，各负责一条水渠，两人轮流负责；水小的时候，分成2~3个小组。田里灌溉是否充分，由管水员决定。用水紧张的时候则是连夜灌溉，不能睡觉。在用水不紧张时，管水员负责晚上把水放到村子上面修建的水塘里。起初，负责灌溉的人由村委会给予一定的经济报酬。虽然报酬较低，但以前人们没有地方打工，因此也愿意干这个工作。近年来打工比较容易，收入也高了，管水员报酬太低就没有人愿意干了。于是，村委会决定实行管水员轮流制度，每户负责一年，主要是夏天田地灌溉期间全天候负责用水问题，不同主干水渠引来的水由不同的小组负责灌溉，管水员总负责。每亩地收取灌溉费5元。管水员每天的报酬是6元，估计全年可得报酬600元。其他灌溉人员年终根据出工的天数结算。与外出打工相比这个工作的收入很低，但这是义务，每户轮流也算公平，大家没有不同意见。现在的问题是管水员有时候不尽心，比如喝酒后睡着了，水漫田埂还不知道，有时候为了多灌溉一些田地，在有些人家的地里留下一小片未灌满的干地，也引起户主的不满等。

在水资源总量稀缺的情况下，当地村民自发地设计了最有效的用水制度，并根据社会状况变化及时调整制度设计。值得注意的是，近年来村民参加非农就业比如到泽当镇、扎囊县城等地参加建筑队获得的经济回报远高于农业生产获得的经济回报，但是，在用水问题上，从村委会到每个村民都依然极为重视。在村民看来，农业生产仍然是他们的本分，田地荒芜是不可想象的，因此，人们情愿牺牲打工可能获得的较高收入，仍然在农事重要时段回村务农。每个村民都深知本村、本组在农事方面的懈怠，都有可能影响到用水权益，而任何一次用水制度的改变都可能成为下一次用水协商时权益争夺的先例，因此，村民在用水问题上不敢有丝毫的随意。

二　柳村的用水制度

从扎囊县向西400多公里，在雅鲁藏布江上游地区的拉孜县柳乡柳村，那里的用水制度与朗塞岭村迥然不同。柳村地处热曲河（re-chu）南部的一个山湾中，同样不能利用热曲河干流的水灌溉，而是依靠从大山里流出的麦雄普曲河。截至2012年7月，柳村下辖4个自然村。从麦雄普曲河上游向下、自南向北依次是柳普（85户、844亩田地）；查噶（130户）、萨贝（80户），两自然村共有田地2350亩；以及在热曲河北岸台地上的杂村（8户）。萨贝村是在实施安居工程时，将查噶村部分村民搬迁到国道318公路两边，从而形成一个新的村落，而杂村与其他三个村子不属于一个灌溉流域，不存在分享用水的问题。

图3-3　枯水期的麦雄普曲河床（方素梅摄于2012年7月）

柳村地处西藏中西部，海拔约4100米，干旱少雨，早晚温差大。主要种植作物有青稞、油菜、土豆及各类蔬菜，近年开始种植少量小麦。由于夜间风大，秋天麦类成熟期很容易出现倒伏现象，因此，当地耕作传统是小麦、青稞分别与油菜类套种，油菜类作物株杆较粗，对麦类有支撑作用，遇风不易倒伏。柳村的土地虽然较多，但是由于气候干旱，水土流失严重，产量较低。需要说明的是，柳村古老的传统是把所有田地按产量分成上（rab）、中（'bring）、下（tha）三等，上等地亩产300斤以上，约占耕地面积的1/3，中等地亩产250斤以上，约占耕地面积的3/5，下等地亩产200斤。

一般年份麦雄普曲河水水量较为充沛，足够各村灌溉之用，但是，干旱的年份灌溉仍会出现问题，特别是随着人口增长，田地数量增长迅速，灌溉用水逐年增加，用水纠纷还是时有发生。因此，各村之间、村民之间还是对用水问题高度重视，形成了一套约定俗成的用水制度。在柳村的村规民约中第一条即是有关用水的规定。

访谈案例：柳村的用水制度——《柳村村规民约》节选

……

第一条：抓好用水管理是发展经济的关键。

1. 节约用水；

2. 为有利于团结，有利于经济发展等，任何人不得违反用水协议，如果盗水、浪费将严肃处理，具体如下：

（1）从水库中开闸盗水，每亩罚款200～300元；

（2）每块地只能有一个进水把口，不能有两个进水把口，如果在灌溉春耕水（'debs-chu）、青苗水（sngon-chu）、春播前的干土水（skya-chu）时开两个进水把口，灌溉每平方米罚款2～4元；

（3）上、中、下三等田地，在灌溉春耕水、青苗水、春播前的干土水时应依次灌溉，不应越过把口，如果越过，则必须等到全部地灌溉完毕之后，在空闲时间方能提供用水。如果任何人自行灌溉，则根据灌溉面积，每平方米罚款2～4元；

（4）不得随意铲用分水口的积土用于盗水，如果盗水则依灌溉面积每平方米罚款2～4元；

（5）灌溉播种水、青苗水时不得从高地田埂上开口盗水，如果开口盗水，流水灌溉面积每平方米罚款0.5~1元；

（6）不得从高处田地里开口盗水，也不得从高处田地里故意放水给低处田地，如果故意放水给低地灌溉，则放水者、灌溉者双方均罚款每平方米0.5~1元；

（7）灌溉满地后如果不及时关闭把口，溢出之水视面积大小每平方米罚款1~2元；

（8）播种灌溉开始到青苗水结束之前，打制土坯砖者不得开把口引水，只要打开把口则罚款5~25元；

（9）平时不得随意往柳园、菜园中放水，如果放水则罚款50~100元。①

资料来源：《柳村村规民约》（原文藏文，2008年）。

上述规定侧重于对违反规定行为的处罚，应该是经过村民讨论之后的规定。其中对于灌溉制度的具体内容未做描述。为此，笔者访问了查噶的管水员。

访谈案例：查噶自然村的用水制度

原先这里是两个村即柳务普村与查噶村，后来实施"安居工程"，部分人家搬迁到靠近公路、靠近乡政府的公路两侧，形成了新的萨贝村。但是，各村的田地历史上就有插花的现象，很难清晰地把查噶和柳务普两个村分开。从民主改革前就延续下来的惯例就是统一灌溉，从最下游开始灌溉，至今延续这个传统，也就是说灌溉先是从萨贝村开始，那里最低，比上面热，最容易干旱。然后依次向上到查噶村，再到柳务普村。灌溉时，小麦地优先灌溉，与青稞、油菜相比，小麦需要的水更多些。然后依次灌溉上等地、中等地、下等地。为了避免用水纠纷，各村之间每年要签订用水协议。村里有专门的管水员，选举产生，查噶村有两名管水员，因为部分村民住在麦雄曲河东岸，两边各有1人负责用水。今年我是西边的管水员。我的职责主要有：（1）通知农户适时灌溉，有的人家经常不能按时来灌溉，我早上出门

---

① 资料来源：《柳村村规民约》（2008年），原文为藏文，扎洛翻译。

时就去家里通知。如果是中午，我就在地头打电话通知；（2）如果谁家浪费水，我就报告村委会，按照制度是要罚款 50～100 元；（3）我们没有晚上灌溉的传统（晚上风大，灌溉后庄稼容易倒伏），天黑了就电话通知上游柳务普村的管水员，让他把水放进水塘；（4）秋天收割时，把水引到河滩里，不得放入田间水渠，以免泡了庄稼。

按照我们这里的气候条件，每块地大约需要灌溉 4 次，三个村轮流一次大约需要 1 个月多。每年灌溉期大约 6 个月。管水员是村委会指定的，主要是找有责任心，具有一定威望的人担任，一期 3 年，每年报酬 2500 元，由村委会支付。

根据上述访谈可知，柳村的灌溉是小麦优先，然后是上、中、下地按顺序灌溉，其核心是确保细粮、优等地能够得到灌溉，这是村民根据生产经验做出的选择。这也从一个侧面反映了柳村的用水制度仍然是建立在用水危机之上的。村民还反映，历史上曾经多次出现过用水纠纷，因为民主改革之前，当地虽归扎什伦布寺拉章所属，由查嘎自然村的庄园主与柳普

图 3-4　从山上流下贯穿柳村柳普和查嘎两个自然村的溪水
（方素梅摄于 2012 年 7 月）

116

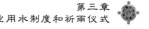

自然村（组）的贵族扎西普巴（bkra-shis phur-ba）协商决定。现在则由村委会和党员代表开会制定用水协议。村委会由 7 个人组成，其中柳普组 3人、查噶组 3 人、萨贝组 1 人。

朗塞岭村和柳村都属于西藏古老的农业村落，之所以能够形成上述村落就是因为有可资依赖的自然水源，然而，两村的水资源供给都存在一定程度的缺口，迫使村民必须设计精细的制度以提高用水的效率。但是，我们必须注意的是，尽管有这些制度，具有很强的针对性，最大限度地保证了用水的效率和公平，避免了水资源的浪费，然而，不可否认的是只要水资源供给不足这个约束条件不改变，仍然会发生用水纠纷，特别是在降水较少的年份，甚至可能发生各种形式的抢水事件，并演化成为暴力冲突，酿成悲剧。为解决上述问题，在传统社会和当代社会人们采用了截然不同的两种方法：传统社会中人们采用了宗教方式，即通过祭祀仪式，愉悦神灵，祈求风调雨顺；而在现代条件下，则通过水利设施建设，增加用水供给，缓解资源匮乏。

第二节　祈求水资源供给
——传统社会的宗教祈雨仪式

解决用水纠纷必须要解决两个先决条件，第一要有适量的用水供给，第二要有一定的用水秩序。检索文献不难发现，古代西藏也有诸多水利工程建设①，表明人们在用水方面并不总是被动的。但是，在朗塞岭村和柳村，村民反映除了修筑拦洪坝等保证用水的设施外，传统社会没有任何增加水量供应的措施，比如打井、引水等。在这样的技术条件约束之下，他们能够做的就是利用宗教方法，祈求神灵保佑风调雨顺，不出现旱灾雹灾等非正常天气。田野调查发现两村迄今都保留着类似的宗教活动。

一　朗塞岭村的祈雨仪式（dbyar-gsol）

为了祈求风调雨顺，朗塞岭村的村民每年都要举行祈雨仪式。笔者采

---

① 参见房建昌《传统西藏水利小史》，《西藏研究》1996 年第 3 期。

访时也发现田间地头多处建有煨桑的土石灶台，那是他们在田间举行祭祀山神、龙神仪式的专门设施。此外如果发生干旱，还要专门邀请僧人前来，举行祈雨仪式。

访谈案例：朗塞岭村的祈雨活动

每年的藏历四月十五日，我们村要举行固定的祈雨活动，一般要举行两天。我们会邀请朗塞岭寺的僧人来村里念经，村里所有人家都要参加。念经活动一般都在村委会院子里举行。第一天，邀请3个僧人到场念经、煨桑，每个家庭都会带一些糌粑、酥油、奶渣及其他食物来参加活动。还要给僧人一点报酬，一般家庭给10元，也有人家给50元，看家庭经济情况。主要举行给地域保护神艾噶山神（E—dkar lha-ri）献"措（tshogs）"（一种献给山神的食品）的仪式。由两三个懂得宗教知识的老年人制作"措"。这一天不许人们喝酒。第二天，僧人们继续念经，全村老少都来参加，有很多娱乐活动。早上9点开始，人们就开始唱歌、喝酒，为此，家家户户要捐献粮食和食品。我们家捐献了一"克"（28市斤）青稞，用于酿造青稞酒。所有人家的酒都要合到一个大桶里，表示全村的团结，专门有人负责酒桶的管理。参加活动的人各自带碗、杯子。现在也有的人家不酿酒，而是捐钱，买啤酒。那一天吃喝玩闹，一直要到晚上10点钟才结束。主要目的是要让神灵高兴。现在，整个活动都是由村委会组织了。本村的一组、三组也举行祈雨活动，不过地点在其他地方，时间上也比我们晚七八天。如果举行了这样的活动，夏天仍然干旱，就专门请僧人来举行专门的祈雨仪式。

朗塞岭村面临的主要问题是水资源不足，因此，宗教活动的主要目的是祈求雨水充足。由于朗塞岭村寺离村子很近，因此，无论举行常规宗教活动还是紧急的求雨活动都较为方便，这也让村民颇觉安慰。村民们都能讲一些求雨灵验的故事，说明这些宗教活动对于村民至少还有心理抚慰的功能。

二　柳村的祈雨仪式

作为高海拔地区的柳村同样对宗教活动给予相当的重视，但是，他们举行宗教活动的目的与朗塞岭村稍有不同，对于柳村来说用水不足的问题并不突出，只要风调雨顺，正常来水，灌溉就没有大的问题。柳村的真正威胁是秋天的雹灾，在庄稼成熟的季节，天气多变，一场雹灾就可能使农户颗粒无收。

> **访谈案例：柳村查噶组的祈雨活动**
>
> 我们村没有专门的祈雨仪式，凡是举行雨水有关的宗教活动，我们都是请密咒师（sngags-ba）来念经，举行宗教仪式。对于我们来说更为重要的是防范冰雹。农历五月庄稼发芽时，扎西岗乡那边的防雹喇嘛央白（男，50多岁）就会来我们村，这些年来他与本村已结成固定关系。我们在村子西面小山上建了"拉则"，旁边盖了一间房子供他居住念经。直到秋收结束，他才离开。他的任务就是祈祷风调雨顺，如果干旱就念经作法祈雨，到秋天就防范雹灾。一般藏历10、15、30日念经做法事活动。藏历五月十五日，全村要祭祀地域保护神"第乌"（sde'u，记音）山神，人们认为山神的喜怒对这里的降雨和农作物的收成有直接的影响。喇嘛为村民的利益服务，我们当然得给他一些报酬，不过也不固定，一般都是自愿捐助，每户40元左右，查噶和萨贝两个村加起来170多户（访谈人所报数据），一年3000~4000元。老人们负责筹集和管理，由村主任转交给喇嘛。我们不能说防雹喇嘛是否管用，这是古老的传统。此外，我们也准备了防冰雹的火炮，如果秋天乌云密布的时候，就用火炮将乌云打散。虽然，现在的年轻人觉得喇嘛念经没有什么作用，但是，人们还是愿意请他来，双保险不是更好吗？

朗塞岭村和柳村都保持着传统的祈雨宗教活动，两村的水源条件、气候特点不同，宗教活动的侧重点也有不同，朗塞岭村水源条件差，干旱风险高，因此，宗教活动中祈雨内容是重点。而柳村水源条件较好，但是雹灾频仍，因此防雹成为宗教活动中的主要内容。正是因为拉孜县等高海拔地区雹灾多发频发，当地形成了特殊的防雹文化，产生了一定规模的防雹喇嘛群体①，每到夏秋季节，他们被邀请到各个村庄，举行防雹的宗教仪式。

传统的宗教祈雨仪式带有典型的神秘主义色彩，对于今天的村民来说，心理安慰多于实际的意义。但是，西藏高原天气变幻莫测，干旱、冰雹等灾害时有发生，对于村民来说这些宗教活动的意义可能在于宁可多一种选择，多一份保障，实际上他们并不排斥现代方法的利用。

第三节　增加水资源供给
——当代农田水利建设

我们看到，西藏农村与其他任何农业社会一样，在千百年的农业实践中早已形成了一整套用水制度的安排，并且利用当地特殊的文化资源，以宗教方式对保证用水安全做了努力。但是，不可否认的是，这些努力的效果是有局限性的，它的最高目标是合理、有效地使用既定的资源总量，当资源总量下降，或者说因为各种原因而需求增加时，矛盾便无法解决。近年来，随着当地社会经济发展，特别是政府加大了对农村基础设施建设的投资力度，农村水利建设日渐增多：兴建蓄水池塘，打灌溉机井，甚至兴建提灌站等，这些新元素既有提高使用效率的内容，比如水泥渠沟建设，有效地解决了水流渗漏问题等，也有增加资源供给的内容，特别是后者对解决农村用水问题具有实际意义。然而，增加水量供给所需要的高额投资，又使这种方法更多具有嵌入的特性和不确定性。

我们的田野调研也发现，无论朗塞岭村还是柳村都已获得政府的相关投资影响，农业用水开始呈现出新的格局。

访谈案例：朗塞岭村的机井

为了解决我们这里用水困难的问题，这些年政府搞了好几个项目。大约在30多年前，村里打了第一口机井，当时，政府想在村子下

①　笔者 2003 年在拉孜县调研时了解到该县拉孜镇康来村等也有每年邀请防雹喇嘛念经的传统，而芒普乡乃萨村是著名的"俄巴"喇嘛村，全村有十几户人家都是防雹喇嘛。见扎洛《西藏农村的宗教权威及其公共服务——西藏农区五村的案例分析》，载《民族研究》2005 年第 2 期。

面靠近雅鲁藏布江的空地上种树，就在村子下面一点打了机井，井水除了灌溉树林外，可以灌溉村子下方的100多亩田，当然，这口井对于村里的用水来说作用不大。后来在村子中间打了一口井，效果很好，天气干旱，水量不足时，就用机井抽地下水灌溉。打这些井花费了多少钱，我不了解。2011年时，花费28万元在村子上面打了一口井，项目款都是县上下拨的，村民只负责打井队的伙食。这口井的位置有点高，虽然打了100多米，但是，出水量不多。目前，朗塞岭村总共有5口机井，一组1个机井，二组2个，三组2个。井水的使用方法还是将提出来的水放到水渠中按一般灌溉的规矩用水。是否要用机井的水灌溉由村委会决定，管水员统一负责使用。机井灌溉耗费电力，必须收费，大约一亩地成本20元，与使用河水灌溉相比成本很高，因此，村民一般不用机井灌溉。

可以说机井建设对于缓解朗塞岭村的用水问题起到了积极的作用，尽管机井灌溉的用电成本较高，但是，机井使他们在应对最恶劣的干旱危机时多了一个有效的选择，因此，村民对机井建设的评价基本是正面的。但是，机井建设的局限性也是一目了然的，第一，机井建设只有外来资金的注入才有可能，村民本身无力承担高昂的成本；第二，在离地下水源（雅鲁藏布江）较高的地方，机井建设的效果打了折扣，在朗塞岭村下方和上方所打机井的效果就有明显的区别，在朗塞岭村上游的宗噶村打机井的效果必定更差。当然，由于西藏人口分布较为稀疏，这样少量的机井短期内还不会对地下水位造成明显影响。[1]

访谈案例：柳村的水利建设

我们这里正常年份的灌溉用水其实够用，关键是从普村到萨贝村，距离较远，坡度大，夏季容易发洪水，平时河道几乎是干的，可

---

[1] 目前中国内地农村由于承包制及水利设施利用的市场化改革，农户偏好自己打深井用于灌溉，以致出现了水井过多造成地下水位明显降低的现象，对生态环境造成长远影响。见袁松、孙晋华《从水库到深井：农田灌溉水源的当代转换何以发生？》，载《周口师范学院学报》2010年第4期；陈柏峰、林辉煌《农田水利的"反公地悲剧"研究——以湖北高阳镇为例》，载《人文杂志》2011年第6期。

是雨季洪水泛滥，河道越来越宽，现在宽的地方都上百米了，冲毁了很多农田。另外，夜间风大，为避免作物倒伏，晚上一般不灌溉农田，因此，晚上水都是白白流走了。近年来，政府有各种支农、扶贫项目，在柳普村上面一点修建了一个比较大的蓄水塘，晚上不灌溉时，把水放进去蓄存，第二天再用时，水量也大些。另外，为了防止河水下流时漫流，造成浪费。2009 年时，为查噶村东岸的田里埋了专用的灌溉水管，这样途中不浪费，也不用年年修水渠了，效果很好。

显然，水塘建设、水管埋放等项目都得到村民的积极评价。事实上，由于地方经济困难，村庄社会和县级政府都没有成规模的农田水利建设投资能力，笔者在柳务村调查时发现，由于缺乏良好的渠沟建设，灌溉用水在村内巷道漫流，甚至威胁到村民住宅的墙基安全。西藏农村水利建设包括渠沟建设需要长期持久的投资。需要指出的是增加水资源供给类型的农田水利建设的高投入，对于普遍贫困的西藏村庄来说难以自己承担，其建设和维护都需要依靠外来投资，一旦外来投资中断，其中的一些水利设施便很容易失掉应有的功效，成为闲置的摆设。

访谈案例：处于困境的朗塞岭提灌站

在 20 世纪 90 年代西藏实施"一江两河"工程时，在朗塞岭村西北方靠近雅鲁藏布江的滩地上实施了农业综合开发，将扎囊县、错那县等地部分农牧民搬迁到开发区，形成德吉新村。作为农业开发区的配套设施，政府出资 1800 万元兴建了"朗塞岭提灌站"，1996 年开工始建，2001 年投入使用，灌溉面积 1.9 万亩，其中朗塞岭村的少量田地（100 多亩）、门卡绒村的一半田地都在受益范围内。由于门卡绒村可以用提灌站的水，事实上宗噶村、朗塞岭村利用河水灌溉的时间增多了。然而，由于雅鲁藏布江河水含沙量较高，朗塞岭提灌站在运行 6 年后，5 台机组因过度磨损全部报废，县里经过紧急会商，发现更换机组至少需要 50 万元，且 5 年后必须再次更换[1]，这对于扎其乡、

---

① 郑洲：《西藏德吉新村扶贫综合开发绩效研究——基于农村公共产品供给的视角分析》，《西藏研究》2007 年第 4 期。

扎囊县来说都是难以承受的支出。由于难以筹集资金更换机器，德吉新村部分农田出现绝收，门卡绒村重新要求分配河水灌溉，朗塞岭各村之间的用水紧张加剧。

相关学者对朗塞岭提灌站进行过专门研究，认为这种高投入的水利建设如果不考虑成本、收益核算，是很难持续的。可行的方法还是根据当地的自然气候条件实施适合当地环境和经济发展水平的水利建设项目，比如在靠近雅鲁藏布江的德吉新村建机井抽水可能更加合适。因此，我们必须反思决策机制，把公共产品供给中的"局外人"决策变成当事人参与决策。①

第四节 分析和结论

通过对朗塞岭村、柳村两个不同气候特征、供水条件的村庄农业用水制度的考察，不难发现，西藏农村在千百年的农业生产中已经积累了丰富的用水知识和制度经验，也能够根据社会条件的变化，自发地调整用水策略和制度安排，这些沿用千年的用水策略包含着对气候、水文条件细微差别的应对智慧，以及村际之间在历史上形成的关系模式，属于真正的"地方性知识"，应该成为政府部门制定农事制度及水利建设决策时的重要参考。但是，我们也要看到，这些传统的制度安排，其功能主要在提高用水的效率和公平性上，并不能实质性地改变水资源不足这个硬约束，这就决定了随着人口增加、田地扩展，用水不足造成的各类问题难以解决。

要从根本上解决农业用水不足的问题，可行的选择无非如下几种：一是发展替代产业，将人口从农业中剥离出去，缓解土地、用水压力。西藏的城镇化正在起步，未来将成为西藏发展的重要方向。二是进一步提高现有水资源的利用效率，比如从漫灌向滴灌转变等，这需要一定的经济、技术作为支撑，对于多数西藏农村来说短期内难以实现。三是开辟新水源，增加水资源供给。西藏的水资源总体上较为丰富，地表径流量大。但是，由于地势以沟壑为主，干流水的利用一般都需要大型的水利设施，比如大

---

① 郑洲：《农村公共产品供给效率问题研究——基于西藏德吉新村朗色林提灌站的调查研究》，《生态经济》2007 年第 12 期。

坝、远距离引水渠、提灌基站等，这些都需要有较大规模的投资，而西藏地方财政难以支撑此类项目，因此，此类项目的建设和维护只能依靠外来投资，这样就难免"局外人"决策的"不适应症"，一旦外来资金缺失，其运行即出现危机，朗塞岭提灌站就是典型案例。

因此，就现阶段的西藏农村的农业用水来说，可行的路径选择依然是综合施策，一方面立足于既有资源，不断提高用水效率。目前突出的问题是蓄水设施（水塘）、输水设施（渠沟）建设不足，造成水资源消耗的现象。另一方面应积极开展增加水资源供给的措施，比如引水、打机井等，需要注意的是，此类项目应充分考虑当地社会经济发展水平和环境条件，民主决策，科学决策，避免政绩工程、形象工程等短期思维，使每项水利工程都能持久有效地发挥作用。

第四章　社会组织及其发展

　　社会组织与民间组织、社会团体、非政府组织、非营利组织等几个概念在内涵和外延上多有重合，指的在政府和市场之外的，由民众自愿结成的团体。[①] 按萨拉蒙和安海尔的定义，非政府组织有几大要素：有组织的、私人的、非利润分配的、自治的和自愿的，[②] 是在公民自觉自愿的基础上自发组成的，不以实现政治诉求和营利为目的的社会团体，含义等同于政府与市场以外的"第三部门"，与之相关的讨论往往与现代含义上的"公民社会"联系在一起。[③] 然而正如戴维·刘易斯指出的，人类学视角下的民间组织研究并不仅仅专注于那些科层化的、国际的、以慈善目的为主的机构，而更多关注小型的、地方化的互助组织。[④] 本章所考察的西藏农村"社会组织"，主要指的也是这些小型的、地方化的草根组织。下文中交替使用的"社会团体"、"社团"和"社会组织"等词汇，亦是相同含义。

　　需要说明的有两点。其一，为了促进少数民族地区经济社会发展，中国政府着重扶持当地村民自发组建的专业合作社，要求它们在民政局登记，并接受当地工商部门管理。严格来说这些组织并不应当算作非营利组织，因为其中有经营性活动，有利润分配。但考虑到这些组织在某种程度上也履行着团结各族乡民、促进社会稳定的作用，所以在此也将其纳入社

---

① 民政部在社会组织管理事务中将社会团体单列，指的是民办非企业，与本文所指不同。

② 莱斯特·萨拉蒙和赫尔穆特·安海尔：《公民社会部门》，周红云译，载何增科主编《公民社会与第三部门》，社会科学文献出版社，2000，第259页。

③ 参见王名《中国民间组织30年——走向公民社会》，社会科学文献出版社，2008，第一章。

④ 戴维·刘易斯：《揭示、扩展和深化？人类学方法对"第三部门"研究现有的和潜在的贡献评述》，杨冬雪编译，载何增科主编《公民社会与第三部门》，社会科学文献出版社，2000，第388页。

会组织范畴。事实上纯粹独立的社会组织并不存在，西方的很多民间社团也接受政府的资助。黄宗智在谈到中国的"市民社会"时认为，很多在政府扶持下兴起的私人企业与其说是体制外的力量，不如说是体制与市场互动的产物，因此他将其纳入"第三领域"的范畴，以弥补西方公民社会视角在中国的缺失。[①]其二，这一定义并不排除国际非政府组织在西藏的活动，事实上西藏自治区是国际非政府组织最热衷的区域之一，各类活动曾经非常繁荣，2008年"3·14事件"之后政府进一步加强管理，各类境外非政府组织在西藏的活动大为减少。在课题组调研的2012年，扎囊县和拉孜县内并没有任何这类组织在开展活动。

由于西藏独特的历史和社会形态，学界对藏区社会组织的研究主要集中在类似宗族的"帕错""果巴""沙尼"等基于血缘的组织形态上，另外还有卫藏地区的社区组织"吉都"，在内地和西方常常作为社会组织重要组成部分的寺庙和宗教团体因为历史上与政治结合紧密，往往不被作为社会组织来对待。

第一节　朗塞岭村及其周边的社会组织

一　扎囊县的各种社会组织

在朗塞岭村所在的扎囊县，2012年民政局登记表上的社会组织共有6个。具体情况见表4-1。

表4-1　扎囊县社会组织统计

单位：年、元、户、人

组织名称	性质	成立时间	注册时间	经营范围	注册资金	加入农户数	会员人数	党员人数	政府支持金额
扎塘镇羊嘎居委会用水协会	协会	2007	2008	饮水、农用水	15	112	466	36	7.5万

---

① 黄宗智著《中国的"公共领域"与"市民社会"？——国家与社会间的第三领域》，程农译，载邓正来编《国家与市民社会：一种社会理论的研究路径》，中央编译出版社，1999，第420~443页。

组织名称	性质	成立时间	注册时间	经营范围	注册资金	加入农户数	会员人数	党员人数	政府支持金额
扎塘镇扎塘村用水协会	协会	2007	2008	饮水、农用水	15	312	1148	40	7.5万
扎塘镇折木村用水协会	协会	2007	2008	饮水、农用水	15	68	269	33	7.5万
扎塘镇施贡村用水协会	协会	2008	2008	饮水、农用水	15	218	1163	31	7.5万
扎囊县特色产业发展协会	协会	2011	2011	特色产业	3	42	52	15	
扎其乡藏毯（氆氇）协会	协会	2011	2011	销售氆氇	3	50	50	7	30

注：数据由扎囊县民政局2012年7月提供。

根据表4-1我们可以看到几个特点。

其一是社会组织总数并不多。就全国而言，截至2012年共有社会组织49.9万个，平均每个县有175.5个，[①] 而扎囊县只有6个，远远低于全国平均数。

其二是种类单一。协调用水的协会就占了其中的4个，这既反映出水资源对于农村居民的重要性，也反映出该县社会组织的发展还有很大空间。另外的两个协会——扎囊县特色产业发展协会和扎其乡藏毯协会则主要是协调产业内部关系的组织，按照民政部的社会组织管理分类，缺少公益类和学术类团体。从类别上看，扎囊县的社会组织类型单调，发挥的社会职能也较为单一。

协调用水的组织其实在扎囊县的许多村庄都有，只是因为扎塘镇上的4个村落人口较为密集，城镇化程度较高，生产和生活用水的矛盾也比较突出，所以才格外需要正式组织的协调。

以扎塘村用水协会为例，该村正好在县政府所在地，全村分为5个村民小组，312户1148人，还有许多外来人口居住，因此用水较为紧张。连年打井取水，造成地下水位下降。为了缓解用水问题，在扎囊县水利局的

---

① 民政部：《2012年社会服务发展统计公报》。

推动下，请工程队在 2002～2006 年动用机械打了 50 余米深的井 11 口，每口成本 20 万元，费用由水利局与村里各担其半。

现在村里的 2300 亩田地（主要种植青稞、冬小麦、土豆、油菜籽），有 30% 的土地要从县里调水来灌溉，在夏天用水多的时候以及缺水季节，有 300 亩田地的灌溉成问题。因此扎囊县水利局鼓励他们在 2007 年成立了用水协会来协调此事，全村居民都加入其中，共同拟定用水计划表，会长由村主任兼任，负责执行的是各组的水官，由电工兼任。

用水协会大约是扎囊县最为符合社会组织特征的团体了：自治、自愿加入、非营利，其运作主要依靠村民自身，而且关系到村镇居民最切身的用水问题，群众参与度很高。

与这样的草根组织相比较，扎囊县特色产业发展协会则属于"官办NGO"的典型。

扎囊县特色产业协会的成立有全县产业调整的背景。扎囊县作为全西藏有名的藏毯之乡，拥有超过 4000 名织毯匠，很早以前就有开发本地手工业的打算，但由于农户分散经营，很难形成规模化产业，走集体经营之路势在必行。以前县里曾试过招商引资，由外来企业开发本地产品，搞活当地经济。但后来发现由于本地设厂成本太高，劳动力也不如内地便宜，所以许多厂家名为投资设厂，其实只是借一个本地特色的名头，将产业链最有价值的部分都放到内地去了，对扎囊县的经济其实并无多大贡献。

出于这一考虑，县里申请了一个国家地理标志，并希望在此基础上为扎囊的藏毯、木工的特色产品申请商标保护，为此，必须成立一个协会作为法人代表，于是在 2011 年才成立了扎囊县特色产业协会。

协会的成立一开始就是由县里推动的自上而下的过程，成为会员的农户名单是县上通知各个乡镇，由各乡将包括非遗传承人在内的地方藏毯巧匠报送上来而拟定的，会长由主管经济的一位副县长担任。

由于藏区发展工业不易，因此在扎囊县的经济规划当中，旅游经济和民族手工业是优先发展的两项产业。也正因如此，县里对特色产业协会寄托了不小的希望。领导们预计在协会的带动下，藏毯、木工和藏雕等地方特色手工业都有可能发展成为下面的分会，由协会出面来申请商标保护、包装产品、打开销路，最终撑起本地特色经济。

为什么要选择自上而下、分会挂靠的方式呢？会长提出了三个理由。

其一是县里人口本来就不多,没有必要成立那么多协会,反而给管理造成妨碍。其二是农民素质不高,既没有足够的文化知识,也缺乏市场意识。由协会出面,可以走政府引导,市场化运作,成熟之后再放开的路子。

协会成立的时间不长,因此并没有什么实际的活动。会长也坦陈,成立协会主要是为了先保住民族手工艺品商标,因此现在的管理和办公还没有上轨道,更不用说开展活动了。与此同时,扎其乡的工匠们已经迫不及待地组织起了自己的协会,准备依靠自己的力量开拓市场。

二　朗塞岭村的社会组织状况

朗塞岭村历史上的民众结社情况已难以稽考,基于 20 世纪五六十年代调查形成的《扎朗县囊色林谿卡调查报告》,并没有堆穷或差巴之间团结互助的内容。[①]根据当时的封建农奴制生产关系推断,领主对农奴的人身控制比较严密,民众之间的结社互助即使有,可能也不会形成太大的规模。

课题组在 2012 年 6、7 月访问朗塞岭村民时,得知当地有换工的习俗,主要是为了解决修建新房等事务过程中的劳动力问题。课题组在班丹旺觉、边巴、顿珠和格桑央宗 4 户家庭中搜集了他们的换工名单,其中最短的为顿珠家的名单,有 8 页,最长的是前村主任边巴家的名单,长达 73 页。其他一些家庭虽然也有换工的记录,但出于某种原因不愿展示。

以班丹旺觉家的换工名单为例,记载了 2009 年 12 月 4~18 日亲戚朋友来帮工的情况,每日来的人都详细记下了姓名,以便日后偿还。换工的范围多在亲戚与朋友之间。与班丹旺觉联系较紧密的宾家(亲戚)有一户,即村长布多家,两家之间会经常走动。嘎涅有七户:嘎玛曲珍、布多、班丹卓嘎、梅多措姆、江勇刚(女)、桑结曲珍和巴桑家。其中布多是他们的亲戚,班丹卓嘎是姐姐,江勇刚的爸爸和他的爸爸是兄弟,其他的都是互相帮忙,所有这些家庭都在二组。见图 4-1、图 4-2。

换工也与家庭经济情况有关,经济状况较好、劳动力充裕的家庭往往

---

① 西藏社会历史调查资料丛刊编辑《中国少数民族社会历史调查资料丛刊》修订编委员会:《藏族社会历史调查》(二),民族出版社,2009,第 112~164 页。

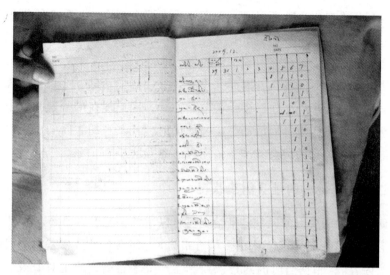

图 4-1 班丹旺觉家换工名单（一）（杨春宇摄于 2012 年 7 月）

图 4-2 班丹旺觉家换工名单（二）（杨春宇摄于 2012 年 7 月）

愿意参与换工，因此社会关系网也较广大，例如前村主任边巴家的情况。而另一户村民结桑曲珍家有 6 个兄弟姐妹，年龄在 20～39 岁，一家人 2006 年以前都生活在狭窄的住房中，父亲患有心脏病，家庭条件不好，与他们来往的宾家也不多，只有两户，一户是母亲在宗嘎村的姐姐嘎玛，另一户是父亲在二组的妹妹索朗曲珍。他们家里就没有换工名单。

换工是民众自发的互助形式，以家户为单位，形式松散，也没有统一的制度约束。各家一本账，人情自斟酌。但是这里面蕴含着社会组织的萌芽。

朗塞岭村比较成形的社会组织是木工协会。由前村主任边巴于2012年4月12日创立。现有4个木工师傅，3个漆工师傅，协会的厂房在一组，占地135平方米，是边巴向亲家租借的。协会的产品主要是桌子、凳子、床等日用家具，销路主要在附近乡村。协会当时是由边巴和同村的另一位木匠各出4万元成立的，现在的经济仅仅够支付木料和每人每日70元的工钱。

其实朗塞岭村的木匠与远到扎唐镇的木匠都认识，之所以要成立协会，是因为前几个月他们从邻村听说，自治区政府与县劳动局将有一个扶持本地特色产业发展的项目，可提供30万元的资助。于是边巴他们进行了前期的投入，期待着能从后期投资中收回。此外边巴还计划着将来能扩大规模，到县城开一个门市，将村里生产的木质工艺品卖给游客。

目前协会除了师傅之外，还有来自本村的30名年轻学徒，木工的教学协会自己就可以负责，漆工师傅从德吉新村请来。边巴期待着得到政府资助之后能够请更多的师傅来，让学徒们更好地掌握藏族传统木工技术。

像朗塞岭木工协会这样的专业组织在扎塘镇的折木村和达佳宁村都有，并且在镇上开设有铺面。木工是当地的传统工艺，如果组织、营销得当，确实是条致富的路子。但政府的资助毕竟有限，不可能覆盖每个协会，这些分散在各个村落中的木匠师傅如何能联合起来，完成资本积累，技术更新和规模化生产，是摆在本地人面前的一道难题。

第二节　柳村及其周边的社会组织

一　拉孜县的各种社会组织

截至2012年6月，在拉孜县民政局登记的社会组织共有8家，详细情况见表4-2。

表 4-2 拉孜县已注册社会组织统计

单位：年、元、人

组织名称	类别	法人情况	注册时间	启动资金	资金来源	业务主管单位	会员人数
拉孜县个体劳动者协会	联合类	拉孜县工商局局长	1999	1 万	国家	拉孜县工商局	15
拉孜县藏刀民间交流协会	学术类	拉孜县商务局局长	2012	8 万	国家	拉孜县商务局	13
拉孜县曲玛乡卧龙村农牧民民族手工业藏鞋合作社	行业类	曲玛乡卧龙村村主任	2008	3.94 万	个人	曲玛乡卧龙村	145
拉孜县曲下镇农民蔬菜瓜果专业合作社	行业类	曲下镇玉萨村书记	2008	85.5 万	个人	曲下村玉萨村	193
拉孜县拉孜镇拉孜村谢玛�氆氇专业合作社	行业类	拉孜镇拉孜村书记	2010	40 万	个人	拉孜镇拉孜村	100
拉孜县芒普乡普村页岩开发专业农民合作社	行业类	芒普乡普村农民	2010	85 万	个人	芒普乡普村	350
热萨乡杰村奶牛养殖合作社	行业类	热萨乡杰村主任兼书记	2011	7.1 万	个人	热萨乡杰村	78
拉孜镇下杂村马铃薯农民专业合作社	行业类	拉孜镇下杂村主任兼书记	2011	45 万	个人	拉孜镇下杂村	102

注：数据由拉孜县民政局 2012 年 7 月提供。

此外还有尚未登记的两家组织，一是拉孜县 98 个行政村的用水协会，二是拉孜县青年志愿者协会。前者于 2010 年在地区水利局的要求下成立，会长由县水利局局长兼任，后者的会长由县团委副书记兼任，也成立于 2010 年。

与扎囊县相比，拉孜县的社会组织数量稍多些，除了用水协会之外尚有 9 家，类型也更加丰富，行业类、联合类、学术类和公益类四类齐全。但是比起全国平均水平来，数量仍然不多，即使考虑到人口数低于他县平均值，也不如同样地广人稀的内蒙古等地。[①]

① 参见杨春宇《游牧与生态保护背景下的东乌珠穆沁旗民间组织》，载《中国社会科学院民族学与人类学研究所青年学术论坛（2011 年）》，社会科学文献出版社，2013，第 148 ~ 164 页。

行业类协会占拉孜县社会组织的一大半，下面就以曲下镇农民蔬菜瓜果专业合作社（以下简称"曲下镇蔬果合作社"）为例，来看看这类协会的内部运作情况。

该合作社于 2008 年成立，当时政府针对农民专业合作社有扶助资金，依入会人数而定，如果在 100～150 户之间的话能有 20 万元扶助，150～300 户的话就有 30 万元，要求新成立的协会必须提供会长、理事会和完整的会员名单。为了争取这笔款项，县财政局和农牧局牵头，发动曲下镇的村民成立蔬果合作社。当时拨下来的款项有 20 万元，因为协会处于草创阶段，尚未开展活动，于是县里追加投资到 90 万元，用这笔钱修建了曲下镇农贸市场。

合作社正式启动是在 2012 年 4 月，这一年改选了会长，新上任的理事长在县里的支持下，与县里的一所中学和一所小学签订了固定的供销合同（上面有文件要求各机关单位"尽量购置当地菜农的蔬菜"），为会员的瓜果蔬菜建立了稳定的销售渠道。目前合作社组织农民种植的蔬菜主要是大白菜、小白菜、洋花菜、南瓜、胡萝卜五个品种，通过协会销售的蔬菜在 2011 年是 30% 左右，2012 年骤增到 70%。会里有一辆车，专门配送蔬菜，会员们的产品只有极少部分在市场零售。合作社从销售利润中赚取 10%，这笔利润留 50% 在社里作积累资金，50% 作为合作社成员的绩效工资。

截至 2012 年 6 月，合作社共有会员 106 户，人数 200 多人，主要来自县城附近曲下村和吉如村已经建成蔬菜大棚的农户，还有 100 多人准备加入。加入的农户需要一次交纳 200 元押金。另外还有在县城附近设有大棚，但是在农地、庭院中零散种植蔬菜的一些农户，大约有 100 多户，他们也通过合作社销售蔬菜。

合作社下设 1 个理事长、6 个副理事长、1 个监事长、3 个副监事长，理事长和一位兼任会计的副监事长是全职办公，地点就设在市场二楼。其中监事长是曲下村的副主任，吉如村的村主任任副监事，另外两村中还有两位两委成员在理事会内任职。

蔬果合作社的优势产品之一是拉孜西瓜，已经在全县占到 80% 的市场份额。这种西瓜甜度大，售价高，大约六七元一斤，主要供应本地机关单位。

合作社未来有计划更进一步扩大生产和销售，县里从援藏项目资金中为他们争取了 250 万元，帮助农户建设连片的蔬菜大棚，争取能将农村中分散和闲置的土地流转起来，形成生产规模。销售方面，合作社希望未来能将占县里学校的市场份额由 30% 提高到 80%，再进一步开拓其他市场；在生产方面，希望能够摆脱现在建大棚完全依靠国家投资的局面，以后能够走以农养农的路子。

可以说，蔬果合作社虽然运作时间较短，但在帮助农民实现利益，培养农民的市场意识，改变生产理念方面已经取得了较好的成绩。随着西藏自治区将日喀则发展为西部中心城市的计划逐步展开，拉孜县的人口到 2015 年也会从目前的 5 万人增加到 8 万人。处于县城周边的菜农应该说面临着更多的机遇和挑战。

芒普乡普村页岩合作社的情况与此类似，也是在国家的扶贫项目资助下于 2010 年成立的，当时只有 13 个会员，会址选在一座废弃的水电站内。合作社主要从事从周围农户手中收购页岩，再打磨出售，现在每年的利润在四五万元左右。产品主要销往本县，还有萨迦、阿里等地，作为修筑藏式房屋的建材。入会不需会费，会里也不负担其他的义务，基本上是纯粹的经济关系。

二 柳村的社会组织状况

（一）玛尼措巴

玛尼措巴，意为经社，是藏族民间为诵经祈福结合而成的团体。柳村现有 3 个玛尼措巴，分布在查嘎、柳普和萨贝三个自然村（组）。

柳村最早的玛尼措巴成立于旧村（查嘎），截至 2012 年 6 月共有成员 44 人，全部为柳村查嘎组村民，其中 3 人已经移民至新区的萨贝。成员中男性 11 人，女性 33 人。会员年龄在 56～81 岁之间，其中 50～59 岁的会员 13 人，60～69 岁的会员 16 人，70～79 岁的会员 13 人，80 岁以上的老人有两位。据会中耆老奴桑介绍，成员有贫有富，入会并不需特殊资格，也不需识字。不会念经的新人可以先跟着念六字真言，其他人会帮助他们学习，直到逐渐能背诵经典。

玛尼措巴的活动主要是念经，藏历每月逢初八、十、十五、二十五、三十等吉祥的日子众人都会聚到经堂念诵，逢八、十五、三十等重要的日子要念 4 天。在一些重要的节日如六月四和四月十五（萨迦达娃）还要念

3天。实际上玛尼措巴成员并不一定每次必到，冬天时多半能聚齐，夏天有人工作忙，只能尽量参加，但会里至少能保证每个月最少有一次集体活动。念经从早8点念到晚上太阳下山，只在午饭时歇息。念诵的经文主要是格鲁派的经典：乔托吉切莫、卓玛和米拉姆珠（祈祷、祝愿的意思）等。夏天日长，乔托吉切莫一天可以念3次，冬天则念2次。

除了日常的念经之外，玛尼措巴也担负着当地的一些宗教职责。逢丧事，主家会请他们去念一天的乔托吉切莫和米拉姆珠，事后给整个团队50～100元，另有一脸盆青稞和一些小块的茶，拿回来公用。有些人要远行或者生病，也会请他们去念经，得到的财物同样公用。

柳村以前并没有玛尼措巴，村中的宗教事务主要由村庙承担。查嘎的玛尼措巴是20世纪80年代宗教政策落实之后才成立的，当时村庙已经不复存在，老人去世也无人念经。村中信仰较为虔诚的奴桑、普和明卓三人（民主改革前皆为贫民）之间交好，常聚在一起讨论佛法。[①] 三人都会藏文，也念过些佛经，但在讨论中发现对经书和仪式有诸多不明之处，于是就去热萨乡请教宁玛派的喇嘛格龙拉。喇嘛建议他们组织一个团体念经祈福，并送了一部乔托吉切莫经。回来后，三人挨家挨户去邀集人，成立了柳村的玛尼措巴。

成立之初，他们轮流在各家念经，到会员增加到十七八人时，他们发现这样太不方便，于是在村里集资建了一所小经堂。当人数进一步增加时，在喇嘛的建议下，他们于2008年集资在原址建了现在这所大经堂。建经堂总共花了2万多元，主要来自平时积攒的念经的收入，向村民借的钱，还有成员以及村民捐献的善款，其中以包工头扎吉家捐得最多。

经堂内主供4尊佛：乌杰仁波切、维巴米、敦巴夏嘉图、坚日思。旁边还供着几年前去世的喇嘛格龙拉的照片。四面悬挂有唐卡，其中包括大昭寺的乔仁波切、卓玛唐卡和宗喀巴大师。

玛尼措巴现在的领导者依然是奴桑、普和明卓。普负责记账，明卓负责保管财物。遇事他们会一起讨论，一起做决定。经社并未在民政局和民宗局注册，他们平时与附近的庙宇保持联系，遇事会向喇嘛请教。

---

① 2012年普63岁，他还记得20世纪60年代少数民族社会历史大调查时，曾有研究者来访问过自己的家。

查嘎的玛尼措巴还带动了附近的柳普自然村，这其中的关键人物是洛桑。

洛桑现年54岁，是柳普村的一名普通村民。他从1997年开始，就坚持参与查嘎自然村玛尼措巴的念经活动，通常是在每个月的十五那天，步行往返。到2006年，同去的两位本村老太太年事已高，于是他们决定在柳普村成立玛尼措巴。

柳普的玛尼措巴现有成员26人，除去一位32岁的妇女和86岁的老太太之外，其他的会员岁数在45～75岁之间。男性会员8人，女性会员18人，皆来自柳普村。平时比较固定参与活动的有十五六人。

他们的活动同样是在每个月的吉日念经，通常只诵一天，经文与查嘎的玛尼措巴相同。但是每月的二十五和三十因为邻近月底，通常来的人不多。与查嘎的玛尼措巴一样，他们也会应请去村民家中念经，通常是因为家里有人生病或去世。本来这些事会请喇嘛来举行，但是因为附近没有寺庙和僧人，所以只好请他们来完成。

柳普自然村玛尼措巴的经堂是建立之初就修起的，都来自村民捐款捐物，成员每人出了50元。查嘎的友社并没有提供资助，只是在这边成立之初送来了两袋青稞致贺。经堂与查嘎那边一样，由会员每天轮流值日打扫。

洛桑他们并未出去请喇嘛来指导，只是请教过一位来自昌都的喇嘛，这个喇嘛是本村人的亲戚，曾在柳普村里住过一段时间。指导过查嘎玛尼措巴的喇嘛格龙拉也来过这里，给过他们一些建议。

（二）藏戏队

柳村的社会组织除了玛尼措巴之外，还有藏戏队。

柳村的藏戏队在和平解放前就有，民主改革并未影响其活动，只是"文化大革命"时跳得少了。当时有队员不想让它失传，就把道具和衣服自己收藏了起来。这些行头一直用到现在，直到2011年才由村委出资，添置了一些新衣。现在队里共有4套戏服、一个面具、一个鼓和一个大钹，平时存放在村委。

藏戏表演主要在藏历年、柳曲沃时分，一年两次。柳曲沃是在过节的第二三天跳。藏历年则是在初二和初三跳两天，地点在村委会院子里。开场没有宗教仪式。节日第三天跳完后会往场外空地上撒3把糌粑，祈求吉祥圆满。2012年，队里买了一幅绘有藏戏创始人唐东杰布的唐卡，放在戏场中央的旗杆上，以示尊敬。

以前村委会代表集体给过他们一些青稞以表示心意，群众也会送青稞和青稞酒。2012年，村里为了感谢他们在柳曲沃期间的表演，头一次给了他们100元。除了在村里表演之外，柳村的藏戏队因为水平较高，曾应当地领导邀请去过日喀则和白朗县表演，每次都有20人左右成行，获得青稞作为酬劳。

队里比较固定的成员有20多人，最年轻的25岁，50岁以上的成员有9人，年纪最大的弥玛顿珠有75岁。冬天时出席藏戏队活动的人比较齐，夏天年轻人多出去打工，参加活动的人就少些。藏戏队内部除了一人专司记账之外，并没有明确的分工和职位，一直以来由队里的老人们商议决定大事。三四年前，村委会任命了巴次担任队长，巴次今年51岁，他从20多年前开始跳藏戏，识得藏字，有一定文化。藏戏队里的成员也没有明确的师徒关系，学艺不收学费，只是老人点拨年轻人，知无不言。

以队里的骨干旺拉为例，旺拉67岁，从1969年开始参加藏戏队，当时他14岁，因为对藏戏感兴趣，于是跟随自己的舅舅学戏，边学边跳，直到他舅舅于1980年去世。舅舅未曾告诉他更早的传承，老一辈也没有传下来戏本，戏文靠口诀传承。现在他正在教二女儿学戏，她很愿意学，但没什么经验。女儿的学习断断续续，记了口诀边跳边学，同时向老一辈请教，现在上台表演已经一年了。如今藏戏越来越受重视，旺拉很高兴。村里如果没人跳藏戏，村民会觉得无聊。老一辈现在跳不动了，他希望年轻人能够传承民族文化。

玛尼措巴和藏戏队的例子说明，与中国大部分地区一样，柳村在改革开放之后也经历了一个宗教和传统文化复兴的过程。老人们一面恢复村落文化旧貌，一面努力将这份遗产传承给下一代。

第三节　讨论与分析

一　当代西藏社会组织的特点

西藏的社会组织在历史上就有，各行各业的行会在拉萨非常发达，民间也有自发的团体。现在构成西藏社会组织的团体，按其起源可以分成三类：境外非政府组织、本地官方背景社会组织和草根组织。他们在资金来源、成员构成和行为方式方面都有较大的不同。

境外非政府组织曾经在西藏非常活跃。西藏与境外非政府组织的项目合作始于 20 世纪 80 年代中期，随着改革开放的不断深入，西藏对外合作项目不断增多，主要集中在农牧、教育、卫生、文化、旅游、环保、藏学、扶贫、社区公益等诸多领域。[①] 其中表现比较突出的，有"盲文无国界"组织、"世界自然基金会（WWF）"、德国的"无国界医生"组织、国际助残（Handicap International）、智梅基金会（Termma Foundation）等。"盲文无国界"组织曾经与西藏残疾人联合会合作，创办了"西藏盲童学校"，帮助失明儿童读写藏文。全球知名的环保组织"世界自然基金会（WWF）"在 1998 年进入西藏，与西藏林业局合作开展了生物多样性保护与管理、湿地保护和反偷猎等公益活动，并于 2001 年在拉萨设立了办公室。[②] 在我们访问的扎囊县，也曾迎来过免费治疗白内障患者的无国界医生组织，志愿者们的精湛医术和敬业作风颇得当地官员和群众好评。

本地官方背景的社会组织中，影响较大的包括红十字会、援助西藏发展基金会和西藏希望工程等。援助西藏发展基金会成立于 1992 年，从 1997 年以来，该组织开展了针对白内障患者的"光明工程"、以文化教育为主的"育人工程"、以扶贫救灾为主的"公益工程"和以解决农牧民照明为目的的"光明工程"，这四项工程对西藏的社会发展起到了很大的作用。官方社会组织工作力度强，覆盖面广大、渠道畅通，具有其他社会组织所不可比拟的优势。

西藏本地的草根社会组织多半古已有之，是西藏人民为了应对各种风险、互济互助而结成的民间团体，因此具有强大的生命力。

藏区各地的草根社会组织各具特色，昌都的"帕错"和"果巴"本是基于血缘结成的类似宗族的团体，但是在承担水利协调、婚丧大事和维护秩序方面，也发挥了不少类似于社会组织的作用。此外昌都当地还有妇女

---

① 益西加措：《在藏境外非政府组织管理研究》，硕士学位论文，中央民族大学，2012，第 12 页。

② 参阅何乃柱《试论 NGO 在西藏社会经济发展中的作用及政府应对 NGO 的策略》，四川大学、中国藏学研究中心合编《"西藏及其他藏区经济发展与社会变迁"会议论文集》，2006 年。

的结拜团体。① 甘南的藏族中有名为"沙尼"的组织，在祭祀、婚嫁、建房等活动中非常活跃，它虽然与汉人的宗族一样也以亲族为基础，但更注重母系和宗教内涵，是当地藏族生活中不可或缺的次级组织。②

在卫藏地区比较常见的民间组织是"吉都"，又作"吉毒"，意为"乐苦"，是藏族民众自发组成的互助组织，一般规模在 10 个家庭以上，由两名"基巴"负责管理。吉都可以大致分为宗教和非宗教两类，细分起来，则覆盖了信仰、丧葬、金融、艺术和行业等生活的各个方面，在缺少社会保障的封建农奴制时代，吉都实际上给广大中下层藏族群众提供了一份分担风险、相濡以沫的组织保障。③ 中华人民共和国成立后，吉都依然以其强大的生命力活跃在藏区，为城乡人民营造出良好的公共生活氛围。④

目前，官办和草根两类非政府组织占据了西藏社会组织舞台的全部，在整体落后于内地的欠发达情况下，它们依然覆盖了公益、信仰、生活保障等城乡人民生活的方方面面，体现出了社会组织特有的功能和活力。但是从上文的案例中我们也可以看到，大多数真正发挥作用的社会组织都没有正式注册，大量存在于乡村一级的组织至今在法律上处于一片灰色地带，这提示我们，西藏社会组织的法律地位和政府管理方式依旧存在着较大的问题，需要我们结合调研实情进行更加深入的分析。

二 朗塞岭村与柳村社会组织现状成因分析

朗塞岭村和柳村历史上的民间结社信息如今已经湮没无闻，《藏族社会历史调查》相关章节中统计了经济、家庭、政治等方面，但对于社会组织未置一词。一种原因可能是当时的调查者囿于意识形态局限，对这一方面未加详察；另一种原因可能是当时村子里确实没有成型的社会组织，考虑到封建农奴制下贵族对民众人身控制之严密，我们不能排除这种可

① 扎呷、刘德瑞：《西藏昌都四种传统社会组织调查》，《中国藏学》2001 年第 4 期。

② 赵利生、谢冰雪、江波：《扩大的家族——藏族民间组织沙尼调查》，《民族研究》2009 年第 2 期；谢冰雪：《甘南藏族家族结构研究——基于卓尼藏族民间组织沙尼与汉族家族比较的视角》，《北方民族大学学报》2011 年第 2 期。

③ 平措扎西：《初探藏族"吉都"》，http://www.tibetinfor.com.cn/t/040520xztsyx/2004020046991225.htm；平措扎西：《吉都：藏族苦乐与共的民间社团》，《中国西藏》，1995 年第 1 期。

④ 参见陈波《生活在香巴拉——对西藏五十年间一个文明化村落的实地研究》第十二、十三章，社会科学文献出版社 2009 年版。

能性。

从今日的朗塞岭村来看，民众结社的效益并不高。各家各户间有换工互助的行为，仅能称为社团互济之萌芽，边巴组织的木工协会已经初具雏形，正在等待政府的资助。村里的老年人由于家中子女外出打工，多忙于家务或生产，闲暇时间他们会去村东的白塔边绕塔，与其他老人闲谈。

民众结社多有具体的原因，在缺乏社会保障的环境下，社会组织可以发挥融资、济贫、养老、丧葬等基本的社会职能。今日西藏农村的经济虽然不算发达，但国家的各种扶贫项目、社会福利、合作医疗覆盖面广大，已经基本解决了这些问题，朗塞岭村中就有一个养老院，这或许可以部分解释其社会组织薄弱问题。民间结社的另一个原因是宗教性的，满足婚丧和祈禳等功能，朗塞岭附近有村庙，寺中喇嘛可提供宗教服务，大概能解释村中缺乏这类组织的原因。与柳村相比，朗塞岭村没有民间传统的文艺组织，也不容易有近代意义的公益组织出现。以上这些，或许可以作为朗塞岭村结社现状的背景性解释。

柳村拥有玛尼措巴和藏戏队两个民间社团，老年人有宗教活动的场地，有经常性的活动，传统艺术在几代人之间继承有序，社会组织化程度比朗塞岭村要高得多。村中没有寺庙或许是原因之一，村里的老人不得不自己组织起来履行村庄中基本的宗教职能，在附近僧人的指导下，他们不但建立起了正规的经社，而且还辐射到了周边村落。

上文中，我们从县级和村级两个层次展示了其结社活动，两个村中的情况与我们在县里看到的社会组织整体状况并非没有联系，它们背后有一些共同的原因，折射着一些共有的问题。

第一是整体组织水平不高。无论是在乡村还是县城，能数得出来的社会组织非常少，类型也不多。这当然不是因为藏民结社的积极性不高，我们可以看到，朗塞岭村的边巴正在积极谋求成立乡村一级的木工协会，县城附近的几个村子也成立了各自的木工协会。这也不能说明西藏社会已经拥有了足够的公共服务，不再需要社会组织了。事实上无论在扎囊还是拉孜，环保、疾病、扶贫、宗教这些服务的缺口依然非常大，而在发达国家这类公共服务有很大一部分正是由社会组织来提供的。

政府的态度或许是原因之一，在民政局我们听到过这样一种说法："成立那么多协会干什么？不好管！"社会团体的社会自治功能没有得到充分的重视，各种团体的申请、报批要面临重重审查，这是在全国都很普遍的问题。一般来说，社会越不发育，政府的责任就越重，百姓对政府的期待值也就越高，政府面临的抱怨也就越大。我国在经济领域早就认识到了市场调节的重要性，但在社会领域，却在很大程度上继续维持"计划经济"的思路，不够重视培育各种社会组织、创新社会服务，依然由政府来主持和推动"社会建设事业"，而且越是在欠发达地区，这种情况越严重。所幸，民政部近来已经逐渐放宽社会组织的审批手续，各种社团不再需要挂靠指导单位，也不再限定某一地域内只能存在一个同类组织。这种从上到下的改革在未来几年内应该会在地方上引起反响，且让我们拭目以待。

第二是资助方过于单一。从两个县的情况看，几乎所有的民办非企业都是由政府的扶贫资金或援藏资金扶持起来的，有些协会甚至成立之初只是为了赢得资助，如曲下镇蔬果合作社，在成立之初的 3 年内仅是个空壳子，没有任何实质性的活动。而朗塞岭村的边巴成立木工协会，也是奔着争取政府资金去的。无可否认，政府的项目对于推动农村合作社的成立，促进民众自主创业有着重要的作用。但资金来源的单一可能会造成几个后果，其一是资源分配不均，与政府关系密切的人士而非对社团事业最热心的人成了社团领导者；其二是误导民众，本来政府的初衷是要帮助藏民适应市场经济，结果民众学会的是如何通过行贿送礼等手段用行政干预来"打开市场"；其三是造成社会组织的结构单一，政府的着眼点在哪里，资源就集中在哪种类型的社会组织上，忽视了民众丰富的公共服务需求。民办非企业占据了拉孜县社会组织的大半壁江山就是一明证，而民众在宗教、文艺等方面的需求却是通过大量的草根组织来获得满足的，它们中的大多数甚至从未谋求过在民政局注册。

第三是缺少外来的援助。在扎囊县和拉孜县我们都很难看到外来组织的影响，境外的组织因其大多具有复杂背景而被排除，国内的非政府组织亦因活力不足难以广泛渗透到村一级。当然，境外组织在西藏曾经活跃过一段时间，对于提供公共服务和示范结社经验曾经产生过良好的影响；外来的一些非官办社会组织也对西藏的社会发展起到过积极作用。希望未来随着维稳形势的好转，西藏的社会领域能够有更为宽松的氛围，迎来新的发展阶段。

综上所述，朗塞岭村和柳村的社会组织状况可谓在整体松散的同时不乏亮点。县里对社会组织的确有所推动，但覆盖不到这两个村子所代表的大多数乡村，村落的结社实情与县政府的设想和规划差距甚大。造成这种情况的原因既有对外界组织的限制，也有西藏特殊文化环境的影响，但最重要的还是政府对社会领域的功能认识不足。历时地看，两村的结社当然比民主改革前有了质的飞跃，可是与其他省区市乃至国外相比，西藏社会公共服务需求的缺口依旧巨大。单凭红十字会、残联等有限的几家官办组织显然无法满足民众结社互助的需求，必须鼓励民众解放思想服务自身才能奏效。从纵向自上而下的有限供应到尽力发展横向组织，让社会领域充分地活跃起来，这过程也正如计划经济向市场经济的过渡一样，是困难却必须要迈出的一步。幸好，从民政部关于社会团体管理改革的努力来看，事情正在向着有益的方向发展。

第五章　婚姻家庭变迁

婚姻家庭是研究社会关系最直观的切入口，一定程度上反映着社会经济和文化的要求。历史上出现过的婚姻关系有原始社会的群婚制、较高级别的对偶婚制，再到一妻多夫制、一夫多妻制、一妻一夫制等。恩格斯在1884年发表的《家庭、私有制和国家的起源》一书中，将人类的婚姻家庭变迁与人类社会的三个发展阶段相对应，概括其发展轨迹为"群婚制是与蒙昧时代相适应的，对偶婚制是与野蛮时代相适应的，以通奸和卖淫为补充的一夫一妻制是与文明时代相适应的"[①]。在西藏，一妻一夫制、一妻多夫制、一夫多妻制等多种婚姻形式都出现过。从婚姻家庭状况可以展现出西藏地区的人文风俗面貌，同时折射出当地的伦理观、价值观和生命观。在20世纪五六十年代的藏族社会历史调查中，我国学者曾详细记录了当时山南地区扎囊县朗塞岭谿卡和日喀则拉孜县柳谿卡的婚姻家庭状况。我们在对这两个谿卡也即现在的朗塞岭村和柳村进行回访调查的基础上，通过对不同年龄层次研究对象的访谈，分析材料，力图从纵横两个纬度勾勒出两个村庄婚姻家庭的变迁轨迹及其特点。

第一节　婚姻的相关概念及西藏的传统婚姻

婚姻并不随人类社会起源而存在，是社会发展到一定阶段的产物。原始时代的"杂乱婚姻"建立在原始部落群体之间杂乱的性交关系上，因此"从总体上讲仍属动物交配的范畴，未能开创人类婚姻史"[②]。随着生产力

---

① 〔德〕恩格斯：《家庭、私有制和国家的起源》，人民出版社，1972，第72页。

② 黎明志：《简明婚姻史》，群众出版社，1989，第3页。

的发展，人类社会逐渐形成稳定的社会关系，婚姻关系从血缘婚姻、群婚制、对偶婚制，到单偶制在不同时期发生多种形式的衍变，逐渐趋于一定形式和观念的稳定。我们首先将婚姻的几个相关概念进行简单梳理，然后从这几个概念出发论述西藏地区婚姻家庭的变迁。

一　婚姻的相关概念

婚姻关系是家庭的前提，"目前在婚姻法学界，通常认为：婚姻是男女双方以永久共同生活为目的，以夫妻的权利义务为内容的结合"。[①] 婚姻是男女双方形成稳定的性关系，生活在一起结合成一个家庭的法律关系。婚姻双方应该讲求道德感和责任感，不应与他人产生性关系，应该对婚姻负责，也即尊重彼此，共同维持确定的婚姻生活。一旦形成婚姻就涉及婚姻道德、婚姻责任、婚姻目的、婚姻形式等内容。

婚姻形式，并不孤立存在，与经济、文化、劳动力分配、土地等众多因素息息相关，不同历史时期，婚姻形式表现出不同的特点。主要有一妻一夫制、一妻多夫制、一夫多妻制、群婚制等形式。在西藏地区，婚姻形式有一夫一妻制、多偶制和其他三类。多偶制有一妻多夫制和一夫多妻制。其中一妻多夫制有兄弟共妻、父子共妻、朋友共妻等多种结合方式。其他类包括无婚姻形式的状况，如非婚同居现象，即男女之间未结婚但共同居住在一起，也过着婚姻生活的现象。由于各种婚姻形式都曾在西藏地区出现过，西藏的多偶家庭因此一直备受国内外学者的关注。

婚俗文化，是各个民族和各个地区风俗文化的重要组成部分。藏族传统婚俗文化主要包括提亲和结婚两部分内容。自由恋爱或经亲友介绍的婚姻，在藏族男女结婚之前有提亲仪式。提亲仪式根据不同年代、不同地区以及不同家庭条件，其规模和形式不尽相同。

性道德，亦属婚姻关系中不可躲避的内容。"性"延续着人类社会的存在。但每个时代对"性"的认识以及开放程度有着不同的观念，对发生性关系的男女双方的身份限定也不尽相同。存在婚姻关系的男女双方有着合法的或被人们所接受的性关系。

---

① 张迎秀：《结婚制度研究》，山东大学出版社，2009，第2页。

二　西藏的传统婚姻

不同时期的婚姻形式都刻着时代的烙印。藏族的婚姻家庭研究一直以来都备受国内外学者关注，尤其是对西藏多偶家庭的研究。早期，恩格斯在《家庭、私有制和国家的起源》一书中就提道："印度和西藏的多夫制，也同样是个例外；关于它起源于群婚这个无疑是不无兴趣的问题，还需要做进一步的研究。而在实践上，多夫制的容让性看来要比伊斯兰教徒的富于嫉妒的后房制度大得多。"[①] 在恩格斯之后，国外许多人的著作也都涉及了"一妻多夫"婚姻。20 世纪英国驻锡金行政官员贝尔、20 世纪 60 年代比较有影响的彼得（意大利）、当代日本学者中根千枝教授等都曾在著述中提到西藏的"一妻多夫"婚姻。到了 20 世纪七八十年代，较有影响力的戈尔斯坦（美）和列文（英）在研究西藏"一妻多夫制"婚姻中都认为"土地制度和经济制度（财产继承制度）决定了婚姻形式"[②]。在国内，早期在《四川通志·西域志》《巴塘县志》《理化县志稿》等方志中均出现过相关记载。20 世纪五六十年代的社会历史大调查也有不少相关材料。其后，不少学者在此基础上加上实地调研，进一步研究西藏地区的多偶制婚姻。关注点集中在多偶制出现的原因，主要有社会经济原因说和宗教原因说，有人提出"只有母权时代，妇女才有在社会上的多夫权利和在家中的主导地位"[③]，或是认为"是西藏封建农奴制度特殊腐朽作用的结果"[④]。20 世纪 80 年代以后，社会学、人口学、人类学工作者在对西藏调查研究过程中，对西藏婚姻与生育等方面进行了进一步研究，提供了更多关于多偶制家庭的资料。

西藏传统婚姻实行严格的阶级内婚制和血缘外婚，婚姻形式多元化，从择偶、恋爱到结婚、成家立业很多时候是操控在家长手中，没有过多的自由。随着社会发展，传统的婚姻家庭方式发生了改变，但在考察时，仍需注意以下两个因素。

一是藏族人的"骨系"（rus-pa）观念对其婚姻家庭具有重要影响。骨

---

① 〔德〕恩格斯：《家庭、私有制和国家的起源》，人民出版社，1972，第 58 页。
② 参见马戎《试论藏族的"一妻多夫制"婚姻》，《民族研究》2000 年第 6 期。
③ 孙怀阳、程贤敏：《中国藏族人口与社会》，中国藏学出版社，1999，第 117 页。
④ 张建世：《20 世纪藏族多偶家庭调查研究述论》，《中国藏学》2002 年第 1 期。

系即是一个血缘系统的传统名字，多以父系的血缘来计算。① 在婚姻中，同一骨系的后代严禁发生性关系，属永久禁婚之列，一旦违禁，人们将视其为妖魔化身，社会舆论会给以强烈谴责，甚至予以严酷的处罚。有时候因年代的久远，人们不清楚婚配双方是否存在亲戚关系，但只要知道过去沾点亲戚关系，不管隔几代，人们都会自觉恪守禁婚规则，不能通婚。在人们的观念中，近亲通婚是最不吉利的事，会生下畸形婴儿，会给家庭、村庄带来灾难。在过去，如果四方邻居知道了某人是亲戚通婚定会不依不饶。在山南地区，舆论会说："青草要干枯水源要枯竭，老天都不下雨。"人们还要告官惩办，近亲通婚者会被处以装入牛皮口袋沉江的死刑。除人们的舆论谴责和歧视外，有的还会受到严厉的处罚，轻者被鞭打一顿，重的用牛皮包着扔到河里双双淹死。②

　　二是西藏婚姻传统习惯法与婚姻法的协调。1950 年 5 月 1 日公布施行的《中华人民共和国婚姻法》，是中华人民共和国颁布的第一部婚姻法。1980 年，新的《中华人民共和国婚姻法》获得通过。2001 年，第九届全国人民代表大会常务委员会第二十一次会议通过《关于修改〈中华人民共和国婚姻法〉的决定》。现行《婚姻法》是根据该决定进行修正的。其中婚姻法第 8 条和第 31 条分别对结婚和离婚的程序做了规定。在西藏，由于特殊的历史文化因素，1981 年通过《中华人民共和国婚姻法》的变通条例，于 2004 年 6 月 9 日召开的西藏自治区第八届人民代表大会常务委员会第十二次会议修正。《婚姻法》的规定里提倡和保护以一夫一妻为唯一的合法婚姻形式。但在民主改革前后，西藏地区一夫多妻制和一妻多夫制都存在，尤其一夫多妻制更多。西藏自治区政府及地方政府制定的有关法规考虑到历史遗留问题，对于在有关法规颁布之前特别是民主改革以前形成的多夫、多妻婚姻，除非当事人主动要求解除，政府才依法予以协助处理，否则准予维持，不强行改变。③

①　西藏社会历史调查资料丛刊编辑组：《藏族社会历史调查》（三），西藏人民出版社，1987，第 207 页。

②　陈立明：《藏族传统婚俗文化及变迁》，《西藏大学学报》（汉文版）2002 年第 2 期。

③　王金洪：《当代西藏妇女的婚姻状况与家庭地位——对拉萨市与山南地区 200 户家庭的调查》，《民族研究》1999 年第 3 期。

第二节　朗塞岭村的婚姻家庭变迁

朗塞岭庄园（即朗塞岭村）是今扎囊县境内一个封建大贵族的领地，离拉萨较近，是典型的农区。民主改革后，随着交通的便利，现代婚姻观念的较快融入，朗塞岭村在民主改革前后婚姻家庭在较短时间内发生迅速的变化。婚姻形式更趋于稳定和单一，一夫一妻制逐渐成为当前唯一的婚姻形式。婚恋范围从村落扩大到乡、地区甚至其他省份。择偶观包容性扩大，同时维持着一定的限定，如重视骨系观念。传统的婚俗在传承中，物质层面趋于丰富，但在文化层面也出现了一定程度的断裂，如现在村里只有三人会唱传统的婚礼祝福歌曲。传统的婚姻规则在延续中体现出一定程度的改变。

一　婚姻形式

20 世纪五六十年代的社会历史调查记录了民主改革以前朗塞岭的婚姻状况，包括朗塞岭谿卡堆穷、朗生共 30 户，其中一夫一妻家庭 29 户、占 96.7%，姐妹共夫家庭 1 户、占 3.33%；而 74 户差巴中一夫一妻家庭 59 户、占 79.73%，一妻多夫家庭 10 户、占 13.52%，一夫多妻家庭 5 户、占 6.75%。[①] 见表 5－1。

表 5－1　1958 年朗塞岭谿卡差巴婚姻形式统计[②]

项目 / 分层	总户数	一夫一妻		一妻多夫		一夫多妻	
		户数	%	户数	%	户数	%
富裕差巴	18	7	38.9	7	38.9	4	22.2
中等差巴	28	26	92.8	1	3.6	1	3.6
贫穷差巴	28	26	92.8	2	7.2		

注：富裕差巴中包括代理人。

① 西藏社会历史调查资料丛刊编辑组：《藏族社会历史调查》（六），西藏人民出版社，1987，第 157 页。

② 根据西藏社会历史调查资料丛刊编辑组《藏族社会历史调查》（六）第 157 页表格数据统计，西藏人民出版社，1987。

现在的朗塞岭村，一夫一妻制是家庭婚姻关系中最基本的婚姻形式。一妻多夫制经历了民主改革后逐渐减少，到如今完全消失的过程。民主改革初，封建农奴主与农奴的阶层划分破裂，人们对婚姻的选择自由度扩大。朗塞岭村只有一两家依然保持一妻多夫制。兄弟共妻的只有 4 家。随着夫妻之间意见分歧增多，婚姻选择更趋自由化，一妻多夫制的家庭渐渐离析成一妻一夫制的家庭。从 20 世纪七八十年代开始，朗塞岭村居民成婚，普遍都实行一妻一夫制。

对于在外打工的中青年一代，更多选择自由恋爱而结婚。随着城镇化速度加快，全国打工潮的掀起，流动人口不断增多。西藏地区同样也出现打工热潮。在外打工的年轻人受到自由恋爱婚姻的影响，一妻多夫制家庭的理念已然消退。我们在调查中了解到，31 岁的丹增小学毕业就没读书了，在拉萨工地上打工时与妻子认识，同居了 1 年，结婚时孩子已经 1 岁多了。丹增的姐姐格桑旺姆没有到外地打工，但与自己的丈夫是在村里修沟渠时认识，双方互生爱恋后走在一起。在格桑旺姆生下第一个孩子没到两个月，格桑旺姆的男朋友家就来提亲了。村里其他同龄青年几乎都是类似的情况。他们认同一夫一妻制，应该说从伦理上对此种婚姻关系并未产生任何怀疑。

随着教育普及，国家推进教育均衡发展，西藏更多的人可以享有更普及的教育权利。年轻人与外面世界的接触越来越多，家庭财富得到一定的积累，婚恋观和价值观都与家里老一辈人有所不同，会期望与外面的青年一样能够自由选择喜欢的对象，保持对对方一个人的忠诚，从而更加愿意选择一妻一夫制的婚姻生活。同样的，三四十岁的父母一辈对自己还在读书的孩子则没有限制婚姻形式，认为他们读书掌握知识是最重要的，至于以后的婚姻组成形式则没有过多严格的限定。拥有中等或高等学历的藏族青年也很少受老一辈婚姻观念的影响，更愿意自己去选择配偶，认为在外如果还选择一妻多夫制的婚姻形式，自己会觉得不好意思也不切实际。

二 婚恋范围及择偶观

民主改革之前，封建庄园主掌管着内部一切，包括园内所有人的婚姻选择权。农奴和朗生没有自主选择婚姻的权利。庄园主为其指定婚姻，为了防止人员流失，维持庄园劳动力，一般不准自己庄园内的农奴或朗生与其他庄园的农奴或朗生发生关系。一旦发现此种情况，将会施行严厉的惩罚。结成夫妻的农奴或朗生生下孩子，需要到庄园主处报备。对庄园主而言，只是考虑可以为庄园增加劳力，为其创造财富。朗塞岭村美多措姆现年 76 岁的母亲曾经是朗塞岭庄园的差巴，7 岁开始就被庄园主使唤做事，连掏粪之类的脏活都做过。对于当时的差巴而言，婚恋范围及其选择权利都很狭窄，仅限在本庄园内，只能任由庄园主安排。在庄园内妇女被霸占的事件也屡有发生。普通差巴在婚姻上没有过多的言语权，更不用说朗生和堆穷。男女结婚的目的是以家庭组合的形式为庄园主效力而已。

民主改革之后，封建庄园制度瓦解，村民社交范围扩大，婚姻自主在朗塞岭村得到切身的诠释。庄园内的差巴都开始自主选择自己的婚姻对象。按照不同年代的人们的婚姻选择，其婚恋范围的变化经历了几个阶段。

第一个阶段是民主改革之初到 20 世纪 70 年代末，婚恋范围发生了极大的转变。这主要是相较民主改革之前而言。民主改革后，朗塞岭庄园变成行政村。村里一般男女婚恋年龄为 23 岁左右。也有特例，主要表现在僧人还俗方面。民主改革后，原属于庄园的僧人可以还俗，分到房子和田地。但由于受宗教观念影响，他们一开始并不去寻找配偶，后来成婚的婚恋年龄也较晚。

世家居住在朗塞岭村的仁增老人现年 72 岁。他从 7 岁开始就成为庄园的裁缝，16 岁那年，朗塞岭庄园要选 16 人去做庄园僧人，负责举行各种宗教仪式，仁增被选上了，进入了村子东面山坡上的寺庙。他们平日居住在寺庙里，在庄园进行宗教活动时为其提供服务。他当了一年零六个月僧人。1959 年西藏实行民主改革，仁增还俗回家。之后仁增一直保留着僧人意识，没想过结婚。到 40 多岁时，由于父亲生病，家里没人照顾，才与现在的妻子结了婚。现在仁增老人有 3 子 1 女。

像仁增老人一样的案例还较多。村里扎西梅朵的父亲不是她的亲生父亲，是她的继父。当时她的继父在林业局工作，因为民主改革前曾在朗卡孜当僧人，工作后受僧人意识影响不想结婚，直到 40 岁时遇到扎西梅朵母亲后才结婚。当时梅朵已经 10 岁。

因此，在这一阶段，曾经做过僧人的婚恋年龄远远晚于同辈人恋爱结婚的年龄。同时，人们择偶的范围十分狭窄，由于生产生活自给自足，与外界沟通交流的机会相对较少，相应的，婚恋对象也就局限在本村。村里居住的都是藏族，加之村里的家庭经济都差不多，仅有粮食够不够吃、有没有富余之说。大家清楚彼此的家庭状况，选择本村的适婚青年成为顺其自然的事情。不过，即使择偶范围局限在本村，但大多也是选择距离较近的，基本是同一个组的家庭。同时，他们这一代人是自由相恋结合在一起的，婚姻成本较小。简单的经济以及传统的文化背景决定了这一阶段人们较为单纯的择偶观。

第二个阶段是 20 世纪 70 年代末至 90 年代。跟随国家建设的步伐，村里基础设施如水沟、道路等大举修缮，给村民带来更多的公开接触的机会。年轻男女在劳动时认识对方，经自由恋爱然后结婚的现象比比皆是。此阶段适婚的藏族男女的社交范围较以前有所扩大，突破村庄的局限延伸到全乡的范围。即一个乡不同村的藏族男女增加了认识机会和谈对象的概率。如曲久和妻子于 1979 年结婚，妻子家在扎其乡上，到朗塞岭村参加劳动后认识的。但总体而言，婚恋范围还是主要在本村或距离较近的村落之间。

在以上两个阶段，社会发展处于起步阶段，经济、教育等都处于落后阶段，村民极少接受学校教育，主要在家务农，种植青稞或油菜，而基本以自食为主，不存在买卖行为，经济生活形式较为简单。加之同一个村或同一个乡里人们的家庭都极为相似，因此在谈婚论嫁时，以自由恋爱为主，很少考虑彼此家境，而是以是否属于同一阶层而论，即"骨系"（ruspa）观念是最为重视的。

第三个阶段是进入 21 世纪后至今。这一阶段西藏教育事业获得较大发展，受教育范围扩大，几乎西藏各地都具备了让学龄儿童上学的条件。不过，受各种因素影响，教育的发展仍然缓慢。其中，种植业是西藏一个家庭赖以生存的主要产业，但高原独特的地理环境，以及种植业跟不上科技进步的脚步，导致西藏经济发展较慢，许多学生因为经济困难或家庭劳力不足中途辍学。还有很少一部分是自己不想读放弃了学业。这些辍学的年轻人掌握了一些知识，开始选择到外地打工，朗塞岭村也出现了这种情况。村里的打工者以在山南地区即泽当或拉萨打工的为多，且多半为男性。他们融入社会建设的潮流进城打工，主要在建筑工地干活，挣些现金回家。这样就增加了他们与一起打工的外乡藏族女孩接触的机会，并成为他们恋爱结婚的选择对象。藏族女孩到城市打工主要在工地上做饭或在餐馆当服务员。因此，婚恋范围已经远远扩大，不再局限在同一个乡里，甚至同一个县里。但是这部分打工者寻找的婚姻对象还是限定在藏族，且要同一阶层的，依然重视"骨系"观念。除此之外，另有一部分已经顺利完成中等学校以及高等学校学业，有一份稳定的工作，如在政府机关或企事业单位上班的藏族，以男士为主，他们的婚恋范围和择偶观相对而言又更为自由。他们会选择自己的同学或朋友介绍的对象谈恋爱结婚，基本不会找同一个村里的女孩。父母不会刻意干涉这部分家庭成员的婚姻，认为他们有足够的知识水平和经验来选取自己的婚姻对象。基本上只要符合阶层内通婚即可。因此可以说，自由恋爱是西藏社会主要的传统择偶方式。

三 婚俗文化

民主改革之初，西藏社会生产力得到解放，但人们生活水平依然低下，物质生活还较为缺乏。不会很讲究提亲仪式，一般较为简单。提亲时，男方长辈（一般是父亲）带着亲友到女方家提亲，并带去礼物送给女方家。如果是男方入赘到女方家，则由女方长辈（一般也是父亲）以同样的方式来到男方家，提出希望将男方入赘到女方家的要求。带的礼物有酥油茶或青稞酒，礼物品种较为单一，数量极少。提亲仪式只是作为一个双方父母见面谈论儿女婚嫁问题的过程。随着生产工具的不断改进，西藏农牧业得到发展，农作物种类增多，种植有青稞、土豆、油菜、小麦等，养殖的畜类则有奶牛、肉牛、羊、鸡等。人们的收入相对增加，生活水平明显提高。在这种情况下，订婚仪式越来越受到重视，主要表现在礼品种类和数量的增加上，不仅有糌粑、青稞酒、肉、绵羊毛、青稞、衣服、哈达，甚至包括现金等。

在朗塞岭村，男方提亲过程中，家中长辈（或入赘女方的长辈）还会带着村里两个或三个会唱歌的人到女方家。在结婚仪式中，也有两个或三个专门负责吟唱祝福婚姻吉祥幸福歌的，这是很传统的歌曲，唱法颇有讲究。在调查中，我们发现村里会唱此类歌曲的仅剩次仁旺吉、岗玛顿珠和加雷三人。在婚礼上负责唱歌的每个人都会得到一件新衣服，回去时专门带走一小桶青稞酒，作为主人家的答谢礼。

提亲仪式之后，父母双方会拿着男女双方的生辰，到寺庙里找喇嘛卜算结婚的良辰吉日。算好日子后，双方家庭开始着手准备婚礼。女方母亲要为女儿置备嫁衣。在 20 世纪 50 年代，由于生活条件较差，结婚只是简单吃个饭，走个形式而已。其后随着社会的逐步发展，人们举行婚礼一般会宴请 3 ~ 7 天不等。家境较为殷实的家庭举行婚宴的天数较多。

结婚第一天，新娘穿上隆重的嫁衣在吉时出门，由父母或哥哥以及会唱婚礼祝福曲的亲友陪同。他们同时带着新娘的衣服、鞋等用品到男方家。20 世纪 50 年代，新娘一般骑马代步前行，后来则驾驶摩托车。现在有些条件好的家庭，则用小轿车迎娶新娘。如果新郎新娘已未婚生子，结婚当天新娘就带上孩子一起来到夫家。新娘及亲友到男方家门口时，先绕圈 3 圈，陪同的人员中有两三人负责唱歌，唱着"扎西德勒"。然后先敲 3 次门，门内主人家也有专门唱歌的人，打开门迎请新娘入室。新郎和新娘便一起坐在藏床上，来参加婚宴的亲友将带来的礼物放在桌上，为新郎新娘送上洁白的哈达。亲友们送的礼品有衬衣、帮典、砖茶等，最重要的是小麦或青稞，装在牦牛皮做的袋子里（可装 28 斤重的东西）。袋子上面系着哈达，缝上一块布，上面写着祝福语和送礼亲友的名字。2003 年前后，朗塞岭村居民参加婚礼开始送红包，一般是 5 元。到了 2008 年，红包涨到 30 元，现在是 50 元，关系好的亲友参加婚礼会给 100 元。亲友家里条件好的还会带一箱啤酒。连着几天的婚宴都会杀羊、牛或猪等，少则一两只羊，多则可达 20 只羊加上两三头牛。每天都有亲友来参加婚宴。婚宴菜肴一般包括萝卜炖猪肉、青稞酒和酥油茶等，还必须有一种特制的面食，其制作方法是将小麦浸泡，然后用石头碾碎，煮熟后形成粥。这种面食寓意新郎和新娘结婚后过得幸福。晚上大家一起唱歌跳舞，舞蹈类型有果谐舞、堆谐舞，气氛非常热闹。

新娘嫁入夫家，在夫家待一个月后，会回一次娘家探亲。此时，新娘带着衣服、鞋、青稞酒、糌粑等作为礼物送给娘家人。虽然新娘嫁入夫家，但过年过节时需要回娘家转村里的白塔。

四　婚姻规则与性道德观念

在传统藏族社会中，婚姻规则必须遵循等级内婚和血缘外婚。除此，由于涉及农奴主对农奴的所有权，还受到农奴主的制约。不同庄园内的农奴间通婚是被制止的，少数成功通婚的必须取得农奴主的同意。民主改革之后，朗塞岭村传统的婚姻规则既有保留甚至发展，也有一定程度的改变。

首先，依然遵循严格的血缘外婚，以骨系来确定通婚的范围。传统的血缘外婚中的血亲关系有隔6代之说或隔7代之说。有亲戚关系的人绝对排除在选取婚姻对象的考虑范围之外。这里的"亲戚关系"不管父方还是母方，意指所有血亲关系，范围较广。随着社会的发展，这种骨系观念似乎越来越受到强调，血亲关系不管隔多少代，只要沾点亲戚关系都不准通婚，比传统规则更加严格。不过，血亲关系隔得太远的通常不好辨别，所以是否有亲戚关系一般由父母等老一辈来界定。这是对"血缘外婚"的拓展。

其次，沿袭阶层内通婚，形式有所变化。藏族封建社会除农奴主阶层外，农奴阶层还可细分为差巴、堆穷和朗生。差巴是普通农奴，靠租种农奴主土地为生。朗生藏语意为"家里养的"，即农奴主的家内奴隶，朗生几乎完全受控于农奴主阶层。堆穷地位介于差巴和朗生之间。农奴主阶层为了显示其地位的权威，实行严格的等级内婚，要求门当户对。在这一背景下，农奴主、差巴、堆穷与朗生各个阶层的人们只能在本阶层内部选择婚姻对象。

民主改革后，随着封建农奴制的瓦解，封建阶层的划分分崩离析，不再严格区分差巴、堆穷和朗生。阶层内通婚的婚姻规则逐渐淡化。婚姻对象选择范围扩大。对婚姻选择阶层概念而言，主要分为两类，一类是差巴家庭出身，另一类是屠户、铁匠家庭出身。受传统观念影响，人们认为屠户、铁匠出身的人是"不干净"的，现实生活中远离他们，婚姻选择上也不会考虑互相通婚。在朗塞岭村，过去差巴家庭的人可以互相通婚，但是对差巴家庭而言，与铁匠、屠户家庭出生的人一起吃饭喝酒都是不被允许的，通婚则更不被长辈所允许。根据我们的调查，村里仅有两三户是差巴家庭与铁匠、屠户家庭通婚的案例。一例是由于家庭条件非常差，无奈之下被迫做出的选择。一例是由于自由恋爱，为追求爱情走在一起而组成家庭的一对年轻人。但是两人因此受到差巴家庭出生的男方亲戚的不满，双方结婚后单独分家出去，自己盖了房子，男方家里没有再管过他们。除此，还有两例是出生于屠户、铁匠家庭的女儿选择嫁给来到山南打工的汉族，在她们看来，只要互相喜欢，选择嫁给什么民族都没有关系。

对于性道德观念而言，民主改革打破封建阶级的枷锁之后，朗塞岭村的未婚男女如果互相喜欢，可以发生性行为，婚后则会忠于对方。虽然父母、长辈对年轻一辈的性关系不会在意，但避讳年轻一辈在自己面前讲婚姻、性等问题。

对于老一辈的人们而言，过去由于没有避孕的观念，家里孩子多的有六七个，甚至十多个的。现在，政府没有规定农村居民必须生几个孩子，但村里会宣传优生优育，给每家发避孕套。村里适龄婚育的女孩子可以去村委会听性教育课，由县里的妇科医生讲课。如今，年轻一辈考虑到孩子教育、家里经济等问题，一般只生三四个孩子。

在朗塞岭村，未婚同居和入赘现象较为普遍。通常由于男女双方家里劳力不足，结婚住到一起就没办法顾及双方家庭，因此双方可以协商好暂时不结婚，各自在家里帮忙干活，偶尔在一起同居。例如，格桑旺姆和邻村的小伙子在村里打工时认识，互相喜欢对方，男方就偶尔到格桑旺姆家来同居。双方家里都认识，都没有反对。因为格桑旺姆是家里的老大，有体弱多病的双亲，还有一个患精神疾病的弟弟，另外一个弟弟丹增在外打工，即将入赘到妻子家去。家里希望格桑旺姆能找一个入赘的。但她男朋友家里也缺少劳力，所以两人一直还未结婚，但已育有两个孩子。在朗塞岭村，私生子女不会受到任何歧视。入赘的主要原因也是劳力不足。举行婚礼时，娶媳妇与入赘的婚礼习俗是一样的。男方入赘到女方家生活。

五　婚姻与法律的关系

我国实行婚姻登记制度，婚姻登记是我国公民结婚、离婚的法定程序。在朗塞岭村，很多人认为婚姻登记是一项不必要的程序。对于四五十岁以上的人们来说，对婚姻登记没有认识。办理婚姻登记，领取结婚证主要是40岁以下年青的一代。进行婚姻登记需要到双方各自所在乡和当地派出所开证明，再到男女双方任何一方所在地的民政局办理，领取结婚证。乡政府负责婚姻登记在册，年底到民政局报数目。从整个扎囊县来说，近年婚姻登记数呈递增趋势。如表5-2所示。

表 5 - 2 2004 ~ 2012 年扎囊县婚姻登记情况

年份	2004	2005	2006	2007	2008	2009	2010	2011	2012.7
婚姻登记数（对）	20	37	41	47	188	196	353	611	304

注：本数据由扎囊县民政局于 2012 年 7 月提供。

即便如此，更多的年轻人认为婚姻是责任与信任，不必用结婚证作为保障，进行婚姻登记目的不是通过法律进行其双方身份认定，而是方便解决孩子的教育、医疗等问题。一般情况下，孕妇在家里分娩，如果到医院生产，需要村里开准生证证明。孩子出生三四年后，往往到即将上学的年龄父母才去派出所给孩子登记户口。

举行藏族婚礼和仪式是朗塞岭村婚姻结合的传统认证。对于非婚同居的家庭而言，虽然没有举办婚礼，双方达成一致共识就可以被大家所认可。对于所生子女可以将户口上在男方家，也可以上在女方家。只要带上生育证与一方户口本就可以。但即便如此，即使等孩子长大也好，男女双方还是会补办婚礼，作为婚姻的认证。

在朗塞岭村，大多数婚姻的结合都有感情基础，离婚现象较少。假如离婚，首先由双方亲戚中较有威望的人坐在一起进行调解。只有私下协调不成功，才会考虑通过法律程序离婚。在调查中我们发现，目前朗塞岭村只有三户人家涉及离婚。其中有两户通过长辈调解离婚，一户通过法律程序离婚。在这三户中，有两户妻子是朗塞岭村人，丈夫是从内地到扎囊县打工的汉族。两户都办理了婚姻登记，共有的财产有限，育有孩子。他们更愿意通过法律程序解决离婚问题。

六 家庭人口与类型

从家庭规模来看，朗塞岭村的家庭人口呈递减的趋势。60 岁以上的人没有避孕观念，一般生育七八个孩子，有些甚至更多。那时由于经济比较困难，家里兄弟多的婚后就分家出去了。四五十岁这一代人赶上全国实施计划生育制度，西藏虽然不受此制度限制，但随着国家政策和优生优育的宣传，人们的观念也发生了变化，生育数量较以前有所减少，一般家庭生育四五个孩子，或者更少。二三十岁的年青一代，一般家里最多生育 3 个孩子。女儿出嫁后平日就在夫家劳作，节日时偶尔回娘家转经，或带孩子回娘家看看。父母年老后一般由儿子赡养。

在朗塞岭村，大部分人都是自由恋爱结婚，一旦结婚后，双方就很看重家庭。一般是男主外、女主内，丈夫是家里的经济支柱，承担着养家的责任，妻子主要照顾家庭和孩子。在 21 世纪之前，打工主要限于在本村或乡里，或到县里，最远到邻近各县，不会走太远。进入 21 世纪后，村里出现了打工潮，有些年轻夫妇一起到拉萨或更远的地方打工，孩子就留给父母帮着照顾，等到耕种和收割时节再回家。

在朗塞岭村，随着生育率减少，外出打工的人数增加，结果造成家庭劳力不足，近年结婚的夫妻婚后基本没有分家。村里第一组有两户分家的案例。一户是由于小儿子的媳妇与婆婆关系不好，小儿子家就分家出来。家里分给了地，自己盖了房子。但遇到农活需要帮助时，其他兄弟姐妹家会过来提供帮助。还有一户是因为妻子不是差巴家庭出身，丈夫家里都不同意这场婚姻，他们只能分家出来，自己盖房子住。

在朗塞岭村，以家庭为单位耕种田地。农忙时期，家庭之间换工互相帮助。遵循传统的长幼秩序，敬老爱小是传统的观念。村里除了分家出去的个别家庭，其余的家庭基本都是三代同堂。其中，父母是家里的主要劳力，并承担家里的开支，老人辈在能力范围内能提供帮助则提供帮助，子女辈目前基本在上学。家里不会对子女辈有任何控制。

第三节　柳村的婚姻家庭变迁

拉孜县柳村位于日喀则与拉孜县城之间的中间位置，其婚姻家庭是日喀则的一个缩影。从 20 世纪 60 年代至今，柳村的婚姻家庭在形式、观念、婚俗等方面，伴随时代的烙印而有所变化，与朗塞岭村的婚姻家庭变迁既有共性也有差异。

一　婚姻形式

1960 年民族学家在柳谿卡调查，记载当地的婚姻形式为：一夫一妻制是主要的，一夫多妻或一妻多夫者也有。民主改革之初，当地婚姻形式以一妻一夫制居多。其中一妻多夫制有兄弟共妻和父子共妻，兄弟共妻者较多，父子共妻者较少。除此，还有较常见的姐妹共夫，一例表姐妹共夫的，两例母女共夫和两家独身女子共夫。① 参见表 5 - 3。

表 5 - 3　1958 年柳豁卡存在的婚姻形式②

类型	一夫一妻	兄弟共妻	异母兄弟共妻	姨甥共夫	父子共妻	义父子共妻	姐妹共夫	叔侄共妻	堂叔侄共妻	好朋友共妻	当外室者	有外室者
对数	74	32	1	1	2	1	2	1	1	1	6	3
百分比%	61	25	0.8	0.8	1.6	0.8	1.6	0.8	0.8	0.8	5	

20 世纪七八十年代之后，柳村当地的婚姻形式普遍实行一夫一妻制，即目前年龄在 40 岁及以上的父母辈都是一夫一妻制。到了 21 世纪，柳村的婚姻形式逐渐走向多元化，一妻多夫制和一夫一妻制同时存在。

（一）一夫一妻制

在柳村，经济异常困难的家庭才会选择一夫一妻制的婚姻形式。原因是他们认为没有足够的收入去维持大家庭。这种情况与过去完全一致。20 世纪五六十年代的调查显示，1958 年柳豁卡 74 对一夫一妻制家庭中，49 对为差巴，25 对为堆穷；同时，实行兄弟共妻的差巴有 30 对，堆穷有 3 对。③ 一般来说，差巴家庭的经济条件明显好于堆穷家庭。差巴中一夫一妻制家庭有 49 对，是因为柳豁卡有差巴 66 户 512 人，堆穷则为 31 户 115 人。

目前居住在柳乡政府新驻地周围有十几户家庭。他们原本居住在较为偏远的查嘎自然村，由于交通不便、环境恶劣，后搬迁到公路两旁，在政府的补助下，盖起新房子，定居下来。这十几户家庭经济贫困，从父辈到子女辈都是一夫一妻制的婚姻形式。

（二）兄弟共妻

根据 2005 年的统计，柳村共有 200 多户人家，其中一妻多夫制家庭可能有 80 家，占了近 40%。我们在调查中发现，这种情况改变不多。

① 西藏社会历史调查资料丛刊编辑组：《藏族社会历史调查》（六），西藏人民出版社，1991，第 398 ~ 399 页。

② 西藏社会历史调查资料丛刊编辑组：《藏族社会历史调查》（六），西藏人民出版社，1991，第 398 页。

③ 西藏社会历史调查资料丛刊编辑组：《藏族社会历史调查》（五），西藏人民出版社，1988，第 317、593 页。

一般认为，一妻多夫制有助于聚集家里所有劳力，使其各展所长，共同为整个大家庭出力，以大家庭为基础实行正常的开支，有利于经济收入增加，从而有利于社会物质财富的积累和生活质量的提高。因此在受市场化影响的同时，面对市场化给家庭带来对传统生活的冲击，人们追求物质利益的需求提高，面对这一矛盾，选择一妻多夫制有利于适应这一现象。

民主改革后，受新婚姻法的约束和影响，一夫一妻制家庭逐渐增多。但是不少人仍然受传统婚姻观的影响，认为兄弟共妻对家庭而言有好处。兄弟共妻的家庭不必分家，不会因分家产生分歧，对于父母而言，这也是注重亲情的表现方式。

目前，柳村经济条件一般或更好的家庭多愿意选择一妻多夫制的婚姻形式。兄弟共妻的男女双方年龄层次在二三十岁左右。家里有几个儿子就让几个儿子共妻。有的是两个儿子共娶一个妻子，有的是三四个儿子共娶一个妻子。其中两个丈夫共妻的比例占得较多，较少的是 3 个丈夫共妻。这些丈夫都没有继续在学校读书学习。如果家里有年纪稍小，仍在学校上学的儿子，父母就让他继续学习，不与兄长共妻，同时可以让他去决定自己的婚姻。一妻多夫制家庭中，妻子和丈夫们共同生活在一起。妻子可以自由选择和哪个丈夫居住，但是妻子必须学会平衡丈夫之间的关系。一般来说，几个丈夫之间很少会因为婚姻问题产生矛盾，不会争风吃醋。对于已组成这种家庭的男女而言，不会存在任何的不便或不好意思的地方，他们认为村里大家都是一妻多夫制家庭，自己的婚姻也是顺理成章的事情。在外打工的丈夫如果发生婚外情是不会被家人接受的，也不会得到乡里大众的认同。

二 婚恋范围及择偶观

民主改革前，柳村周围地区的人们通婚范围受到阶级、等级、贵贱、血缘、民族等种种条件的束缚，婚姻讲求"门当户对"。西藏和平解放后，柳村居民的婚恋范围与择偶观有一定的改变，但变化程度不大。从时间上大致分为三个具有不同特点的阶段。

首先是 20 世纪 60 年代至八九十年代，这一时期经济社会发展缓慢，地缘成为影响柳村一带人们婚恋范围和择偶观的主要因素。这一时期婚恋范围较小，局限在本乡，最远不过邻乡。那时的适婚青年受学校教育程度较低，绝大多数青年只是读到小学，毕业或中途辍学就待在家里做农活。若遇乡里或附近需要修缮沟渠之类的工作时，适婚青年才选择就近打工，挣得少许收入，不会到更远的地方去。进入 21 世纪，随着经济社会的发展，日喀则掀起打工热，越来越多的年轻人到拉孜县城及日喀则甚至到更远的阿里地区去打工，收入来源增加，社交范围明显扩大，婚恋范围亦有所扩大。柳村的年轻人不再局限于在本村选择婚姻对象，但找的婚姻对象也多是离家较近地方的人，很多家庭找的对象都是邻乡扎西岗乡的。

人们认识婚恋对象主要通过三种方式：同为本村人，原本就认识；打工认识；经父母或亲戚介绍认识。一般男方父母亲友介绍老大与差不多同龄的女孩子认识。男女双方同意后，女孩子就嫁入男方家。男方家稍大的几个儿子同时拥有一个妻子。年纪尚小还在读书的儿子可不用和哥哥们共妻。如尼玛家有罗珍、贾巴、普布、普琼四个儿子。经扎西岗村一位喇嘛的介绍，尼玛带着大儿子罗珍与多吉卓玛相亲，双方同意后，多吉卓玛便嫁进尼玛家成为罗珍、贾巴和普布的妻子。普琼刚高中毕业等着继续上大学，因此就没有和哥哥们共娶一妻。村里巴桑和妻子拉巴普尺是在日喀则打工认识的。父母告诉他们要结婚的话拉巴普尺同时也要嫁给巴桑的弟弟旺金，巴桑和拉巴普尺商量过后都同意，所以拉巴普尺同时嫁给了巴桑和旺金。

在日喀则，一个藏族女孩嫁给几兄弟是较为普遍的现象，被大家所公认和传扬。因此对于柳村的藏族女孩而言，择偶观比较单纯，只要同意入嫁，就可以接受同时嫁给几个儿子，不会遭受乡亲邻里的质疑。妻子在家庭中协调好兄弟之间的关系，就是一位贤能的好妻子。

在选择婚姻对象时，没有强调族别与家境，年轻男女择偶时还是较为自由，即使是亲戚介绍也是经双方同意才结合在一起的。但柳村周围是藏族聚居区，所以受地缘因素影响，人们选取的婚姻对象基本都是藏族。由于整个柳村居民家庭经济收入较少，没有明显的贫富差距，因此很少考虑家境是否殷实等情况，只要是遵循骨系观念，是阶层内通婚就被人们所接受。

虽然通婚对象基本是藏族，父母也会觉得找藏族有共同的语言与文化背景，但也有个别例外。旦真家有 4 个女儿，大女儿索南和老三尼玛都嫁给了甘肃汉族。他们都是在日喀则打工时认识并结婚的。对于他们家，旦真和妻子觉得孩子自己喜欢就行。因为他们家"骨头"不是很好,所以其他的藏族人家选择婚姻对象碍于"骨系"观念,比较不愿意和他们家结为亲家,认为婚姻是一辈子的事情,选择了他们,自己家的"骨系"就会永远有不好的一面。由于旦真家里经济条件较差,只能由孩子们自己自由选择,不管汉族或藏族,只要孩子们喜欢,旦真和妻子都会同意。索南和尼玛与汉族通婚则是一夫一妻制的婚姻形式。

对于现在仍在读书的藏族孩子而言,父母不会再要求他们也实行一妻多夫,父母普遍希望他们能多读书就多读书,对于婚姻对象的选取不会再有过多的干涉,但还是希望他们尽量找藏族。这些青少年也更倾向于找本民族的对象。但是由于物质因素的影响,一些家境不是很好的藏族也愿意与其他民族通婚,以减轻人力、物力方面的负担。

三 婚俗文化

在日喀则地区,没有专门的订婚仪式。婚前男女双方往来较多,有相对简单的提亲仪式。经济条件不好的家庭,经男女双方自由恋爱同意或相亲同意后直接举行婚礼,不再举行提亲仪式。经济较为宽裕的男方家庭会到女方家提亲。提亲时携带的"彩礼"有衣服和鞋、青稞、酥油茶、羊肉、哈达等,根据男方家庭经济情况而定。经济较好的家庭还会给女方家现金,100元或200元等。双方父母带着男女双方生辰八字询问喇嘛,选取吉利数字作为结婚日期,包括什么时候离开家好,什么时候到对方家等。这些时间都是根据男女双方年龄来算的。

目前,柳村的婚礼沿袭了传统的形式,但在细节上有所简化,结婚仪式较20世纪五六十年代简单了许多。结婚当天,一般由新娘的父母和亲戚们组成送亲队伍,选择之前就已算好的"吉时"出门。新娘出嫁会哭一下。新娘到新郎家门口要先转3圈,接着新郎和新娘坐在一起,参加婚礼的亲戚朋友会给他们献哈达。送亲队伍到达男方家门口时,陪新娘来的新娘姐姐和新郎的母亲带着新娘转3圈。男方这边会派出两个人唱"扎西德勒"的吉祥歌,表示第一次进门运气好的意思。然后送亲客人敲门进来,男方家为他们献上洁白的哈达。有的新娘出嫁时就穿上夫家提亲时送去的衣服,有的新娘进到男方家里后,再到房间换上男方家准备的新衣服。亲友们到来时,新郎和新娘坐在一起,接受哈达和祝福。如果是兄弟共妻的家庭，新娘和几个丈夫共同坐在一起。

婚礼天数根据男方家庭经济情况而定。经济条件不好的家庭婚礼一般举办三四天，较为富裕的家庭举办的日期会长点，或七八天，甚至11天。主人家邀请各地亲戚前来参加婚礼，亲友们会源源不断地到来。第一天，村里的亲戚和朋友过来，男方家会根据经济条件，宰杀猪、牛、羊等牲畜款待客人，经济条件较差的杀1头牛、5只羊等，经济条件较好的家庭会宰杀更多的牛羊招待客人。现任村党支部书记的尼玛与妻子结婚时办了8天的婚礼，家里共杀了20多只羊和3头牛。客人们为新人献上哈达，并赠送衣服、裤子、羊肉、青稞面、酥油茶、青稞酒、头巾等作为贺礼。近年来，也逐渐出现客人以现金作为婚礼贺礼的现象，由50元到100元甚至500元不等。婚礼期间，客人们进行休闲娱乐活动，一起喝青稞酒、唱歌、跳舞或者打麻将。最后一天，男方家为送亲队伍献上哈达，并送他们离开。刚结婚的新娘一个月后回趟娘家，带着衣服、裤子等作为家人的礼物。在家住一个月后，再回到丈夫家。

四 婚姻规则与性道德观念

柳村的婚姻主要遵循两点规则：血缘外婚和等级内通婚。藏族一直实行严格的血缘外婚，即"骨系"观念。20世纪60年代民族学家在柳谿卡开展社会历史调查时，记载有"习惯上过了七代，或者记不清楚是否有血缘的才能结婚"的情况。[①] 如今，人们在择偶时，无论母系还是父系，只要有血亲关系，一律不得通婚；反之，只要没有直接的血亲关系，不同"辈份"且社会关系极其密切的人也能通婚。婚姻选择较为自由，没有民族之分。父母不要求子女必须找藏族。例如，今年25岁的尼玛，嫁给了甘肃来日喀则打工的汉族。

在旧西藏封建庄园内，等级森严，实行严格的等级内婚制。领主与百姓之间一般不通婚，虽然没有法律的明文规定，在社会舆论上有一定压力，但再嫁或者续弦则不受此限。[②] 但此类例子少之又少。堆穷和差巴属

---

① 西藏社会历史调查资料丛刊编辑组：《藏族社会历史调查》（六），第397页。
② 西藏社会历史调查资料丛刊编辑组：《藏族社会历史调查》（六），第369页。

平民阶级，一般可以通婚。但是，贵贱的婚姻界限非常严格。① 如今，柳村人的择偶观已发生了较大的变化。伴随着社会的变革，过去严格的等级内婚制已不复存在，在不违背近亲婚姻禁忌的前提下，人们的婚恋变得更加自由，通婚范围不断扩大。然而，差巴家庭出生的人员，依然比较忌讳与出身铁匠、屠户家庭的人通婚。

在从婚姻规则中衍生出来的性道德观念上，柳村人尤为强调血亲回避。在血亲面前绝对不允许谈论关于"性"的话题。反之，没有亲属亲戚关系的人，可以谈论"性"事。在兄弟共妻的家庭，妻子可以自由选择与其中一位丈夫居住。只要协调好与丈夫之间的关系，其他丈夫不会有抱怨或不平衡的心理。

五 婚姻与法律的关系

在旧西藏，封建庄园内由农奴主说了算。民主改革后，一系列制度规定建立起来，维系着西藏社会的方方面面。1981 年，西藏自治区人大常委会从西藏少数民族历史婚俗等实际情况出发，通过了《西藏自治区施行〈中华人民共和国婚姻法〉的变通条例》。其中第二条规定："废除一夫多妻、一妻多夫等封建婚姻，对执行本条例之前形成的上述婚姻关系，凡不主动提出解除婚姻关系者，准予维持。"

随着乡镇政府的建立与完善，柳村居民可以在乡里开证明进行婚姻登记。由于兄弟共妻的家庭居多，缔结婚姻时一般由妻子和老大去注册登记；孩子出生后，不管孩子生物学意义上的父亲是谁，去给孩子上户口时，统一登记老大的名字作为孩子法律意义上的父亲。

在柳村，婚姻自由还表现在离婚上，若出现夫妻感情不和、婚外情等任何一种情形，夫妻双方无法继续共同生活下去的话，就可以选择解除婚姻。离婚方式也较为简单，传统习惯是通过内部协议离婚，一般找双方长辈裁决。离婚后，双方均可另找对象。在一妻多夫制的家庭，妻子在几个丈夫中间扮演着重要的角色。人们认为妻子能够协调好几个丈夫之间的关系，让家庭和谐美满就是一个贤德的好妻子。

---

① 西藏社会历史调查资料丛刊编辑组：《藏族社会历史调查》（六），第 397 页。

六　家庭规模与分工

在柳村，家庭规模普遍在七八口人左右，也有十口人或更多的。条件非常艰苦家庭的子女，基本都是一妻一夫制，婚后夫妻一般到外地打工，孩子留给父母照看。条件好的家庭，通常是兄弟共妻，不会分家出去。

柳村依然沿袭"老大养家"的传统。对于一妻多夫制家庭而言，一般是年纪最大的丈夫和妻子留在家里负责种地、照顾家庭，其他丈夫选择到外面打工。这样既有了粮食的保障，又有打工挣来的现金收入，家庭整体经济状况可以得到较大改善。

第四节　相关讨论

通过对朗塞岭村和柳村婚姻家庭现状及其变迁进行考察，我们可以从中窥见西藏婚姻家庭变迁受政治、经济、文化等综合因素的影响。婚姻家庭类型的选择是西藏社会发展的产物，同时又在不断地适应着社会的变化。如对婚姻家庭思想观念上的认识在不断变化，有着共性又有着地域差异性。

一　西藏婚姻家庭变迁的原因

第一，政治环境的影响。藏族特殊的婚姻是社会环境变化发展的产物。随着社会历史发展，婚姻家庭形态也发生着一定的变化。民主改革之后，西藏实行民族区域自治制度，在各个领域享有高度自治。自由、平等等观念融入社会生活的方方面面。人们可以自由选择婚姻对象。社会流动更为频繁和广泛，通婚范围也随着不断扩大。

第二，经济因素的影响。随着社会财富的丰富和增加，西藏地区的婚俗文化趋于简单化、大众化和物质化。《西康建省记·说番人弟兄共妻》中记载："惟汝等户口太少，究厥由来……半由弟兄共娶一妻之故。……番人曰，弟兄各娶一妻，生人众多，衣食难谋，不将流为乞丐，而不能求保暖乎。"[1] 这段话明确提到了一妻多夫家庭与经济的关系。尤其在日喀则地区，一妻多夫制家庭最直接挂钩的是经济因素。随着宗教因素对婚姻的

---

[1]　转引自徐平《20世纪藏族多偶家庭调查研究述论》，《中国藏学》2002年第1期。

影响逐渐降低，受社会流动影响，婚俗文化亦趋于简单化和大众化。另一方面，随着物质生活的丰富，婚俗上的礼仪从订婚到结婚都变得隆重起来，婚礼上被邀请的宾客送礼从最基本的送衣物到送现金，相较传统而言这是个很大的转变。

第三，现代教育的影响。旧西藏的正规教育被上层社会和寺院垄断。民主改革之后到现在，现代教育体系在西藏的发展趋于完善，全社会重视教育的理念愈加普遍和深入，受教育人群的范围越来越广。随着知识层面的拓宽，人们的视野得到开拓。受教育程度越高，越想追求自由婚姻，讲求婚姻双方唯一的忠诚，对婚姻对象的选择，不管从地域、宗教还是身份等方面，都没有了过多的束缚与要求。但同时家庭黏合度逐渐降低，虽然西藏农牧区的离婚率在全国而言普遍较低，但与以往相比，离婚率有所增加。与此同时，法律在婚姻关系中发挥的作用越来越明显。

二　西藏婚姻家庭变迁的共性与差异

第一，婚姻形式。拉萨是西藏地区政治、经济、宗教、文化中心。西藏形成以拉萨为圆点一层一层的政治文化圈。朗塞岭村处于近距离的文化圈内，自然环境较有优势，交通较为便捷，与外界消息沟通顺畅。人们对婚姻生活的需求则更多的是以拉萨地区为标准，能迅速地与拉萨地区保持一致。而拉萨是西藏自治区首府所在地，是西藏的政治、经济、文化和宗教中心，地区开放程度最高，与内地联系最为紧密，婚姻形式以一夫一妻制的形式为主。朗塞岭村居民与拉萨地区居民接触较为密切，可以很快接收到拉萨地区文化信息并受其影响，所以一直保持着一夫一妻制。年纪较大的老者认为一妻多夫制的家庭只要不出现矛盾也挺好的，家里收入会更多。但年纪稍小较为年轻的藏族则认为一夫一妻制的家庭挺好。拉孜县柳村以日喀则为中心，受日喀则文化氛围的影响。日喀则离拉萨较远，处于远距离的拉萨文化圈内，受到拉萨生活方式的影响较小，因此呈现出不同的婚姻形式。

多偶家庭的存在除历史传统影响外，大部分是由于经济因素。一般认为，民主改革前，藏族人民承受着封建农奴主残酷的剥削，缺乏绝对的自由。而农奴主对藏族家庭进行盘剥，上交差税均以户为单位，因此单一而庞大的家庭组成可集合所有劳动力，共同创造财富，应付差税，既增加了劳动力又人均减少了差税，因此处在封建农奴社会的藏族家庭，沿袭着母系社会，实行一妻多夫制，避免分家带来承重负担。民主改革后到改革开放前，由于后藏地理环境处于劣势，经济收入较少，其来源和方式都较为单一，多偶家庭不会面临分家问题，家庭规模较大，劳动力集中，分工协作。劳动力是创造价值的主体，劳动是价值的源泉。有充足的劳动力才有创造更多财富的空间。

第二，婚恋范围。整体而言，西藏结婚年龄一直以来普遍处于23岁至27岁之间。随着社会发展，知识层面提高，视野拓宽，社交范围扩大，婚恋范围从一个村拓展到一个乡，到整个西藏地区乃至全国。婚恋范围的扩大也显示了西藏地区社会化程度的加深，各族来往更加密切。从只强调藏族与藏族之间的通婚到与汉族通婚，西藏择偶观念不再墨守成规，稍显变化。但也可看到，藏族的择偶观并未完全摈弃传统观念。尤其受过高等教育的年轻人希望保持本民族的传统文化，如果条件允许更愿意选择本民族的。择偶过程中，对于差巴家庭出生的藏族，"骨系"观念自始至终未曾扭转。而"屠户""铁匠"等出身的藏族相应择偶观较为开放，对民族、职业、知识水平等方面的要求限制较少，只要男女双方同意即可组成家庭。

第三，婚俗文化。一方面，随着人们生活水平的提高，西藏人民的衣食住行都大大地改善，衣物已不再是珍贵之品，较为方便就能买到，送衣物没有直观价值比较，在人们心目中的分量减少。另一方面，随着传统送礼方式的消失，现金作为衡量的工具，从一定程度上淡化并隔离了人们内心感情间的联系，映射出经济物质对传统文化构成冲击。

第四，婚姻规则及性道德观念。藏族传统的婚姻规则严格遵循族内通婚和血缘外婚，"所有亲属和婚姻系统中都有一个明确其乱伦禁忌的基本核心"。[①] 婚姻规则主要有两个方面的内容。第一，强调血缘外婚，重视骨系血统（bone lineage）概念。即在同一父系或母系血统内禁止通婚。第二，性观念较为自由，但子女与父母会避讳谈及此问题，对性的态度是比较开明的。藏北地区还有"打狗"之说。因为每家每户都有狗，晚上男方

---

① Claude Levi- Strauss, The Future of Kinship Studies. Proceedings of the Royal Anthropological Institute of Great Britain and Ireland, no. 1965.

想到女方家过夜时，带着打狗棒防身之用。虽只是一方之谈，但也意味着性观念上较为自由。在结婚之前可以发生性行为。婚外生育的孩子在西藏完全不会受到歧视，与其他小孩没有任何区别。

第五，西藏婚姻家庭变迁提升农牧区妇女地位。封建农奴制时期的西藏社会，农奴主为防止庄园间的劳力争端，极力阻止自己庄园的属民与其他庄园属民结婚。时有庄园农奴主欺侮农奴妇女的事件发生，而农奴没有申诉的机会与权利，地位极为低下。民主改革之后，藏族妇女对婚姻拥有更大程度的自主选择权。妇女地位得到大大提升。以朗塞岭村为例，村内几乎都是男女双方自由恋爱结婚。婚后，夫妻双方几乎愿意共同决定家庭大小事务，虽一般由丈夫做出决定，但妇女地位已大为提升。即使是诸如在柳乡由父母包办的兄弟共妻的家庭，也会征得双方的意见。婚后，兄弟共妻的妻子很大程度上决定着一家相处的融洽与和谐。几位丈夫会比较尊重妻子。女性得到解放，在家里有主动权。在农牧区，政府会为妇女组织健康知识讲座。妇女生育条件也大为改善。过去农牧区妇女基本选择在家生育，影响健康，如今，妇女有更多的条件到医院去生产，减少了风险。

三 结语

近代以后，学者开始从人类学、社会学的角度去研究婚姻家庭问题。社会环境又影响了文化心理因素。婚姻选择关系到主体文化心理因素的影响。每一时期的婚姻有其存在的必要性与客观性。以历史的变迁维度思考婚姻的变迁，作为社会变迁的一个缩影，每一个时代的婚姻家庭既有其环境的自主选择性，又有时代特点。

民主改革以来，在深入贯彻落实民族区域自治制度的基础上，西藏实现了社会大转型，对婚姻家庭有了更具包容性的选择。社会环境开放，阶层影响渐弱，受文化教育的广度更大，知识交流增加，信息平台增多，人与人之间的沟通交流增加，婚姻家庭自然也实现社会化的过程，从婚姻形式、范围、观念、原则、婚俗等诸多方面都能够清晰地看到变迁的脉络。归结原因，受政治、教育、经济、宗教、交通、社会等多种因素的影响，一方面是对传统文化的传承和坚守，极力维持传统模式，同时又通过与外部文化的交流，尝试着突破传统观念的束缚，表现出婚姻家庭形式和观念的多样化。而选择何种形式，与当地经济社会发展相适应，不能判定孰好孰坏。如今，一夫一妻制家庭是西藏地区婚姻形式的主流，同时一夫多妻制也仍存在于许多农牧区。这是建立在传统藏族伦理道德系统下的婚姻形式，与当地生产力相对低下、发展积累家庭财富的要求相适应。

第六章　学校教育的建立和发展

西藏和平解放前，西藏教育以寺庙教育和私塾教育为主，学校教育十分薄弱，在农牧区没有一所现代学校。民主改革后，西藏教育被摆在了重要的位置，广大人民群众普遍享受接受现代教育的权利。但是在较长时期里，农村教育远远落后于城镇教育。截至1990年，西藏县以下小学入学率大多在70%以下，如尼木、曲水、墨竹工卡、谢通门县等分别为41.6%、40.6%、44.9%、43.5%，而南木林县仅为37.5%。[①]

在中央先后召开的几次西藏工作座谈会上，都把促进西藏教育的发展作为一个重大问题予以高度重视。2002年以来，西藏教育经费投入逐年增长，2002年到2011年教育总投入401.28亿元，2011年教育投入70.09亿元，是2002年投入10.64亿元的6.6倍，年均增长率23.3%。[②] 为了使更多的农牧民子女能够入学，国家采取了一系列的特殊政策，如中小学全部实行寄宿制，由国家包吃、包穿、包住，并不断提高"三包"标准，使西藏在全国率先实现了城乡免费义务教育；在内地16个省市开办西藏班，每年由西藏选送一批藏族和其他少数民族小学毕业生到内地学习；扩大高校规模，并且还规定西藏的大专院校必须以招收藏族子女为主。自治区财政还安排专项资金，让自治区生源考入区内中等职业学校的农牧民子女、城镇低保家庭子女及企业困难家庭子女免费接受中等职业教育。同时，建立较为完善的贫困学生就学资助制度，切实保障家庭困难学生接受相应教育的权利。这些优惠政策的出台，大大减轻了农牧民子女上学的负担，改善

---

① 吴德刚：《西藏教育科研论文选编》，第268页。转引自周纬《西藏农村基础教育的现状调查》，《西藏研究》2001年第1期。

② 张以瑾、周飞、韩晓悟、张晨：《光耀雪域天地新——西藏自治区贯彻落实教育规划纲要采访纪行》，中国教育新闻网，http://www.jyb.cn/china/gnxw/201212/t20121215_521501.html。

了农牧民子女受教育的条件，使西藏农牧区教育事业不断向前推进。朗塞岭村和柳村的学校教育，就是在这样的大背景下发展起来的。

第一节　学校教育发展历程

一　学校的创立和发展

和平解放前，西藏的教育主要分为家庭教育、社会教育、宗教教育、私塾教育、官办教育几大类。其中，私塾教育和官办教育属于学校教育范畴。然而，官办教育学校数量十分稀少，只有达官贵人子弟才可以得到学习的机会。私塾教育的数量稍为多些，主要由贵族、官员、大商人、领主及寺庙主办，大多设立在他们的家中或寺庙里，学生以自己家族子弟为主；少量私人学馆设立在城镇，收取高昂学费。私塾教育的内容以藏文识字为主课，学制不固定。学习者结业后可升入官办学校深造。[1] 因此，广大农牧民的子女基本没有机会接受学校教育。

山南地区最有代表性的私塾教育是扎囊县敏珠林寺的私塾教育。该寺办私塾长达245年（1714~1959）。该私塾主要招收贵族、官员、大商人的子弟，也有少数僧人，人数一般在20人左右。入学条件是人品贤惠、聪明好学、体质健壮、循规蹈矩、家庭富裕。教学内容主要有文字学、藏文文法学、语言学、诗学和韵学、天文学等，学制7年。教育的主要目的是为布达拉宫僧官学校培养教师，为编撰《西藏气象历书》培养天文人才。[2] 除此之外，一些家族也办过私塾教育。如位于雅砻谷口昌珠附近的彭措慷萨家族庄园，是第十一世达赖喇嘛家族，主要活动时间为1841年至1945年；位于琼结县的锵清家族庄园，该家族也称哲康，全称扎西康赛，主要活动时间为1687年至1948年；位于雅砻河谷的颇章一带的囊迥家族庄园，主要活动时间为1815年至1943年。[3] 在实地调查中，我们了解到朗塞岭庄园也开办过私塾，民主改革以前有一个老师和三四个贵族子弟学生。

和平解放后，西藏落后的教育状况受到了党中央和中央政府的重视。

---

① 山南地区地方志编纂委员会编《山南地区志》（下），中华书局，2009，第1154页。
② 山南地区地方志编纂委员会编《山南地区志》（下），第1154~1155页。
③ 山南地区地方志编纂委员会编《山南地区志》（下），第1154页。

中国人民解放军进藏时，将文化教育的理念也带到了雪域高原。1950 年 10 月昌都解放，1951 年 3 月昌都小学建立，成为西藏第一所实施现代教育的新型学校。1952 年 8 月，拉萨小学建立，这是根据《十七条协议》，中央人民政府在西藏创办的第一所现代意义的小学。自此，西藏的现代教育事业正式启航，广大人民群众终于获得接受学校教育的权利和机会。

1952 年 6 月 23 日，班禅行辕抵达日喀则，随即在日喀则开展医疗卫生活动，并提出兴办学校教育的要求。1953 年 2 月 20 日，中央人民政府代表张经武复电班禅堪厅，同意创办日喀则小学、堪厅干部训练班、农业试验场、人民医院，为贫民修建住房，在农村兴建小水利。① 1953 年 5 月 23 日，日喀则第一所公办小学正式开学。班禅的经师嘉央活佛任校长、刘江霞任副校长，恰贝·次丹平措、赵元杰分别任教务处正、副主任。当时有汉族教师 15 人，学生 239 人，分 7 个教学班。② 这是继拉萨第一小学成立后在日喀则兴办的西藏第二所公办小学，标志着日喀则地区现代教育的正式起步。

1952 年 6 月，中国人民解放军进驻山南，在驻地开办夜校，开始教当地群众识字、算术。③ 1956 年 9 月，山南地区创建第一所小学——帐篷小学，有 3 间教室和 1 间办公室，以及学生和教工宿舍数间，有教师 10 名，其中从藏族有学问人员中聘请 5 名，从当年四川省各师范院校毕业生中挑选 5 名，开设藏语文、汉语文、算术、音乐、体育和"晨念"课程。11 月，帐篷小学正式开学，同时更名为乃东小学。④ 但学校在 1959 年的武装叛乱中被毁。⑤

民主改革后，西藏各地掀起办学高潮。截至 1965 年底，山南地区有公办小学 14 所、民办小学 322 所，教职工 454 人，其中小学教师 379 人。教师中包括相当数量的离寺喇嘛和上层爱国人士。⑥ 其中，民办小学在普及小学教育的同时，承担扫盲任务，对于农村现代教育的发展起到了很大的

① 《中国共产党西藏自治区日喀则地区党史大事记》（上册），第 18～19 页，中共日喀则地委党史研究室编印，1994。
② 《中国共产党西藏自治区日喀则地区党史大事记》（上册），第 10 页。
③ 山南地区地方志编纂委员会编《山南地区志》（下），第 1184 页。
④ 山南地区地方志编纂委员会编《山南地区志》（下），第 1201 页。
⑤ 山南地区地方志编纂委员会编《山南地区志》（下），第 1148 页。
⑥ 山南地区地方志编纂委员会编《山南地区志》（下），第 1201 页。

作用。当时的民办小学集"两校"（即小学校和夜校）于一身，白天教小学生，晚上组织农牧民学习文化。夜校主要学习内容有藏文字母、汉语拼音、常用汉字、数学、国家政策等。学习内容紧扣农牧民生产生活实际，教农牧民识字和算数。识字主要教生产用语、生活用语、事物名称、政治名词等；数学主要教计数、数数、加减法、九九乘法口诀等。上过夜校的基层干部、学习积极分子大都能够在开会时做记录，有的互助组组长还学会记工分、记生产数字，很多农牧民也学会读报、算账。①

从 20 世纪 60 年代社会调查的报告中也可反映出当时西藏农牧区现代教育事业发展的情况。以前基本上没有现代学校的山南地区，在 1960 年普遍成立互助组后，很快就创办了夜校 70 所、小学 157 所，入学儿童 9397人；1962 年达到公立小学 10 所、教师 36 人、学生 1239 人，民办小学 274所、教师 315 人、学生 12438 人。②

在西藏各地大力兴办教育的热潮中，朗塞岭的农牧民表现出极高的热情，主动要求建立村办小学。20 世纪 60 年代的调查记录了这一有趣的事件：

> 民主改革以后，人们在文化上翻身的要求很迫切，民改刚一结束，老乡们就吵着要办学校，要把过去领主的马厩改建成民办小学校舍。但是，农会主任认为花费多，不愿办，于是一次趁农会主任外出买耕牛的空隙，群众自动组织起来把马厩（一个独院子）改建成了整齐、漂亮的学校。而且给每间教室（共四间）和教师寝室都安上了明亮亮的玻璃窗。新学校在 1959 年 9 月 22 日正式开学，使这个过去文化十分落后的地区，第一次出现了劳动人民自己的学校。这所学校经过三年的发展，现在已经有了两名经过政府短期训练的青年教师和106 名学生。他们编三个班次，学习藏语文、算术、音乐等课，使过去从八九岁就开始支差的小农奴，享受到了受教育的机会。这个千年

---

① 山南地区地方志编纂委员会编《山南地区志》（下），第 1184 页。
② 西藏社会历史调查资料丛刊编辑组：《藏族社会历史调查》（二），西藏人民出版社，1988，第 108 页。

来文化落后的山村，今天回荡着琅琅读书声。①

　　我们在对朗塞岭村的实地调查中，对这个村庄学校教育的发展历程有了一些初步了解。其中，几个老师和村民的口述值得记录。②

　　首先是旺觉老人的口述。他可以称为朗塞岭村小学教学的开山鼻祖之一。朗塞岭小学于1959年秋季正式开学后，有2名教师和20多名学生。旺觉老人就是其中的一名教师。旺觉老人出生于"拉拉"（即防雹师，又称天气咒师、防雹喇嘛等）世家，从12岁起跟随父亲学习拉拉方面的知识，一直学到32岁。他的父亲和叔叔都是拉拉，当时朗塞岭有5名拉拉，他们家族就占了3名。他们不是朗塞岭庄园的农奴，家里有20多亩耕地。拉拉学习的内容很多，首先是学经和咒语，主要的经有"防雹霹雳帐幕"等。拉拉学成后，还要得到贡嘎县多吉扎寺活佛的认证，如果没有活佛就从甘孜县请果孜堪仁波切的任命，敏珠林寺的活佛也可以任命。通过学习，拉拉掌握了藏文和其他一些知识。这是旺觉得以担任村庄学校教师的原因之一，其次就是在民主改革中不允许拉拉从事宗教活动了。旺觉老人说，第一届学生有20多人，不过一些人不久后就退学了。学校是民办初级小学，学制4年（不久即改为3年）。退休后，他可以领取一些退休金，目前是每月70元。

　　其次是现年69岁的次仁措姆和68岁的丈夫嘎马欧周的口述。他们都是朗塞岭村小学的第一届学生。次仁措姆出生在山南的泽当镇，五六岁时父母均已过世，8岁时投奔父亲在朗塞岭的亲戚，该亲戚没有子女。1959年朗塞岭建立学校时，次仁措姆16岁、嘎马欧周15岁，他们都是那时进入学校读书的。次仁措姆只读了3年，没有等到初小毕业就辍学了，然后到当时扎其区书记家做保姆，6年后书记的妻儿要回内地，次仁措姆就回到村里参加劳动了，此后一直是村里的积极分子和干部，2008年因身体患病才退休。嘎马欧周在村里读了4年小学后，考上拉萨师范学校，1968年

①　西藏社会历史调查资料丛刊编辑组编、《中国少数民族社会历史调查资料丛刊》修订编辑委员会：《藏族社会历史调查》（二），民族出版社，2009，第135页。

②　本章未注明来源的资料与数据，均来自课题组实地调查的访谈或由地方政府部门提供。

毕业，分配到其他乡，1971年到扎其区（朗塞岭所在区）政府工作，1973年调扎囊县公办小学任教（教藏文）达6年之久，然后相继在扎其区和桑耶区做教育工作，1982年到扎其完小教藏文，1994年回到朗塞岭村小任教，2000年退休。嘎马欧周可谓村里一个土生土长的文化人，他是公办教师，目前每月退休金3000元。

其他一些村民也谈到了朗塞岭村的办学过程。云丹出生于1949年，1963年进入村里小学读书，读了3年。当时课程只有藏文和数学，学生大约是20多个，老师2个，都是本村人。云丹初小毕业后到外面打工，参加修路的工作，即今101国道，每天的工资为0.2元，一直做了2年才回村劳动。索南嘉措于1946年出生在敏珠林村，12岁读小学（3年制），主要学习藏文，只能认少量汉字。15岁到山南师范学校学习3年，课程有藏文、数学、汉语文等。1968年毕业后，到朗塞岭乡小学任教，担任藏文、数学课老师，当时是"文化大革命"期间，学校有4个班级，120多个学生，包括朗塞岭、宗嘎、门卡绒三个村的适龄儿童。学校依然是初级小学，有一至三年级，四年级就到扎其区学校学习（寄宿制）。那时朗塞岭乡小有5个老师，都是本村人，包括旺觉老人，均为民办教师。课程有藏文和数学，也学一些汉语文，不过老师的水平都不高。1972年起，索南嘉措开始担任朗塞岭小学校长，一直到1994年退休。

1975年，朗塞岭小学改为朗塞岭教学点，仍然为三年制的初级小学。1994年，教学点改为完全小学，设一至六年级，规模最大时有学生100多人，19个教职工。2002～2010年，学校再次恢复为教学点，只有一、二两个年级，2010年后只剩下一年级，同时增设学前班。

柳村的学校教育发展轨迹与朗塞岭村基本相似。民主改革以前，柳豁卡里没有学校，贵族子弟都是到日喀则上学。一些家境稍好的差巴为了使自己的孩子学习藏文和其他知识，就缴纳很多税，请求邻乡扎西岗的寺庙收留自己的孩子，以便能够读些书。据柳村81岁的加参老人回忆，柳村山上原来有一个寺庙，有一个喇嘛在那里念经防灾，他带过一两个小孩。有四五个小孩去了扎什伦布寺，有两三个去了扎西岗。也就是说，20世纪三四十年代时，柳村大约有十来个孩子到寺院学习经文。不过，普通农奴家庭的孩子需要承担很多劳动，比如在庄园扫地、劈柴、织氆氇、耕种土地等，是没有机会读书的。加参说："庄园的活都忙不过来，上学的事情就

图6-1　朗塞岭教学点院内（方素梅摄于 2012 年 7 月）

不要提了。"民主改革后，亟须识字懂算术的人为集体做事，但是村里找不出几个。不识字的加参在群众推举下，无奈地做了 3 年的委员（相当于今村主任），并于 1960～1969 年为集体经商，和邻近帕如村推举的商人（识字）结伴，每月去日喀则、拉孜、帕如等地进货，回来后交给村里，由村里推举的其他人负责看守和分配。后来商品都收到区里，每个区有一个商店，加参不愿再做，就回来了。

1960 年，柳村也在民主改革的大潮中办起了学校，是为三年制的初级小学。出生于 1947 年的边巴次仁说，他家是庄园的农奴，除了父母，还有一个弟弟和一个妹妹，全家 5 口人租住庄园的房子。当时庄园建筑有两层，下面 3 间，上面 2 间。房主名拉巴，户名萨岗，是一个小领巴，受上面的贵族领导。民主改革时，这所房子就分给边巴次仁家了。1959 年以前，边巴次仁家的耕地面积有 8 克（边巴次仁说差不多有 8 亩），收获够两人吃饱。民主改革时，又新分了 12 克，总共约 20 克。[①] 柳村小学刚一建成，边巴次仁就去那里读书了，读了 3 年，主要学习藏语文。学

_____

① 此处的土地面积单位不准确，按照边巴次仁的说法，应为"亩"而非"克"。边巴在民主改革时只有 12 岁，对于旧时度量衡的掌握估计不够准确。

校只有一个老师，是本村人，有 30 多个学生，学校就位于现在柳乡完小的老校址。

柳村小学随着柳乡（村）建制的变化，也经历了一系列的变化过程。20 世纪 60 年代成立之初，学校为初级小学，后来改为教学点，中间还撤销过一段时间。1974 年恢复为初小（一、二年级），学生从三年级开始到县里学校就读（寄宿制）。2000 年，改为柳乡中心小学，柳村的学生走读，其他村庄的学生实行寄宿制，寄宿的学生达 70 多人。2006 年，柳乡政府搬迁到新区，文化卫生机构需要随同搬迁，于是开始在新区兴建学校。2012 年 3 月，柳乡中心小学在新校址正式开学。原来设立于柳村查嘎组的老校址，遂作为柳村学前班的校园。

图 6－2　柳乡中心小学旧址（方素梅摄于 2012 年 7 月）

二　学校教育的现状及其评价

从 2010 年开始，朗塞岭教学点只保留一年级，同时增设学前班，接受村内学前两年的儿童入学。截至 2012 年 7 月，朗塞岭教学点有学前班学生 25 人，一年级学生 19 人。学生来自朗塞岭村和宗嘎村（有 87 户居民），各占半数左右。宗嘎村离朗塞岭几公里，故该村学生在学校寄宿，每两周休息 3 天。

教学点占地数亩，有一个较大的院子。院子的前半部分原来是老教室，均已拆除，只剩下两排新房、院子和活动场。学校现有一男一女两名教师，分别于 1985 年和 1986 年来到朗塞岭任教。他们都是朗塞岭村人，教龄近 30 年了，愿意留在教学点教学前班，这样离家近些。课程包括藏语文、汉语文（一年级）、数学、音乐、美术、体育。学生享受"三包"，包括午餐补贴。由于宗嘎村的学生寄宿，因此两个老师除了教学，还要负责生活安排，包括采购、准备晚饭等生活事宜。朗塞岭村的学生也在学校享受午餐，所以要请人准备午餐。柴火则由村里组织村民提供。两位老师都说，工作负担比较重。

柳村查嘎组原来为柳乡政府驻地，因此柳乡小学也建立在村里，占地面积不小，有封闭的校园和几排房子。2012 年 3 月柳乡中心小学在新区开学后，老校址就作为柳村学前班的教室。学前班有 26 名学生，均为柳村查嘎组居民的子女，不寄宿，中午回家吃饭，"三包"经费并入了柳乡中心小学，但给学生发放校服和书本。学前班有两名教师，其中一位老教师即将退休，另一位教师也 55 岁了。他们都是查嘎组人，因为年纪已大，不愿意到新区工作，遂留在村里教学前班。据说他们退休后，将会分配大学毕业生来这里教学前班。

柳村的孩子在教学点读学前班后，将到柳乡中心小学读小学课程。中心小学的新址位于 318 国道旁，距离柳乡政府驻地只有几十米，距离柳村村委会也只有 3 公里，虽然村委会至乡政府的道路还没有硬化，有些坑坑洼洼的，中间要跨越一条溪流，但是交通总体来说还是十分便利的。新学校的教学条件与原来差不多，设备正在配备中，不过环境大有改善，用电、用水很方便，房屋也变成了钢筋水泥建造的。原来是土坯房，容易漏雨，不安全也不方便。学校由上海援助建设，占地面积 3.13 万平方米，有 9 间教室、3 间办公室、50 间宿舍（教工 26 间、学生 24 间），目前还没有计算机教室。

柳乡中心小学是一所完全小学，有一至六年级，学生 360 名。无学前班，正在申请举办。全校原来有 28 名专任老师，2012 年调走 4 名，老校区留了 2 名，因此目前只有 22 名教师，师生比为 1：16.36。有炊事员 4 名，临时保安 1 名。后勤人员每月工资 900 元，由教育局聘请和发放。一

图 6 - 3　柳乡中心小学新校区（方素梅摄于 2012 年 7 月）

般情况下，老师每周上课达 24 个课时。由于缺乏生活老师，专任老师们课余还需带班。

柳乡中心小学的教学质量不错，在拉孜县乡镇学校中排名第二，2002 年、2008 年超过县城完小，2012 年报考内地西藏班，全校有 7 人达到录取分数线。学校对于教学质量抓得较紧，对于教师培训也较重视。目前各类培训名额较多，包括异地培训和校内培训，此外还有骨干教师（校长）培训。2009 年开始，柳乡添设了电脑，老校区那边还未通网络，在新区可以上网，老师能够在网上搜集资料，或是参加网络学习，比原来方便多了。同时，也有助于提高教师的计算机知识水平，方便他们参加计算机等级考试以便申请评定职称。截至 2012 年 7 月，全校共有 6 名高级教师。

作为西藏乡村的基层单位，朗塞岭村和柳村的教学机构一直是小学形式，其中又以初小为主。随着教育改革的发展和学校布局的不断调整，两村的教学点逐步取消了小学教育功能，分别只保留了一年级和学前班的功能。两村的学生在村内接受完初小或更低年级的教育后，逐步升学到乡（区）、县的小学和中学，并出现了接受高等教育的人群。我们在朗塞岭村和柳村进行实地调查时，主要由两村共十几名刚毕业及在读的大学生陪同并翻译，从与他们的接触交流中，我们深切感受到了西藏农村教育事业的巨大变化。

我们认为，朗塞岭村和柳村教育发展历程是西藏农村教育事业不断进步的缩影。特别是学前教育的兴起，标示着西藏基础教育事业进入了一个新的发展阶段。学前教育是基础教育的基础、终身教育的开端，是国民教育体系的重要组成部分，对促进个体在早期全面健康发展、巩固和提高义务教育质量、全面提升民族素质具有重要意义。由于各种因素影响，西藏学前教育发展较为落后，特别是广大农牧区，学前教育起步很晚、发展缓慢。进入 21 世纪后，政府加强了对学前教育的投入。2007 年开始西藏幼儿园基本建设投资，每年都在 1000 万元以上，2009 年的投入尤为庞大，此后西藏各项教育事业中发展最快的是学前教育。截至 2010 年底，西藏全区有幼儿园 119 所，学前在园幼儿 23414 人，毛入园率为 24.5%。2011 年这个比例上升到 35%，2012 年预计达到 45%，平均每年以 10% 的速度递增。[1] 如扎囊县，"十一五"期间全县幼儿教育从无到有，逐步走上了规范化的发展路子。2009 年全县学前班人数即达 400 人左右，学前一年教育完成率达 78.5%。截至 2011 年底，全县学前儿童受教育率达到 85%以上，城镇学前三年儿童受教育率达到 98% 以上。又如拉孜县，截至 2012 年 4 月，共有县级幼儿园 1 所，乡镇中心小学附属幼儿班 19 个，行政村幼儿园 10 所。在校及在园幼儿 1016 人，入园率达 40%，2012 年争取农村幼儿一至两年入园率达到 50%。朗塞岭村和柳村的学前班虽然还不属于规范的三年制幼儿园，但在两县农牧区中也是率先兴办学前教育的典范。

第二节　教育观念及其变迁

关于朗塞岭村和柳村居民的教育观念及其变迁，主要从实地调查的访谈及部分统计资料中进行了解和分析。从中我们可以发现几个重要特征。

---

① 张以瑾、周飞、韩晓悟、张晨：《光耀雪域天地新——西藏自治区贯彻落实教育规划纲要采访纪行》，中国教育新闻网，http://www.jyb.cn/china/gnxw/201212/t20121215_521501.html。

一 学校教育已经成为两村居民培养孩子最为重要的方式和手段

根据访谈资料，朗塞岭小学 1959 年 9 月开办时，招收 20 多名学生，学制 4 年（后改为 3 年），但是有部分学生不久后就退学了。这与学生入学年龄过大有一定关系，许多学生已经十八九岁甚至超过 20 岁，学习文化课是较为吃力的。同时，他们已经成年，是年轻力壮的劳动力，实行民主改革后农村生产力大大激发出来，农牧民的劳动积极性很高。对于他们来说，参加劳动创造物质价值更为重要。20 世纪 80 年代前，西藏基础教育入学率和巩固率都难以提高，固然与农牧区中小学教学设施落后、教学条件较差、师资力量薄弱有关，也与农牧民的教育思想和观念陈旧有关。

例如，边巴次仁是柳村小学第一届学生，读过初小 3 年。他有 5 个孩子，老大已经 38 岁。边巴次仁担任过柳村党支部书记，不能照顾家里的农活，每年工资 300 元左右，家庭经济较为困难，所以孩子们要在家干活，除了老五读过小学，其他孩子都没有上过学。边巴次仁说，村里现在二十六七岁的青年大多没有上过学。1997 年或 1998 年时，柳村开始开办夜校扫盲。边巴次仁的子女不去打工时，也到夜校学习，现在他们可以读藏文报纸，但是写作还不行。边巴次仁对于子女们没有上学也觉得遗憾，但是认为那时经济困难，也是没有办法的事情。柳村的加参老人原来是庄园的农奴，民主改革后负责过柳村的商品进货，深深感受到不识字的难处，因此对于送孩子上学读书的愿望十分强烈。不过，家里也需要人干活，所以他只能让 4 个孩子中的老二和老四上了学，其中老二读了 3 年初小，老四初中毕业。

像边巴次仁这样的思想在那个时代是普遍现象。但是，也有一些家庭意识到学校教育对于培养子女的重要性。朗塞岭村的云丹就是一个例子。云丹于 1963 年进入村小学读书，当时 14 岁，读了 3 年初小。云丹有 7 个孩子，从 1972 年至 1982 年陆续出生。他因为读过书，也外出与军人一起修过路，对于教育的重要性比一般人体会更深。因此，他的孩子除了老二和老五，都上过学，而且老三、老四、老六大学毕业，老大、老七初中毕业，这在朗塞岭村是十分罕见的。云丹说，像他们这样努力供孩子读书的家庭，在本村二组是数一数二的。三组有一家也像他们家一样。那时村里很多孩子都退学了。云丹的五女儿小时候去帮助大姐照顾孩子，因此没有上学，她感到很后悔，虽然后来参加过扫盲班，但是识字不多，还看不懂报纸。老五说，村里开会时，很多人都在看书或者报纸，但是自己不识字，所以觉得惭愧。

进入 21 世纪以后，西藏农村教育事业开始快速发展。朗塞岭村和柳村学校的教师们对此感触最深。朗塞岭教学点的两位老师都说，他们于 20 世纪 70 年代开始读书时，村里同龄孩子上学的并不多。实行"两基"攻坚以后，村里入学率大幅度提高，目前所有的适龄儿童都入学读书了，而且家长的观念有极大的转变，都很支持孩子读书。柳村学前班的普布次仁老师说，以前动员家长送孩子入学很困难，需要反复做工作，学生辍学的也多，需要做工作。现在，家长送孩子到学前班都十分踊跃，年龄还小的都来报名。有的家长说："我的孩子和他的孩子一样大，为什么他的孩子可以上学前班，我的孩子却不能?"其实，这是因为两个孩子出生月份不一样。这从一个侧面反映出村民们对于孩子教育的重视程度和迫切心情。柳乡中心小学负责人说，近几年学生的入学率较为稳定，适龄儿童基本都上学了，所以学生人数变化不大。以前，家长们常在农忙时节，把孩子带回家去参加劳动，现在人们普遍重视教育，让孩子干活而影响学习的情况几乎没有了。

二 教育支出在两村居民家庭生活中占据最为重要的地位

这里所说的教育支出，包括人力、物力、财力的付出，或者说是物质和精神两方面的支持。重视教育的家庭，即使是在物资匮乏的年代，也很舍得给孩子投资。前面说到的朗塞岭村云丹说，自己结婚后生活最困难的时期是 20 世纪 80 年代，因为几个孩子都要读书，那时已经承包到户，口粮是够了，但是现金收入几乎没有。云丹夫妇曾经出售粮食、牦牛、氆氇等供孩子读书，那时觉得学费是很大的负担，也向银行、村人借钱，妻子借不到钱就哭，曾经把家里的厨具都卖了，每年到交学费的时候就卖猪和粮食等。但是生活再困难，他们也支持孩子读书。

进入 21 世纪以后，随着西藏经济社会的快速发展，农牧民对下一代的教育更加重视。由于西藏实行了一系列特殊政策，农牧民子女受教育的条件不断改善，农牧民子女上学的负担大为减轻。但是，农牧民在子女教育方面的投资并没有减少。表现在对子女的学习成绩更加关心，对学习环境有更高的要求，对子女的前途更加期望。比如，一些农牧民为了让孩子获得更好的学习环境，委托亲朋帮助照顾孩子等。朗塞岭村云丹的五女儿与父亲同住，她与丈夫离婚后，争取到女儿的抚养权，并把孩子送到山南地区首府泽当镇上学，由自己的大姐照顾，每年要花1000多元。云丹认为还是本村小学读书好，不用交学费，还可以发一些米、油等。老五则坚持认为泽当的学校好，有英语课程。前夫因争取不到孩子抚养权，就以不给抚养费来惩罚她。但她不在乎，发誓自己一定要好好培养孩子，希望孩子努力学习，以后也出去工作。朗塞岭村的牧民达珍很后悔没有让大女儿上学读书，所以对小女儿的学习格外在意，自己常年在山上放牧，就把小女儿送到村里的父母家，请他们帮助照顾孩子的生活和学习。小女儿对学习很有兴趣，成绩还可以，正在贡嘎中学读初中二年级。平时，达珍夫妇很惦记小女儿，经常给她打电话，勉励她好好学习。达珍说："我不希望她像我们一样在山上放牧了。"

在对朗塞岭村和柳村居民问卷的统计中，我们也看到子女教育是当地居民主要的支出之一。42.5%的受访者表示曾经因为子女教育借债，主要渠道是通过亲戚朋友，其次是银行。当然，教育所带来的回馈，也让不少村民认为教育投资是十分值得的。前述朗塞岭村的云丹一家依然是一个典型例子。现在，他家的房子看起来是全村最大最好的，上下两层约345平方米，宅基地面积为200平方米左右。房子于2006年建造，人工费3万多元，加上材料等价值约20万元。不过，其中的木、石等材料是自备的，因此实际花费为8万多元。除去安居工程款1万元和贷款的3万多元，余下的开销都是由云丹在外工作的几个孩子负担的。云丹的大女儿还借给父亲（母亲已于2003年去世）10万元，用于装修和购买电器和其他生活用品等。云丹说，孩子们都很孝顺，自己从未买过衣服，都是他们买来的，需要用钱他们就会寄来。节假日的时候，孩子们还会带着吃的用的物品，回家看望自己。因此，云丹觉得对于孩子的教育投资得到了回报，村民们对于他们家也是十分羡慕。

三　政策逐步完善对村民们教育观念的转变起到促进作用

进入21世纪以来，西藏农牧区教育事业得到快速发展，其重要因素就在于相关政策的相继出台和不断完善。教育机构和教育体系逐步建立，基础设施和办学条件不断改善,教育目标和教学质量不断巩固和提高,青少年和学龄儿童入学率、升学率大大提升,农牧民家庭的教育负担逐步减轻,所有这些合力成为西藏农牧区教育大步前进的强大推动力。更重要的是,广大农牧民通过几十年的亲身体会,深刻地认识和领会到教育对于家庭、地方和社会发展的重要意义。

以"三包"免费教育政策为例,这是农牧民感受最为直接的一项惠民政策,其所产生的影响无可比拟。柳乡中心小学负责人说,以前学生上学是带糌粑当午饭,现在都在学校就餐,有米饭、面条、鸡蛋、肉、奶、蔬菜、糌粑等,中午还有水果,对一些学生来说,伙食比家里还好。"三包"(吃穿住)经费是每人每月 207 元,主要用于伙食,服装由教育局发;每天每人还有 2 元的营养加餐。在生活上学生也得到了较好的照顾,宿舍有一名包管老师,负责安全、卫生、生活、设备等事务,早上 5 点学生起床后全面检查一遍,晚上 10 点入睡之后再全面检查一遍,要教学生叠被等生活常识,有的学生没有上过学前班,老师就更为费心。有些家长还没有老师这样细心地照顾孩子,如生病了要去买药,尿裤子了赶紧洗换等。某种意义上来说,低年级学生寄宿减少了农牧民家长的劳动负担。

根据我们对朗塞岭村和柳村居民问卷的统计分析,历史上两村子女辍学情况是比较突出的,32.3% 的受访者表示有子女辍学(含退学、失学、休学)的情况。但是,我们必须注意到这种辍学情况有着显著的年代差异。其中,22 岁以下(大学本科以下学龄)辍学提及率不高,说明近年来学龄儿童的入学率和巩固率都在稳步提高,这与上述一系列教育优惠政策的相继出台有着直接的关系。例如,按照国家及自治区有关规定,拉孜县每年考上内地西藏初中班、6 所重点师范大学(北京师大、华东师大、东北师大、陕西师大、西南师大、四川师大)的农牧民子女学杂费全免、生活费额外补贴。同时,上海对口支援单位还对拉孜县品学兼优的贫困生进行结对帮扶资助。2011 年,拉孜县小学升学率达到 100%,初中升学率达到 86.7%,拉孜籍学生考入大学率为 18.6%。就在这一年,拉孜县继续加大教育优惠政策的力度,将"三包"生范围扩大到学前教育一年、高中教育三年,"三包"费人均增加到 2000 元(含装备费 200 元)。

第三节　问题讨论和对策建议

一　教育发展的困难与问题

21 世纪以来西藏教育事业快速发展的局面，可以一系列数据来说明：截至 2011 年，西藏共有各级各类学校 1195 所、教学点 613 个，各级各类在校学生人数 57 万多人，小学适龄儿童入学率 99.4%、初中毛入学率 98.5%、高中阶段毛入学率 63.4%；全区累计脱盲人口近 180 万人，青壮年文盲率下降到 1% 以下；人均受教育年限达到 7.9 年。全区已实现县县有幼儿园的目标，双语幼儿教育正大力推进，学前教育毛入园率已达 35%。有特殊教育学校 2 所、在建 3 所，在校生 200 余人。高等教育入学率达到 26.7%，与 2000 年相比提高了 22.7 个百分点。2011 年，西藏全面完成"两基"攻坚的历史任务，使全区人均受教育年限达到 7.9 年，文盲率下降到 1%。[①] 可以说，西藏教育事业已经逐步形成教育结构体系完整、教育覆盖面不断扩大、教育程度不断提高的良好发展趋势。这对于在教育发展上集中了高原地区、西部地区、经济欠发达地区和民族地区的所有特点和困难的西藏来说，是通过各级政府和社会各界历经数十年的艰辛努力才得以实现的梦想。

与此同时，我们也应看到，西藏教育事业特别是农牧区教育事业在取得巨大成就的同时，也面临着严峻的挑战和问题。长期以来，由于西藏农牧区经济发展滞后，教育经费投入不足，师资力量薄弱，许多农村中小学的办学条件还得不到保障。在这些地方，除教育基础设施建设投入不足、校舍紧张、教学设备落后等问题外，还在教师编制、学校布局调整、寄宿制学校管理、双语教学等方面存在较大的问题。总体上来说，西藏教育资源配置不均衡问题比较突出，城乡之间、地区之间差异较大，即使在同一区域的不同学校之间，师资力量、基础设施、教学设施等资源配置的差距也很大。

---

① 张以瑾、周飞、韩晓悟、张晨：《光耀雪域天地新——西藏自治区贯彻落实教育规划纲要采访纪行》，中国教育新闻网，2012 年 12 月 15 日，http://www.jyb.cn/china/gnxw/201212/t20121215_521501.html。

以寄宿制学校管理为例，这是西藏农牧区普遍面临的一个问题。进入21世纪以来，在整合教育资源、调整学校布局结构、集中办学思路统领下，寄宿制办学已经成为西藏农村教育发展的重要形式。与此同时，随着寄宿制学校的普及，相关问题也日益凸显，特别是学校管理成为普遍存在的问题。这些问题包括安全管理、卫生管理、饮食管理、住宿管理、行为管理等。由此导致寄宿制学校管理任务繁重，管理职责重大，管理压力巨大，对学校的教学和发展产生了不利影响。我们在调研中发现，目前西藏农牧区寄宿制学校管理工作面临的困难，主要是学校后勤保障严重不足，特别是后勤人员缺乏、工资待遇偏低。在一些乡村寄宿制学校，除了厨师以外，没有其他后勤人员。由于没有编制，寄宿制学校后勤人员大多由临时工充任，他们工资不高，又没有其他社会保险，因此流动性很大。例如，拉孜县各校后勤人员大部分是招聘来的，2012年他们的工资是每月900~1100元；山南地区扎囊县中小学保育员及生活管理员均为临时工，2012年每月工资950元。

中小学寄宿制学校的学生都是未成年人，学前班学生甚至只有五六岁，在生活、学习各方面的能力都需要长期的锻炼。因此，这些学校的管理工作非常重要，管理任务十分繁重。后勤人员不足和流动性大，对寄宿制学校的管理和发展产生了不利影响。由于后勤人员多为临时聘用，待遇低，不稳定，很难保证后勤工作的高质高效，还容易存在劳工纠纷隐患。特别是素质较高的年轻人都不愿意从事这些工作，这给全面提升寄宿制学校的后勤管理并走向现代化带来了不小的难题。另外，后勤人员不足，导致专任教师在教学之外兼做生活管理事务，工作量大大提高，普遍处于超负荷状态。据了解，西藏农牧区寄宿制学校教师身兼数职，"课堂上是老师，生活上是家长"，在授课之外还要带班或值周，负责检查学生的饮食卫生和宿舍安全等，工作十分辛苦。繁重的工作使教师们难有精力去继续学习和提升，在一定程度上影响了自身素质的提高。

我们还可以看到，在教育目标与教育发展结构方面，还不能最大限度地满足西藏农牧区的实际需要。西藏农牧区教育存在着两个最大的问题：一是农牧区基础教育的办学效益、教育普及率和教育质量仍然较低，不能为高一级学校提供更多的合格生源；二是农牧区教育结构单一而不合理，农村职业技术教育十分薄弱，农牧区人力资本匮乏现象相当严重。在20世纪90年代西藏的教育专家就指出，有人发现很多回乡毕业生有四个不适应：一是思想不适应，不热爱农村，不热爱劳动，总想跳出"农门"；二是技能不适应，在学校，不仅没有学到一技之长和致富本领，反而连父母常用的基本的劳动知识都不具备；三是社会工作能力和文化生活能力差，不适应农村政治生活和文化生活的需要；四是身体不适应，在学校抠书本，缺乏锻炼，回乡后，身体不适应生产劳动的要求。落后的农村教育，没有很好地起到提高广大劳动后备力量的素质的作用。这是一个引人深思的问题。① 实际上，20多年过去了这个问题并没有得到有效的解决，而且在全国的许多农村地区这也是一个普遍存在的问题。

专任教师特别是专业教师缺乏，也是西藏农牧区教育面临的一个大问题。首先，各地农牧区学校的音乐、美术、体育、幼儿教育等专业教师普遍缺乏，甚至由于一批小学教师的相继退休，而造成小学藏语文教师的缺乏。其次，近年来教育系统招聘了一些非师范类教师，由他们来担任上述副科课程的教学，在专业素质方面存在较大的缺陷。随着幼儿教育的快速发展，幼儿专业教师的紧缺最为突出。例如，扎囊县的学前教育起步较早，但是不够规范，原来放在完小内，与一年级结合在一起，小学化了。2010年开始规范化，提高了要求，专门安排教室或场所，幼儿教师缺乏的问题越发突显。截至2012年7月，扎囊县幼儿专业的教师只有7名，其余的都由小学老师兼任，因为学前班都是依托完小及教学点设立的。为此，扎囊县教育局一方面努力争取招聘到幼教专业的教师，另一方面向县财政申请资金，准备从小学教师中培养，主要聘请山南地区幼儿教师来培训小学教师，2012年4月已经举办了一期，20天左右。

对于农牧区中小学教师来说，职称评定一直是困扰他们工作和生活的一个大问题。以扎囊县为例，由于长年的积压，全县小学教师申报中级职称的人数越来越多，造成名额指标非常紧张。2012年，全县有60多人申报中级职称，竞争30个指标，这就意味着超过一半的申请者必须延后到2013年或更后，那么积压就更为严重了。由于现行政策是职称与待遇挂钩，所以竞争非常激烈。高级职称评定需要参加资格考试，要求发表研究成果的论文，在农牧区符合这些条件的教师人数不多，所以竞争压力相对

---

① 白玛次仁：《谈谈西藏的农村教育》，《西藏研究》1993年第1期。

小些。不过，这也意味着对于工作在教育第一线的老教师们来说，尽管工作压力大、负担重，他们还是有可能因为没有时间精力去撰写科研论文和准备相关资格考试，而失去申请评定高级职称的机会。

二 分析和建议

党和政府在少数民族和民族地区推行的教育发展政策，真正体现了其在全国范围内努力实现教育公平的信念和决心。从西藏农牧区教育发展的历程中，我们也可以得出这样的思考和认识。西藏农牧区已经彻底改变了历史上教育基础十分薄弱的状况，逐步建立起现代教育体系，这是不争的事实。这种状况的改变，主要在于政府的决心和努力，以及实施了一系列有效的政策和措施。

当然，在教育发展过程中，也出现了许多问题，需要认真对待和解决。不过，这些问题的存在并不能湮没西藏教育发展的事实。我们认为，西藏农牧区教育发展中的问题既有其特性，也有与全国其他地区相同的共性。这些问题如果得不到重视和解决，将会在很大程度上成为促进教育公平的阻力和障碍，进而影响到西藏的稳定和经济社会发展。关于增进教育公平的途径，学术界已经发表了许多有价值的观点。针对西藏农牧区的具体情况，我们着重从以下几个方面来进行探讨。

一是促进教育资源的合理配置和义务教育的均衡化，通过发展教育扩大教育机会，缩小教育质量的差距。我国教育资源配置长期以来存在严重的城乡差别和地区差别。随着区域、城乡发展的不均衡，优质资源进一步集中，加剧了教育资源分布的不均衡。因此，在促进教育公平的各项政策中，都把消除教育中的城乡差别和地区差别作为重点内容。西藏处于高原和边疆，与东部发达地区的教育相比差距很大，西藏内部又同时存在严重的地区差别和城乡差别。我们认为，应当按照教育部相关文件精神，有效解决西藏农牧区教育发展中存在的基础设施落后、教师队伍建设、学校布局调整、寄宿制学校管理等一系列相关问题。

但是，西藏农牧区教育发展中的一些问题也需要国家和地方政府根据实际情况采取具体的措施。例如，2013 年全国教育工作会议做出的"实行城乡统一的中小学编制标准，并对村小和教学点予以倾斜，吸引优秀高校毕业生到农村学校或薄弱学校任教"规定，对于加强农村基层教育发展具有重大意义，但是对于西藏农牧区来说依然不能彻底解决专业教师紧缺的问题，因为在那里专业教师不足是普遍存在的问题，而且寄宿制是当地主要的办学形式，教职工的需求量更大。由于农牧区寄宿制学校普遍存在后勤保障不足的问题，导致专任教师课余还要承担学生生活管理的责任。因此，我们认为应根据不同地区的实际情况进行定编，对西藏农村牧区采取因地制宜的政策，提高以寄宿制学校为主地区中小学教师的编制配置标准。同时，提高西藏农牧区教师的工资、津补贴和社会保险等待遇，以吸引更多的优秀人才来到这些地区、扎根这些地区。

二是增加对西藏教育的投资，通过转移支付制度和各项优惠政策，加大对农牧区贫困人口的教育支持。青藏高原农牧区是经济发展比较滞后的地区，地方财政收入十分有限，农牧区贫困面大，广大农牧民在解决基本温饱问题之外，普遍缺乏现金收入。根据我们在西藏山南地区扎囊县和日喀则地区拉孜县的调查，当地农牧民从事农牧业生产的收获大多用于维持家庭日常消费，外出务工才有可能获得现金收入。截至 2012 年 7 月，西藏农牧区高中生年均学费和生活费在 8000 元以上，大学生年均学费和生活费在 10000 元以上，对于普通农牧民家庭来说是不轻的负担。例如，扎囊县朗塞岭村 106 户村民中，近年有 36 户人家有一个以上子女在读高中或大学，他们中除了 7 户人家外，几乎都因子女学费和生活费而感到生活困难，不少人家为此贷款。[①] 2011 年秋季学期开始，西藏实行了高中阶段免费教育政策，即免除学费、住宿费、教科书费及杂费等一切费用。2012 年秋季开始，西藏将学前教育阶段城镇子女纳入免费教育，这标志着西藏免费教育扩大至 15 年。西藏也率先在全国实现从学前至高中阶段（包括中职学生）15 年教育免费政策和对农牧民子女、城镇困难家庭子女实行"三包"及对学前教育实行财政补助政策。这些财政扶持在很大程度上缓解了西藏农牧民子女接受高中以上教育的经济压力。但是，西藏高校农牧区贫困大学生的经济救助制度还需要进一步完善。西藏高校实行的以"奖、贷、助、补、减、勤"等经济补助为主的贫困大学生救助机制，在很大程度上为解决困难学生的学费起到了补助作用。但不容忽视的是，目前的教育救助还存在救助主体职责不明确、救助资金难以落实、救助范围过于狭窄等

---

① 根据朗塞岭村驻村工作队 2012 年 1 月完成的入户调查表统计。

问题。如果在大学助学金或贷款等方面制定更加适合藏族农牧民家庭情况的政策，将会使西藏农牧区教育发展水平得到更大的提高。

三是抓好高校毕业生就业工作，使广大藏族农牧民学生家庭的教育投入获得相应的产出。近年来随着高校大规模的扩招，在校大学生人数急剧上升，毕业生人数也逐年增加，随之而来的就是毕业生就业问题的紧迫性。在全球经济危机严峻挑战下，这一问题尤显突出。2008 年以来，国家从政策层面出台了一系列扩大高校毕业生就业的措施，但依然不能有效缓解高校毕业生就业难带来的一系列问题和压力。大学生就业问题已成为不可回避的社会热点话题。西藏大学毕业生就业问题同样严峻，而且有其独特的原因和影响。由于农牧民对于高等教育的投资回报不高，甚至出现"因教返贫"的现象，新的"读书无用论"在当地已经开始出现。因此，必须认真对待西藏农牧区大学毕业生就业难问题，以免其成为影响西藏社会稳定和发展的一个因素。

四是建立一个有助于西藏农牧区经济社会及民族文化发展的教育目标。西藏农牧区有其自身的发展特点，在人才培养方面也应根据实际需要，摒弃传统的以升学为主导的教育培训模式，转为以"升学有基础，就业有技能，致富有能力"作为办学目标，逐步建立起以基础教育为基础、职业技术教育为主体、成人综合培训为辅助的新型教育结构，彻底打破农牧区教育沿用城市教育的发展模式，以服务农牧民、农牧业和农牧区为最终目的。近年来，西藏农牧区出现了把九年制义务教育调整为"9 + 2"的"基础教育 + 农业教育"模式的现象，即在校学生经过 6 年小学和 3 年初中教育后，升学无望或者不愿升学的学生可再学习农村实用技术，包括作物耕种、畜牧养殖、经济林果种植、病虫防治及商品经营等农村实用技术和市场经济知识。由于西藏区域差异较大，不同地区的学习内容侧重点可以不同。比如农区可侧重作物耕种，牧区可侧重畜牧养殖，林区可侧重经济林果种植，甚至在藏药材丰富的地区还可以有针对性地开设藏药材人工种植技术课程。授课时可结合实际选用汉藏双语教学，部分教辅材料可以选择汉藏双语出版。从某种意义上说，这是将一般初中教育转变为基础教育和农业教育相结合的举措。当然，具体操作模式可以在实践中探索完善。

第七章 公共卫生与村民健康

公共卫生体系建设是一个国家和地区社会发展的标志之一。20 世纪 50 年代以来的半个多世纪，西藏农村公共卫生经历了一个从无到有、从落后到逐步完善的发展历程。特别是随着中央西藏工作会议的连续召开，关乎民生的医疗卫生事业建设得到进一步的强调和重视。本课题组在扎囊县朗塞岭村和拉孜县柳村的调查中，特别针对当地的公共卫生和村民健康进行了较为深入的了解和分析，试图通过两村的案例，来反映西藏农村半个多世纪以来在医疗卫生事业方面的进步，以及未来发展中面临的问题与困难，并就如何进一步提高西藏农牧区公共卫生服务能力提出对策和建议。①

第一节 农村医疗卫生体系的建立

由于特殊的自然地理条件和历史原因，民主改革以前西藏公共卫生事业相当落后，广大农牧区几乎没有任何现代医疗卫生服务设施和机构。西藏和平解放后，特别是改革开放以来，针对西藏医疗卫生事业发展滞后，人民群众对卫生服务需求日益增长的实际，国家有关部门和地方政府采取了一系列相应措施。在这一背景的影响和推动下，西藏的医疗卫生事业发生了翻天覆地的巨大变化，农牧区的医疗卫生体系也逐步建立和完善起来。

一 卫生机构和卫生人员

民主改革以前，西藏地区只有拉萨的"门孜康""药王山"和日喀则

---

① 本章资料来源除特别注明以外，均来自调研地各级政府及相关部门提供的文件，以及对受访者的访谈，特此致谢！

的"格吉纳嘎"三所医疗机构和少量私人诊所，从业人员不足百人，加上民间藏医也只有400余人，平均每千人只有不到0.4名医务人员。① 距离拉萨和山南首府泽当不远的扎囊县，20世纪四五十年代共有藏医药人员38名。其中寺庙内藏医33人，民间藏医3人，药工2人。当时，大部分的寺庙藏医只为各寺庙内的喇嘛服务，民间藏医才为当地群众治疗疾病。② 地理位置比较偏僻的地区，从事医疗工作的人员就更少了。因此，广大农牧区普遍处于缺医少药的状况，藏族群众一旦患上疾病，大多只能念经拜佛祈求神鬼护佑。

20世纪50年代后，西藏农牧区缺医少药的状况开始得到改变。中国人民解放军进入西藏时，就把为西藏人民防病治病作为一项重要任务。同时，开始组建医疗卫生机构，培养民族卫生干部。在山南地区，1951年12月18军52师访问团来到朗县、加查访问，该团医疗组首次在山南为当地群众免费治病。1953年5月江孜分工委访问团赴山南访问，医疗组在全地区范围内开展了为群众诊治疾病的工作。③ 1956年7月1日，中共山南分工委成立，卫生院作为分工委的一个下属单位也同时成立。8月，山南基巧办事处成立，卫生科为内设机构之一，这是山南第一个医疗卫生的行政机构。在日喀则地区，班禅行辕于1952年6月23日抵达日喀则后，7月初行辕医疗队即正式在日喀则开展门诊治疗工作。医疗队共有医务人员24人，其中医生6人，护士11人，助产士3人，化验员1人，司药1人，调剂员2人。此外，还有实习生3人，非医务人员4人。每日诊断时间为3小时，急诊时不分昼夜随时出诊。医疗队的工作得到了藏族群众的大力拥戴和欢迎。④ 1953年5月22日，班禅在给毛主席的报告中说："拉萨医院和小学办得很好，日喀则小学即将开学，医疗所也在扩大为人民医院，僧侣官员、民众有了藏文的书报画刊，还经常看到电影和戏剧。"⑤ 据统计，

① 西藏自治区对外文化交流协会：《西藏人口》，五洲传播出版社，2007，第17页。
② 李玉凤、李松主编《山南卫生事业发展史》第214页，西藏山南地区卫生局内部资料，上海新亚印刷厂印刷，1991。
③ 李玉凤、李松主编《山南卫生事业发展史》第7页，西藏山南地区卫生局印，1991。
④ 《中国共产党西藏自治区日喀则地区党史大事记》（上册）第10页，中共日喀则地委党史研究室编印，1994。
⑤ 《中国共产党西藏自治区日喀则地区党史大事记》（上册），第21页，中共日喀则地委党史研究室编印，1994。

班禅行辕医疗队的门诊从开初的 10 余人增加到 1953 年 12 月的 100 余人，累计初诊 7858 人，复诊 25311 次；接种牛痘 21279 人，其中配合农贷组下乡接种牛痘 6128 人。① 因此，从和平解放到民主改革前的几年间，西藏的农牧区初步接触到了现代的医疗卫生观念和技术。

1959 年 3 月 10 日，西藏部分上层为永保政教合一的封建农奴制度不变，公然撕毁"十七条协议"，在拉萨地区发起全面武装叛乱。22 日，中共中央发出《关于在西藏平息叛乱中实行民主改革的若干政策问题的指示（草案）》，要求在平息叛乱的战斗中，必须同时坚决地放手发动群众，实行民主改革。28 日，周恩来总理发布国务院命令，决定解散西藏地方政府，由西藏自治区筹备委员会行使西藏地方政府职权，由十世班禅额尔德尼代理西藏自治区筹备委员会主任委员职务。与此同时，中央人民政府提出"边平叛边改革"的方针，领导西藏人民掀起了波澜壮阔的民主改革运动。② 以此为标志，西藏地区的封建农奴制度被废除，人民民主政权逐步建立，西藏的卫生事业也迎来了大力开创的局面。在山南地区，1959 年初夏扎囊县就成立了卫生所，有医士 2 名，藏族学员 4 名，这是山南地区较早建立的县级卫生所（1961 年改为县卫生院）。1960 年，山南专署卫生科成立；有 9 个县亦分别建立卫生科，2 个区设立卫生保健站。全地区卫生技术人员 75 人，床位 95 张，培养不脱产卫生员 222 人，分布在 13 个县为群众服务。③ 山南地区的县级卫生机构初步建立，并在个别区（即后来的乡）成立了卫生机构。

20 世纪 70 年代，西藏的卫生事业进入一个新的发展阶段。在面向农村，坚持为工农兵服务方针的指引下，卫生工作重点转移到加强基层卫生事业建设上。当时山南地区 70% 的卫生事业费用于发展县、区卫生院（所）。这一时期，各地普遍建立起疾病预防控制机构及区、乡两级卫生机构，村一级配有乡村医生和卫生员。特别是随着援藏医疗队大规模进藏，对西藏卫生事业的发展起到了极大的推动作用。1973 年，河南省第一批援

---

① 《中国共产党西藏自治区日喀则地区党史大事记》（上册），第 23 页，中共日喀则地委党史研究室编印，1994。

② 《民族区域自治制度在西藏的成功实践》白皮书，中华人民共和国国务院新闻办公室网站，2015 年 9 月 6 日，http://www.scio.gov.cn/zfbps/32832/Document/1447092/1447092_5.htm。

③ 山南地区地方志编纂委员会编《山南地区志》（下），中华书局，2009，第 1272、1280 页。

藏医疗队进入山南，为山南地区卫生事业的发展注入了新的活力。1974 年
3 月，地区卫生局制定《关于加速培养民族医药人员的意见》和《关于贯
彻八省市赴藏医疗队工作座谈会精神的意见》，提出面向农牧区，坚持为
工农兵服务的办医方向。当年，共组织下乡巡回医疗组为群众诊治疾病
249502 人次，做手术 295 例，抢救危重病人 281 例。同时，为公社卫生院
配备镊子、剪刀、消毒器、听诊器、体温表、血压计、注射器、方盘、储
槽等常用器械。举办各类培训班，其中，医训班 28 人，学期 1 年；X 光班
和化验班 25 人，学期 8 个月；各县培训赤脚医生、接生员、卫生员共 588
人。① 1974 年，扎囊县成立县人民医院，医务人员增加到 10 名，设 10 张
床位，以及基本的诊疗设备。

　　20 世纪 80 年代以后，西藏基层公共卫生体系进一步发展。随着国家
和自治区投入力度的加大，以及医疗援藏制度的持续发展，西藏农牧区三
级卫生服务网不断完善。截至 2011 年底，扎囊县共有 10 所卫生医疗单位，
包括县卫生局（人口计划生育委员会）、县食品药品监督管理局、县人民
医院、县疾病控制防疫中心、县妇幼保健站和 5 个乡镇卫生院；有 99 名工
作人员，其中县人民医院 44 人、乡镇卫生院 24 人。2011 年扎囊县人民医
院门诊量为 40389 人次，住院 730 人次，各种手术 78 例（其中剖宫产 7
例），B 超检验 4722 例，各种检验 11035 例，心电图 381 例，胃镜 22 例，
患者治愈率 68.7%，好转率 27.6 例。2011 年乡镇卫生院门诊量为 2614 人
次，住院 314 人次。全县有 62 个村医务室，或是设在村委会，或是设在村
医家中，村医大多拥有中专学历（如山南卫生学校等毕业）。村医的报酬
以前是每年 770 元，2012 年规定按人口给村医发放月补贴，一个人补贴
4.6 元，如果一个村有 100 人，那么村医补贴就是 460 元/月。拉孜县的医
疗卫生事业也在向前发展。截至 2010 年底，全县共有 14 个卫生医疗单位，
包括县级医院 1 个，县级疾病预防控制中心 1 个，县级妇保站 1 个，乡
（镇）卫生院 11 个（含中心乡卫生院 3 个），还有普通乡卫生院 8 个。全
县拥有病床 82 张，平均每千人拥有 1.9 张。全县拥有卫生技术人员 156
名，平均每千人拥有卫生技术人员 3.12 人。其中县级医院拥有卫生技术人

---

① 山南地区地方志编纂委员会编《山南地区志》（下），中华书局，2009，第 1280 ~ 1281 页。

员 49 名，其中正式干部 33 人，乡（镇）级卫生院拥有卫生技术人员 38 名（其中正式 12 人），村级卫生员 69 名。全县卫生技术人员中少数民族 155 人，占卫技人员总数的 99.6%，大专以上学历 18 人、占 11.5%，中专学历 28 人、占 17.9%，无学历人员 110 人、占 70.5%；中级职称 3 人、占 1.9%，初级职称 16 人、占 10.2%，无职称 137 人、占 87.8%。2012 年初，拉孜县已经实现每村配备 2 名村医的目标，并对他们进行了相关培训，不过还没有全部落实到岗。有 36796 名农牧民建立了健康档案，约占全县农牧民 53000 余人的 70%。

我们在朗塞岭村和柳村调研的过程中，也了解到当地医疗卫生的情况。例如，据朗塞岭村 82 岁的拉拉旺觉老人回忆，以前朗塞岭庄园内外都没有医生，贵族如果生病了，除了从寺庙请藏医，也会请他去作法事（念咒）。村里的人多从贡嘎县姐德秀的寺庙请喇嘛来治病，如是外伤及生疮肿疖等则请他自己去念咒加持。民主改革后，宗教活动被禁止，没有相应的环境了，所以拉拉的法事活动也停了。66 岁的索南嘉措是朗塞岭村的民办教师，他说，村里没有村医时，县里医疗队每年会下乡 3 次，60 年代或 70 年代搞计划生育时，中央派了两名医生来宣传妇女保健和妇科病防治，当时索南嘉措的妻子正怀第三个孩子，大夫就动员她流产，不过他们没有听从这个大夫的意见。69 岁的次仁措姆长期担任朗塞岭村（乡）干部，她说村里以前没有赤脚医生，区里（即现在的扎其乡）有中医和藏医。80 年代乡里（即过去的朗塞岭乡）开始有一个医生，村里人会去找他看病。如果乡里的医生治不了，就会转到县里的医院。1987 年撤区并乡，次年朗塞岭村开始培养村医。当时村里向乡里提意见，说是缺乏医生。乡里决定培养村医，朗塞岭村推荐一个初中毕业的女青年去学习。这个女青年人品不错，家里女孩也多。乡里送她到县里学习了一两年，然后回村里行医，一直到现在。开始村医是在家里挂牌，这两年村委会的房子盖好后，腾出一间做诊室，她就搬到这里来了。2010 年开始，村医每年都去参加培训 3 个月（我们调研期间，她正好在日喀则培训）。村里人对这个村医还是认可的，但她只是做些打针、输液的工作，也开一些普通方子，如感冒药之类。以前，孕产妇分娩都是在家中，村里没有接生婆，一般由亲属及产妇母亲帮忙。如果难产，且无法送医院时，就请喇嘛或拉拉作法事、念咒语。因为距离县城不远，交通也比较方便，现在村民患上重病或是孕妇生孩子，一般都会到扎囊县人民医院就诊住院。

柳村在20世纪60年代以前没有医生。有人生病则到邻近的热扎乡和扎西岗乡请藏医。藏医自己到山上采草药自制藏药，出诊的费用很高，没有钱的人就以青稞作为报偿。藏医可以治疗感冒、胃病等。人们若是生病，也叫喇嘛过来念经，查嘎组没有喇嘛，但有人会念经。平常情况下，大多数人家会请人念经三四次，念经一天，除了包吃，还自愿付给5～20元的报酬。1961年后，村里开始有西医了，当时只有一个卫生人员，只能治疗感冒等小病，或者是给病人开药、打点滴。1965年或1966年，村里（当时是柳乡政府所在地）建立了乡卫生所，有卫生人员两三个，可以治疗一些常见病如感冒或流感。当时，妇女生育都是在家里分娩，主要由家中年长的妇女接生。临产时，先烧水煮茶，准备好包婴儿的软布。50年代没有太细软的布料，就用氆氇包裹。

柳乡卫生所原来在柳村查嘎组，乡政府搬到新区后，卫生所也搬来了，2007年改为卫生院。柳乡卫生所成立的时间已不清楚，据说1995年时只有3间房，就设在乡政府内，现在是柳村村委会所在地。当时卫生所没有什么设备，主要开些常用药，打打针，一律只收3毛钱。每年县医院工作组定期下乡，给村民做体检。现在，柳乡卫生院的条件大为改善，业务水平也提高了。添置了B超，但是没有人会操作。2011年县卫生局给柳乡卫生院配置了一台车，不过医生们不会驾驶，需要出车时则雇人开车。医生们可以做些外伤缝合的小手术，可以接生。由于当地妇女不愿意到医院生产，所以他们一般是上门接生。只有一个产妇在乡卫生院生产过，她是孜龙村人，在去县医院的路上临产，所以就到乡卫生院来了。

截至2012年7月，柳乡卫生院共有4位大夫。院长达拉在柳乡是一个传奇人物。他是邻乡热扎人，54岁，到柳乡工作30多年了。达拉的父亲是藏医，在当地很有名，内科外科兼通。达拉与哥哥从小就跟父亲学习医学，他哥哥现在老家热扎做个体医生，擅长骨科，能自制藏药，在乡里也有名。达拉读过小学，会汉语文，一直随父亲学医，后来到地区藏医院学习3个月。父亲到柳乡行医时，他也跟着来了。他父亲在柳乡卫生所工作，父亲退休后由达拉接替。达拉工作后，因卫生所人手不足，他从1999年开始自学了西医。他一般用藏医给病人看病。如果其他医生不在卫生院里，他也可以用西医给病人诊治。达拉主要靠把脉、验尿检查病因，擅长医治骨折。每年，他可以使用 2 万元的经费来购买藏药，同时自己配制一部分。达拉在柳乡一带十分有名，有许多病人（包括干部）从外乡慕名而来。拉孜县医院藏医科曾经想调走他，但是达拉没有去，因为乡卫生院人手不足，同时他的父母年事已高，住在热扎，去了县里不方便看望父母。达拉没有培养学生，也没有职称，因为评定职称需要参加资格考试，这对于他们来说难度很大。反而是刚毕业分配来的大学生，实践经验十分缺乏，却轻松通过了考试而拥有初级专业技术职称。

柳乡卫生院搬迁到新区以后，原来的乡政府驻地改为村党支部办公室，其中有两间房作为村医务室，有两名村医。虽然乡卫生院只有 3 公里的距离，基础设施也大为改善，但对于柳村查嘎组居民来说，生病还是优先选择更为方便的村医务室。不过，如同其他村医务室一样，柳村医务室也存在诸多问题。一是卫生室存储的药物比较单一，且药品数量极少，一部分药品已经过期；配套设施特别是医疗器具十分简陋，不能满足村民就诊的需求；村医的业务水平有限，亟须加强学习和培训；等等。针对此情，日喀则地区第一高中驻柳村工作队通过与日喀则地区相关部门沟通协调，于 2011 年为柳村医务室争取到了价值 9712.8 元人民币的药品、价值 3200 元人民币的医疗器具、健康挂历以及村医必读书籍，在一定程度上改善了该村医务室的服务水平和工作条件。

总而言之，和平解放数十年来，朗塞岭村和柳村的医疗卫生服务体系逐步得到完善，村民的健康保障水平不断提高。朗塞岭村距离扎囊县城只有 31 公里，距离山南地区政府驻地泽当镇只有 25 公里，道路交通条件良好，村民患有重症急症，基本能够保证及时送到县人民医院或地区人民医院救治。柳村距离县城和日喀则均为 70 多公里，道路交通也没有障碍，一般疾病在 3 公里外的柳乡卫生院即可诊治。

二 农村医疗保障制度

西藏和平解放以来，中央和自治区政府一方面从机构、人员和基础设施上加强基层医疗卫生体系的建设，另一方面从制度上加强对农牧民基本医疗的保障。解放军进藏过程中就制定了"卫生先行"的原则，为藏区群众免费看病给药。此后，中央财政一直拨付西藏农牧人口医疗补贴，1992年以前，补贴金额为每人每年5元，西藏农牧民群众长期享受免费医疗政策。① 1993年，西藏自治区人民政府颁布《西藏自治区免费医疗暂行管理办法》，使在西藏建立和发展农牧区的合作医疗制度有了法规和保障。1997年下半年开始，西藏自治区通过试点，逐步在全区全面推行农牧区合作医疗。2001年开始，西藏进一步提出了在城乡同步建立医疗保障体系的思路。在农牧区，为参加合作医疗的农牧民建立以户为单位的家庭账户，将所集资金的全部和免费医疗经费的一定比例划入家庭账户，并且永久归户所有，及时兑现，合理核报；在享受免费医疗政策的城镇居民中，也参照农牧区合作医疗做法建立家庭账户，在免费医疗基础上构建城镇居民的医疗保障制度，使全自治区广大农牧民、无固定收入的城镇居民与国家机关工作人员，同样得到基本医疗保障。

与国内其他省份不同的是，西藏推行的农村合作医疗制度得到了中央财政的全力支持，因为当时地方财政收入的90%以上都来自中央财政补贴。② 自愿参加这一制度的农牧户平均每人每年缴纳10元，财政补贴和个人缴费的比例为8∶1。朱玲等人的研究认为，西藏自治区政府利用强大的财政转移和农牧户少许交费汇集而成的基金，建立了覆盖全部农牧人口的基本医疗保障制度，使农牧户同时受益于家庭支付能力的改善和人力资源投资的增加。此外，西藏民政部门负责支付五保户和贫困户的个人缴费额，医疗基金中还划出5%用作医疗救济。即使是不愿缴费的农牧人口，按规定也能在就诊后报销部分医药费，只不过报销比例比缴费者低20个百分点。因此，西藏的农牧区医疗制度依然近乎社会福利制度，而内地的农村合作医疗制度则更接近社会保险制度。即使在西藏以外的其他藏族聚居区，也没有像西藏那样享受到国家财政的特殊扶持。③ 可以说，西藏实

---

① 参见王洛林、朱玲主编《市场化与基层公共服务——西藏案例研究》，民族出版社，2005，第115~146页。本章未注明来源的资料与数据，主要来源于课题组实地调研的访谈及地方政府部门和相关机构提供。

② 参见王洛林、朱玲主编《市场化与基层公共服务——西藏案例研究》，第115~146页。

③ 参见朱玲《农牧区基本医疗保障的社会公平性问题——康藏农牧区调查报告》，中国经济学教育科研网，http://www.cenet.org.cn/article.asp? articleid = 36272。

施的农村合作医疗制度走在了全国的前列。

2003 年起，中国开始在全国实行新型农村合作医疗制度，西藏也不例外。经过十几年的实践，以免费医疗为基础，以政府投入为主导，家庭账户、大病统筹和医疗救助相结合的农牧区医疗制度在西藏全面建立，并不断得到完善。全区农民参合率一直稳定在 90% 以上，筹资水平、住院费用报销比例、住院补偿最高支付限额不断提高，门诊统筹实施范围稳步扩大，门诊常见病、多发病及重性精神病门诊费用被纳入统筹补偿范围。农民免费医疗经费水平由 2005 年的 80 元提高到 2010 年的 180 元。2010 年，农牧区医疗制度统筹基金最高支付限额已提高到农牧民人均纯收入的 6 倍以上。"十一五"期间，国家和西藏自治区用于农牧民免费医疗的经费达 17 亿多元。2012 年，补偿标准进一步提高，各级财政对农牧区医疗费补助标准为 260 元，个人缴费 20 元，最高支付限额由 2 万元提高到 5 万元，参合农民住院报销比例为乡卫生院 95%、县医院 90%、地区以上医院 80%，基金划分情况调整为家庭账户 37%、大病统筹划拨 43%、医疗救助划拨 5%、门诊统筹基金 15%。全区 100% 的农牧民都享有农牧区医疗制度，县、乡覆盖率均达到 100%，参加个人筹资的农牧民占农牧民总数的 96% 以上。参加新农合的农牧民在县、地医院均可享受"先住院、后结账"的优惠政策，对于病情严重，需要转入地区医疗单位的，可以到县级医院开转院证，卫生局开转诊证，到地区医疗单位后也可以先治疗后结账，较大程度地减轻了西藏农牧民因疾病带来的经济负担。截至 2012 年底，西藏已在全国率先实现农牧区医疗制度全覆盖，提前一年实现了国家规定的目标，农牧民看病就医得到有效保障，为加快建设覆盖城乡居民的多层次医疗保障体系奠定了坚实的基础。

在朗塞岭村和柳村的访谈中，普遍感受到村民们（包括乡村医生）对于新型农村合作医疗制度的拥护。柳乡卫生院的医生说：

> 新农合实行后，乡卫生院设备增加，药品种类齐全。农民负担减轻了，特别是大病重病，以前经济困难的无法诊治，现在住院可以按比例报销。住乡卫生院，个人负担 5%；住县医院，个人负担 10%；住地区医院和自治区医院，个人负担 20%。住乡医院以上的，拿转诊单即可，不须个人垫付，最高可报销 6 万元。乡卫生院医生经常出诊，

不收费，记在农牧民出示的家庭医疗账户本上。[①]

村民的评价几乎是一致的，对新农合打心眼里欢迎。如朗塞岭村 69 岁的老党员、老村干部次仁措姆说，近年来她的身体每况愈下，骨头疼，心脏、气管等也有问题。2011 年 3 月，她去西藏自治区人民医院治疗，花了 1 万多元，后来报销 8000 多元。他们全家都加入新型农村合作医疗。朗塞岭村 48 岁的牧民达珍和丈夫长年在山上放牧，她前后生育过 9 个孩子，但只有两个孩子存活。她和丈夫的身体也在逐渐变差，特别是丈夫，患有胃病，2003 年时曾经在乡卫生院住院治疗，一直没有痊愈，在饮食上很注意。开展新型农村合作医疗后，达珍生活在村里的母亲替他们全家都报名缴费了，达珍为此感到十分安心。她的大女儿从小和父母在山上放牧，2012 年春天结婚并生育了一个孩子，当时住了 7 天医院，不用交押金，也不用报销，只是负担了自费的 500 多元。达珍感到很满意，认为这笔钱不是什么负担。以前给患病村民念咒的朗塞岭村拉拉旺觉老人，也加入了新农合，如果身体不适，拉拉也会去找医生诊治。2009 年，老人因高血压在白塔转经时晕倒过几次，是村人将他送回家的。后来他到山南地区藏医院住了两个月，花了 6000 多元，报销 50% 左右，之后就每天都吃降压药。

对于那些近年来家中无人生病住院甚至无人患病吃药的村民来说，对于新农合的理解也相当到位，认为参加了新农合就有了基本保障，个人所缴费用合理而且应该。朗塞岭村 45 岁的琼达是庄园农奴的后代，记得父母说过在庄园里的苦日子。她说没有新农合时，看病很难，自己的父亲曾经在地区医院住院治疗，花了 3000 多元，还借了 4000 多元。以前家里有老人小孩，经济非常困难，这笔钱是不小的负担。实行新农合后，全家 7 口人都缴费了，每人每年交 20 元。虽然这几年家里没有人得什么大病住过院，还是认为新农合很好，在医疗方面有保障了。朗塞岭村 63 岁的云丹一家 4 口人都参加了新农合，虽然这几年家里没有人生过大病住过院，平时只是在村医那里拿些感冒药，他和女儿都认为这个政策很好。柳村 81 岁的

[①] 2012 年 7 月 14 日上午在柳乡卫生院对普拉医生的访谈。访谈者：方素梅，翻译：柳乡政府某女干部。

加参老人一家 16 口，最近两年家中没有人生病，他还是坚持让全家人参加了新农合，只有一个孙女因常年在拉萨打工而未参加。

当然，我们必须看到，西藏地处高原，经济水平不高，人均预期寿命远远低于海拔较低地区，长期生活在那里的居民罹患各种疾病尤其是高原慢性病的比例很大。因此，尽管医疗卫生保障制度不断改进和完善，农牧民在治病养病方面的负担依然较重。根据课题组在朗塞岭村和柳村的问卷调查数据分析，受访者家中有慢性病患者的比例达到 38.54%；近 5 年家庭成员患大病或重伤的比例占 50% 左右；正常情况下家庭年均医疗支出在 1000 元以上的近 90%，其中，超过 5000 元以上的达到 43.18%。这些医疗开支对于两村的居民来说，都会带来很大的经济压力。

第二节　疾病防治与民间知识

受自然地理环境和经济发展水平影响，西藏居民面临着较大的健康风险，同时形成独具特色的健康知识。由于课题组调查的扎囊县及拉孜县目前还没有县志出版，朗塞岭村和柳村及其分别所属的扎其乡和柳乡亦无村志、乡志，因此关于村庄的历史文献资料十分缺乏。为此，我们参照 20 世纪六七十年代卫生机构对山南地区和扎囊县部分乡村的调查，结合我们在两村的访谈个案，来了解当地的疾病防治与民间知识。

一　主要传染病和地方病

一般来说，一个地区的重大疾病主要表现为传染病和地方病的流行。在和平解放初期，西藏流行的急性、烈性传染病主要有天花、鼠疫、麻疹、白喉、伤寒、痢疾，地方病主要有碘缺乏病、大骨节病、克山病、麻风病等[1]，给当地群众的生命健康带来了严重威胁，也在很大程度上影响到西藏地区经济社会的发展。进入 21 世纪后，其中的一些传染病和地方病还没有完全绝迹。根据西藏卫生部门的统计，西藏常年流行的法定管理传染病多达 15 种，年总发病率最高时达到 13.2%，最低时控制在 0.3% 左

---

[1]　曾宪荣：《西藏自治区卫生防疫站三十年回顾》，《中国卫生事业管理》1991 年第 10 期。

右，但仍是全国平均水平的 2 倍左右。[①] 而且，西藏各种传染病的总发病率是全国平均水平的 1.6 倍左右。[②]

1961 年 9 月 1 日，西藏卫生防疫站正式成立。1962 年 3、4 月间，该站扎其区卫生试点工作组主要在充堆乡，对几种症状明显，群众较能正确叙述的法定传染病——天花、麻疹、痢疾、脑膜炎、炭疽、霍乱和脊髓前角灰白质炎等，在当地发生及流行的历史情况进行了调查。充堆乡位于雅鲁藏布江畔，拉（萨）泽（当）公路旁，正当扎其区其他五个乡所分布山沟的出口，此次工作组共访问了 108 人，开调查会 7 次。同时，工作组也对地方病中的麻风病进行了调查。同年 6 月，工作组又在扎其区的充堆乡和曲珍乡对沙眼、绦虫病、地方性甲状腺肿和感冒等其他常见病进行调查。

（一）天花（small pox）

天花是由病毒感染引起的疾病，主要通过飞沫吸入或直接接触而传染。由于该病毒毒力强，感染病毒后重症患者死亡率超过 20%，属于一种烈性传染病。该病可通过接种牛痘疫苗进行预防，病患痊愈后亦能终生免疫，但在面部会留下坑点，俗称"麻子"。工作组调查情况如下：

> 天花在当地存在很长的历史，现在能追问到的是在 45 年前（笔者注：20 世纪第一个十年末期）即有，民间称之为"拉珠"，群众对此病症状都能正确述出：发烧、出脓疱疹、引起麻面等。在十年之前每隔 35 年就有发病，较大的流行大部分人说是在 30 年以前，很多年轻人还未见过此病。充堆、曲珍两乡曾接种过三次牛痘。第一次是在 20 年前，一个回族来种的，种在手背虎口上处，现在很多老人还有疤痘；一次是民改前一年，门孜康藏医种的；第三次是四年前，解放军卫生人员种的。
>
> 从上述情况来看，天花在当地对人群的威胁已不存在，大多数人说，解放后就未见过此病，这一个历史上长期存在，曾经流行的疾

---

① 西藏社会科学院：《西藏发展报告（2005 年）》，西藏人民出版社，2005，第 288 页。

② 西藏自治区人民政府：《"十一五"时期西藏自治区卫生人力发展规划》（藏政发〔2006〕69 号），2006 年 12 月。

病，能够达到控制和消灭，主要是三次种痘的效果。在我们所访问的人中，老者63岁，小者6岁，都种过痘，可见种痘已经达到普及，这次我们又普遍的种痘一次，建议今后该乡可实行年度种痘，既节省人力，又能坚持下去，达到预防效果。①

工作队还统计，1918年充堆乡曾爆发天花，有50多人发病；1926年，该乡亦有8人患上天花。从调查来看，扎囊县接种牛痘在20世纪40年代就开始了，和平解放后得到普及，因此天花爆发的可能性已经大大减小，该传染病已经得到有效控制。

（二）麻疹（measles）

麻疹是一种急性呼吸道传染病，主要通过飞沫传播，儿童尤其容易感染。接种麻疹疫苗后，可大大降低麻疹的发生率。工作组调查情况如下：

> 麻疹在本乡是一个群众熟知的病，能叙述出发烧、眼红、流涕、全身出红疹等典型症状。民间称之为"奢波"。知道有传染性，不与患者共饮食及器具，没有防治办法，一般在饮食上都忌吃冷食物及酒；出诊时习惯吃青稞花，说能使喉部的疹子破坏痊愈。我们所询问的青年以上的人大多患过麻疹；而五六岁以内的小孩，大部分人未患过此病，访问材料也说明五年前（即1957年——笔者）每一两年都有流行。而所有的人都证实说，五年以来未见过此病。

> 麻疹历年来就是当地常见的一种病，而五年未见有发生，可能是五年前大部分人患过，群众免疫力高。但五年内已有大量未患过麻疹的易感儿增加，我们调查充堆乡现有0~5岁的小孩70人，曲珍乡有109人，如果发生，即易造成较大的流行。故对此病应该警惕，注意发现小儿患者，即严格隔离。民间对护理方面，尚缺乏知识，今后应注意这方面卫生宣传。②

---

① 西藏卫生防疫站扎其区卫生试点工作组：《扎囊县扎其区充堆乡几种法定传染病情况调查报告》，1962年6月25日。扎囊县档案馆，XW42－综合类－2。转引自郭克范《扎囊县民主改革时期档案整理与研究》，社会科学文献出版社，2014，第162页。
② 转引自郭克范《扎囊县民主改革时期档案整理与研究》，第163~164页。

从工作组的调查中，可知作为一种常见的传染病，当地群众对于麻疹的了解是较为充分的，知道其症状以及隔离的重要性，在饮食上具有一定禁忌。但对于麻疹的治疗，民间没有相应的方法。

（三）痢疾

痢疾是中医病症名，以大便次数增多，腹痛，里急后重，痢下赤白黏冻为症状。是夏秋季节常见的传染病。其中具有传染性的病症，在西医学上称为细菌性痢疾和阿米巴痢疾。工作组调查情况如下：

> 群众叙述的症状有腹泻、腹疼、大便带脓血、里急后重感、发烧等；从调查材料上看，25 年以来，有过多次流行，并曾引起死亡，最近一二年内也有发生，看来本乡有痢疾存在，群众不知此病的原因，无防治经验。
>
> 痢疾在当地存在及流行的因素很复杂，一是环境卫生不良，一是缺乏个人卫生习惯，全乡 587 人，只有四个水井，部分人饮用塘水，有吃生水的习惯，塘水污染大，人畜共饮，水井有的无井栏，有的无井裙，井边有污染源存在，取水用具都系自带，有用铜罐、瓦罐打水，有用发黑的皮带、布袋，甚至用烂皮球打水，对井水污染也是严重的。另外，群众饮食用具不洁，吃饭不洗手，及夏天苍蝇滋生变质都是痢疾流行的条件。从上述情况来看，我们的意见是：痢疾应当作为当地的一个重点病来预防，需要开展爱国卫生运动，保护好水源，改善环境卫生，教育群众养成良好的个人卫生习惯。①

痢疾在世界各地都是一种常见的传染病，与健康知识和卫生习惯有密切关系，扎其区的情况也不例外。关于藏族的健康知识和卫生习惯，我们在后面还会叙及。

（四）炭疽病

炭疽是由炭疽杆菌引起的一种急性传染病，人类和畜群都会感染，多见于牧区，农区也有发生，主要通过食用或接触患病牲畜传播。工作组调查情况如下：

---

① 转引自郭克范《扎囊县民主改革时期档案整理与研究》，第 165 页。

群众知道这个病，并能确切叙述出病因和症状，举出 3 年、10 年、15 年前等三次，有人因杀炭疽病牛而患了炭疽病（长疮），死亡一人，有一患者现在还在本乡居住。几次发病患病人数不多。

群众不是（食）因炭疽病死的牲畜肉，在七八年前因此病死了很多牛，群众不用手接触而用棍棒抬到河边砂地埋掉。看来群众了解此病的隔离知识，此病在当地对居民威胁性较小。①

扎其区藏族主要从事农业，也兼营牧业，对于牛羊等牲畜的养殖十分了解，有助于帮助他们掌握炭疽病的防治方法，故而该病对当地居民产生的危害还不算严重。

（五）麻风病（leprosy）

麻风是由麻风杆菌引起的一种慢性传染病，在世界各地都有发生。由于该病菌在病人体内分布广泛，极易通过直接接触和间接接触将病源传播到他人。患者临床表现为麻木性皮肤损害，神经粗大，严重者甚至肢端残废，因此相貌上改变较大往往面目丑陋。工作组调查情况如下：

经当地藏医、区干部、群众提供线索，此次在充堆乡检查了 18 人，发现五名麻风病患者；3 名麻风可疑患者。5 名患者中，瘤型（恶性）麻风占 4 名；非瘤型（良性）麻风占 1 名。其中发病最早者十年，晚者一年。四名瘤型麻风，损害严重，眉毛脱落，面部起疙瘩，足烂。……这些麻风患者，分布在 5 家，均居于充堆乡充堆村内。患者丁增已丧失劳力，未劳动，其余患者劳动力也有不同程度之损害，并在互助组内和其他组员共同劳动、休息、进餐和开会，麻风病人和全村人共用此村内仅有的两口水井。病人（白玛、美粪）还亲往井台汲水，并用自己的汲水用具。

此 5 名患者中，有 1 名瘤型患者（次仁同登）现担任区供销社售货员，接触面极广，除充堆乡外，还与扎其区其他 7 个乡群众接触，患者（丁增）的父亲任乡生产委员、互助组长，群众常因公事到他家，接触机会甚多。另一名可疑患者（次来望赛）任区信用社干部，

---

① 转引自郭克范《扎囊县民主改革时期档案整理与研究》，第 166 页。

与区干部们在一起。病人家属一般均与患者同吃、同住。外乡群众也有寄宿麻风病患者（白玛）家中情况。

据当地一颇有声望的老藏医如青颇桑说："麻风病在该乡40年前即有，藏语名为'扎南'；视为绝症，无法治疗，患者身上有虫，可传与他人。"

该乡群众对此病有一定认识。介绍麻风病的重点有三：（1）无眉；（2）面部有疙瘩，发光；（3）脚肿烂。认为此病由一种看不见的小虫引起，可因小虫而传与他人。和病人在一起时，虫子即由病人身子上爬到健康人身上而使人致病。但错误的认为当病人工作紧张时，虫子就不会出来，故劳动时在一起无碍。又错误的认为死人比活人传染性大，理由是人将死或死活（后），则虫子要由病人体内爬出。其实，活病人并不比死人传染性小。群众习惯，在麻风病人将死时即抬出村外，死后水葬，对水源有很大污染。

群众对麻风病人有恐惧憎恨心理，常说这种病人"稀稀拉拉"，"牙古姐也门堵"（很糟，一点也不好！），在吃上，是不用病人东西；也少到病家串门。在十几年前（解放前），充堆乡有两重病人，央宗、次仁巴珠（夫妇俩）被送往山上，关在洞中居住，壁上开一小窗置铃，由人定时送水送饭，拉铃为信号，病人由小窗取食。若拉铃后无人取食，则证明病人已死，即将洞口封住，将尸体与病人所用东西全葬其中。对现有患者，群众有人提出来要求，希政府将其迁出村外，安排他们的生活。

由前述情况可见，该乡麻风病严重，对群众健康威胁甚大，应在短期内作出处理。①

从工作组的调查中可知，扎其区充堆乡的居民对于麻风病的认知是比较复杂的，大部分人对此怀有恐惧和憎恨的心态，但在亲友和熟人之间也存在接触频繁的现象，这种情况我们稍后叙及。到了20世纪70年代，西藏防疫部门继续在山南地区进行了数次麻风病调查。1973年的调查发现，山南地区与各省、市相比较，麻风病率居住全国之首。过滤性普查的朗县

---

① 转引自郭克范《扎囊县民主改革时期档案整理与研究》，第147~148页。

（现属林芝市管辖）、加查县患病率平均为 13.13‰，以朗县为最高，为 15.24‰[1]；麻风病的簇集发病在山南地区十分明显。个别公社患病率极高。如加查县吉里铺公社患病率为 46‰，朗县亚许公社患病率达 56‰，均被当地视为"天然麻风村"[2]；"患者大部分为贫下中农阶级兄弟，且大部分为青壮年，有三分之一引起残废，部分完全丧失劳动力，并且每年均有麻风患者病死和发生新患者，麻风病流行远未得到控制。"[3] 1975 年在对错那、措美、隆子、曲松、桑日、扎囊等县的调查中，查出 266 例麻风病人，患病率为 1.18‰。1978 年在全地区（不含浪卡子县）进行的过滤性和线索调查中，查出 306 例麻风病人，患病率为 1.28‰。1979 年对全地区 13 个县（含朗县）的普查中，查出各型麻风病患者 382 人。[4]

自 20 世纪 60 年代西藏卫生防疫站成立后，西藏的卫生防疫工作在"预防为主，防治结合"方针指导下逐步开展。1972 年，山南地区卫生防疫站在各县人民医院建立传染病疫情报告制度（当时尚未组建县防疫站），掌握疫情动态。1973 年，地区防疫站先后组织 22 个组 40 多人次，到农牧区诊治病人 18150 人次，接种牛痘、麻疹疫苗、卡介苗 4700 人份。山南地区流脑、百日咳、麻疹、流感、肝炎等传染病发病人数比往年大幅度下降，病种也减少 72.7%。[5] 1975～1978 年，地区防疫站多次深入农牧区开展预防接种和疫情调查工作。改革开放以来，西藏各地的公共卫生服务网络进一步发展，全区疾病预防控制体系建设已经基本完成，基础设施条件得到较大改善，应对突发公共卫生事件和急性传染病的能力不断提高。例如，截至 2000 年底，山南地区累计发现麻风病 404 例，治愈 334 例，现症病人 16 例，麻风病的流行已经得到基本遏制。"十一五"时期，扎囊县传

① 山南地区卫生防疫站、河南医疗队防疫分队：《山南地区部分县麻风病调查报告》，西藏山南地区革委会卫生局、河南省第一批赴西藏医疗队编《西藏山南地区卫生工作资料汇编》，内部资料，1975，第 83 页。

② 山南地区卫生防疫站、河南医疗队防疫分队：《山南地区部分县麻风病调查报告》，西藏山南地区革委会卫生局、河南省第一批赴西藏医疗队编《西藏山南地区卫生工作资料汇编》，内部资料，1975，第 83 页。

③ 山南地区卫生防疫站、河南医疗队防疫分队：《山南地区部分县麻风病调查报告》，西藏山南地区革委会卫生局、河南省第一批赴西藏医疗队编《西藏山南地区卫生工作资料汇编》，内部资料，1975，第 87 页。

④ 山南地区地方志编纂委员会编《山南地区志》（下），中华书局，2009，第 1304～1305 页。

⑤ 山南地区地方志编纂委员会编《山南地区志》（下），中华书局，2009，第 1298 页。

染病平均发病率逐年下降，从 2005 年的 4.96‰下降到 2010 年的 4.59‰；儿童五苗全程合格接种率从 2005 年的 78.1% 上升到 2009 年的 100%；五年来未发生人间鼠疫疫情。

二　健康知识和卫生观念

在以上的叙述中，已经部分了解到 20 世纪 50~70 年代山南等地民间的健康知识和卫生观念，其中，包含着对于疾病的防范与治疗，也包含着影响人体健康的致病因素。这些健康知识和卫生观念，既是地方习俗与个人习惯的结合，也与藏族的疾病观、宗教观、人生观等有着十分密切的联系。

例如，1962 年扎其区卫生工作组在充堆乡调查时，对当地群众的健康知识和卫生观念有过描述：

> 充堆乡过去只有一名藏医，没有其他医疗卫生设施。解放后住过部队，群众接触过部队的医疗卫生工作。民主改革后，训练了保健员，但所起作用甚微。群众对卫生知识不了解，认为生病是鬼神作祟，爱清洁是为了漂亮。青年妇女洗了脸就有人说闲话。大部分人 1~2 月洗一次头和脸，半年到一年洗一次澡，不刷牙，抓糌粑不洗手，不洗食具、家具。
>
> 过去两乡的卫生基础较差，粪肥垃圾坑即设在自家门前，公共地段、道边牲畜粪便很多，只有部分农户有牲畜圈，居民随地大小便，每到夏季，苍蝇繁多，群众对卫生知识不晓，没有良好的个人卫生习惯；每天不洗脸，饭前不洗手，吃生肉喝生水是普遍现象。曲珍乡及充堆乡张中村居民饮用池塘水，水质发黄有臭味，人畜共饮，水塘边上有牲畜粪便。充堆乡充堆村对现有的两口水井保护较差，麻风病人同用。①

根据工作组的调查，当时的充堆和曲珍两乡群众沙眼患病率为 58.39%，绦虫病患病率为 31.04%。② 这两种疾病的发生与患者卫生习惯有着直接关

---

① 转引自郭克范《扎囊县民主改革时期档案整理与研究》，社会科学文献出版社，2014，第153 页。

② 转引自郭克范《扎囊县民主改革时期档案整理与研究》，第156 页。

系。工作组还对两乡一般疾病情况进行了统计。见表7－1。

表7－1　充堆、曲珍乡疾病分类统计*

总人口	类别	呼吸系		消化系		五官			
		共计	感冒	共计	胃疾患	共计	眼	口腔	耳
1343	患病人数	89	85	121	60	112	51	41	20
	占比（%）	32.8	13	21	10.4	19.5	9	7.1	3.4

总人口	类别	外伤感染及皮肤病		关节	神经痛	泌尿系	心血管	妇科病	过敏性疾病
		共计	皮肤病						
1343	患病人数	70	42	38	22	18	9	4	3
	占比（%）	13.2	7.3	4.7	3.8	3.1	1.6	0.6	0.5

＊转引自郭克范《扎囊县民主改革时期档案整理与研究》，社会科学文献出版社，2014，第161页。

1975年，防疫部门在山南地区进行了一次麻风病普查工作，并对当地麻风病严重流行的原因进行了分析。首先，在和平解放以前，农牧民患病得不到有效治疗，造成历史上麻风病的猖獗流行。其次，群众缺乏防治麻风病的科学知识，不知道麻风病是接触感染；错认为"麻风病是遗传来的，不会传染给别人"，还有人认为"得麻风病是祖宗缺德，是佛的惩罚"等宗教迷信思想。由于这些错误的认识，群众不忌讳与麻风病人的接触，与病人同吃、同住，密切交往，给麻风病的传染和流行造成极有利的条件。再次，当地群众不洗澡、不洗衣被，也很少洗手洗脸；用手抓牛羊粪及各种污物后，随即就抓糌粑、牛羊肉等食物吃；碗勺常不洗（用舌舔干净），且共同使用以表示亲密无间。最后，西藏的麻风防治工作开展较晚，力量薄弱。西藏仅一所麻风病院，病床有限，麻风村尚未建成，因此，病人基本上处于完全未隔离状态，多数病人也未进行治疗。这是造成当地麻风病流行的主要原因之一。[①]

西藏地区居民的卫生习惯在很大程度上受到宗教的影响。根据山南地

---

① 山南地区卫生防疫站、河南医疗队防疫分队：《山南地区部分县麻风病调查报告》，西藏山南地区革委会卫生局、河南省第一批赴西藏医疗队编《西藏山南地区卫生工作资料汇编》，内部资料，1975，第87页。

区地方志记载，藏族最大的禁忌是杀生。特别是受戒的佛教徒在这方面更为严格。虽吃牛羊肉，但他们不亲手宰杀，一般人就是捉到臭虫、虱子，也不肯弄死，而是扔掉，任其自由爬走。① 我们在入户访谈中，也普遍发现，村民喝茶吃饭时，杯碗上常常趴着许多苍蝇，村民们对此毫不介意，喝奶茶时只是挥手驱赶而已。一些村民认为打死苍蝇等于杀生。据说前几年，朗塞岭村流行痢疾，县卫生部门要求各家盖好厨具，也要盖好厕所，否则罚款。卫生部门还来人打药消灭苍蝇等害虫，但不定期。为此，村干部要求村民买药，但是做到的村民不多，依然与不愿杀生有关。

在环境卫生方面，饮水安全问题普遍存在。1977 年，在河南医疗队指导下，山南地区防疫站首次对泽当镇饮用水进行卫生调查，共调查 22 个水源，合格率占 18.2%，污染率占 63.34%，严重污染率占 18.2%，主要是水源（特别是水井）附近的垃圾堆、厕所、粪坑污染渗进井内所致。通过调查，明确提出井水建造、使用、管理措施，以改善饮用水水质。1978 年，该地区防疫站对地直各单位及附近居民饮用水进行调查，共采样 30 份，其中地下水 27 份（简易自来水和井水）、泉水 1 份、地面水 2 份（河沟水），卫生合格率仅为 50%。1982 年，对山南地区饮用水氟含量进行检查，共采样 124 份（河水、井水、泉水），结果普遍存在低氟现象，符合国家标准的仅有 4 份。②

在我们调查的朗塞岭村和柳村，居民生活用水均来自山上的泉水，可以通过水管接到家中，两村绝大多数家庭都有了自来水。山泉水比之从水井和水塘取水，卫生程度相对较高。不过，两村都还没有对饮用水进行集中净化处理，因此，饮水安全还是存在一定隐患。在拉孜县自来水有关单位的帮助下，柳村查嘎自然组已经较好地解决了安全饮水方面的问题。柳普自然组 60 户也于 2004 年落实了安全饮水项目，但由于设备出现故障，自来水水管以及设备需要维修，截至 2012 年 7 月仍未能解决安全饮水问题。在公共卫生方面，村委会有专人负责检查全村情况，各组则负责管理各组卫生。80 年代，上级有关部门就要求各户建厕所、牛圈、猪圈等。不过，截至 2012 年 7 月，朗塞岭村和柳村没有建设公共污水排放管道，生活

---

① 山南地区地方志编纂委员会编《山南地区志》（下），第 1404 页。

② 山南地区地方志编纂委员会编《山南地区志》（下），第 1311 页。

污水也没有处理。柳村的查嘎自然村，有一条山上雨水流下自然形成的小溪或小水沟，村民在此洗涮衣物，牲畜也在此饮水，容易形成污染。近几年，两村都修建了垃圾填埋场，集中焚烧生活垃圾，村庄各处安置了一些垃圾桶以回收垃圾。柳村驻村工作队计划申请拉孜县环保局提供更多的垃圾箱以及在规定的地点开挖垃圾处理点，在本村内招聘垃圾处理专职人员，为他们提供生活补贴。这是环境卫生方面比较大的一个进步。

图 7 - 1　柳村查嘎组居民在流经村中的小溪沟中洗涤衣物
（方素梅摄于 2012 年 7 月）

实际上，在应对重大传染病地方病方面，西藏农牧民也有自己的知识和办法。例如，和平解放以前，山南地区民间往往将麻风病患者隔离进深沟荒野，任其自生自灭[①]；或是如上述充堆乡的情况，将病人封锁在山上的洞穴中，由村人送水送饭，直至其死亡。60 年代以后，麻风病人或是被送往江曲传染病院；或是隔离在麻风村，进行相关治疗。再如对于炭疽病，群众也有应对措施。

---

①　山南地区卫生防疫站、河南医疗队防疫分队：《山南地区部分县麻风病调查报告》，西藏山南地区革委会卫生局、河南省第一批赴西藏医疗队编《西藏山南地区卫生工作资料汇编》，内部资料，1975，第 83 页。

至于日常疾病的防治，民间亦大多结合了宗教和医学的知识与方法。例如，山南地区的群众生活中有诸多禁忌，一有触犯，就得请喇嘛念经，有的人家自己举行简单的宗教仪式或使用一些巫术禳解。若家中有人患病，要在门口插上树枝，告诫外人莫入，以免把鬼带入，加重病情。即使是自家人从外面返家，也要先烧"桑"（一种植物），然后再去看病人。如果家中有两人患病，病人必须隔离居住，互不见面，否则就认为病不能痊愈。① 我们在朗塞岭村，也发现许多人家门楣上都挂着"Juma"，就是辟邪的意思，防止鬼魂进家。

图 7-2　朗塞岭村民家门楣上挂的辟邪物（方素梅摄于 2012 年 7 月）

　　我们在实地调研中，同样发现宗教观念和现代医学对于朗塞岭村和柳村居民的双重影响。过去柳村村民若是生了重病，一般会请喇嘛到家念经，查嘎组没有喇嘛，但有人会念经。平常情况下，大多数人家会请人念经三四次，念经一天，除了包吃，还自愿付给 5～20 元报酬。现在人们一般都是去找村医，村医不在就去乡卫生院。因为乡卫生院的大夫水平不错。实在不行就到县医院或地区医院。朗塞岭村的旺觉老人是名拉拉（防

① 山南地区地方志编纂委员会编《山南地区志》（下），第 1404 页。

雹师），他说以前人们如手臂生疮或脸部肿胀，会找自己念咒，来时会带着水、酥油等食品，由拉拉加持后服食，人们相信其功效犹如药品。庄园贵族若是生病，除了从寺庙请藏医，也会请他去做法事（念咒）。老人的小外孙女说，家里的人如果有外部不适，如生疮、脸肿等，以及鬼魂附体，老人也会念咒。现在，村里的人若有上述情况，也会来请老人，不用酬谢，只带一条哈达。何为鬼魂附体？小外孙女说，身体不适到医院就诊后仍然不好，就是有鬼魂附体。如果是内科疾病，大家还是到医院诊治。村里常见病是痢疾，民间土方是从山里采摘一种金色的蘑菇，与酥油、花椒、山姜一起煮成汤，趁热喝下，据说可以治愈。感冒时，人们则烧水放在盆里，然后用布或其他东西遮住脑袋熏脸，使身体发汗。或是将糌粑粉放到火灰上，冒烟后靠近熏脸，促使病人打喷嚏。或是将辣椒、姜、蒜煮水喝，然后盖上被子发汗。

三　妇幼保健知识

妇幼保健在人类健康知识体系中具有特殊的地位和意义。长期以来，西藏妇幼保健问题一直受到人们的关注，特别是住院分娩被提到了很重要的位置。西藏妇女尤其是农牧区妇女住院分娩率一直落后于全国其他省区，虽然近年情况大为改善，但农牧区妇女住院分娩仍然受到诸多因素制约。我们在实地调研中，也对朗塞岭村和柳村妇女分娩情况进行了了解。

传统上，西藏农牧区产妇都是在家中分娩，一般由产妇的母亲或其他女性长者接生。根据相关卫生部门的调查，1962 年山南地区扎囊县扎其区妇女分娩情况如下：

孕期饮食和平时一样，未增加营养，在阵痛发作前，照常参加劳动没有休息。接产没有任何消毒处理，一般由产妇母亲或大夫接产，也有请邻居接生者，但一般人不愿给别人接产，认为给别人接产后要瞎眼睛。用一般刀子断脐带，用羊毛线结扎。三日后，不管产妇有无奶汁，均开始给新生儿喂酥油、糌粑。产后产妇休息三四天，外阴部及恶露不做处理，饮食有条件者稍加一点酥油。产后八九天，若无特殊原因，一般开始参加劳动。[①]

我们在实地调研中，发现朗塞岭村妇女生育方式经历了显著变化的过程。20 世纪八九十年代以前，村里妇女都是在家里分娩，由家中女性长辈接生。如果难产，除了请喇嘛做法事，也会找医生，或是送医院。例如，朗塞岭村 69 岁的次仁措姆生育了 3 个孩子，老大、老二均在家里出生，由她的婆婆帮助接生，老三出生前次仁措姆感觉身体不适，总想呕吐，担心是难产而到医院分娩，结果的确是胎位不正，新生儿头朝上了。48 岁的达珍长期在山上放牧，她生育了 9 个孩子，除了老三是在医院分娩，其他孩子都是在牧场出生，由丈夫接生。结果，除了老三和老六，其他孩子都夭折了。达珍的大女儿一直和父母生活在山上，一个多月前刚生了一个女孩。她长年在山上游牧，本应受母亲很大影响，但她决定去医院生产，只是因为来不及而在村里的家中临产了，分娩后仍坚持到县医院住院几天进行护理，说明其观念已经与父母辈有很大的不同。当然，达珍女儿的这一选择，也许与西藏实施的农牧区孕产妇免费住院分娩、住院分娩奖励、生活救助等优惠政策有关，但这也反映了西藏农牧区妇女生育观念的变化以及西藏农牧区妇女健康工作进步的一个实例。

相比之下，柳村妇女的生育方式看似依然传统，其实情况也在悄然发生变化。也就是说，妇女依然在家庭分娩，如果难产，则请乡卫生院的医生来接生，或是送到县里或地区医院。柳村查嘎组的加参老人已经 81 岁，有 4 个儿女、11 个孙子女、4 个重孙子女，均在家中出生，由家里的女性长辈帮助接生。同组近 70 岁的边巴共有 5 个孩子，都是在家中出生的，由边巴的母亲接生。边巴大儿子的 3 个孩子也是在家里出生的，由边巴老伴接生。3 年前，边巴的女儿在家里分娩难产，然后送到日喀则的医院。柳乡卫生院 48 岁的藏族男医生普拉说，由于当地妇女不愿意到医院生产，所以他们一般是上门接生。只有一个产妇在乡卫生院生产过，她是孜龙村人，在去县医院的路上临产，所以就到乡卫生院来了。这与以往当地妇女

---

① 转引自郭克范《扎囊县民主改革时期档案整理与研究》，社会科学文献出版社，2014，第 161 页。

生育不愿外人看见的情况已经有了很大的改变。

西藏农村住院分娩率长期低于全国其他地区的原因十分复杂。首先可能是由于妇女文化水平所限，加上产前检查还未普及，许多孕妇对于预产期计算不准确，往往来不及在临产前住院。其次是西藏农牧区地域广阔，许多村庄或牧场距离医院较远，加之交通不便，孕产妇宁愿选择在家分娩。再次，西藏农牧区群众受到传统观念影响，认为分娩是不洁净之事，不愿意让外人看到；或是认为在医院不认识人，没有安全感，等等。最后，也可能是考虑到经济因素，认为住院分娩费用太高。

一般认为，分娩环境对于孕产妇的安全生产和新生儿的接种疫苗，具有非常重要的意义。我们在朗塞岭村和柳村的访谈中，也听到了产妇及新生儿死亡的案例。柳村81岁的加参老人说，他听说过个别婴儿死亡的事情。同村的边巴记得1986年前后村里有一个产妇生双胞胎时，母子双亡。朗塞岭村的达珍生育了9个孩子，只存活了两个。当然，她是在牧场分娩的，属于比较特殊的案例。次仁措姆说朗塞岭村新生儿死亡率不算高，如果有也是因为产妇体质问题。

在生殖健康方面，朗塞岭村和柳村村民具有自己的民间知识和经验。朗塞岭村的妇女孕产期不能吃辣的和陈旧的食品，也不吃面食，认为不易消化。产妇主要吃糌粑和酥油，现在也吃蔬菜、鸡肉和喝鸡汤。过去妇女分娩3天后即开始干活，只是一周内不能洗脸和沾凉水。如果阳光灿烂，新生儿每天都可以洗澡。

进入21世纪以来，西藏妇幼保健工作得到了迅速发展。截至2011年，全区孕产妇死亡率较2000年下降了61.28%，婴儿死亡率和5岁以下儿童死亡率较2000年分别下降了37.44%和52.64%。在全面促进基本公共卫生均等化服务的同时，继续实施农牧区孕产妇免费住院分娩、住院分娩奖励、生活救助等优惠政策。建立了覆盖全区的孕产妇救治绿色通道。仅2011年，就对23461名农牧区孕产妇住院分娩报销补偿资金4719.45万元、住院分娩奖励资金98万元、生活救助599.8万元。住院分娩率从2000年的20.14%提高到2011年62.49%。[①] 朗塞岭村和柳村妇女儿童的

---

① 尼玛潘多：《西藏自治区妇女儿童健康状况不断改善》，中国西藏新闻网，http://www.tibet.cn/holiday/xxzx/201205/t20120502_1739131.htm，2012年5月2日。

健康权益和健康状况，将会得到进一步的保障和改善。

第三节　加强农村卫生服务的思考

20世纪50年代以来，特别是改革开放以来，在国家的大力支持和西藏各级政府的努力下，西藏医疗卫生事业从无到有、从小到大不断发展，取得了举世瞩目的辉煌成就。然而西藏特殊的地理环境、经济社会发展水平、文化历史等因素，使得西藏的医疗卫生事业发展仍然面临较多的困难与问题，农牧区的医疗卫生条件与东部地区及城市相比有着较大的差距。朗塞岭村和柳村的调查，也从微观的层面反映了这种情况。

首先，医疗卫生资源分布不均衡，地区及城乡之间差异较大。农牧区在医疗机构、医疗设施、资金投入、人才队伍等方面，与城市相比有着巨大的差距。其次，乡村卫生服务体系基础薄弱，村卫生室设备缺乏，村医业务水平较低。最后，农牧区妇女儿童面临更大的健康风险。农村住院分娩率需要进一步提高，妇女健康检查制度亟须建立。

西藏农牧区地广人稀，提高基本医疗服务利用率，保障农牧民能够获得大致均等的基本医疗卫生服务，增强公共卫生服务的可及性与可得性，不仅有助于控制传染病、地方病等给农牧民身体健康带来的威胁，减少因病致贫、因病返贫现象发生；而且还有助于提高西藏农牧民家庭的人力资源，进一步增强农村劳动力获得各种非农就业机会，让西藏农牧民能够更好地全面参与经济社会发展活动、分享经济社会发展成果。[①] 从这个层面来讲，西藏农村基本医疗卫生服务供给，具有增强社会成员认同感和促进社会融合的作用，有助于保持农牧区社会稳定和推动西藏农村的建设。因此，在实现西藏跨越式发展进程中，加强农牧区医疗卫生事业发展具有极为重要的意义。为此，提出六点建议。

第一，重视和加快发展农牧区医疗卫生事业，把农牧区医疗卫生事业的发展放在全区医疗卫生事业的首位，制定出科学合理的发展规划，从政

---

① 王洛林、朱玲主编《市场化与基层公共服务——西藏案例研究》，民族出版社，2005，第44、45页。

策措施方面予以充分的支持和倾斜。特别是在资源配置方面要向农牧区倾斜，改变以往地区之间和城乡之间不平衡的状况。

第二，加强乡村医疗卫生服务体系建设，进一步完善与提高乡镇卫生院的医疗服务条件和水平，加强以基层为主的卫生队伍建设力度，逐步建立村级卫生室，争取做到每个村卫生室有专门的诊疗场所、必备的医疗设备和足够的医务人员。

第三，探索建立农村卫生人员培养培训的长效机制。目前，在基层和社区培养全科医生已成为大势所趋。西藏乡村医生的培养也应调整思路，特别是现在招募的乡村医生多为初中毕业生，年龄小、基础薄弱，更应该为他们创造系统学习的机会和条件，使他们真正成长为适宜藏族农牧区卫生服务网络需要的卫生人才。在培训方式上，新招募的乡村医生应当具备初中以上文化水平，上岗前至少接受半年以上的系统学习和培训，每年参加一定时间的再培训。在培训内容上，主要根据目前农牧区的医疗需求，重点学习急救、接生和防疫方面的知识和技能。

第四，重视发展藏医药在乡村医疗服务体系中的作用和功能。首先，诞生于青藏高原的藏医学，在常见病、多发病和一些疑难重症诊疗上形成了富有特色的诊疗方法，千百年来一直为藏族群众所信赖。其次，乡村医生几乎全部由本土人员担任，他们学习藏医药的兴趣较高，效果相对显著。因此，要给年轻的乡村医生提供系统学习藏医的机会，组织他们到相关院校进修和培训。同时，鼓励有经验的民间藏医承担起培养学生的责任，把自己的医术传承下去。例如，课题组在拉孜县柳乡调研时，了解到藏医药一直是乡村医生使用的医疗方法，他们多是家族继承，至今仍保持这样的传统。该乡卫生院院长是一位家传的藏医，受到当地群众的热切爱戴，十里八乡慕名而来的患者络绎不绝。如果由他招收一些村医为学徒，几年下来就可以使他们成为独立行医的藏医。

第五，允许和鼓励乡村医生参加职称申报，特别是要承认和重视那些在农牧民中享有盛誉的藏医，建立起相应的评价体系，给予他们应有的待遇和地位。上面提到的柳乡卫生院院长在当地非常著名，但他没有职称，因为评定职称需要考试，这对他有较大难度，也没有时间去准备。而一个刚分来的大学毕业生因为学历高，反而评定了初级职称。这种情况不利于激发乡村医生的积极性，也不利于民族医药的发展。

第六，推进乡村一体化，进一步提高乡村医生的待遇，改善乡村医疗卫生服务条件，吸引较高学历的医学专业人才到农村基层医疗机构工作。同时，在乡村医生的养老问题上，研究制定更加科学合理的保障制度和措施，使他们能够老有所养、老有所依，以稳定农牧区卫生人员队伍，保证"三级"卫生服务网络体系"网底"牢不可破。

第八章　养老保障与养老模式

养老保障是社会保障体系的重要组成部分，关系到一个国家能否维持社会安定和正常运转。在传统社会中，家庭养老占据主要的地位。在现代社会中，已经普遍建立起由法律规定的、具有强制性和福利性的社会养老保障体系。我国的社会养老保障制度经历了一个长期的发展过程。中华人民共和国成立后，农村社会养老保障纳入社会救济体系，目前已经建立起农村最低生活保障制度、五保户供养制度和城乡特困群众医疗救助制度。西藏农村最低生活保障制度自2007年建立以来，先后五次提高最低生活保障标准。从2012年1月起，农村居民最低生活保障标准每人每年再次提高，家庭年人均纯收入低于2300元的农村居民全部纳入保障范围，对应的扶贫对象是83.3万人，占西藏农牧区总人口的34.42%。与此同时，西藏于2012年初开始实行新型农村社会养老保险制度，标志西藏农村社会保障也和全国一样，在保持传统的"子女养老"同时，逐步发展起"社会养老"模式，以期随着经济社会的发展更好地解决农牧民"老有所养"的问题。

第一节　制度安排与集中供养

一　新型农村社会养老保险制度

新型农村社会养老保险（简称"新农保"）是以保障农村居民年老时的基本生活为目的，建立个人缴费、集体补助、政府补贴相结合的筹资模式，养老待遇由社会统筹与个人账户相结合，与家庭养老、土地保障、社会救助等其他社会保障政策措施相配套，由政府组织实施的一项社会养老保险制度，是国家社会保险体系的重要组成部分。2009年9月1日，国务院下发《关于新农村社会养老保险试点的指导意见》（国发〔2009〕32号）规定，从2009年起开展新农保试点，2009年试点覆盖面为全国10%的县（市、区、旗），以后逐步扩大试点，在全国普遍实施，2020年之前基本实现对农村适龄居民的全覆盖。年满16周岁（不含在校学生）、未参加城镇职工基本养老保险的农村居民，可以在户籍地自愿参加新农保。该文件的颁布，标志着我国农村社会养老保险制度进入了一个新的发展阶段。

西藏是一个以农牧业和农村人口为主的地区，根据《西藏统计年鉴》数据，2011年西藏乡村人口为234.42万人，占到了总人口303.30万人的77.29%。与此同时，西藏老年人的问题也主要表现在农牧区。因此，西藏农村养老保障的重要性日益凸显。2009年11月，西藏正式启动新农保试点工作。截至2010年6月30日，西藏所有73个县（市、区）全部列入新型农村社会养老保险试点范围，并于当年实现了新农保制度的全覆盖，这与全国推行新农保的时间相比，提前了10年。西藏新型农村社会养老保险分为"基础养老金"和"个人账户养老金"两种类型。新农保制度实施时，年满60周岁的农牧民无须个人缴费，每人每月可直接领取55元的基础养老金。基础养老金标准将随着经济社会发展而相应提高。个人账户养老金则是由个人缴费、政府补贴、村集体补贴、其他社会组织资助以及利息等部分组成。参保人员为16岁至59岁的适龄人群，按照承受能力每人每年缴费100元至500元，政府每人每年补助30元，村集体自主确定补贴标准。连续缴费15年并年满60岁的参保人员可获得相应的养老金。至2010年底，全区23.52万60周岁以上的农牧民全部领取了基础养老金，共计7631.55万元，发放率达100%。适龄参保人员已参保登记85.8万人，参保率达76.5%。[1] 至2012年底，西藏新农保参保率达到91%。[2]

我们在朗塞岭村和柳村的实地调研中，发现农村社会养老保险正在当地大力推行。根据两村村委会的分别统计，截至2012年6月底，朗塞岭村161户居民中，每户均有人员参加新农保；在柳村297户居民中，约80%

---

① 陈默：《西藏农村社会保障现状研究——以南木林县艾玛乡农村社会救助和养老保险为例》，《中国藏学》2013年第3期。

② 《2012年西藏社会建设取得新突破奏响幸福民生最强音》，中华人民共和国中央人民政府网站，http://www.gov.cn/gzdt/2013-01/18/content_2314812.htm，2013年1月18日。

的家庭有人参加新农保。入户访谈中，不少居民对于新农保表示理解和支持。部分居民认为，虽然个人缴纳的保险金只有 100 元（也可以选择缴纳更高一档的金额），但是如果家庭人口多，每年加在一起的数额也是较大的负担，所以大部分家庭只是选择性地参保，其中又以年龄较大的家庭成员为主。也有一些居民表示，将来条件改善了，会让没有参加新农保的家庭成员参保。例如，我们在柳村 81 岁的加参老人家里访谈时，正好有两位六七十岁的邻居大娘也在他家聊天，她们都属于不需要缴费即可领取养老金的情况，一致称赞："养老金制度很好，党和政府是恩人。"我们问他们，对于年轻人需要缴纳费用且到一定年限后才可领取养老金怎么看。一个邻居回答："虽然每年他们要交 100 元，但这不算多，到 60 岁就可以领取了。村里的许多人都参加了。还有人一年交 500 元，到 60 岁时可以多领些。"另一个邻居则说，交了保险，就像是把钱存进了银行，不仅可以领取本金，还有红利，所以不错。加参补充道，自己家人口多，现金收入少，缴纳的总额还是挺多的，感到有些压力。

朗塞岭村 48 岁的达珍一家 4 口（夫妻俩及 2 个女儿），只有她和大女儿参加了新农保。因为他们以放牧为主，畜产品和农产品很少出售，每年的现金收入大约只有 1.5 万元左右，既要用于生活必需品的消费，又要购买化肥、农药等，基本没有积蓄。因此，达珍的丈夫和小女儿（初中生在读）没有参加新农保。不过，达珍说以后收入增加了，一定要把丈夫的那一份一次性补齐。朗塞岭村 45 岁的琼达一家 8 口人，包括他们夫妻俩和 4 个孩子（分别为 24 岁、20 岁、16 岁、14 岁），还有琼达单身的哥哥和姐姐。家里的现金收入来源主要是织氆氇（每年织 3 条，出售 2 条，每条价格七八百元）和琼达哥哥到拉萨林业局打短工（只有夏季的 4 个月可以做工，每天工资 40 元）。琼达说，哥哥、姐姐和自己夫妻俩均已年长，很担心养老问题，怕生病，而且两个十几岁的孩子还在上学需要花钱。因此，从 2010 年开始，琼达一家有 5 人参加了新农保，每人每年交费 100 元。

总的来说，社会养老保险在中国农村是一项新鲜事物。对于那些二三十岁的年轻人来说，参加新农保的愿望可能没有那么迫切，毕竟离领取养老金的年龄还有较长的时间。这与新农合的情况有着明显的区别，因为对于男女老幼而言都存在生病的风险，同时新农合的实施已经多年，农牧民享受到了实实在在的好处和便利，因此新农合的参合率近乎 100% 不难理解。反过来说，新农保刚开始实施就取得了这样的普及率，亦可反映出农牧民对于新型农村社会养老保险制度具有较高程度的认可和欢迎。

二 机构养老与集中供养

（一）集中供养状况

西藏农村实行的机构养老，主要指五保户的集中供养，一般以举办敬老院的形式进行安置。具体程序是由行政村将符合条件的人数进行统计上报，相关民政部门审核并统一管理，采取集中供养的方式将符合条件者送到敬老院生活。在敬老院，一切费用由民政部门下拨。由于主观观念和客观发展条件的制约，除五保户以外的老人，尚未被纳入社会养老机构中。

在实地调研中，我们主要对扎囊县的机构养老和集中养老进行了了解。截至 2011 年底，扎囊县共有五保供养对象 337 人，其中集中供养 91 人，占 27%，其余 246 人分散供养。有 10 所敬老院，覆盖 4 个乡镇。全县 10 所敬老院共有 127 张床位，集中供养了 91 位老人，床位利用率为 72%。国家规定，五保户集中供养标准为每人每年 3600 元，分散供养①标准为每人每年 2400 元。现有工作人员大多数为临时聘用人员，工作人员工资约为 800～1000 元/月，工资资金由财政全额支付。据该县民政部门相关人员介绍，近年来，扎囊县的敬老院虽然都在原有的基础上经过了改扩建，但目前的规模还是偏小，普遍缺乏扩大再发展的空间，敬老院规模小，软硬件设施不足。

在硬件设施方面，首先，大多数敬老院缺乏医疗室、健身室等护理场所以及娱乐室、阅览室等满足精神文化需求的生活场所，同时，厨房、餐厅的设备、设施也都比较简陋。造成敬老院规模小、硬件设施不足的主要原因，一方面是敬老院在当时选址、设计、建设时缺乏长远的规划，另一方面是现有的财政投入尚不足。其次，敬老院集中供养率较低，床位利用率不高。造成床位闲置的原因主要有两点：其一，藏族农牧区存在极深的在家养老的传统观念，使得一些乡镇的五保户老人往往因为担心其他村民议论而自己不愿意或亲戚不同意进敬老院生活；其二，敬老院管理水平不高，导致集中供养的老人生活不方便，并且精神上的孤独感难以满足，五

---

① 符合供养条件的老人仍然在自家居住生活，其供养资金下拨到村。

保户老人宁愿回自己的村里居住。

在软件建设方面，目前，敬老院仍处于保生存、保运作的初级阶段，究其原因，一是体制问题。敬老院目前的单位性质不明确，既不是企业，又不是社会组织，也不是事业单位，导致敬老院虽有国家政策和自治区各级民政部门的支持，但运作仍不规范。二是管理人员素质低。敬老院的管理人员都是低薪临时招聘的人员，主要的工作仅仅是做饭，既无管理经验，又未经过培训，在老龄化人群的饮食管理、身心健康管理乃至精神文化生活管理等方面都存在一定的欠缺，难以对敬老院进行专业有效的管理。三是现有工作人员的数量和待遇缺乏保障，并且缺乏专业化的指导和人才力量。

（二）扎其乡敬老院

扎其乡敬老院设置在朗塞岭村。截至 2012 年 7 月，敬老院一共有 12 位老人在此集中供养，其中，有 4 位是朗塞岭本村人，其余都来自扎其乡其他的村。养老院设计规模可供养 18 位老人，原来被供养人是 17 位，2008 年至 2012 年去世了 5 位，但却没有入住过新的老人，因此敬老院现在空缺比较大。去世的五位老人中，有两位 70 多岁和 80 多岁的老奶奶，瘫痪在床；一位 80 多的老奶奶胃病严重，总是呕吐；一位 70 多岁的老爷爷患有帕金森氏症，另一位 70 多岁的老爷爷则是肠胃不好，时常泻肚。当地习俗，家有老人去世，一般要请寺庙里的僧人来念经，然后由天葬师来举行天葬。在敬老院里，如果有老人去世，管理员就会汇报给村委会，由村委会告知乡里和县里的民政部门来处理。民政部门会依照习俗，帮忙请僧人来念经，然后天葬。五位去世老人的住院费、丧葬费全部是由扎囊县民政局来出。其中丧葬费每人 2000 元，包括请僧人念 3 天经和举行天葬。

敬老院目前的 12 位老人均患有不同程度的慢性病，但多数生活可以自理。如果有谁生病了，管理员就请朗塞岭村的村医来诊治。村医医治不了的病症，一般就到县医院治疗。如果有老人到县医院看病，管理员可能还会顺便带着其他老人一起去做检查。老人们都参加了新农合，与普通农户家参加新农合的方式不同，敬老院的老人每年不需要缴纳 20 元个人缴费的部分，由县民政局统一支付。每个老人每月可以领到 50 元补助金，用于购买生活用品，例如洗衣粉、灯泡、火柴、白糖等。敬老院院长家就在敬老院隔壁，她在自家小院门口开了个小卖部，老人们一般就是去那里买东西的。

图 8 – 1　扎其乡敬老院大门（侯苗苗摄于 2012 年 7 月）

敬老院有几间套间，老人们一般是一人住一间，只有两个老人是例外，住在一个房间里，他们是一对兄妹。房间里有基本的家具配备——一张床、一套藏式双人沙发、一张藏式茶几、一台电视机。老人们平时一般不看电视，因为收不到节目，加之多数老人都患有白内障，眼睛看不清。

敬老院有 3 位管理员，一男两女，年龄在 30 多岁至 40 多岁之间。他们都是朗塞岭村居民，负责敬老院老人们的日常饮食起居，包括帮助失去劳动能力的老人洗涮衣被。管理员轮流值班，每人轮值 5 天。米、面、酥油、菜等食物由扎其乡民政局统一采购送来，一般是半个月左右送一次，每月还会发一次青稞面，一袋有 20 斤，用于做早餐。每天早晨 8 点半左右，值班的厨师就去敬老院打好酥油，老人们自己会用酥油和青稞面做糌粑吃。藏历逢年过节时，扎囊县和扎其乡相关部门会组织党员和团员来敬老院慰问，帮助老人们打扫房间里和院子里的卫生；还有拉萨的学生志愿者来送过棉被，也有泽当等地的单位和群众等曾经来给老人们送些新衣服。每年冬天和夏天，扎其乡会给老人们送一次量身定做的衣服、洗漱用品等。敬老院里要是缺什么东西，管理员就会打电话到扎其乡，由扎其乡负责购置。

　　住在敬老院的老人，都没有太多的亲属，平时很少有人来看望他们。敬老院里平时的活动不多，腿脚好的老人有时会相约一起去转白塔。藏族老人认为转白塔可以得到佛的护佑从而祛除百病。一般是绕着白塔顺时针走圈，圈数为三或三的倍数。实际上，转白塔确实是一项有益于身心的活动：一圈又一圈的走动促使全身得到了一定程度的活动和锻炼，从而在客观上起到了日常保健的作用；同时，对于老人们而言，相约而行促进了彼此的交流，由此带来的适当的言谈和思考对减缓大脑功能的退化亦有帮助。除了转白塔，老人们大多宅在敬老院内，很少和村里其他相邻而居的老年人一起聊天或锻炼身体。根据敬老院的管理员介绍，当地老人一般没有太多的休闲娱乐，身体尚可的，大多数都在家干些家务，很少出门，加上各家住得比较分散，村里很少也很难把老年人集中起来组织活动。为了不使老人们过于孤独，管理员准备好饭菜后，会与他们一起进食，互相聊聊天。管理员认为，除了文化生活有些缺乏和单调以外，敬老院现有的生活条件还是很不错的，如果将来条件更加改善了，可能会有更多的老人选择到敬老院生活。

图 8 - 2　扎其乡敬老院院子（侯苗苗摄于 2012 年 7 月）

第二节　养老观念与家庭养老

在西藏传统社会中，家庭养老是最基本的养老模式。在朗塞岭村和柳村，数代同堂的情形十分普遍。不少家庭中，可以见到并非直系的代际抚养（赡养），体现出淳朴、善良、密切的亲属关系，以及当地居民讲孝道、重人伦的公序良俗。例如，在朗塞岭村，我们前去拜会82岁的旺觉老人时，他正在村边山坡上转白塔，当时天空忽然暗沉，雨点开始飘落。我们和老人赶紧往家里走，与他同住的大外孙女正好来给老人送伞。原来她听到打雷了，怕下雨，担心老人没有带伞，这让我们十分感叹。

当地晚辈普遍孝顺，除了日常关心，还体现在负担经济开支、赡养父母及孤寡的直系亲属等。还有不少家庭，都留一个孩子在家干活赡养父母老人，他们往往只读到初中或高中，即使成绩不错也会回到家里。此外，有不少未婚兄弟姐妹同在一个家庭生活的情况，结婚生育的一方，承担照顾单身一方的责任。孩子长大后，理所当然地接过照顾叔伯姑舅姨等亲戚的担子，一般不会有怨言。这样的养老模式十分独特。例如，朗塞岭村45岁的琼达夫妻俩要抚养4个孩子，负担十分沉重，但是仍然与单身的哥哥（56岁）和姐姐（48岁）与他们共同生活。琼达说，哥哥、姐姐和自己夫妇均已年长，因此很担心养老问题。同村38岁的达娃措姆为了照顾父母，以及未婚生子的智障妹妹和她的孩子，放弃在拉萨打工的机会回到朗塞岭村。她在拉萨有一个男朋友，但是两人很难结婚，因为达娃的家庭是一个沉重的负担，而且可以预见在未来的十几年里，她不仅要照顾父母和妹妹，还要抚养妹妹的孩子，但她却任劳任怨。同村54岁的次仁久阿妻子已经去世一年，他和两个20多岁的儿子担负起赡养83岁老岳母的责任。岳母的丈夫和两个儿子均已过世多年，现在女儿也不在了，她身体不好，"眼睛看不清"（可能是白内障），患有高原地区常见的高血压病，腿脚不便，甚至连下地走走都很困难，日常生活起居都在房间里，由女婿照顾，外孙子在家的时候也会帮助父亲一起照顾姥姥。次仁久阿说，即使岳母将来卧床不起了，他也会继续照顾老人，不会把她送到敬老院去。他说，"别人会指责的。而且这个家里的责任都在我的肩上。老人由我来照顾，这是我的责任。"

我们在朗塞岭村和柳村的实地调研中，深切地感受到家庭养老观念的巨大影响，而这种观念的核心要素在于孝悌。敬老院成立后，朗塞岭村居民目睹了机构养老的情况，但是，人们普遍不愿接受机构养老的模式。绝大多数的受访老人表示，在其老龄化的过程中倾向于在家养老的模式而非进入社会养老机构养老，最主要的原因则是担心其他村民和邻居会议论自己的子女不孝，并非敬老院里的生活条件不好；相反，几乎每个受访者都认为国家给予敬老院的生活条件非常好，甚至胜过家里。另一方面，所有受访的子女均表示，知道村里有个扎其乡敬老院，也知道敬老院里国家补助的生活条件不错，但是仍然不会考虑将自己的父母（含岳父母）及其他长辈送到敬老院生活，即使生活再艰辛也要在家赡养老人。

调研中我们发现，婚姻模式，或者推而广之地说是家庭模式，会对养老模式产生直接而深远的影响：只有从属于一夫一妻制的婚姻关系中，且共同育有子女的夫妻，在老龄化的过程中才更易于得到来自家庭的代际赡养。反之，无婚姻配偶、无子女的老人，则往往不得不借助于社会养老的模式，在这样的模式下，他们虽然能够得到政府或民间给予的生活上的安排和照料，老有所依，但精神孤独却不可避免。扎其乡敬老院的老人就是鲜明的例子。他们要么终身未婚，要么就是曾经有过婚配和子女，但后来又因为种种原因在事实上退出了婚姻关系，或者连子女也没有。正因如此，致使他们缺乏法定赡养人，才由民政部门送到敬老院里集中供养。例如，65 岁的白玛曲珍一生未婚，年轻时曾未婚生过两个孩子，都已经去世了。她有一个妹妹，就住在朗塞岭村，妹妹和妹夫希望她和他们一起住，但是白玛曲珍不愿意，于是一直一个人生活。后来，村里的干部统计了全村孤寡老人和五保户老人的情况，上报给了县民政局，县里将需要集中供养的老人们送到了敬老院，白玛曲珍就来到了这里。

第三节　总结和思考

综上所述，朗塞岭村和柳村居民的养老模式以家庭养老为主，传统的孝悌观念深刻地影响着人们的思想和行为。老人们的晚年生活主要是念经和转白塔，身体健康的则帮助料理一些力所能及的家务，以及照顾年幼的晚辈。公开虐待和抛弃老人的行为会受到严厉的社会舆论谴责，在调查中也没有发现这样的例子。孤寡老人则由国家担负起赡养的义务，或是纳入五保户进行救济，或是送到敬老院进行集中供养。位于朗塞岭村的扎其乡敬老院就是其中一个例子。

敬老院本是社会发展的产物，本次调研中我们发现，由于高原缺氧和医疗卫生条件较差等原因，西藏农牧区人口平均预期寿命增长速度低于城镇水平，西藏整体的人口平均预期寿命低于全国水平。[①] 敬老院在西藏农牧区的出现，除去社会发展的需要之外，更是一种富有优越性的国家政策和制度安排，值得鼓励、推广和完善。随着国家社会保障政策进一步的完善和落实，自治区基础设施、文化、医疗卫生事业的建设与发展，敬老院的软硬件建设会更加完备。村民子女沉重的赡养负担与养老家庭化孤立化之间的矛盾说明，虽然在目前，无论是从政策还是从现实来看，仅有五保户才被纳入社会养老范畴，而从属于一夫一妻制的婚姻关系中且共同育有子女的老龄夫妻，主观上和客观上都暂时不是社会养老服务的对象，但随着农牧区人口预期寿命的增加和社会事业的发展，家庭养老模式将会逐渐向社会养老模式转变。在这样的趋势下，仅有作为制度安排的敬老院是不够的，以宗教为基础的社会互助组织作为民间养老机构，可以成为政府主导的社会养老机构的有益补充，它的发展方式有待今后的深入研究。

作为一种先进的制度安排，新型农村社会养老保险无疑为农牧民提供了家庭养老之外的最佳选择。然而，我们也必须看到，由于西藏特殊的自然地理环境，虽然半个多世纪以来人均预期寿命显著提高，但与全国平均水平相比差距较大。目前设计的新型农村社会养老保险制度还没有充分考虑到这一独特情况，这不仅影响到该制度的进一步推行，也是对西藏及其他高寒及高海拔地区居民的不公平。在社会养老保险制度设计中，人均预期寿命是计算养老金的参考要素之一。人均预期寿命越高，领取养老金的年龄可能越迟。我们认为，在高寒及高海拔地区实施社会养老保险制度时，应当考虑其相关因素的独特性，进行差别化设计。换句话说，应当根据高寒及高海拔地区人均预期寿命及其变化情况，适当降低城乡居民养老金待遇领取年龄，使这项社会保障制度能够更加符合这些地区城乡居民的

---

① 根据第六次全国人口普查详细汇总资料计算，2010 年中国人口平均预期寿命达到 74.83 岁，西藏人口平均预期寿命为 67 岁。

利益。鉴于西藏人均预期寿命和人口年龄结构的特殊性，我们认为适当降低西藏养老金领取待遇年龄具有两大作用：一是体现社会保险的公平、公正原则，使西藏人民的社会保障权益得到充分保障。二是激励人们积极参保，激励多缴长缴；只有多缴长缴，才能真正发挥社会保险的作用，减轻国家负担，提升人民生活幸福指数，亦使降低养老金待遇领取年龄造成的财政压力尽快化解。

第九章 宗教设施和宗教生活

　　西藏的农牧民绝大多数信仰藏传佛教，藏传佛教对藏区社会具有广泛而深刻的影响。在民族文化方面，藏传佛教作为一种宗教信仰，对广大信教群众有着历史与现实的双重影响，并在长期的历史过程中，逐渐渗透、根植于民族情感、精神心理和风俗习惯之中，成为民族文化体系的重要组成部分。在政治生活方面，藏传佛教强大的整合功能，一方面使信教民众将控制自身的一部分权利转让给代表藏传佛教权威的活佛或寺院，使之与广大信教民众建立起牢固的共同权威结构；另一方面由于历史时期世俗政权与藏传佛教的密切关系，即所谓的政教合一，使藏传佛教对藏区诸多政治事务具有广泛而深刻的影响。

　　据统计，1959 年民主改革以前，西藏有宗教活动场所 2711 座，僧尼114103 人。实行民主改革后，包括上层僧侣的西藏三大领主的封建特权被废除，实行政教分离，西藏工委正式批准保留寺庙 553 座（不包括拉康和日追）、僧人 6913 人（1964 年）。寺院权威在民众宗教生活中的地位下降。在"文化大革命"期间，西藏同全国其他地区一样，宗教信仰自由政策遭到严重破坏，宗教活动场所及设施受到了惨重破坏。西藏有僧尼的寺庙只剩下 8 座，僧尼 978 人。"文化大革命"结束以后，西藏重新全面地落实宗教信仰自由政策，政府尊重和保护藏族信教群众正常的宗教活动，以前被损毁的宗教活动场所及设施逐渐得到恢复和重建。据调查资料，1982 年全区藏传佛教活动场所 64 座、僧尼 1288 人，至 1987 年，全区藏传佛教活动场一下子增至 928 座、僧尼 14320 人，1990 年达 1353 座、僧尼 42190人，1994 年达 1787 座、僧尼 46380 人。此后，西藏各级政府采取了一些措施，遏制住了一度发生的宗教狂热，使僧尼人数和寺院规模得以控制。至 2006 年初，全区的各类宗教活动场所 1807 座，住寺僧尼约 4.6 万人左右。截至 2011 年 7 月，西藏全区共有 1700 多处藏传佛教活动场所，住寺僧尼约 4.6 万人，经政府批准的活佛 297 人，其中新转世活佛 52 人。[①]

西藏和平解放前，西藏各村庄一般都有庄园主，其宗教生活受到贵族权威的影响，并且基本上多数村庄都有其供施的寺院，另有拉康、佛塔、拉则等宗教设施。寺院及宗教上层在乡村具有较高的权威性。本章以朗塞岭村和柳村的入户个案调研资料为基础，对随着时代和所处社会环境的变迁，西藏农村藏族信教群众的宗教信仰的变化情况做一个初步的考察，通过其个案具体呈现西藏乡村宗教的深刻变革过程。

第一节　宗教设施及其重建

一　朗塞岭村及其周边的宗教设施

（一）扎囊县的宗教设施

山南是雅隆文化的发源地，曾是雅隆部落和帕竹地方政权的活动中心，也是早期西藏佛教活动中心。随着政治、经济中心的转移，拉萨地区逐渐取代了山南文化中心的地位，佛教文化也随之北迁，导致山南地区佛教发展相对滞后于拉萨。民主改革前山南地区有寺院 582 座，僧尼 13500 人。截至 2013 年 7 月，山南地区各种宗教活动场所 251 处，包括寺庙 141 座、拉康 94 处、日追 16 处，涉及 6 种宗教教派，其中宁玛教派 74 处、萨迦教派 17 处、噶举教派 67 处、格鲁教派 82 处、布东教派 10 处、混合教派 1 处，教派所属寺庙、僧尼分布于山南 12 个县。目前，山南有宗教社会团体 1 个，即山南地区佛教协会。

山南著名的寺院有桑耶寺、敏珠林寺、多吉扎寺、昌珠寺、泽当寺、丹萨梯寺等，历史悠久，规模宏伟。其中，桑耶寺、敏珠林寺位于扎囊县境内。1959 年实行民主改革前，扎囊县共有寺庙 47 座，其中藏传佛教寺庙 26 座，尼姑寺 21 座，共有僧尼 1862 人，其中男僧 1306 人，僧尼 556 人。[②] 据 2012 年 7 月调查数据，全县宗教活动场所 21 个，活动点 8 个，其

---

① 本章引用的资料和数据，除已注明的以外，均由各级政府和相关部门提供，特此说明并致谢。

② 扎囊县档案馆资料，政法军事统战类，卷第 51。

中宁玛派寺院 11 座、萨迦派 3 座、噶举派 3 座、格鲁派 2 座，共有僧人 325 人，编外僧人 80 余人，活佛 4 人，德乌欠寺、亚青拉康、强巴林寺、噶孜布寺各 1 人。2011 年 5 月发放两证。2011 年成立寺管会，全县现有 9 个寺管会。

图 9-1　全国重点文物保护单位——桑耶寺（方素梅摄于 2012 年 7 月）

位于扎其乡的寺院有 3 所，即敏珠林寺（宁玛派）、充堆寺（萨迦派）、桑阿曲郭林寺（宁玛派）。敏珠林寺是西藏宁玛派（红教）的三大寺之一，是宁玛派在前藏的一个主寺，该寺建于清康熙十五年（1676），由宁玛派的一位伏藏大师德达岭巴·吉美多杰创建。以传授"南藏"为主，附带也传授"三素尔"以来所传授的佛教经典。敏珠林寺在寺主的继承上以父子或翁婿传承。本寺以文字书法优美著称，原"嘎厦"（西藏地方政府）僧官学校的校长——"格根钦波"，向来都是从敏珠林寺的喇嘛中委任的。"文化大革命"时期，敏珠林寺遭受严重破坏，令寺院僧众不胜唏嘘。改革开放之后，在些卓滇津仁波切（乃现今敏珠林系里最博学多闻的祖古仁波切）及寺院僧众的努力下，将敏珠林寺恢复了原貌，并成立敏珠林佛学院，致力法脉的传承。佛学院位于寺院山脚，在佛学院至少要学习 6 年。寺院后面的山坳里，有一个修行院，专供僧人闭关修行之用，可同时供 8 个人进行闭关。闭关修行时间最短 3 个月，最长 3 年 3 月 3 日。

敏珠林寺带有浓厚的佛学院性质，寺中很注重佛教经典、文法修辞、书法、天文历算、藏医藏药等知识的研习，并以文字书法优美而闻名全藏。按以往惯例，由敏珠林寺选派精通历史、佛学、藏文和医药、历算的高僧，担任设在布达拉宫内的僧官教师，另一部分人则到拉萨"门孜康"负责研究历算和编写修订《藏历年表》，且历年《藏历年表》的推算都是敏珠林寺负责的，所以有"西藏第一所喇嘛学府"之美称，在西藏历史上相当于综合性的高等学府，曾为西藏社会培养了许多人才。

2011 年 9 月，敏珠林寺成立了寺庙管理委员会（简称"寺管会"，下同）。截至 2012 年 7 月，全寺有僧人 47 人。"寺管会"成员共 35 人，属县级机构。

图 9 - 2　敏珠林寺（方素梅摄于 2012 年 7 月）

（二）朗塞岭村的宗教设施

桑阿曲郭林寺位于朗塞岭村东南面的山坡上。关于该寺没有查到汉文的相关资料。据该寺僧人次仁顿珠介绍，该寺建于 12 世纪初期，系宁玛派寺院。民主改革以前，该寺归属朗塞岭庄园，1959 年以后逐渐颓败，僧人

被迫还俗，"文化大革命"期间几乎损毁殆尽。迄今为止，该寺先后有6
代活佛，第一世官却·阿旺嘉措（出生于朗塞岭庄园）、第二世丹增·成
列南杰（出生于工布江达）、第三世降边·阿格旺布（出生于山南泽当）、
第四世切珠·却吉尼玛（出生于扎囊县扎其乡）、第五世图登·久美朗杰
（出生于朗塞岭村，系次仁顿珠之祖父）、第六世贝玛南杰（系尼泊尔藏
人，现居台湾地区，据称2000年5月由西藏些桌滇津活佛及嘉措活佛共同
认证，称班札法王仁波切）。

　　该寺重建于1993年，系附近村民捐资所建，修了大经堂及护法神殿，
当时共花了材料费12万元，人工均系当地村民无偿承担。1996年批准开
放，当时有8名僧人。现在该寺院有两层，计划以后建第三层。2012年6
月，该寺共有3名僧人：强巴，83岁；次仁顿珠，49岁；西滇多杰，18
岁。据介绍，该村还有4名尼姑，平时都住在自己家里。现有4间僧舍，
均为僧人自己所建。信教的村民们可以随时到寺庙里烧香，平时需要做佛
事的时候就到寺庙请僧侣。

图9-3　桑阿曲郭林寺（秦永章摄于2012年7月）

　　该寺现在每月农历初十、二十五日有法事活动，主要是点灯、诵经。
由于寺院僧人少，加之现在交通方便，村民们去附近较大的寺院如敏珠林
寺、桑耶寺等很方便，因此，寺院除了小规模的宗教活动或者替村民进行
佛事活动外，不再举行大规模的佛事活动。

2011 年底，在该寺成立寺管会。现在的寺管会成员共 4 人，其中 3 名藏族、1 名汉族。由于该寺没有住宿条件，因此他们住在扎期乡充堆村充堆寺。

据该寺僧人介绍，2003 年由政府投资 4 万多元在寺院里建了文化活动室，2004 年县政府又拨付了 4000 元的维修经费，供寺院维修使用（打阿嘎土）。2012 年初，为了落实寺庙基础设施和文化设施建设，西藏实施寺院"有领袖像、有国旗、有道路、有水、有电、有广播电视、有电影、有书屋、有报纸"的"九有"工程，所有费用由政府负担。现在该寺的"九有"工程已经基本实现，这极大地改善了寺庙的文化生活环境，提高了僧尼的生活质量，也为僧人潜心修行提供了方便。

朗塞岭村的宗教设施还包括拉康、白塔各一座。

"拉康"（Lha khang，即佛堂、神殿）位于村委会南侧的农田中央，院墙用白灰粉刷，墙上设有转经筒，周围拉着长长的经幡，在一片麦田中显得格外醒目。拉康内有平房 5 间，其中 1 间是用溪水动力转动的转经轮房，1 间是供奉佛像的佛堂，另外 3 间分别是厨房、库房及庙官的宿舍。该拉康供朗塞岭村 3 个组共用，现在平时由 67 岁的藏族老人嘎玛次仁看管。据嘎玛老人介绍，该拉康是 1982 年重建的，以前的拉康在"文化大革命"期间被毁。由于拉康内的空间狭小，以村落为单位的集体性的宗教活动不多，主要是附近的村民来转经，其中每月农历五、八、十、十五、二十、二十五、三十日来转经的较多，主要是老人。由于村民的需求，该拉康庙官除管理拉康外，平日还从事制作一些泥塑小佛像"擦擦"，并为村民提供在经幡上印刷经文的工作，这成为庙官的主要收入来源，每月大概有十几元。他的生活必需品由家人提供，村民们也会施舍一些。

白塔（土制的白色佛塔）位于该村的东侧，呈圆形，高 10 米，直径 12 米左右，白塔周围还设有转经筒，正面设有煨桑炉和经旗杆。该白塔除供村民们转经使用外，还是本村不少集体活动如"望果节"的始发地。

除上述三座宗教设施外，村落南侧的山坡上有一处供煨桑、祭祀用的"拉则"（ལ་རྩེ，汉语俗称敖包）。

图 9－4　朗塞岭村白塔（秦永章摄于 2012 年 7 月）

二　柳村及其周边的宗教设施

（一）拉孜县的宗教设施

日喀则地区曾是萨迦派的活动中心，15 世纪随着格鲁派的兴起，情况开始发生变化。至 17 世纪，格鲁派取得领导权后，迫使这一地区的其他宗派改宗，一批原属噶举派和觉囊派的寺院改宗格鲁派，最终形成了以扎什伦布寺为中心的格鲁派势力集团。1959 年叛乱和"文化大革命"期间，这一地区的寺院破坏惨重，许多寺院成为残垣断壁，被夷为平地或成为废墟。像宏伟的萨迦寺，"檀香当火棍，锦缎为抹布"，文物流失，经书被焚，北寺被夷为平地。党的十一届三中全会后，政府拨款，群众捐助修复了部分被毁寺庙，遗憾的是萨迦北寺再也难显昔日风采。目前，日喀则地区僧尼人数基本控制在全地区总人口的 1% 以下。

拉孜县位于日喀则地区的西部，故有日喀则西部地区之称，在历史上被称为日喀则上部地区，藏语称"堆巴"（Stod Pa）。从目前的经济状况来看，日喀则的西部地区落后于东部地区，由于自然条件的差异，东部地区比较富足，而西部地区处于贫穷。然而，拉孜县在西部各县中又可列入中等水平线，算不上经济条件最差的贫困县。所以，这一地区的经济状况直接或间接地影响着寺院和僧尼的兴衰以及信教群众的宗教信仰态势。据2012年调查，全县有30座寺院，其中格鲁派16座，宁玛派6座，萨迦派6座，噶举派1座，觉囊派1座。僧尼300余人，其中尼姑40余名。

拉孜曲德寺（lha rtse chos sde dgon）是拉孜县境内历史悠久、影响深远、规模最大的一座具有典型性的藏传佛教格鲁派寺院。该寺据说是在第五世达赖喇嘛时期创建，后属扎什伦布寺子寺，并由扎什伦布寺阿巴扎仓派遣堪布主持寺院工作，是一座实行堪布制的典型寺院。堪布每三年轮换一次，分管宗教活动的翁则也是每三年换届一次，翁则助理翁琼和分管寺规纪律的格贵每年换届一次，"吉萨"（spyi sa，意为"总管家"，又称郭聂或聂巴）分管财务，由8人组成。

拉孜曲德寺过去有两个扎仓，即阿巴扎仓（密宗学院）和才尼（mtshan nyid）扎仓（闻思学院）。阿巴扎仓的主持由寺院堪布兼任，该扎仓大约有60多名僧人。才尼扎仓的主持叫才尼格干（学院老师），共有两名格干，学僧达300多人。学僧在才尼扎仓主要学习藏传佛教五部大论，考试毕业后有资格去拉萨参加在大昭寺举办的一年一度的拉热巴格西学位的考试。在历史上拉孜曲德寺最盛时其住寺僧人达500多人。

拉孜曲德寺在"文化大革命"时期遭到全面破坏，有幸的是寺院主要建筑大经堂在当时用作县粮仓而被保留下来。该寺于1985年3月1日开始恢复，同年在寺内成立民主管理委员会，并向广大信教群众开放。寺院在恢复期间得到各级政府的资金支持，如1985年政府拨款8万元作为修复寺院的启动经费，后来落实宗教政策向寺院拨专款20万元，2000年政府又向寺院捐赠1万元。在各级政府部门的资助下，现在曲德寺的各项修复工程基本完成，而且由寺院统一盖建了僧舍，每位正式僧人可以分到一套僧舍，每套3间房，一间作为佛龛室，一间作为伙房，一间作为起居室（卧室）。这在很大程度上减轻了僧人的个人经济负担。

1996年拉孜曲德寺作为拉孜县重点教育对象，地区和县两级部门的干部在该寺蹲点3个月进行爱国主义教育。寺教前后的僧人人数略有变化，在寺院爱国主义教育中主要劝退18岁以下的僧尼，当时劝退拉孜曲德寺僧人9名，劝退后的僧人中50%在家里至今没有还俗，有望将来再次进寺院成为一名合格的僧人；其中很少一部分僧人离开寺院后到外地去念经化缘，虽然在当地不敢穿袈裟从事宗教活动，但是到外地后重新穿上袈裟在信教群众中化缘，甚至在拉萨城内也有化缘的现象；其中也有极个别僧人离开寺院后经过定日县逃亡尼泊尔或印度的达兰萨拉等流传藏传佛教的地区。[①]

（二）柳村的宗教设施

柳村距离日喀则较近，加之民主改革前，柳村系扎什伦布寺的庄园，因此，即使今天，扎什伦布寺仍然是当地村民进行朝拜等宗教活动的主要场所之一。此外，距离更近的著名的萨迦寺以及该县的增寺也是当地村民前去朝拜的重要寺院。

图9-5 扎什伦布寺一角（方素梅摄于2010年7月）

目前，柳村没有寺院，该乡唯一的一座寺院是协噶村的兴龙寺。该寺属于藏传佛教格鲁派，位于离村落较远的大山深处，不通公路、不通电，远离饮用水源，生活条件艰苦。据称从柳村到兴龙寺，步行需要将近两个小时。因此，村民们更愿意去距离虽远但交通方便的萨迦寺、增寺及扎什伦布寺朝拜，兴龙寺香火不旺。据该寺僧人介绍，兴龙寺始建于公元980年左右，以前属于宁玛派，1850年改宗为格鲁派。民主改革前，寺院有16

---

① 尕藏加：《藏传佛教寺院内部管理体制的演进》，《世界宗教研究》2009年第2期。

名僧人。1969 年，兴龙寺被毁。1985 年十世班禅大师批准重建，建成后有 15 间房、面积 540 平方米，占地 1230 平方米。当时寺院僧人共 9 名，至 2011 年只剩 6 名，其中一个僧人年老去世，另外两个十八九岁的年轻僧人还俗，在外地跑运输为生。

由于寺院地处偏僻，不仅对于信教群众很不方便，而且也不便于宗教管理部门的管理。因此，在当地僧俗群众的要求下，2010 年拉孜县民族宗教局同意将兴龙寺由深山迁至距离公路较近的地方重建，重建的寺院面积与原寺等同。

兴龙寺现有僧人 6 名：洛桑群培，44 岁，现任民管会主任；罗桑顿珠，38 岁，民管会委员；罗桑却加，39 岁，民管会委员；洛桑丹贝，31 岁；罗智僧格，44 岁；罗桑群培，19 岁。

图 9-6 柳村查嘎组的拉康（Lha khang）（方素梅摄于 2010 年 7 月）

寺管会由 3 名成员组成：主任普布次仁，原系柳乡人大副主席；成员普拉，原在拉孜镇放映电影；特派员次顿，原系柳乡派出所警员。

柳村有小型白塔一座，位于村中央。调查得知，由于兴龙寺距离村寨远，该村内转经的地方少，为了满足村民转经的需要，该村村民拉巴捐资 1 万多元于 2007 年建成此塔。拉巴儿子系当地有名的建筑企业家，家境富裕。白塔旁边还有一座玛尼转经房，系另一村民出资所建。

紧邻村落的西侧山坡上，设有一个简易的拉康，山顶上设有一处插满经幡、白墙砌就的"拉则"（ལ་རྩེ）。据村民说，这两处设施均系 20 世纪 80 年代重建，原来此山上就有一个拉康，系拉孜县扎西岗乡普东村人所建，在民主改革后遭毁。

图 9 – 7　柳村查嘎组山坡上的宗教设施——拉则（ལ་རྩེ）
（方素梅摄于 2010 年 7 月）

第二节　宗教生活与民间信仰

当代藏族百姓的宗教信仰大致可划分为三种形态，即正统宗教信仰、世俗性宗教信仰和民间宗教信仰。朗塞岭村和柳村藏人正统的宗教信仰即为藏传佛教信仰。尽管每个家庭的宗教生活存在差异，但就整体而言表现出很大的相似性，形成了较为固定的家庭宗教活动模式。从我们调查的两个村落而言，开春天气转暖后，绝大多数家庭的青壮年男性基本都去外地打工了，家里剩下的多是老人、妇女和孩童。外出务工人员在新环境限制及工作任务压力之下，无法维持原来的宗教活动，日常宗教生活发生了显著的变化。

一　日常宗教生活

（一）诵经

一般家庭的宗教活动主要由留守在家的老人来承担。他们最主要的日常性宗教活动大概就是诵经、煨桑、点供灯、磕头了。一般而言，上述这些宗教活动由家里年长的女性负责进行，如果年长女性已经去世或不在家，则由年长男性负责宗教仪式。这些老人的每一天从口诵经文开始，以念诵经文结束。平时都是在自家的"却康"（佛堂）一边转"嘛尼"经筒一边诵经，也有人是一边做家务一边诵经。大多数老人不识藏文，也不会诵读长篇的经文，所以念诵的经文一般都是简短的"六字真言"（唵嘛呢叭咪吽）或"莲花生大士咒"（嗡啊吽，班扎咕噜，悲马悉地吽）。每个人诵经的时间长短不一，根据农忙或闲暇程度灵活掌握，但是一般而言，早、晚合在一起，一天至少需要一小时以上。

西藏乡村还有村民们集体一起诵经的"玛尼会"，当地人称作"玛尼措巴"[①]。柳村的玛尼会现有成员 44 人，年龄多在 50 岁以上，成员多是女性，男性只有 11 人。玛尼会还设有一名管理者，现在是 71 岁的洛桑老人负责，据说每五年要换一次。藏历每月的八、十、十五、三十日，玛尼会的成员们都要集中在村内的"玛尼康"一起诵经，经文主要是"六字真言"及十二字的"莲花生大士咒"。在四月十五日的萨噶达娃节（系释迦牟尼降生、觉悟与圆寂三大纪念日），要连续念诵 3 天。这些人一般都是上午 10 时去，太阳落山后回家，中午饭如糌粑及奶茶等要自备。他们不但要为自己祈祷，还担负着给全家人祈福的任务。村中有人去世或举行特殊法会时，也邀请玛尼会的成员去村民家诵经，并提供餐饮。诵经结束后，玛尼会集体会得到 100 元左右的布施，以及一脸盆的青稞和一块砖茶。

这里顺便指出的是，柳村的"玛尼措巴"是一个以藏传佛教信仰为纽带的民间宗教社团，亦系一种宗教性的地方社会组织，它完全由民众自发组成。虽然该组织相对松散，没有入会和退会仪式，进出自由，也没有正式的规章制度，但该组织无论对藏族村民还是在整个村落都发挥着一定的

---

① 关于柳村的玛尼措巴，可参见第四章第二节、第三节内容。

社会功能。它是老年村民们进行情感交流以及锻炼身体的一个重要途径和手段，而且它在维护宗教信仰、保持传统文化、整合藏族社区等方面都起到非常重要的作用。这也表现出藏族民间宗教活动的特色，反映出藏区民间宗教生活的丰富性。

（二）煨桑

"煨桑"是西藏农村村民不可或缺的日常的宗教生活之一。在每户藏家的房顶或庭院内，都有煨桑用的简易的祭烟炉或专门烧制的陶质祭烟炉。煨桑一般在早晨举行，主要原料是柏树枝、糌粑、酥油、砂糖等物。将柏树枝点燃后，把其他物品放在上面，祭祀诸神。有些人家每天坚持煨桑，有些人家只在重大的节庆日煨桑，据村民说，桑烟袅袅上升天际，就可沟通神、人之间的信息。

由于目前农村主要劳动力外出务工，家里的家务活及农事劳作基本上都由留守家中的老人、妇女承担，这无疑增加了他们劳作的时间，所以这些留守老人为完成必需的劳作也不能不减少某些宗教活动，而家里的晚辈们对长辈们的诵经、煨桑活动可谓是耳濡目染，却似乎又熟视无睹，除非遇到特殊的事情，一般都较少参与。

（三）朝拜寺院

去寺院朝佛也是一项重要的宗教活动，但这个活动不是每天都有的。去寺院朝佛的频度、去哪个寺院都根据家庭及个人的具体情况而定，比如经济条件、特殊事由、身体状况等。无疑，去离家最近的村落内的寺院朝拜的频度最高，时间上一般选择藏历初一、初十、十五、二十、三十等特殊吉日。一年中的藏历新年、萨噶达娃节、雪顿节期间，成为当地藏族信众到寺院朝拜的高潮。但是，村落内的寺院规模小，僧人少，很少举行大型的法事活动，所以不少群众去附近著名的寺院朝拜，观看和参与法事活动，如朗塞岭村的群众经常去本县境的敏珠林寺、桑耶寺等；柳村的群众经常去扎什伦布寺。也有人去拉萨三大寺、大昭寺等大寺院朝拜。在寺院的主要活动便是点酥油灯、磕头及贡献布施。如果在寺院里有亲戚的话，到亲戚所在的僧舍去歇脚、喝茶、聊家常，也成为一种习惯。

（四）转佛塔

转佛塔即按照顺时针方向绕着佛塔转，信众认为顶礼佛塔和转绕是对佛陀的礼敬，更是积累福德资粮，消除业障及障碍的最便捷的一种方法。

由于白塔周围安置有供大众转经用的转经筒，因此，在转佛塔的同时，也顺手转转经筒。更多的老人则是一手转着自己携带的小经筒，一手拈着佛珠，喃喃念着六字真言绕塔行走。当转累的时候，在转经道旁的石头上休息片刻，和一起转经的老人聊聊天。这种转佛塔活动既是一种宗教活动，同时也是一种全身心的健身运动：一圈又一圈的走动促使全身得到了一定程度的活动和锻炼，从而在客观上起到了日常保健的作用；同时，对于老人们而言，相约而行促进了彼此的交流，由此带来的适当的言谈和思考对减缓大脑功能的退化亦有帮助。转佛塔的时间由自己把握，每天一次或两次，或几天一次。绕转的次数因人而异，一般人每次绕转的圈数为 3 或 3 的倍数，也有不少人绕转的次数是自己的岁数，也有人要转 1000 次、10000 次甚至更多，但这要分几次甚至几天完成。为了便于记住转塔次数，不少老人用小石头做记号，如每当转够 10 次，则在转经路旁的石头上放置一颗小石子。因此，在村落佛塔旁的石头上，经常能看到转经者放置的一堆堆小石子。

以上列举的是两村村民比较突出的宗教活动，实际上，在西藏农村藏族人的生活中，藏传佛教的影响无处不在，如婚丧嫁娶、家人患病、小孩出生、建筑新房时、更换经幡，甚至孩子考学时，不少人到寺院延请僧人卜卦、诵经，或延请僧人来家诵经、举行法事。宗教信仰已经民俗化和生活化，宗教信仰活动成为人们日常生活的一部分。当然，每个家庭的宗教生活都有差异，有老人家庭的宗教活动相对频繁一些，也有人家多年来未举行过任何大的宗教法事活动。从信众的年龄结构来看，老年人视佛法为精神皈依处，修行是为了有一个更好的来世，同时也使一切有情众生得到快乐幸福；中青年人信仰佛法，在很大程度上是为了现实利益，如家庭平安、发财致富、保官升官、考上大学等。

二 宗教支出

西藏农区信教群众的宗教支出主要用于宗教物品和宗教法事活动等费用，可分为以下四类：第一，日常宗教用品的消费，如佛龛、佛像、唐卡、经书、敬水碗、供灯、转经筒、念珠、灯油、藏香等；第二，周期性宗教活动的消费，如去附近寺院或神山朝拜，为全家祈福；第三，延请僧人到家诵经或操办法会等；第四，村内修筑寺院、白塔及拉康等宗教设施的捐资。

（一）宗教用品消费

朗塞岭村和柳村村民家中基本上都设有佛堂，只是大小、简繁、规模不同。有的专门劈出一间房做佛堂，但大多数村民家的佛堂设在正室内，室内置有沙发、茶几、电视等家具、电器，兼做活动室使用。佛堂内置有木质佛龛，供奉着释迦牟尼等各种佛像、菩萨像、唐卡等，也有人家置有电动的经筒。大多数家庭的佛堂里还供着十世班禅、十三世达赖喇嘛、附近寺院活佛等人的相片以及不同版本的中华人民共和国领导人相片。佛龛下的供案上从左至右摆放着铜质的净水碗、酥油灯，其数量一般都是7个。佛龛柜内还存放着法器、经卷及香供等。墙壁上方挂着唐卡，少则数张，多则数十张。酥油灯一般是在藏历每月的初一、十五、三十等点燃，据说在这些吉日供施，功德、福报加倍。在此类支出中价格最贵的可能是"耐用"的宗教用品佛龛了。佛龛因其材质、大小、工艺等的差异其价格也有所不同，一般都在数千元；其次是佛像，也按其材质、大小、工艺水平不同，价格也从几百元到数千元不等。在西藏农村还有一种习俗，如果家中老人去世后，则要购置一副唐卡供在佛堂内。两村的村民们购置的唐卡一般都在1000元以内，200元左右的居多。

（二）朝拜等宗教活动消费

巡礼寺院的支出，是藏区民众的一项重要宗教支出。这种支出的多少与去寺院巡礼的频度、寺院的距离等密切相关。前去朝拜者都是家里的老人，一定程度上可以说老人是家庭的一个代表。从对朗塞岭村和柳村的调研来看，每个家庭用于此项的支出每年在几十元至数百元，甚至数千元不等，这从以下一些个案略见一斑。

朗塞岭村噶玛央吉（女，63岁），平常事每月去一次村里的桑阿曲果林寺，每次去一般要布施10元，另外自己带上几元钱的灯油。

朗塞岭村索南多吉（男，65岁），于当年四月十五，到山南加查县的达拉岗布寺巡礼，住在亲戚家里，除自己从家里带去的一块酥油外，花了100多元；于五月初十，他到附近的敏珠林寺朝拜，观瞻了该寺每年一度举行的大型法事活动，观看了寺院僧人的"羌姆"法舞。这次朝拜花去车费20元、布施了20元，另外从家里带去了一块11元钱的酥油，一共花了50余元。索南多杰老人说："家里不给我零用钱，自己每月领取的55元养老保险金基本上都花在宗教上了。如果没有政府发放的养老金的话，我不可能去比较远的寺院朝拜。"

柳村尼玛次仁（男，62 岁），一家 3 口每年去日喀则的扎什伦布寺朝拜 2~3 次，每一次布施等花销 50 元左右，往返路费 60 元，合计 110 元，一年 3 次合计要花 300 多元。

柳村拉巴（男，62 岁），夫妻二人每年到扎什伦布寺、增寺或萨迦寺朝拜一次，除点灯的酥油从自家带去外，每次布施花 100 元左右。一般都是乘坐儿子的小轿车去，所以都能当天回来。

柳村扎西旺堆（男，72 岁），每年平均去寺院朝拜两次，主要是去扎什伦布寺、萨迦寺或增寺，除路费外，一般每次要花 50 元。

巡礼藏传佛教神山在藏族信教者眼中是一件重要的善供，因此朝拜神山也成为他们宗教支出的重要内容。需要说明的是，朝拜神山不是村民们的经常性的宗教活动，尤其是距离较远的佛教名山，只是几年甚至几十年乃至一生中朝拜一次。而且巡礼神山的费用也与距离远近密切相关，如朗塞岭村村民次仁旺杰（男，46 岁）去藏传佛教四大神山之一"岗仁波齐"朝拜的支出是 5000 元。他解释说：

> 我有 3 个孩子，小学文化程度，务农。受家庭信佛的影响，我虔信佛教。我认为自己的命运与前世有关。相传"冈仁波齐"是佛祖释迦牟尼的道场，是我们藏民非常尊崇的神山。转山不仅可洗去一生的罪孽，还可免去死后的地狱之苦。两年前我曾到阿里朝拜神山"岗仁波齐"，花了 3 天，转了 3 圈。这次转山花了近 5000 元，其中车费花了 600 元。转一次山得到一次轮回，因此这次转山很值得，家里人都没有意见。我在阿里地区普兰县境内廓迦寺住了 4 天，阿里住了 7 天。如果磕着长头去转山意义就更大。

再如同是朗塞岭村的恩珠嘎姆（女，现年 73 岁）说，2013 年藏历三月初十日，她去山南地区的贡布日神山朝拜，当天就回来了，除了十几元的路费，再没花别的钱。

（三）法事活动消费

延请僧人到家诵经，或因家人亡故操办法事活动成为村民们最大的宗教支出。一般而言，每个村落延请僧人在家诵经的费用约定俗成，比如在朗塞岭村，现在请一名僧人到家里诵经一天的布施是一般是 30～50 元，而经济条件相对较差的柳村一般是 20～30 元。

现在，在西藏乡村用于丧葬方面的宗教支出比重最大。以柳村尼玛顿珠（男，45 岁）家为例，全家 11 口人，三代同堂，有 26 亩地，所产粮食刚够全家食用，没有多余粮食出售，家里还有一名大学生需要供给生活费等，家庭最主要的经济来源是两个儿子去外地打工收入，还有一点是他自己从事藏袍缝制的收入，家庭一年的总收入大约 1.8 万元左右，经济条件在村里属于中等偏上的水平。他认为宗教支出是家里的一项重要支出，觉得负担较重。他家 2011 年花了 3 万元盖新房，同年花了 5000 元买了一个新的佛龛，另外花 3000 元买了 3 尊佛像，又花 1000 元买了 12 函佛经，合计宗教方面的支出是 9000 元。2012 年 6 月，他的父亲 82 岁去世，去世后请 3 名僧人在家念经 3 天（此后举行了火葬），每名僧人各给了 100 元布施，合计 300 元；另给每人砖茶 1 包、青稞 1 脸盆、羊肉半扇。此后七七四十九天的第七天都要请僧人念经，每次请 3 人，一次给僧人布施 30 元，合计 90 元，7 天合计 630 元。"三七"那一天还要点 108 个酥油灯，加上当天还要请村民们吃饭，需要准备青稞酒、肉粥、奶茶等，给每家一包茶叶及三四元，这些又合计花去了 7000 元。父亲去世后，又买了一个镀金的佛像，花了 2000 元。由此可知，如果家中遭遇成员亡故等突发性变故时，其支出是庞大的，仅仅在丧葬方面的宗教现金支出近 1 万元，其中不包括给僧人伙食及其他实物布施。这种支出几乎是一年全家的总收入，一般家庭难以承受。

就朗塞岭村和柳村宗教支出方面的调查而言，每个家庭的差异性较大，其中家庭经济收入以及是否遭遇家人病故等突发性事故是影响宗教支出的最主要因素。举行佛事活动的次数，因具体的家庭而有所不同，家境殷实，家中有老人者举行的次数较多，反之则少，布施的情况亦如此。收入低，生活比较贫困的家庭，他们的宗教费用支出也较少。收入较好的人家，在宗教费用方面的支出相对较高。大多数法事活动的举行，有明显的现实功利目的，即通过法事活动的举行，实现个人的愿望，包括家人的平安、健康、免除灾祸，使家庭能够兴旺发达，过上幸福的生活。

（四）宗教捐资

这类支出主要是指恢复和重建、维修当地寺院、白塔等宗教设施时群众负担的费用或"捐资"。对藏族信教群众而言，参与修筑宗教设施是一件极具功德的事情，所以他们的参与度很高，除无偿提供劳力外，也根据自己的经济条件捐资布施，从几十元至几百元甚至几万元不一。据调查，朗塞岭村的寺院在"文革"中被毁，1996 年由格勒顿珠等 3 名还俗僧人外出募化两年，筹得 5 万元重修该寺庙。全村每个家庭捐 50～100 元不等，最多的捐了 300 元。也有人布施青稞、木材等实物，以及其他建筑材料。朗塞岭村的白塔亦系当地村民于 1988 年集资建成。柳村的寺院兴龙寺现正在异地重建，已支出的 70 万元中，有当地信教群众捐资的 25 万元，据调查捐资最多的是一名企业老板，捐资达 3 万元；该村的白塔系村民拉巴个人捐资 1 万多元兴建的。虽然这类"捐资"名义上是自愿，但由于周围舆论的压力，在一定程度上具有一定的强制性。这里值得注意的是，宗教捐资还有一种赢得外部赞扬、尊重、羡慕的意义。捐资活动与家庭荣誉乃至社会地位相关联，形成超乎宗教信仰外的一种新的心理满足感。

三　民间信仰

除正统的藏传佛教信仰外，民间信仰也在西藏农村的宗教生活中占有一席之地。就课题组调查的两个村庄而言，当地农村的民间信仰主要表现在对民间巫师"俄巴"（sngags pa，或译成"阿巴"）及神山崇拜上。

（一）民间巫师

在西藏农村信仰民间巫师"俄巴"的情况比较普遍。所谓"俄巴"即民间密咒师，他们一般都没有固定的宗教活动场所，平常在家中进行日常诵经、法事仪轨等宗教活动，但又和普通百姓一样要结婚成家，参加日常的农牧业生产劳动，过着抚育孩子、赡养老人等正常的家庭生活。同时，他们兼做超度亡灵、招魂驱鬼、招福等法事服务及卜卦、治病等，其中还有一项重要职责是防冰雹。

防雹师（又称天气咒师、防雹喇嘛等），在当地俗称"拉拉"。拉拉都是男性，一般是同一家族内父子相承，很少传授给外人，如朗塞岭村现年82 岁的拉拉旺觉老人，他 12 岁起跟随父亲学习拉拉方面的知识，一直到32 岁才出师。也有的拉拉是在寺院学成，如经常受邀到柳村举行法事活动的扎西旺加，也是从 12 岁起在萨迦寺专门学习拉拉方面的专业知识，直到 29 岁才回家开始做拉拉。比较而言，当地的村民们对祖传的拉拉更加信服一些，认为他们的法力要大于非拉拉家族出生的拉拉。据旺觉老人说，拉拉学习的内容很多，首先是学经和咒语，主要的经有"防雹霹雳帐幕"等，这些经典是专门的，在佛经中没有这种经。此外还要学习用糌粑捏制供神驱鬼的食品——"朵玛"① 等。拉拉学成后，还要得到寺院活佛的认证，如朗塞岭村的旺觉得到了贡嘎县多吉扎寺活佛的认证，如果没有活佛就从甘孜县请果孜堪仁波切任命，敏珠林寺的活佛也可以任命。由于拉拉可以通过举行一些特殊的法事活动，让冰雹不落在村民的田地里，因此过去他们成为受雹灾之苦的老百姓心目中的"神人"，经常受邀到附近的田间地头举行"驱雹"活动，村民们则送一些小麦、青稞及酥油等物作为酬谢。过去拉拉的地位虽然不如寺院的"喇嘛"（活佛），但在地方上也很

图 9-8　旺觉老人使用的部分法器（秦永章摄于 2012 年 7 月）

---

① 藏语音译，意为"食子"，由糌粑捏成用以供神驱鬼的食品。在藏传佛教的宗教活动中，朵玛用途颇广，在供品中必不可少，还可作施食和驱魔武器之用。一般分施用的朵玛为三份，一份上供诸佛菩萨，一份中献十方护法，一份下施六道众生和邪魔厉鬼。在驱逐妖魔鬼怪时专门为武器抛掷的食子，叫驱魔朵玛。

有威信，能受到当地僧俗百姓的广泛尊敬。

图 9－9　旺觉老人使用的部分法器（秦永章摄于 2012 年 7 月）

目前朗塞岭村有两位拉拉，一位是世袭的职业拉拉（即旺觉老人），另一位是还俗喇嘛，现在兼做拉拉。柳村没有拉拉，但也崇信拉拉，经常邀请附近扎西岗乡普东村的拉拉扎西旺加（男，66 岁）举行驱雹灾、求雨等法事活动。1959 年西藏实行民主改革后，拉拉的宗教活动被当作封建迷信被迫停止。"文化大革命"结束后，这种活动又开始复苏。但是随着科学技术的普及，以及新的防雹技术的推广，不少地方传统社会中活跃的拉拉逐渐淡出历史舞台。例如拉拉世家的旺觉老人 7 个儿子中无人学做拉拉，旺觉成为该家族的最后一代拉拉了。旺觉老人说："虽然现在我不当拉拉了，但是每当黑云密布、天空有冰雹来临的迹象时，我很自觉地念诵一些防雹的咒语和经文，以使冰雹不要光临附近的粮田。另外附近的村民们还经常让我卜卦、看病、选房址等，还经常加持别人带来的东西。"①

（二）神山崇拜

众所周知，崇山峻岭众多是我国藏族聚居的青藏高原主要地形特征之

---

① 参见秦永章《末代防雹师旺觉老人》，《中国西藏》（汉文版）2013 年第 1 期。

一。千百年来，藏族人民由于受自然崇拜、宗教尤其是藏传佛教的影响形成了神山信仰。身居高原的藏族群众认为，神山都有超人的神奇力量，它们的喜怒哀乐直接决定着人们生产的丰歉、人生的吉凶祸福，敬重它们就可以丰衣足食、无病无灾，一旦冒犯则会导致洪水、冰雹、地震等自然灾害。所以藏族群众每年都要举行各种祭祀山神的活动，以此方式来表达他们对神山的敬崇心情，祈求山神降福保佑。

据朗塞岭村老人嘎玛次仁介绍，村民普遍崇信神山，该村的神山在村东，称为"卧噶扎"，据说莲花生大师曾在此修行，现在有一名来自西藏昌都的僧人在修行。该地的地方神称"卧嘎拉"。每年藏历的一月初三，是全村村民集体祭祀该神山的日子。一般是每家要至少安排一人参加，男女均可。届时人们都穿着节日盛装，拿着酒、柏香等到山脚下，煨桑、插箭、放风马、悬挂新的经幡。祭祀仪式由村内的年长者或有宗教知识的人主持，他一边手撒青稞，一边高呼3次"喔""喔""喔"。举行这种祭祀仪式的目的，是请"杰拉"不要加害自己，为现实的利益而祈祷。祭祀仪式结束后，大家便在当地跳锅庄、喝酒欢庆，娱人娱神。据说，参加祭祀者都要穿传统的藏装，否则要被罚买酒。该村寺庙的僧人因教义、教规限制，一般不参加祭祀神山的活动。

神山崇拜属于原始的自然崇拜，佛教传入以后，吸纳并改造了藏族固有的神山崇拜，大部分神山在佛教的包容下获得了新生，成为佛教的世间护法神。保佑地方的安宁是神山最主要的职责，但是在民间的观念中仍然认为神山有时是喜怒无常的，需要通过祭祀来加以安抚。普通的神山有其特定的管辖区域，也往往是同一村落的标志。神山崇拜虽融入了藏传佛教文化之中，成为佛教文化的附庸，但其崇拜形式等方面仍保留着许多古老的传统。

四　宗教生活的特点

综上所述，我们从宗教设施的恢复和重建、村民日常的宗教生活和民间信仰等方面，对朗塞岭村和柳村的宗教生活做了简单的记录和考察，从中可以总结出以下4个特点。

第一，自20世纪80年代以来，尤其是进入21世纪之后，党的宗教信仰自由政策在西藏农村得到了较好的贯彻和落实。目前，各种宗教活动正常进行，五六十年代的民主改革及"文化大革命"期间损毁的宗教场所得到修复或重建。信教群众家中普遍设有经堂或佛龛，经常进行转经、朝佛、请寺庙僧尼做法事等宗教活动。西藏农村随处可以看到悬挂的经幡、刻有佛教经文的玛尼堆以及从事宗教活动的信教群众。而且藏族信教群众宗教信仰的自由度加大，他们的宗教信仰完全成为个人的私事，并被当作一种绝对由个人选择或支配的精神生活方式。

第二，藏传佛教在西藏农区广大信教群众的社会生活尤其是精神文化生活中占有极其重要的地位，而且民间信仰尤其是神山崇拜在藏族百姓的日常生活中占有一席之地，并以藏传佛教为中心构筑了这一区域异彩纷呈的宗教文化系统。另外，西藏农村信教群众的宗教信仰已经民俗化和生活化，宗教信仰活动成为人们日常生活的一部分。

第三，西藏农户的宗教消费趋于理性，即把这项消费控制在合理的范围内，有钱多花，没钱少花。当然，一个事实是，随着经济、社会的发展，以及因外出务工、减免学费、发放养老金等原因，家庭现金收入增多，宗教消费也逐渐增多，不少老人甚至将不多的养老金全部用于宗教消费。毫无疑问，这就抑制了百姓正常的生产消费和生活消费，影响了他们生活水平的提高和生产的发展。因此，如何降低信教群众的宗教支出，成为当下应该研究的一个重要课题。可喜的是，现在藏区替代的宗教消费品的出现和应用，如太阳能转经筒、电能佛灯以及用录音机播放录音代替部分的法事活动等，将会大大降低信教群众的宗教成本。

第四，藏传佛教寺院发生了深刻变革，它在藏区政治、经济和文化三大领域中固有的宗教功能逐步式微，尤其是其政治功能基本消失，文化功能与以往相比有了很大萎缩，经济功能虽仍有一定程度体现，但今非昔比，已一落千丈，地处偏僻的小型寺院更是如此，如本文中两个调研点的寺院规模小，僧人少，也无转世活佛，加之地处偏僻，当地民众贡献稀少，而外来朝拜者、旅游者无法到达，没有市场经营的有利条件，没有任何经营性收入，生活条件艰苦，自养困难，个别僧人不得不还俗另谋出路。这也导致了寺院在当地教育、医疗、调解，尤其是经济活动等方面影响力的下降，以及传统的宗教畏惧感、神圣感的退化。

附录一 典型访谈个案

在朗塞岭村和柳村进行回访调查时，课题组对近百位居民进行了访谈。现将典型访谈个案附录于此。其中部分个案经过访谈者整理，并刊登在《中国西藏》中文刊或英文刊，在这类访谈个案中，受访者的大段叙述，以不同的字体标示；部分个案是对受访者口述内容的记录，在这类访谈个案中，则以同一字体标示。

第一编 朗塞岭村典型访谈个案

一 朗塞岭村的传奇女性：次仁措姆

（访谈者：方素梅，翻译：扎桑，访谈日期：2012 年 7 月 2 日）

在朗塞岭村，有一位传奇女性。我们刚进村子，就听到不少人说："你们要了解朗塞岭的情况，最好是找次仁措姆。"她曾经担任村干部近 40 年，亲身经历了朗塞岭的发展与变迁。这样一位传奇女性，到底有着怎样一种令人敬仰的人生呢？2012 年 7 月 2 日上午，在翻译扎桑的陪同下，我慕名前去拜访次仁措姆。

次仁措姆家在朗塞岭村一组，距离有名的朗塞岭庄园约 1.5 公里。她家周围种植了 100 多棵树，包括柳树、杨树和几棵桃树、梨树，大门前 30 米左右，还有一棵罕见的大核桃树，长得郁郁葱葱，据说已有千百年的历史，县林业局将其登记在册，不能任意砍伐。核桃树以前属于庄园，民主改革的时候分给了一户村民，后来该村民用这棵树换取了一辆拖拉机及部分现金。1998 年，次仁措姆家花了 3500 元将核桃树购买过来，现在每年可收核桃 200 斤左右。

敲开次仁措姆的家门，感觉院子十分宽敞，占地面积约有 300 平方米，院子外还有猪圈和牛羊圈、柴火堆。房屋系藏式建筑风格，土石木结构，上下两层，当地藏族计算房屋面积按柱子算，每柱间隔约为 8~10 米，楼上楼下各 9 柱，约 280 平方米。厨房建在院子内，约有 20 多平方米。院子内的地面为三合土。房子是近年新盖的，造价 20 多万元，包括材料和人工在内。除了自筹，还贷款 6 万元，目前尚欠款 2 万元。在村里，次仁措姆家的房子是比较大和比较好的。

迎接我们的是次仁措姆的丈夫嘎马欧周，这是一位 68 岁的藏族男子。次仁措姆结过两次婚，与前夫生了一个女儿，很早就嫁到外乡去了。与嘎马欧周生了三个女儿，大女儿和小女儿分别在扎囊县中学和扎囊县林业局工作。二女儿招赘在家务农，生育有一子一女。当天，二女婿下地干活，而女儿换工到别人家织氆氇去了，19 岁的外孙在外打工，外孙女则在学校寄宿。因此，偌大的家中只有老两口，显得十分清静。

次仁措姆今年 69 岁，身体看起来比较虚弱，起初并不想接受访谈。对于这样一个传奇人物，我们怎能轻易错过。于是，我诚恳地对她说："老支书，我们听到不少村民说起您，认为您给村里做了不少好事。现在我们来调查，就是想了解 50 年来朗塞岭的变迁的。您是最了解情况也是最有发言权的人，现在您身体不好，就请嘎马欧周老师给我们介绍，您适当补充一下就可以了。您看如何？"于是，次仁措姆坐在院子里的躺椅上，仔细听着我与嘎马欧周老师的聊天，不一会就不由自主地加入了我们的谈话。她这样告诉我：

我出生在山南的泽当镇，五六岁时父母都已过世。8 岁那年，我投奔父亲在朗塞岭的亲戚，这个亲戚没有子女，把我当他的孩子养。1959 年民主改革后，村子里建了小学，我就上学了，当时已经十六七岁了。这个学校是初小，我读了三年就毕业了。然后去扎其区书记家做了 6 年的保姆。在此期间，我与第一个丈夫结了婚，生了一个女儿，不久就离婚了。这个书记是内地来的军人，会一点藏语。他们一家都对我很好，后来书记的妻子和孩子要回内地，想带我走，我不敢去太远的地方，就回到了村里，和嘎马欧周结婚成家了。

我请次仁措姆谈谈她担任村干部的经历。她说："我回到村子后，先后担任队长、妇女主任等职务。1972 年 10 月加入中国共产党；12 月，担任朗塞岭乡（当时的建制）党支部副书记，一直到1987年。1987年撤区并乡，我回到村里，担任朗塞岭村党支部书记，一直到2008年。"她颇为自豪地告诉我："我参加过西藏第五次党代会，我当老师的大女儿参加过西藏第十五次党代会。"

我问次仁措姆，她为何能够连续几十年担任村干部？她说："我的性格外向，甚至有点泼辣，敢说敢做，所以大家都服我。"但仅仅是这样一个因素吗？显然不是。2008年的村支部改选，次仁措姆仍然获得最高票数，但她身体状况不好，坚辞不就。这年她已经64岁，在村里担任领导近40年了。我们在村子里，听到不少关于次仁措姆的议论，但是没有非议而是敬佩。现在，次仁措姆还负责在经济上和生活上扶助邻居。这户人家由四兄妹组成，年龄从30多岁到50多岁，均为遗传性智障。次仁措姆扶助他们，不仅是出于一个共产党员的责任和义务，也是出于她的善良和爱心。

次仁措姆能够参与村庄事务管理近40年，与她早年的教育和经历有密切关系。在西藏，四五十年前读过书的女性是极少的，即使是男性也不多。嘎马欧周老师说："1959年以前，朗塞岭没有学校，只有一个私塾，三四个贵族子弟到那里学习。民主改革后，1960年村里建起了小学，普通村民的孩子也可以读书了。当时的村小有2个老师，有20多个学生。我和次仁措姆都是那个时候上学念书的。不过，这第一届学生中有部分人不久就退学了。我在村里读了3年小学后，考上拉萨师范学校，1968年毕业，由国家分配工作，开始是在其他地方，1971年到扎其区（朗塞岭所在区）政府工作，1973年调扎朗县（即扎囊县）公办小学教藏文，达6年之久，然后相继在扎其区和桑耶区做教育工作，1982年到扎其完小教藏文，1994年回到朗塞岭村小任教，2000年退休。"

我问他们，朗塞岭的教育发展是不是越来越好了？次仁措姆和嘎马欧周都给予肯定的回答。次仁措姆与第一个丈夫所生的孩子没有上学。与嘎马欧周生育的3个孩子都读书了，其中大女儿和三女儿读过大学，分别是西藏大学和林芝农牧学院。二女儿只读过村小三年级，然后在家务农。次仁措姆说："政府在教育方面的政策越来越好，特别是现在有了'三包'，村民的孩子读书没有什么负担了。"嘎马欧周说："小孩子应该多学习，知识越丰富越好。不过，负担太重也不行。汉语文要好好学才行。以前只学藏文和一点数学，现在的课程就多了，老师的水平也高了。"

关于村里的生产，次仁措姆说现在粮食产量比以前提高了。村里的水源来自山上泉眼，以前有简单的水渠，2005 年左右修建了水泥的水渠。为避免用水矛盾，村里制定了用水规则，即 6 个组（朗塞岭村和宗噶村各 3 个组）轮流使用，按小时灌溉，有管水员监管。如发生矛盾，就要进行调解。水还够用，只是天旱时水流较小。于是村里又打了水井，或是从雅鲁藏布江提灌。今年 6 月中旬以前一直没有下雨，播种时山水小，就从井里打水和从江里提灌。我们在村里看到，地里没有小麦，青稞长势良好，如果不下冰雹，估计收成不错。次仁措姆已经不下地干活了，所以对去年的收成不清楚。

我又问次仁措姆家里的生产情况，她告诉说："全家承包耕地面积为13 亩，2012 年种植小麦 4 亩、青稞 4 亩、油菜花及土豆套种 5 亩。基本上是机械化耕作，家里置备有大小拖拉机各 1 台，播种机、收割机、脱粒机各 1 台，有 1 辆摩托车。目前家中有奶牛 2 头，小牛 4 头（奶牛 1 头、肉牛 3 头），绵羊 38 只，猪 1 只，鸡鸭共 17 只。朗塞岭是有名的氆氇之乡，农闲时大家都自织自染氆氇，我家每年制作 3 条，每条约 11 抻（抻为双臂展开的长度），1 件无袖女装约需 8 抻。质量好的氆氇每条可卖 2000 元左右，去年我家卖了 1 条。"

我问他们，生活是不是也有大的改善？次仁措姆说："还好啦！我做村干部的最后几年，每年可以获得五六百元报酬。现在也有老党员生活补助，每年 2000 多元。据说还会增加。加上嘎马欧周每月 3000 元的退休金，生活还过得去。2010 年，村里开始实行农村社会养老保险，60 岁以上人员每月可以领取 50 元养老金。我的养老金都存在存折里，从来没有动用过。"她说自家生产的麦子和青稞够吃，还能剩余一些。但是需要买大米，每年大约 9 袋或 10 袋；每袋 50 斤，价格 100 元左右。肉买的不多，酥油和奶制品自产。从 2006 年开始，家中就使用煤气做燃料，煤气要到山南地区的泽当镇去换，每罐约 100 元。也使用牛粪。还有个太阳能灶，可以烧水。家中有沼气池，是 2007 年修建的，用了不久即废弃，但沼气温室还在，可以种一点蔬菜。

近年来，次仁措姆的身体每况愈下，骨头疼，心脏、气管等也有问题。去年 3 月，她去西藏自治区人民医院治疗，花了 1 万多元。回来后又去设在泽当镇的军区医院治疗，花了 2000 多元。2012 年春节过后，又到自治区人民医院治疗，输液 7 天，花了 2000 多元。身体仍然未见好转，现在每天都需要服药。我问她是否觉得负担重，她说："我们全家都加入新型农村合作医疗了，能够报销一部分，那次在拉萨看病花了 1 万多元，后来报销了 8000 多元，所以还可以啦。"

由于次仁措姆身体的原因，我不便打扰她太久。两个小时的谈话，我初步了解了这位藏族老人不平凡的人生经历。起身告辞前，我要求给两位老人拍照，次仁措姆像少女一样露出了羞涩的笑容，她说："我的脸色很不好看，就不要照了吧？"当然她还是答应了我的请求。走出她的家门后，我不断回望，心里充满了对这位藏族女子的敬意，并祈愿她能够健康长寿！

二　管水员索南次旺的忙碌夏季

（访谈者：扎洛，访谈日期：2012 年 7 月 2 日）

朗塞岭村位于西藏最大的河流雅鲁藏布江南岸，现属于山南地区扎囊县扎其乡。这里是西藏最古老的农业地区，千百年来当地人以种植青稞、小麦为生。然而，缺少灌溉用水的问题长期困扰着朗塞岭的村民。气候干旱的年份，他们赖以灌溉的山泉水干涸断流，粮食生产就面临着严峻的威胁。实际上，朗塞岭村距离雅鲁藏布江只有 5 公里，村民每天都望得见滔滔东流的江水，然而村子坐落在南岸的山坡上，农田明显高出河面，村民没有能力引水上山，福泽一方。20 世纪 80 年代当地政府针对当地缺水的现状，在村里打了机井，以解决干旱时的缺水困难。然而这些举措仍未能完全消除缺水带来的各种矛盾。如何合理有序地利用山泉水源，确保农业生产的安全是村庄事务中的重点。调研组在村子里采访了专门负责农田灌溉的管水员索南次旺，从他忙碌的夏季生活中，我们可以看到今天西藏农村的实际生活。以下为他的讲述。

我叫索南次旺，今年 42 岁，我的妻子南噶，45 岁。民主改革前，我们村属于朗塞岭庄园，不过我们家属于米赛（mi-ser）家庭，也就是平民家庭，自己有地，并非庄园的农奴。

我小时候上过 3 年小学，13 岁时父母去世便辍学了。24 岁时自由恋爱，建立了家庭。我们这里没有请媒人说媒的习惯，一般都是自己找，也没有送厚重财礼的习惯。

我们有两个孩子。大儿子白玛俄珠，21岁，上过初中一年级，因为家里缺少劳动力就辍学回家了，其实他学习成绩也不好，到县城里上中学，他上课根本听不懂。他前两年开始到行署所在地泽当镇打工，主要在建筑工地干活，每天收入60元左右。2011年他挣了8000元左右。小儿子丹增平措，今年17岁，初中毕业后没考上高中，在泽当镇工作的亲戚，帮忙联系一个广东省援助西藏的项目，到江门市幼儿师范学院学习。不用交学费，但承担自己的生活费，每个月需700元左右，别人都说在广东一个月花700元的生活开销是很紧张的，我知道儿子很节省，他很懂事，来电话常劝我出去打工要注意身体。

我自己没有什么文化，也没有特别的技术。现在年纪也大了，学技术不容易。不过，现在建筑工程很多，像我这样的人夏天也能找到工作，每年可以出去打工3个月，能挣六七千元。2010年我还去藏北安多县参加过青藏铁路的工程建设。

我们家总共有14亩地，2012年种了6亩油菜、8亩小麦，其余的地种了土豆、蔬菜等，都是自己吃，从来没有出售过。实际上自己种的粮食还不够吃，去年（2011年）我买糌粑花了500多元，买大米花了1000元。菜也不够吃，不过经常有菜贩来村里，随时可以采购。一般一年养一头猪，自己家里吃。家里有9只羊，主要是为了剪羊毛用，可以织氆氇。羊太少就委托别人放养，每只羊一年付15元报酬给放养人。

我们家自己有织氆氇的织机。一般用自家的羊毛每年织一匹（长约22米，宽1尺半），要用掉17斤羊毛。氆氇主要是自己家人制作传统藏装用的，一些正式的场合穿其他面料的服装不好。有时自己也织卡垫。从来没想过扩大生产或出售自己织的氆氇，一方面是因为羊毛挺贵，另一方面家里也没有富裕的劳动力。

每年家里的开支很多。现在的农村，家里也都有电视机、DVD机、收音机、电话等。除此之外家里的支出主要是我看病开支了。我有关节炎，去年去泽当藏医院药浴治疗，15天花了900多元。我还有肺病，经常咳嗽，可能是打工时累着了，去年看病就花了近6000元，因为没有住院或未在县医院看，因此用完了医疗补贴额度后就不能报销了。

我们家现在的住房还可以，有12柱（笔者注：每一柱表示有16平方米），是自己建的，安居工程时资助装修，给了 5000 元。

我们村子社会治安各方面总的来说比较好。如果说有矛盾主要是在灌溉用水方面。我们朗塞岭山沟里原先有宗噶、朗塞岭、门卡绒三个村，后来在下面安置移民，就有了德吉新村。我们的灌溉用水主要依靠山沟里流下来的泉水，但是水量小，遇到干旱的年份，灌溉就是大问题，抢夺水资源经常发生矛盾，过去还发生过群体械斗事件。

历史上，我们就有轮流用水的制度。根据我们这里的气候，田地每年需要灌溉多次，水量大的时候灌溉 5~6 次，水量小的时候灌溉 2－3 次。各村根据田地的多少确定用水的时间，由于水量小，统一用水，不能分割。一般是宗噶村用 5 天，我们村用 5 天，门卡绒村用 6 天。村里再根据每个组的田地数量确定用水时间。通过每年一次的协议，各村、组之间就用水的时间、方式达成协议，严格执行。

我们组的灌溉从来都是根据田地的位置，从上向下依次进行的，在分配给我们的时间段内能灌溉多少算多少，当我们的时间结束后，如果还有未能得到灌溉的地，下一轮时就优先从那里开始。

虽然，有这样明确的规定，但还是会发生纠纷，比如有的人家水已经汪在地里了，还不愿意放水给下一家；有的人家田里灌溉还未充分就被强狠的下一家堵截了水源。这些事情常常造成家户之间的矛盾。为了解决这些矛盾，村里安排了专门的管水员和灌溉小组，统一负责灌溉，而不是各户负责自己的田地。负责灌溉的人由村委会给予一定的经济报酬。虽然报酬较低，但以前人们没有地方打工，因此也愿意干这个工作。近年来打工比较容易，收入也高了，报酬太低就没有人愿意干了。于是，村委会决定实行管水员轮流制度，每户负责一年，主要是夏天庄稼灌溉期全天候负责用水问题，不同主干水渠引来的水由不同的小组负责灌溉，管水员总负责。每亩地收取的灌溉费 5 元。管水员每天的报酬是 6 元，估计可得报酬 600 元。其他灌溉人员年终根据出工的天数结算。与外出打工相比这个工作的收入很低，但这是义务，每户轮流也算公平，大家没有不同意见。

为了解决我们这里的用水困难，政府搞了好几个项目。早先在村打过机井，天气干旱，水量不足时，就用机井抽地下水灌溉。不过机井灌溉收费高，村民一般不用，另外机井选点较低，多数地不能覆盖。后来，政府出资在下面的德吉新村建了"朗塞岭提灌站",把雅鲁藏布江的水通过三级泵站提到高处,灌溉农田,但是,我们村只有100多亩地可以用上提灌的水,地势较高处的地还是无法覆盖。这两年政府出资又先后打了两个机井。然而,高处水量小,还是不能彻底解决村里的用水问题。

管水员很辛苦,水量充足的时候,晚上负责把水引到蓄水池里,早上8点开始放水灌溉,用水紧张的时候就白天黑夜连起来,不能浪费一点水,一直到秋收,管水员的工作才算结束。现在人多地少,用水成了焦点问题。只要有水,我们这里还可以开垦很多土地,养活更多的人没有问题。

三 牧民达珍的生活

(访谈者:方素梅,翻译:扎桑,访谈日期:2012年7月4日)

朗塞岭村地处藏南谷地,产业结构以传统的农牧业为主,全村有草场约1.2万亩,村民们大多是白天将牛羊赶到草场放牧,晚上再赶回村里圈着。不过,村里也有几户人家,至今仍然常年在山上放牧,过着游牧的生活。达珍一家即是如此。2012年7月4日上午,我在翻译扎桑的陪同下,到达珍家里进行访谈。当时,达珍正在帮助大女儿照顾刚刚出生一个多月的小外孙女,她的丈夫和大女婿则在山上的牧场忙碌。

达珍今年48岁,是朗塞岭村二组居民。家庭人口5人,包括达珍夫妇、两个女儿和外孙女。大女儿23岁,大女婿是本村三组人,与他们一起生活,但是户口没有迁过来。小女儿刚14岁,是中学生。达珍家的房屋是2010年新盖的,上下两层共8柱,约130平方米,和村里其他人家相比面积要小一点。盖房时,政府补贴安居工程款1.5万元,贷款1万元,亲戚借给1万多元。目前,贷款和借款都没有还清。房子盖好后,达珍就经常在此居住。因为她的年纪大了,体力在逐渐衰退。我们看到,房子里布置有藏式家具,有电视机、影碟机。但是达珍说:"我喜欢住在山上,因为我的家人都在那里。山上的生活自由自在。"我问她为什么到村里盖房,达珍说:"我是为孩子着想啊!"

达珍一家主要从事牧业,除了小女儿外,全家常年在山上放牧。他们放牧的草场为一组和二组共有,约为1500亩,牛羊则是私有的。像他们一样的专业牧民一组和三组也各有一家。三组的那家就是达珍的亲家。目前达珍家有牦牛20头、奶牛13头、肉牛34头、牛犊2头、绵羊14只。这些牲畜所产的肉、奶等主要供自家食用，去年生产酥油 80 多斤、奶渣 40 多斤，卖了七八斤奶渣，每斤 13 元，也送一些给亲戚；宰了 2 头老奶牛，出售了 1 头奶牛（收入 2500 元）和 1 头牦牛（收入 4000 元）。

达珍家成为专业牧户的历史有几十年了。达珍的父母是朗塞岭村一组居民。据达珍回忆，她 1 岁多的时候，就过继到姨妈家，姨妈夫妇没有孩子，他们原来给庄园附近的一家名叫扎西坚赞的贵族干活，是扎西家的朗生，主要做扎西家地里的农活和家里的粗活。姨妈告诉达珍，那时候他们住在主人分给的一间小屋里，每顿饭只有一小碗糌粑。

民主改革后，达珍的姨父姨妈在集体里赶驴车、运送青稞等。达珍 5 岁时，到村小上学，但只学了 3 个月，姨父姨妈开始为生产队放牧，达珍也随他们上山居住，每年只下山一次，每次在村里住三四天，一是将牛羊及奶制品交给生产队，一是从队里领取上山的粮食和其他必需品。姨父姨妈都说，为生产队放牧的生活要比给扎西坚赞干活时好得多。

改革开放后实行承包时，每人可以分配 4 亩土地，但是姨妈一家选择继续游牧。他们购买了集体的牲畜，包括 20 多头牦牛和 27 头奶牛，折价 1.9 万元，村里允许他们慢慢还。后来姨父姨妈的身体都不好了，就下山了，达珍继续在山上放牧。她有一个放牧的伙伴，比自己小一岁，是姨父大哥的儿子，13 岁时被姨父从贡嘎老家带来。达珍 18 岁时，姨妈过世；21 岁时，姨父也去世了。

达珍 23 岁时，与姨父大哥的儿子登记结婚。他们一共生育了 9 个孩子，除了老三是在山南地区人民医院生产的外，其余的孩子都是在山上自己生产。结果，只有老三（即大女儿）、老六（即小女儿）两个孩子存活。我问达珍："为什么不到医院生产？"达珍回答："活太忙了。没时间下山。"只有生老三时，达珍的母亲和大哥到山上帮助他们放牧了，她才能够到医院生产，产后三天即回到山上。其他的孩子在山上临盆时，只有丈夫照顾她。那些没有存活的孩子，大多是生产时就夭折了。达珍说："生完孩子后，我也没什么休息，第二三天就要干活了。"达珍最后一次生产，是在 2007 年。

达珍现在的大女儿名叫达娃卓玛，一直随父母在山上放牧。到学龄时，也下山读过半年书，后来因为没人帮助父母干活，就辍学了。我问她："你在山上有朋友吗？是不是很寂寞？"达娃卓玛摇了摇头说："山上生活条件虽然没有山下好，但是我已经习惯了。虽然没有朋友，平时也可以听听收音机，和家人说说话，没觉得太寂寞。"

达娃卓玛的丈夫是三组专业牧户的孩子，也是从小就在山上生活。达娃卓玛告诉我："我们是自由恋爱的，2011年11月认识，2012年农历二月登记结婚，2012年5月14日孩子出生。"我感到很吃惊，认识7个多月孩子就出生了，又不是早产，显然日子不对啊！经反复确认，达娃卓玛仍坚持说无误，我只好半信半疑。达娃卓玛怀孕后，在县医院做过一次检查，吃了一点保胎药。原准备去医院生产，但是下山太晚，没有来得及去医院，就在村里的家中分娩了，然后到县医院住了7天，花了500多元。现在西藏农村妇女生育医疗保障工作做得很好，产妇住院不用交押金或垫付费用。达娃卓玛家花的500元可能是自费的部分。

达珍现在的小女儿名叫德吉央宗，8岁以前也在山上生活。由于达娃卓玛没有上学，达珍很后悔，所以就把德吉央宗送回村里父母家，请他们帮助照顾德吉央宗的生活和学习。德吉央宗对学习很有兴趣，成绩还可以，现在贡嘎中学读初中二年级。学校放假后，德吉央宗就回到山上与父母和姐姐团聚。平时，达珍夫妇很惦记德吉央宗，经常给她打电话，勉励她好好学习。达珍说："我不希望她像我们一样在山上放牧了。"

除了放牧，达珍家其实在村里也有承包地。2003年，他们全家4口人分到了7亩土地。达珍的父母帮助耕种了4年多，收获都留给达珍他们。一般情况下，可收获青稞五六百斤、小麦八九百斤、土豆三四百斤，油菜也有一些。后来他们就自己耕种了，平时在山上，农忙季节下山。收获全部自己消费或喂食牲口。他们家没有农业机械，需要时就向别人租用，如租用播种机的价格是每亩30元。

达珍家的畜产品和农产品很少出售，所以每年的现金收入大约只有1.5万元左右，既要用于生活必需品的消费，又要购买化肥、农药等，基本没有积蓄。好在达珍的父母很照顾他们，负责德吉央宗的生活费用。由于生产繁忙，达珍一家每年只在农历正月，去一次村后山上的寺庙，点酥油灯和转经。望果节时则转农田。

我问达珍，现在的生活是不是比以前改善了？达珍说："生活是好多了。自己养的牛羊归自己，自己种植的粮食也归自己。食品很丰富，能吃饱穿暖的。"我问达珍："你们现在有什么困难和问题？"达珍想了一会，回答说："我们的现金收入太少了，家里没有什么积蓄。做农活也没有什么机械，必须租借别人的。这是我们现在最大的困难。"

问及医疗和社会保障，达珍回答也安心多了。达珍在山上生产过9次，非常了解妇女的病痛。达珍的丈夫有胃病，2003年时曾经在乡卫生院住院治疗，现在还没有痊愈，在饮食方面很注意。所以，开展新型农村合作医疗后，母亲替他们全家都报名缴费了。但是，在农村社会养老保险方面，只有达珍和大女儿参加了。达珍说，以后收入增加了，一定要把丈夫的那一份一次性补齐。

四　格桑央宗

（访谈者：杨春宇，翻译：白玛，访谈日期：2012年7月2日）

格桑央宗是朗塞岭村人，女，64岁，上过小学2年级，非党员无职务，二十三四岁时曾外出打工，在扎囊县政府投资的道路工程上修路，最远去过嘉察县布达拉修路。以后即在家务农、料理家务，有时帮人盖房子，属于义务换工，大家都夸她能干。这两天在家找牛羊饲料，后天去帮人做农活。

格桑央宗的母亲当年生了9个孩子，她排行第三，兄弟姐妹中有5个在世，4个已经去世了。现在家里有丈夫和儿子。丈夫62岁，孩子26岁，非亲生，自己最小的妹妹生下这个孩子之后就因胆病去世了，孩子一个半月就抱过来养，他的亲生父亲是曲水县人，家里很富有，当时把他接过来之后，孩子出生49天有个仪式，孩子的父亲来了，想让她把孩子养到7岁，再接去自己身边学木工，她不肯，因为孩子从没去过曲水县。孩子3岁多，生父也去世了，她就把孩子一直养到大。格桑央宗跟我抱怨政府从来没有帮过她一分钱。孩子六年级没毕业，因家中经济困难，格桑央宗就把他拉回来出去打工。过两天孩子又要去桑耶镇打工，她也不知道是什么工作，会把一半收入寄给她。

格桑央宗的丈夫有些聋，视力也不好，一个亲戚在曲松县开了个养鸡场，安排他去帮忙卖鸡蛋，出去已经一年零一个月了，以前从未出去过，只在村里修过路。现在的工作老板包吃、住、烟，给过家里100个鸡蛋和250元，鸡蛋是从工资里扣的。去年寄了两袋糌粑，过年寄了一袋米。

格桑央宗家本来在庄园所在地，2007年为了修庄园村里动员她搬到这边来。建房花了 5.6 万元，政府资助 7 万元，未到位之前先跟银行贷款 2 万元，跟当村主任的弟弟借了 250 元，跟另一个在工艺厂的弟弟（去年去世了）借了 1000 元，去世的弟弟有个女儿，和丈夫很恩爱，又给她寄了 500 元，跟村里又借了 200 元，这些都是在 2009 年政府款项到位后还上的。当时搬迁因为政府规定要在某时间点前建完，很困难。搬迁之后她认为生活条件不如从前了，因为旧房靠近村委会，有时领导来视察会给点粮食等慰问品，现在离村委会远了，连去一趟都不方便。

房子是石木结构 2 层，一层是储藏室、牛圈、厨房和厕所，共 3 柱（48 平方米），楼上 5 间房，一间客房，一间放肉，两间卧室，夫妇二人和儿子各睡一间，一间厨房。平时她不愿打扰儿子，就睡在楼下。

家里有自来水，是通过三组的水房引来的，那边有个深井，水时断时续，每天必须早起才能接到水。

家里主要烧柴草和牛粪，柴是村里每三年从江边捡来发给大家的，每家去一个人，发一拖拉机的柴，去年发的，用到现在还没用完。冬季无取暖，旱厕。

家中无农机和摩托汽车，有 18 把镐头和铲子，共花了 300 元，13 个木耙，请木工师傅做的，一天 25 元，能做 10 个。

家中有 9.5 亩土地。原先在搬迁时生怕土地不够种，就跟几个单身青年借了 3 亩来种，并非亲戚，也未花钱。现在老了，就把土地还给人家了。去年种了小麦 7 亩（当地小麦亩产约 300 公斤），都自己吃了。种了油菜 1.7 亩，产出的油菜都送给平时帮忙的亲戚了。土豆种了 2 批，5 公斤，自己吃。种植采取机耕机播、手工收割的方式。农药使用 3 公斤，化肥 1 亩施 5 公斤，政府发给的。

家里有奶牛 1 头，肉牛（朗果）2 头，小牛（别果）2 头，猪 2 头，绵羊 2 只，都是政府发给的，住旧房时有 30 只，都卖了。住旧房时政府帮买了 18 只鸡，都吃了。现在这些牲畜多半不吃，需钱时就卖。去年卖了一头母牛，换了 5 克（藏克）小麦，计 500 元。去年杀了一头猪，50 公斤，丈夫去打工时带走了一点，其他的腌起来。自家奶牛早中晚各产一次奶，三四天做一次玛尔，自己用一点，其他的多数给亲戚，自己平时不喝酥油茶，只在请人建温室时用于招待他们。

家无草场，以前旧房周围有 20 棵树，砍来建新房了，新家的石头一半是旧屋的。搬迁时给了 500 元，也算在政府给的补助中了。

今年庄园重修时，格桑央宗去帮工，胸、肩、背出了很多小痘痘，肾也有问题，去乡里医院看了，现在好多了，但没全好。走的医疗保险，只花了路费。丈夫耳朵不好，眼睛看不清，老了腿脚也不好，胃也不好，去年疼过一次，托人在拉萨买药，花了 2000 元，带到工作的地方，今年好多了。

自家的种是小麦够吃，糌粑不够，现在只剩半袋了，蔬菜多由亲戚和邻居供给。自己打算建个温室。

未听说过"吉度"。有耕完地以后一起庆祝。

"雅苏"节：夏天过，求雨，会请 5 个僧人来念两天经，给钱、玛尔和哈达。这是按组组织的，由村主任带头，全组都参加，一户 10 元。今年有两户自愿各出 50 元，原因不知。

"旺果"节：从八月一日开始过 3 天，三个组的人都在一起，把僧人念的经背在后面，跟着 3 个僧人把全村绕一圈（据说先绕半圈，吃喝玩乐，然后再绕），在白塔处聚餐，后两天则喝青稞酒庆祝。

耕种节（聂桌节）：在藏历新年过后，请一位喇嘛来念经，要庆祝 4 天。

"三八"妇女节：这个不用出钱，村里发啤酒，买些瓜子、啤酒、饮料、酥油茶、甜茶，活动主要是吃饭、开会。前几年还需自带零食，今年不用，特别好。吃完了还跳舞。不去的要罚 5～10 元。

藏历年：第一日在家过，第四五日会去外面请人来唱歌。

自己在村中的亲戚主要有 6 家人，建房时会请他们来，还有别家也来，是自己以前也帮过的人。

五　扎其乡敬老院的管理员强永啦

（访谈者：侯苗苗，翻译：德吉卓玛，访谈日期：2012 年 7 月 5 日）

强永啦一见面就颇为自豪地告诉我，她有着一个标准的汉名叫"江永红"，她说这个汉语名字是她当干部的姨妈起的。她很乐意我们叫她的汉名。

今年 47 岁的江永红是扎其乡敬老院现任的三位管理员之一，另外两位分别是 30 多岁的院长普布卓嘎（女）和 46 岁的格桑（男）。江永红是个极其聪明能干的女性——从她在农牧区群众中极少见的可以自如交流的汉语水平，以及过得井井有条的日子，就可以窥知一二。

江永红已经在敬老院里做了 4 年的管理员兼厨师。除了做饭，她还帮老人洗衣服。"老人们一般能自己洗的就自己洗了，有 3 位老人自己洗不了，我们三个管理员就帮他们洗。我们平时轮流上班，每个人值班 5 天，帮他们洗一次"。江永红说，敬老院以前有 3 位管理员，但是据说对老人照顾得不是很好，于是村里就选出他们 3 人，换下了原来的 3 位。

江永红说，平时他们做饭需要的食材由扎其乡负责送来，一般半个月左右会由专人专车来送一次，包括米、面、酥油、菜等。每月还会发一次青稞面，一袋有 20 斤，做早餐时用。每天早晨 8 点半左右，值班厨师就去敬老院打好酥油，老人们自己会用酥油和青稞面做糌粑，"他们都很爱吃"。

江永红介绍，现在常住敬老院的有 12 位老人，其中就有 4 位是哑巴，两男两女，里面还有一对是兄妹。这些老人几乎都没有或已经没有子女，有的有其他亲属，在她的印象中，仅有四位老人的兄弟姐妹来看望过他们。藏历逢年过节时，扎囊县和扎其乡会组织党员和团员来敬老院慰问，帮助老人们打扫房间里和院子里的卫生；还有拉萨的学生志愿者来送过棉被，也有泽当等地的单位和群众等曾经来给老人们送些新衣服。每年冬天和夏天，扎其乡会给老人们送一次量身定做的衣服、洗漱用品等。江永红觉得，这些老人在敬老院的生活很是不错，比在家里吃的穿的都要好。

12 位老人中，有 4 位是朗塞岭本村人，其余都来自扎其乡其他的村子。按照规模，敬老院现在仍有空缺，如果住满将会有 18 位。虽然现在这 12 位老人均患有不同程度的慢性病，但多数生活可以自理。老人们绝大多数都是一个人住一个房间，在给他们安排的房间里，有 7 个房间是套间，但每间目前仍然只住一个人。只有一间房间住了两个人，他们是一对兄妹。房间里有基本的家具配备，每个房间还有一个电视机，只是目前收不到频道，大多数老人一般也不看。

江永红说，自己在敬老院工作了 4 年，没有入住过新的老人，其间去世的有 5 位老人。对于这 5 位老人，江永红印象还是很深刻的：两位是 80 多岁的老奶奶，其中一个常年瘫痪，另一个有胃病，总是呕吐；两位是 70

多岁的老爷爷，其中一位肠胃不好，总爱拉肚子，另一位患有帕金森氏症；还有一位是70多岁的老奶奶，也是瘫痪卧床。这5位老人，有两位在临终前，亲属曾来看过他们；另外的3位，去世以后亲属才来看过他们。去世老人的住院费、丧葬费全部是由扎囊县民政局出的。其中丧葬费每人2000元，包括请僧人念3天经和举行葬礼。

江永红谈起敬老院里的老人的年龄、身体状况和家庭状况，可谓了如指掌。她说敬老院里最可怜的老人是一位智障的老奶奶，名叫央宗，84岁了，由于智力有些问题，所以经常胡言乱语，管理员要帮她洗头洗澡，也总是不让洗，甚至大小便有时也只能在床上。央宗老人本有亲属，是她妹妹的孩子，但是从来不来看她。最年轻的则是一位40多岁的哑巴，干不了活，也没有结过婚，没有孩子，仅家庭成员中就有四位是哑巴，于是家里人就把他送到敬老院里来了。

敬老院里平时的活动不多，腿脚好的老人有时会相约一起去转白塔，其余时间则很少走出敬老院的大门，去和村里其他相邻而居的老年人一起聊天或锻炼身体。江永红介绍说，在朗塞岭村，其实不仅仅是敬老院的老人，在家养老的老人也是这样。藏族老人和汉族老人不同，他们平时的活动很少，身体尚可的，大多数都在家干些家务，很少出门，加上各家住得比较分散，村里很少也很难把老年人集中起来组织活动。但如果为他们组织活动的话，她相信老人们还是愿意参加的。"不然会很孤独。"

江永红说，平时管理员们做好了饭，会和老人们一起吃，一起聊聊天。敬老院里要是缺什么东西，管理员就会打电话到扎其乡，扎其乡负责购置，"缺什么，我们向乡里打了报告就会买什么"。她认为，除了文化生活有些缺乏以外，敬老院现有的生活条件还是很不错的，"如果将来条件能更加改善了，那些有子女的老人如果子女不孝的话，也就会选择来敬老院生活了"。

六　僧人格勒

（访谈者：杨春宇，翻译：白玛，访谈日期：2012年7月5日）

格勒是朗塞岭村庙的僧人，当年化缘时写过寺院历史，据他介绍，寺庙属于夏马嘎巴，现在的庙是1996年重修的。这里的活佛第一世名叫贡觉·阿旺嘉措，就出生在庄园中。以前庙在山上，一世时才迁到山下现址。距今已有500多年了。第二世名叫丹增赤仁朗杰，出生在工布的白杰家。第三世名叫江别·阿吉旺布，出生在泽当的雅堆。他的坐床是达赖五世任命的，大约在17世纪。第四世名叫其柱·吐丹尼玛，出生在扎其乡穷堆村。第五世名叫图登·却吉尼玛，也出生在同一个村子，是格勒的父亲。

庙里大殿上供的照片上的年轻人是第六世活佛，出生在尼泊尔的首都，名叫白玛朗杰桑，现在台湾地区。法名夏马尔嘎玛巴，父母是青海的康巴人。白玛朗杰桑今年二十七八岁，他疯过一段时间，准确地说是心情不太舒畅。2000年回来过，从2001年开始每年派人来，送僧袍和照片，去年来人说他在台湾地区建了一个和桑耶寺一样的寺庙。

殿上供的照片上的小孩叫包仁姆其，是红帽系的，现在成都。

本寺的名字在1959年改成了改杰桑阿曲果林，改杰意为爱国。"文化大革命"前夕，刘书记说"改杰"二字诬蔑喇嘛，就去掉了。"文革"期间，庙被封了，喇嘛被逼结婚、还俗。

格勒今年73岁，他9岁就出家了，因为是五世喇嘛却吉尼玛的儿子，地位较高。寺庙被封后他也被迫还俗，1959年有人给他做媒结婚，婚礼很隆重，妻子以前也是庄园里的。但是他觉得这样的生活很受辱，有时还有人用石头打他，于是在1964年他逃跑了，一直跑到措关边境，被人抓住押了回来，从此在监狱里被关押了13年，1977年才被释放。出狱后他在扎囊县龙扎村当了3年拖拉机手，政策落实后他回到朗瑟林，在三组当了3年涅巴，卸任后依旧务农。

寺里曾保存着当年唐玄宗写给寺里的一封书信（据说约600年前），汉藏双文，表明当时寺中有35名僧人，信在"文革"期间被烧了。20世纪80年代的时候村里只有一个拉康，定编3人。90年代格勒与当时已还俗的另一位老僧喜洛拉（现今已去世）以及强巴3人外出化缘两年，筹得5万元重修了寺庙，募得财物中有青稞粮食，就拿去卖。最远去过泽当的琼结、乃东县，其中并无特别大的施主。

寺中现有3个喇嘛在编，除此之外有9个尼姑，其中7个都在青海康区和阿坝，现在寺中的两个尼姑我们在路上见到，正要赴村民家念经。这两个尼姑都是十五六岁时在寺中受戒的，现在二十四五岁，住在自己家里。两个尼姑都是朗塞岭本村人，一个在四组，另一个是附近门卡绒村人。

村里的拉康在山下面，有寺里僧人管理。格勒没有土地，在寺中负责后勤，名为"格觉"。基本上每天都有人来请做法事，主要是本村的人，最远的来自德吉新村，每个经幡树立的地点都要他来算，叫"zei"。祈雨念的经叫"贡觉吉都"。

每逢吉祥的日子，如每月初一、二十、二十五日，都有村民送东西过来，还有钱和卡垫，这是寺里主要的收入。寺中的佛像是一位台湾商人捐助的。

以前村子里有3个拉康，即根举拉康、总吉拉康和玛尼拉康，"文化大革命"都被拆了，现在的玛尼拉康是1983年村民重新建的。

现在寺里有4个驻寺干部，3个藏族1个汉族，都在县上，节日过来。

据说附近共有3个白塔，一个在桑日县，一个在乃东县，一个在曲水县或聂当县（是个大佛像），都是阿底峡建的，村里这个是1988年建的。

政府给寺里发过炉子和佛像，一个僧人一天补助3元，还给图书馆里捐书，图书馆是今年4月建的，给了3000多元。

寺里僧人平时不讲经，只在祈雨时念。他们在大堂念经，百姓则在外面转。每月十日、二十日会上殿念经，平时不上殿。

七　朗塞岭的木匠——边巴

（访谈者：杨春宇，翻译：白玛，访谈日期：2012年7月3日）

边巴，男，朗塞岭村一组居民，1972年生，家中有6口人，包括自己夫妇、岳父、妻弟、两个孩子。未上学，不识字。他是家中的老二，大哥已经去世，下面有两个妹妹和一个弟弟。2008年9月18日担任村主任，以前没有当过干部，只是在村里帮人打工，手艺是跟姐姐的老公学的，从16岁开始学了3年，一年半学艺，一年半帮师傅干活，3年内没有工钱。3年后出师，一天的工钱0.5元。师傅（姐夫）是附近莫阿荣村的，姐夫13岁开始跟一个藏族师傅学（他哥哥），26岁时跟一个江苏汉族的修船师傅学。他比边巴大18岁。

边巴不做农活，只做木工，一天20元，建房或者做家具，现在是家具厂厂长，今年4月12日开办的，还没有在县里注册。是和另一人合资，一人出4万元资金，有30名学生想学，给县里打了报告，但尚未受理。没有得到村里资助。现在有4个木工师傅，3个漆工师傅，30人都是本村的，如果政府出钱的话，别的村来的也教。在扎囊县建立木工厂的话，劳动局会出资 30 万元资助，他们现在自己先出钱。政府的资助是自治区与劳动局的项目，他们从邻村那里知道有这个项目。厂子在一组，占地 135 平方米，是借亲家的地，赚钱后归还。村里没有给什么帮助，主要是驻村工作队帮忙与县里劳动局联系。现在家具厂只有 7 个人，目前只够工钱和木头钱，做一些桌子、凳子和床，销路都在村里，如果去外面卖的话会有很多钱，但他们愿意帮助本地人。如果将来有钱了，他也想去县城开一家。还想在村边建一个工厂，生产的产品销给游客。现在家具厂工人一天的工资 70 元，那里的木工都是他的学生，漆工需请人来教，师傅是德吉新村的，租了个房子教，一个师傅两个徒弟。

邻村的协会都在劳动局注册，吉如乡有一家是自治区帮助的，还有扎囊县折木村和扎塘镇达佳宁村，老板是这边油漆师傅的师傅，由劳动局支持。附近的木匠彼此之间都认识，但没有正式的组织。

边巴妻子出生于 1971 年，读过二年级，知道自己名字怎么写。未出去打工，在家务农、料理家务。她是本村人，边巴去帮助她家建房时认识。孩子是她 21 岁时生的，一直与母亲住在这里。边巴本来住在门卡绒村，在她 30 岁（边巴 29 岁）时结婚搬了过来。她有一个哥哥、两个妹妹和一个弟弟。哥哥住在这里，出去打工，经济完全自立，曾离婚。妹妹在扎囊县民政局工作，一个弟弟在家，以前开拖拉机，现在开汽车，也是自己挣钱自己用。另一个妹妹刚刚出嫁。

边巴岳父 74 岁，曾于 1987～1993 年担任村主任。他小时候在庄园里干活，父亲为领主喂马，后来老了，他就顶替父亲的仆人位置，负责做饭。当时衣服没有穿过好的，饭倒是能吃饱，领主不发工资，也没有自己的财产。当时村里的经济状况很好，也有人吃不饱饭，住不上好房子，但领主 7 天发一次糌粑，一天一碗的量。1959 年以后有很大好转，经济方面庄园主被打倒了，以前的田都被充公了。

边巴岳父当村主任时村里很贫困，大人省给孩子吃，衣服也不够穿。当时全村有 120 户、450 人，行政范围同样包括这三个组，全村小麦、青稞和油菜共 9800 公斤。当时种的以青稞为主，1992 年因为干旱而变为以小麦为主，村里想试试是不是更能抗旱。

边巴大女儿 19 岁，二女儿 17 岁，都在山南一中寄宿上高中，一个高二，一个高一。

家庭住宅建筑面积 580 平方米（两层楼），宅基地总面积为 1000 平方米。2006 年 1 月建的，15 天就建起来了，每天都有 100 多人来帮忙，花了 30500 元。安居工程补助了 11100 元，向银行借了 2 万元，已经还清。一层楼 290 平方米，有 10 间房，一间放牛羊饲料，其他堆放杂物、粮食和农具。二楼有 9 间，2 个厨房，1 个烧柴草，1 个烧煤气，以免着火。7 间卧室，边巴夫妻一间，两个儿子一人一间，妻弟一间，岳父一间。有一间饭厅兼客厅。

全家有地 20 亩。2012 年种植青稞 13 亩，油菜 6 亩。机耕机播手工收。有奶牛 3 头，水牛 3 头，小母牛 1 头，牦牛 6 头，猪 2 头，山羊 2 只，绵羊 36 只，鸡 20 只。别人帮忙放羊，一年工钱 494 元。去年没有卖牲畜，杀了两头猪，别人帮杀的，不知道斤数。牛奶自用，沼气棚里种了些蔬菜，沼气可用来烧点水。

岳父有肾病，2007 年第一次发病，要做手术，血型配不上，A 型。他去年肺炎，先去扎囊县医院，在家打点滴，并无好转，于是去泽当住了 14 天院，花了 3620 元。泽当看病只报销了 40%，如果在扎囊的话，可以报销 60%。

在家烧柴草，有时用煤气，还有牛粪。全年总收入 9000 元，卖油菜收入 1500 元，当村主任的工资收入为 2800 元；农用机械汽油支出 2000 元，孩子的教育支出 3000 元，医疗保健支出 2200 元

家里有一台大型拖拉机，2008 年以 12500 元购得；一个大型拖拉机机头，2005 年以 6500 元购得；一个小型拖拉机机头，2011 年以 1500 元购得；收割机一台，2009 年以 1300 元购得；播种机一台，2005 年以 300 元购得。

八　云丹的故事

（访谈者：方素梅，翻译：扎桑，访谈日期：2012 年 7 月 3 日）

云丹，男，藏族，1949 年出生，朗塞岭村二组人。1963 年上村里小学，读了 3 年，民主改革时 11 岁。云丹读小学时，课程只有藏文和数学，学生大约是 20 多个，老师 2 个，都是本村人。1965 年，云丹到外面打工，参加修路的工作，即今 101 国道，每天的工资为 0.2 元，一直做了 2 年。

当时修路的都是军人。

云丹兄弟一共 4 个，他是老小。大哥没有子女，二哥即是翻译扎桑的爷爷，三哥是翻译卓嘎的爷爷。云丹父亲这一支有 4 户在村里，母亲家的亲戚则有 10 户。亲戚间互相换工，过年过节也聚会串门。当地最重要的换工是农活，包括犁地、灌溉、收割等，换工一般是对等的，不记账，亲戚外很少换工。

换工的传统曾经中断，实行承包制以后恢复。云丹认为，换工是一种很好的传统，现在年轻人都去打工了，收割时节才回来，所以中老年人之间换工，可以互相帮助，提高效率。一般情况下，谁家有了活，就会提前和大家打招呼。

云丹说，以前父母在庄园外干活，自家有一点地，大约可收获 170 斤青稞和小麦，饥荒时就向亲戚讨，帮贵族干活也可以得到一些报酬，如糌粑。云丹小时也帮助父母在庄园外干活，打扫庄院墙外边。当时，他家的房子在寺庙旁边，面积约有 1 柱半，后来这块宅基地交给了村里。云丹 22 岁时母亲过世，26 岁时父亲过世。

云丹 21 岁结婚，妻子是本村人，以前岳父也要给贵族干活。妻子家条件好些，田地也多些，有 13 亩多，云丹家只有 1.3 亩。他们结婚时，妻子家给了宅基地盖房，有 4 柱。当时已是人民公社，参加集体劳动，记工分。

云丹有 7 个孩子，老大女孩，嫁到泽当了，今年 40 岁；老二男孩，在本村成家，今年 38 岁；老三男孩，为扎囊县阿扎乡小学老师，今年 37 岁；老四男孩，为洛扎县小学老师，今年 35 岁；老五女孩，招赘在家，今年 32 岁，女婿已经去世；老六男孩，贡嘎县干部，今年 31 岁；老七在家务农，未婚，今年 30 岁。

其中，老三、老四、老六大学毕业，老大、老七初中毕业，老二、老五未上过学。老五很后悔没有上学，她参加过扫盲班，但是识字不多，还看不懂报纸。她小时候帮助大姐看过孩子。

云丹说，自己结婚后生活最困难的时期是 20 世纪 80 年代，因为几个孩子都要读书，那时已经承包到户，口粮是够了，但是现金收入几乎没有。云丹夫妇曾经出售粮食、牦牛、氆氇等供孩子读书，那时觉得学费是很大的负担，也向银行、村人借钱，妻子借不到钱就哭，曾经把家里的厨具都卖了，每年到交学费的时候就卖猪和粮食等。但是再苦，他们也支持孩子读书。云丹觉得得到了回报，几个孩子都有工作了，需要用钱他们就会寄来。孩子也很感谢父母的支持。村里对他们家很是羡慕。云丹说，像他们这样努力供孩子读书的家庭，在本村二组是数一数二的。三组有一家也像他们家一样。那时村里很多孩子都退学了。

云丹的外孙女（老五的孩子）在泽当镇读书，由大姨照顾。女婿家条件还可以，爷爷是退休职工，曾经想抚养孩子，但是老五不给，所以他们不管孩子了。老五发誓，一定要好好培养孩子。她说，村里开会时，很多人都在看书或者报纸，但是自己不识字，所以觉得惭愧，希望孩子努力学习，以后也出去工作。

云丹家的房子看起来是全村最大最好的，上下两层约345平方米，宅基地面积为200平方米左右。房子于2006年建造，人工费3万多元，加上材料等价值约20万元，但材料（木、石等，1根木柱270多元）是自备的，实际花了8万多元，几个工作的孩子给的。还得到安居工程款1万元，贷款3万多元，还没有还完。还借老大10万元没有还，老大在泽当镇的一个饭店当服务员，其丈夫的父母是干部。

云丹的老伴于2003年去世，享年55岁。孩子们对云丹很孝顺，云丹说自己从未买过衣服，都是孩子们买的。

云丹家承包耕地面积是12.6亩，种植了9亩小麦、1.6亩土豆、2亩油菜。风调雨顺时，可收获小麦四五千斤。当地亩产一般是300斤左右，云丹家的产量太高了，但他坚持认为数量没有太大出入，不知是不是他家土地肥沃。去年收获土豆400斤，油菜440斤。去年一年国家发给化肥两袋，自己购买了5袋，喷洒农药两次。云丹家有收割机和犁地机械，没有播种机，需要租借，每亩价格30元。云丹家周围种植有2棵桃树、4棵苹果树、1棵核桃树，另外有大约0.4亩的林地，种植了四五百棵树木（含幼木），以杨树、柳树为主。农产品主要是自食，也给孩子们一些，年节时孩子们会带钱回来。一般不出售畜禽，去年只卖了一只羊，收入400多元；卖了一条氆氇，收入600多元。

云丹家去年现金收入不到1万元，主要是老七打工和孩子们给的，不够花，老五还向村民借了1000多元。老七现在泽当镇的建筑工地开装载机，刚去一个月，工资在1800元/月左右，除了出去吃饭和其他花销，不知能否剩钱带回家。家里的花费包括电费、化肥，以及购买大米、肉菜、酥油等。

院外种植了少许蔬菜，不够吃，每月要买一些，花费六七十元；还购买 200 多元的肉类、1 袋大米。过年时这些东西就要买很多，因为孩子们都会回来，去年买了 11 袋大米还不够。云丹家没有奶牛，所以每月要买 50 多元的酥油。老五的孩子在泽当镇读书，每年也要 1000 多元。云丹认为还是本村小学读书好，不用交学费，还可以发一些米、油等。老五则坚持认为泽当的学校好，有英语课程，在本村孩子总是被别人说没有爸爸，她很心疼孩子。

云丹一家都参加了新农合，虽然这几年家里没有人生过大病住过院，平时只是在村医那里拿些感冒药，他和老五都认为这个政策很好。云丹已经领取养老金，说每个月 50 元够自己零花了；老五和老七两个孩子参加了农村社会养老保险。

九　朵朵村主任一家

（访谈者：侯苗苗，翻译：德吉卓玛，访谈日期：2012 年 7 月 3 日）

2012 年 7 月 3 日，雨后的天空在下午即刻放晴，蓝天和白云映衬下，古老的朗塞岭庄园显得雄伟又沧桑。朵朵村主任家的小院位于朗塞岭庄园的正后方不远处。多个世纪以来，住在庄园里的封建大贵族世代掌管着这片领地，直到中华人民共和国成立后，西藏民主改革完成，才有了乡村级行政单位的划分，成立了朗塞岭村（乡）。朗塞岭村依照地理位置被划分为 3 个组，每个组由组长主要负责。村委会位于二组所在地，即朗塞岭庄园旧址坐落的地区。朵朵便是朗塞岭村的现任村主任。

朵朵村主任出生于 1962 年，小学文化程度，是中共党员。家里共有 6 口人，分三代，分别是朵朵及其老伴、30 岁的儿子平措多杰、26 岁的女儿康珠、23 岁的女儿德吉措姆，以及平措 5 岁的小儿子，即朵朵的小孙子。朵朵村主任告诉我们，家里除了他以外，还有一位中共党员，就是他的儿子平措多杰。朵朵的老伴操持家务和务农，儿子平措初中毕业就没有再继续上学，如今一年有三个月在外打工，主要在山南地区的几个县，做的是组砖的活儿，每天 60 元的报酬；大女儿康珠在扎囊县的另一个乡里当干部，小女儿则在拉萨念大学。当问及小孙子的妈妈在哪里时，朵朵告诉我们，孩子的妈妈还没有和他的爸爸平措结婚，平时住在扎其乡另一个村子的娘家，有些时候也会来这边住，孩子主要在爸爸这边。

相对于其他村民的家，朵朵村主任家的房屋漂亮又整洁，总建筑面积有 192 平方米，宅基地总面积为 240 平方米。与大多数藏式民居一样，也分为两层，牲畜圈养在一层，人居住在二层。房屋建造于 2003 年，总共花费了约 25000 元。国家推行安居工程的时候，他们对房屋重新进行了装修。7 间房中，除了一间客厅、一间厨房、一间仓库外，朵朵及老伴住一间，平措与儿子住一间，两个女儿各一间。

客厅有两台彩色电视机和一台影碟机，朵朵说电视平时可以收到 55 个频道的节目。平措有一台电脑，空闲时可以上网浏览外面的世界，还有一辆摩托车，他告诉我们那是家里给他买的。有一台洗衣机，老伴洗衣服时常常用它。还有一部固定电话以及四部手机（手机的主人分别是朵朵、平措、康珠和德吉）。有了这些玩意儿，朵朵家的生活在村里显得很是现代化。

家里从 2005 年开始有了入户管道水，早早便用上了自来水。但据朵朵说，目前，每年依然还有两个月左右存在着饮水困难：5 月和 6 月的时候，自家田地需要的水多，家里生活便会缺水。主要的炊事能源是柴草和牛粪，有时会用到煤气，但是不多。

朵朵告诉我们，2011 年，家里全年总收入 16000 多元，主要是他的工资收入、平措的打工收入，以及家中农产品销售所得。全年收入总额中，有将近一成用在了食品消费现金支出上，一成半多用在了衣着消费上；家庭用品支出约 4500 元，交通通信消费约 2300 元，节庆、娱乐支出约 2000元，人情支出约 500 元，医疗保健支出约 5000 元，宗教活动支出约 500元。朵朵说，家里每逢大事时就会请僧人来做法事或念经，请一个僧人的费用大约是每天 50 元。

朵朵家除了日常生活过得颇为现代化，农业生产也在很大程度上实现了机械化和现代化。1972 年家中就有了一台小型拖拉机，2009~2011 年，又先后购置了脱粒机、扬场机、大中型拖拉机等农用设备，实现了机耕、机电灌溉、机播和机收。2011 年，全家经营集体承包耕地 14 亩和温室0.05 亩，实际经营林地 1 亩。种植的农作物和经济作物有小麦、油菜、白菜、土豆等，在满足自食的情况下，通过集市将油菜卖了大约 2000 元以增加收入。全家月平均消费肉类 3 公斤左右，买来的肉类放进冰箱储存。奶制品全家月平均消费量约为 2.5 公斤，全部为家养的 4 头奶牛自给。

朵朵告诉我们，他们全家都参加了农村新型合作医疗，每年每人缴纳 20 元；除了小孙子外，其余 5 人也都参加了农村社会养老保险，每年每人缴纳 100 元。他患有高原常见的高血压，是当时村委组织他们去县里检查时发现的，由于工作特别忙，一直没有时间专门做一些治疗。他的老伴除了高血压外，还有肾病和心脏病，曾经去拉萨住院治疗过肾病，住了 7 天医院，治疗费用总共花了 5000 元（含农村新型合作医疗的报销部分），病情有了一些好转。

在我们的访谈过程中，朵朵的儿子平措也坐在沙发的另一侧，不时地做些补充，小孙子则始终绕膝，我不禁感叹他尽享天伦之乐的幸福生活。朵朵笑着跟我们说，他还有一个外孙女——平措的小女儿，只有 4 个月大，现在和她的妈妈住在一起。我问两个孩子的爸爸妈妈准备什么时候结婚，朵朵说，明年吧。

朵朵回忆当年，他和妻子结婚后，一直和他的父母住在一起。他妻子的父母也在朗塞岭村，是三组的人。朵朵家里包括他在内共有五个兄弟姐妹，两女三男，他排行倒数第二，由于其他四个兄弟姐妹的配偶家里缺人（劳动力），所以兄弟都是去女方家住了，姐妹都是出嫁到男方家。朵朵和他的妻子于是承担起赡养老人的责任。家里现在已经没有了老人，很多年前就去世了。朵朵说希望儿子平措结婚后能在他这边住，儿媳那边还有一个姐姐和弟弟，有弟媳照顾那边的老人。

我问朵朵会不会担心变老，认不认为养老对儿女来说是很大的负担？他说，会担心变老，但国家现在有了养老保险，60 岁以后会发养老金，负担会比过去小很多；也会担心生病，但如果生病的话，参加了新农合，看了病国家给报销大部分。"我不希望变老，国家对我们很好，还要好好活很多年。现在生活好了。"

我请朵朵村主任介绍一下村里的敬老院。他说，这个敬老院是扎其乡敬老院，1972 年就有，距今已经 40 年了，除了本村的老人外，也住着附近其他村的老人。以前的房子破旧简陋，现在已经焕然一新。住在里面的老人大多是没有儿女的五保户，还有的是过去朗塞岭庄园里的老佣人。那些老人生病的时候，医生一般会很及时地赶去医治，如果有需要，村里的汽车会送他们去医院。每隔一段时间，县里和乡里的医生会来给他们检查身体。如果敬老院里的老人去世了，县里的民政部门会出资处理后事，村里人帮忙请僧人和天葬师，整个丧葬费用由民政部门来出。

敬老院吃住免费，国家还给敬老院里的老人每月发补贴款。敬老院里目前有3个管理员，日常负责做饭。我问管理员懂不懂医学，会不会适当指导患不同慢性病的老人们的饮食？朵朵村主任说他们不懂医，目前敬老院里还没有懂一定医学知识的护理人员。村民们如果有空，有时也会去照顾一下，给老人们偶尔送去点吃穿用品。过藏历新年等节日时，民政部门会给老人们送去衣服、生活用品、食品等进行慰问。

作为村里的领导，朵朵也经常去敬老院转转看看，他说现在敬老院里常住着12位老人，虽然有些老人也有兄弟姐妹等亲戚，但是敬老院作为集中供养地，条件更好，也不需要干活，生活幸福，那些老人们还是很愿意在敬老院里生活的。

朵朵介绍说，村里现在老人并不是太多，只要有儿女的，都在家中养老。我问，村里有没有专门为老年人组织过活动？朵朵说没有，老人一般喜欢在自己家待着，身体允许的，会在家里做些简单的农活。邻里之间的老人们有时会相约一起去转村里的白塔。

我了解到，在藏族老人看来，转白塔可以得到佛的护佑，可以治百病。他们喜欢三两相约，绕着白塔顺时针走圈，圈数为3或3的倍数。我们在调查期间，见到过一位老母亲陪着自己中年生病体弱的儿子一圈圈地转白塔，转累了就坐在旁边的土跺上歇息片刻，然后站起来再转下去。其实转白塔确实对身体有益：一圈又一圈的走动促使全身得到了一定程度的活动和锻炼，从而在客观上起到了日常保健的作用；同时，对于老人们而言，相约而行促进了彼此的交流，由此带来的适当的言谈和思考对减缓大脑功能的退化亦有帮助。

朵朵最后说，希望女儿将来结了婚能够单独过（即既不住在男方家，也不住在女方家），最好男方家有很多兄弟姐妹，其他兄弟姐妹可以帮忙赡养男方的父母。养老这件事在他看来的确是种负担。但是，他告诉我们，他仍然希望年老以后得到儿女的照顾，不会像我们所问的那样，"为了考虑减轻儿女的负担而住到敬老院去"，"因为儿女也会愿意照顾我们的。这是一种责任。有孩子就不需要去敬老院，那里住的都是没有儿女的老人"。

看来，对待养老问题，人们的观念与做法往往是矛盾的——这一问题，不仅仅只是养老机构基础设施建设与发展所能解决的。

十　末代防雹师——旺觉老人

（访谈者：秦永章，翻译：次日顿珠，访谈日期：2012 年 7 月 4 日）

雹灾是对西藏高原农业危害极大的一种自然灾害。由于受雹灾所害，千百年来，科技落后的藏族农民只好把防雹驱雹的希望寄托在当地的防雹师"拉拉"身上。然而，随着科学技术的普及，以及新的驱雹技术的推广，西藏传统社会中活跃的"拉拉"纷纷"失业"，逐渐淡出历史舞台。2012 年 7 月 4 日下午，笔者在翻译次日顿珠的陪同下，采访了扎囊县朗塞岭村"末代防雹师"旺觉，以下便是这位"拉拉"的自述。

我叫旺觉，今年 82 岁，扎囊县朗塞岭村人，以前的职业是"拉拉"，即防雹师（又称天气咒师、防雹喇嘛等），在西藏也称作"阿巴"，即天气巫师。

我们村主要的粮食作物是小麦和青稞，还有豌豆等。进入四五月以后，我们这里经常发生冰雹灾害，村民们的粮食每年都会因冰雹袭击而大量减产，甚至颗粒无收。由于"拉拉"可以通过一些特殊的法事活动，让冰雹不落在村民的田地里，因此过去我们成为受雹灾之苦的老百姓心目中的"神人"，经常受邀到附近的田间地头进行"驱雹"活动，村民们则送一些小麦、青稞及酥油等作为酬谢。当然，能否防雹，则取决于拉拉的道行、法力，因此，真正能做到防雹驱雹的是道行较高的拉拉。

我们家祖祖辈辈都是"拉拉"，虽然我不知道先人们从何时开始从事这种职业的，但从我记事起，我的爷爷和父亲都是拉拉。1959 年西藏实行民主改革前我也是拉拉，民主改革后拉拉的防雹法事活动被作为封建迷信，不让搞了，所以我也不做拉拉了。

拉拉可以结婚生子，我有 8 个孩子，七男一女，他们都已经工作了，有的在外面打工，一个女儿在同村务农。我的老伴已经去世了。拉拉都是男性，一般是同一家族内父、子相承，很少传授给外人。有的拉拉是在寺院学的，不过当地的村民们对祖传的拉拉更加信服。我从 12 岁起跟随父亲学习拉拉方面的知识，一直学到 32 岁。我当拉拉时父亲 50 多岁了，他是拉拉，我父亲的弟弟也是拉拉。当时整个朗塞岭村有 5 名拉拉，其中我们家族就有 3 人。

民主改革前，在我们这里，拉拉的地位虽然不如"喇嘛"（活佛），但也很有地位，能受到当地僧俗百姓的广泛尊敬。以前朗塞岭庄园的管家对我也很尊敬。我还被经常邀请到庄园主家里做一些法事，每月 3 次左右，每次都给 3 岗藏币的报酬。比起庄园主，老百姓请的多一些，每月大概有 10 次左右。作为报酬，我可以从村民尚未收割的田地里割去一捆小麦或青稞。

拉拉学习的内容很多，首先是学经和咒语，主要的经有"防雹霹雳帐幕"等，拉拉的经文是专门的，在佛经中没有这种经。此外还要学习用糌粑捏制供神驱鬼的食品——"朵玛"① 等。拉拉学成后，还要得到贡嘎县多吉扎寺活佛的认证，如果没有活佛就从甘孜县请果孜堪仁波切任命，敏珠林寺的活佛也可以任命。

拉拉有专门的法器和服饰。主要的法器有用没有阉过的公牛角制作的"特如"，上面雕刻有蛇、青蛙、蝎子、鳄鱼、白塔等。这个法器很有神力，女人不能触碰。此外还有海螺、锣、法铃、杵等。拉拉的服饰与当地的宁玛派寺院演出的法舞"羌姆"中第一个出场的舞者的一样，头戴黑色大帽，上有孔雀翎毛，身穿大袖宽袍衣服。民改时，我的法衣被没收了。

拉拉防雹的仪式较多，主要有以下几种：

一是每年 4 月雨季来临时开始做准备，在山洞或自己家里做 7 天法事，还要打坐 7~14 天。此间一直念诵各种本尊的经文和咒语，既不能吃肉，也不能接触女性。举行这一仪式的主要"道具"是"切玛"，即在特制的"钵"（木盒）内装满青稞，青稞上插上用刺梅木头制作的刀，还有刻有咒语的人的肋骨、石头、木楔子，以及用青稞面和酥油制作的"朵玛"；

二是在可能降雹的地方建若干防雹室，内埋经过修供加持的经文、咒语等；

三是用"古朵"（抛石鞭）将已经加持过的具有法力的泥团抛向有雹云的空中，或是用公牛角制作的法器"特如"，把装在里面的油菜籽撒向

---

① 藏语音译，意为"食子"，由糌粑捏成用以供神驱鬼的食品。在藏传佛教的宗教活动中，朵玛用途颇广，在供品中必不可少，还可作施食和驱魔武器之用。一般分供施用的朵玛为三份，一份上供诸佛菩萨，一份中献十方护法，一份下施六道众生和邪魔厉鬼。在驱逐妖魔鬼怪时专门为武器抛掷的食子，叫驱魔朵玛。

空中；

四是在自己家的房顶上煨桑，往冰雹来临的方向吹响海螺等。

20 世纪 70 年代末我国实行改革开放后，西藏地区的寺院得到重修，民间的宗教活动也逐渐恢复，当然在农村邀请"拉拉"防雹驱雹的活动又开始了，我也偶尔受邀举行一些防雹的法事活动。但是，从 80 年代以后，包括我们这里的整个西藏农业区，逐渐开展了人工防雹工程。由于防雹驱雹都用上了高射炮，用大炮驱雹，比起拉拉的法事活动要厉害多了，也灵验多了，所以拉拉也派不上用场了，现在请我驱雹防雹的情况不多了，可以说高射炮让我们这些传统的拉拉们"失业"了。现在我的七个儿子中也没有一个人是学做拉拉的，我算是本村的最后一个拉拉了。因为现在社会发展了，现在防冰雹有科学方法了，所以我也不担心没人学"拉拉"、后继无人了。

现在我虽然不当拉拉了，但是每当黑云密布，天空有冰雹来临的迹象时，我很自觉地念诵一些防雹的咒语和经文，以使冰雹不要光临附近的粮田。另外附近的村民们还经常让我卜卦、看病、选房址等，还经常加持别人带来的东西。现在我老了，也做不了什么了，但是现在国家对西藏的政策很好，我的子女们对我也很孝顺，把我的生活安排得很好，衣食无忧。现在，平时我也经常到村里的佛塔前转经，在那里和转经的其他老人们聊天，每天过得都很愉快。

十一 索朗达娃夫妇和他们的小外孙

（访谈者：侯苗苗，翻译：德吉卓玛，访谈日期：2012 年 7 月 2 日）

2012 年 7 月 2 日下午，我在翻译的陪同下，来到与朗塞岭村村委会相距不到两百米之遥的索朗达娃、次仁卓嘎夫妇家。

到索朗达娃家访问纯属偶然。与翻译事先沟通时，我请她能够尽量带我去一些家有老人需要赡养的家庭，于是便有了与索朗达娃一家的交谈。两个多小时，我们坐在索朗大叔家二楼的小院中，听他慢慢将家事铺陈。

索朗达娃家共有 8 口人，家庭代际分成四代：48 岁的索朗达娃及其 46 岁的妻子次仁卓嘎、次仁卓嘎 80 岁高龄的老母亲久阿卓玛、次仁卓嘎的两个单身无嗣的哥哥、索朗夫妇 22 岁的大女儿和 21 岁的小女儿，以及一个 1 岁零 3 个月大的小外孙。

索朗达娃和妻子都是小学文化程度，索朗达娃是朗塞岭村二组的组长。他家的房屋总建筑面积为 256 平方米，宅基地总面积为 496 平方米。家中共有五间房，索朗达娃夫妇和小外孙住一间、老人家和次仁卓嘎的一个哥哥住一间、小女儿和次仁卓嘎的另一个哥哥（即小女儿的舅舅）住一间，还有一间是客房。

索朗达娃告诉我们，家中已经接入了入户管道水，用上了自来水。但有时存在饮水困难：比如夏天，有时早晚有水，其余的白天时间没有水，遇到这样的时候，就只好去邻居家借水。

2011 年全年，家庭总收入约 2.78 万元。其中，大约 1 万元为次仁卓嘎打工的哥哥所挣，约 1 万元为小女儿在建筑业中打工所挣，约 4000 元为她的另一个放羊的哥哥所得；猪和油菜通过集市销售分别卖了 1000 余元和 1300 余元；另外，次仁卓嘎在贡嘎县宣传部工作的弟弟还给了他们 1500 元。生活方面，全年全家食品消费的现金支出约 1000 元，衣着消费支出约 2500 元，家庭设备支出约 2570 元，娱乐节庆支出约 6000 元，教育支出约 8000 元，人情消费支出约 1000 元。生产方面，除 2002 年购置了一台大中型拖拉机外，2009～2011 年，又分别购置了小型拖拉机、脱粒机、扬场机和收割机。经营集体承包耕地 19.03 亩和温室 0.1 亩，种植青稞、小麦、油菜和土豆等农作物和经济作物。

索朗达娃说，这几年的生活条件已经好转多了。以前，全家一年有五六百块钱就够用了，现在不够用，主要是因为生活条件好了，物资丰富，物价高，房屋也比以前好，吃的也好。以前，能填饱肚子、有衣服穿就行了，现在，吃饭除了填饱肚子以外，还会注意营养，会吃一些鸡蛋、肉、蔬菜之类。一年内除了三个月（藏历四月至六月，牛羊还没长肥）之外，其他时候都有肉吃。家中畜禽包括 4 头牛、2 头猪、32 只绵羊、3 只山羊和 6 只鸡。除少量出售外，多数都是留着自食。奶制品也基本自给。

次仁卓嘎告诉我们，全家人都参加了农村新型合作医疗，目前只有她的老母亲一人参加了农村社会养老保险。她的丈夫患有高原常见的高血压，除此之外，眼睛有时看不清，且因抽烟时常引起胃痛；她自己则常常是膝盖疼，也曾不明原因地晕倒过，但除了县医院的医生来村里体检和诊治之外，他们都没有去医院仔细检查和治疗过。问及为什么不去医院，次仁卓嘎说是"经济原因"。

访谈中，我们没有见到次仁卓嘎的两个哥哥，索朗达娃介绍说，他们两个都是哑巴，都一直没有结婚，一个外出打工去了，另一个在放羊。另外，索朗达娃和次仁卓嘎的大女儿在拉萨念大学，聪明好学，又很独立，不让家里操心；小女儿早年便外出打工，曾经在拉萨干活，现在在桑耶镇干活。这个正在熟睡的小男孩是小女儿的孩子。我很好奇地问，孩子的妈妈在外打工，那他爸爸呢？索朗大叔叹了口气说："这孩子，他没有爸爸。"

谈起小外孙，索朗达娃一脸的疼爱。小女儿当年初中还没毕业便辍学在家务农，后来去拉萨打过工，在打工期间，认识了孩子的爸爸并恋爱，再后来，和那个男人分手，可是却有了身孕，于是就未婚生下了孩子，把孩子送回到老家来，然后又出去打工。索朗大叔说："小女儿说了，她出去打工挣钱养家，将来，等她儿子长大了，我们大家都老了，他俩一起养活我们。"

我一时答不上话，脑海里迅速地计算着以后他们家里会有几个老人，"大家都老了"将会是一个什么样的光景需要小女儿去面对。索朗达娃很爱笑，和我们聊天的时候，纵使讲述艰辛往事，他也常常一边讲一边发出爽朗的大笑声。笑容在他脸上很有一种男人的刚毅劲，却又很温情。

在我的藏语翻译的转述下，我得以最大限度地还原索朗达娃的讲述——

我和我妻子每天在家干农活，除此之外我还负责村里田地灌溉方面的事宜。我们还要照顾我岳母。岳父十多年前就因为肺病去世了。岳母有胃病，膝盖和脊椎也时常会疼，但身体不舒服时一般不喜欢去医院治疗，因为她认为自己的丈夫当时生病去医院治疗，却并没有好转。

当年家庭经济状况很差，大女儿成绩好一些，一直在念书；小女儿14岁就辍学了，在家帮做农活，后来为了补贴家用和供姐姐上学，便去拉萨打工，做城市园林工作，现在在桑耶镇的一个工地上干活，每天有50块钱的收入，刚去一个多月，还没有回过家。小女儿说，她不会出嫁了。如果她出嫁，家里就只剩下老人。我们其实也不想让她出嫁，如果能招赘一个女婿到家里来，互相照顾一起生活是最好，但是她已经有个小儿子了，所以这很难。不过一切还是要以小女儿的心意为准，放在过去的话，婚事只要是父母同意就行了，以父母的看法为准。现在，要以孩子的想法为准。

我们也没有帮小女儿找女婿，主要是担心我们找的人她会不同意，以后他们生活在一起万一有矛盾，会怪罪我们。

我最担心的不是为小女儿找丈夫的事，而是将来我们5个老人都需要小女儿来赡养。我们倒是没有想过靠大女儿，因为她还没毕业，毕业后不知道会如何，也许会留在城市里生活，我们不会勉强她。当然，如果以后两个女儿能共同承担照顾我们的责任，就最好了。我们一天比一天老，经济困难一天比一天多。虽然大女儿上学不需要我们出学费（大女儿念的是师范，不用交学费），主要是生活费，但这对我们来说也是很大的负担。家里老人多，经济很困难，我妻子的一个哥哥出去打工，挣来的钱全家花。如果能有两三个小伙子就好了，但计划生育规定当时只能生两个。如果没有计划生育，我们就会多生几个孩子。人越多越好，有些干农活，有些可以去外面打工。

我问索朗达娃，知道村里有个敬老院吗？有没有想过将来老了以后去敬老院养老，这样或许就可以让小女儿赡养老人的负担轻一些。

索朗达娃接着给我们讲述——

我去过村里的敬老院，但老了以后能不去那里生活最好不去。因为我有女儿，去敬老院生活的主要都是没有儿女的孤寡老人，也有儿女不孝的老人。所以我担心以后如果去敬老院生活，别人会笑话我的孩子们不孝。其实敬老院里的条件挺好的，国家安排和照顾得很好，但是除非孩子们将来不愿意赡养我们，否则我们不会去的。村里的人对把父母送到敬老院的儿女有嘲笑和议论，大家指责孩子不孝，都看不起他们。敬老院的那些老人看起来都很可怜，因为没有孩子来看望他们。

我的老家在琼结县，父亲在我3岁时就去世了，母亲是去年去世的。之前母亲和我的两个兄弟还有继父生活在一起。继父现在还健在。两个兄弟一个有老婆和孩子，一个还没结婚，一大家子人住在一起。在我们当地，如果女方家缺人（注：主要指的是劳动力），男人婚后就到女方家生活，承担起照顾岳父母的责任；男方家缺人，女方就住到男方家一起生活。

家里的老人无论多老、有多难伺候，我们都会一直愿意伺候他们到老，哪怕他们行动不便只能卧床，都要自己照顾，没有一丝想法把他们送到敬老院去。藏族人世世代代的传统就是儿女在家里给父母养老，以后也会这样。当然，如果孩子们不愿意照顾，想让老人去敬老院，那……就去吧。

其实，去敬老院生活，既不用干活，还有人照料，多好。但是老人去，孩子们大多会不同意，他们还是很希望自己照顾老人的，这是传统。现在国家对我们已经很好了，我们尽量不需要靠国家养，自食其力最好。如果孩子经济方面没有困难，我们将来能待在家里养老最好，如果孩子经济条件不允许，我们就只好去敬老院。这主要还是取决于孩子。

我的小女儿说，以后老人们都由她负责照顾。加上她的两个舅舅一辈子没结婚，不会说话，跟人交流都是用手势。小女儿将来要照顾我们5个人。希望小外孙将来长大了，能够有能力帮助他妈妈。

我踌躇着问了索朗达娃一个问题："您害怕死亡吗？"因为听说过这类话题在藏族人看来一般是颇为忌讳的话题，所以问的时候很是犹豫。

索朗达娃答得很快：怕。年纪越大越怕。

我问，怕什么？

索朗达娃认真地说，主要是担心孩子们。如果孩子们将来生活得没有困难，我们就放心了。孩子有困难，我们就很担心。小女儿负担实在太重了。

我问索朗大叔，想象过晚年希望和老伴一起过一种什么样的生活吗？索朗大叔又发出一阵爽朗的笑声，说了四个字："幸福地过。"

或许，在他的心中，将来的轮廓既清晰，却又并不能够完全看得清。

十二　朗塞岭庄园的老农奴西桑

（访谈者：侯苗苗，翻译：德吉卓玛，访谈日期：2012年7月4日）

在西藏著名的桑耶寺的南面，隔江相望的地方，是山南地区扎囊县朗塞岭村地界，建于帕竹地方政权时期的朗塞岭庄园就在这里。

朗塞岭庄园是西藏封建农奴制社会的一个缩影。西藏民主改革之后，已然荒芜了半个多世纪。它作为西藏社会进入封建农奴制的早期庄园，有几百年的延续性及巨大的规模，是研究封建庄园的形成和发展时期的历史见证。目前，朗塞岭庄园已经经过初步整理和修缮，未来准备作为一个文物保护单位和旅游景点对外开放。而这个今非昔比的庄园，却承载了许多人一生的故事，西桑便是其中的一位。

2012 年 7 月 4 日上午，西桑老人坐在自家那个没有围墙的小院里，向我们娓娓道来。回忆一生的故事对于西桑老人来说似乎是件稀少又难得的事。他向我们讲述了许多在旧社会里经历的往事，讲述中不乏一些历史性的名词和说法，很是详细。但我的藏语翻译德吉卓玛是个年仅 18 岁、刚刚高中毕业的姑娘，我很担心她并不十分了解老人口中那久远的历史背景、事件和人。所以，我将德吉姑娘的翻译逐字逐句地录了音，又将录音整理成文字，在文字材料的基础上，进行语言的加工、组织，力图尽最大努力去还原老人的故事。希望可以将故事讲得清晰、连贯，最重要的是，不要曲解了老人的原意。

西桑老人生于 1927 年，今年 85 岁。他出生在那曲，小时候家里很穷，缺吃少穿，父母同在那曲的一个贵族家当佣人，两个人都干的是放羊的活儿。每天没有工钱，贵族仅给些吃的和穿的，住在贵族家。他们从小就在这个贵族家当佣人，直到西桑出生后仍然在做。

西桑 14 岁时去了拉萨。因为当时他的父亲和军队的队长是朋友，这个队长家需要个保姆，就让西桑去做了。后来被队长的管家带到朗塞岭庄园来，而他的父母在那曲当了一生的佣人。西桑此去就再也没有见过他的父母。在他 15 岁时，父母先后去世了。当时西桑在拉萨，还不知道父母去世的消息，也没有人告诉过他。后来，在扎其乡另外一个村当佣人的老乡，在西桑 26 岁来到朗塞岭之后，才得以告诉他父母去世的消息。西桑还有一个小妹妹。他们当年在那曲分开的时候，妹妹还很小。后来兄妹俩就再也没有见过面，妹妹也从此失去了音讯。

西桑在朗塞岭庄园干活之前，也在其他几个贵族家当过佣人。一开始时，是在四组的一个贵族家干，到了后来，贵族分给他的吃穿逐渐不够，于是便去了朗塞岭庄园干活，一干就是 4 年，主要当帮厨。旧朗塞岭庄园的庄园主名叫班觉晋美，他出生在朗塞岭，平时住在拉萨，在旧时西藏地方享有很高的地位。西桑回忆说，他在庄园当佣人的时候，班觉晋美一般不会来这里，有专门的管家在这里管理。

4 年后，朗塞岭庄园旁边开始修路，西桑就要求不在庄园干活了，而要和军队一起修路。在他看来，修路是在为政府干活。至于为什么做了 4 年农奴后从庄园里出来，据西桑说，因为他不是朗塞岭本地人，是从那曲过来的，所以愿意去留还是有一定的自由的。修完路后五六年间，他一直住在租来的没有门的房子里，在那个时候认识了他的妻子。妻子是当地人，也是农奴出身。认识妻子的时候，他在另外一家贵族家里干活，什么活都干。我问西桑老人文化程度如何，他说："我是驴，不认字。"边说边在头顶比画着动物的犄角，发出呵呵的笑声。由他对自己的称谓，可见旧时农奴极其低下的社会地位所留下的深深烙印。

据西桑回忆，在庄园里当农奴的时候，每个农奴按月发糌粑吃，有时也会发一些茶、肥肉。每月只发一次，不够也得够。白天在庄园里干活，晚上有闲余时，去贵族家做羊毛梭，那时还没结婚，住在庄园里。去别的贵族家干活，挣了粮食，就可以在自己那间很小的房子里做饭吃，因为庄园的厨房里不允许让他们给自己做饭。

西藏和平解放的时候，西桑40多岁。那时，他的女儿还尚未出生。民主改革完成后，朗塞岭庄园被解放，庄园的旧领地在政府的重新建制下变成了村，政府给旧农奴们安排了住处，让他们在村里种地。西桑也分到了房子，就在朗塞岭庄园的旁边。后来庄园装修，才搬到现在的住处。

西桑在村里主要是务农。目前家里共有祖孙三代三口人：女儿生于1969年，孙子生于1989年，目前全都在泽当县打工。家中分得7.04亩集体承包耕地，主要用来种小麦和油菜，留作自食，还尚无温室大棚。家中除了一只陪伴西桑老人的狗以外，没有看到其他的畜禽。

西桑老人的老伴比他小3岁，因为心脏病去世已经4年了。老伴去世的时候，西桑非常难过。他说，几年过去了，现在已经习惯了一个人住，不会因为女儿外出打工不能在家陪他而觉得特别孤单。如果女儿待在家里陪他，就没有人工作挣钱了。女儿做的是拉电线的活儿，一般冬天不打工，一直在家。孙子16岁初中还没毕业时就辍学了，现在在朗玛厅唱歌，回家很少，今年只有藏历新年的年三十那天回来，初一有人打电话来叫，就又走了。

西桑家的三口人都参加了农村社会养老保险和农村新型合作医疗。女儿会定期去扎其乡里的农行帮西桑领取60岁以上老人的养老金，除此之外西桑还能享受到县里给80岁以上高龄老人送到家里来的补助金。西桑老人的身体还不错，扎囊县医院的医生上次来给村民检查身体，说西桑除了右边膝盖不太好、可能影响走路之外，没有其他的慢性病。西桑并没有对此进行治疗，用他的话说，"年纪大了，吃药也没用"。生病的时候，好心的邻居们会来照顾西桑。访谈中，有个抱孩子的50多岁的大妈到小院里来串门，西桑告诉我们这是他的邻居。这个女邻居的丈夫算是西桑家的一个亲戚，经常会过来这边看看他需不需要帮忙。如果西桑身体不舒服，邻居们很快就会知道。"他们都是很好的人"，西桑竖起大拇指对我们说："村工作组的人也非常好，常常照顾我。"

西桑每年自己一个人居住的时间占大多数。家里的田地由女儿来种，到了收割的时候，也是女儿回来收。平时农田需要照料的时候，组里会组织人手来帮农活，由组长记下这些人的名字，一般是以亩为单位来算工钱的，一亩地需要一个人干一天。组长计算完，由组里出钱给这些人。每年把一年内帮忙的次数记下来，一并计算，一并付钱。他们来主要是帮忙灌溉，西桑家里的农具和农用设备很有限，帮农活的人就自己带农具来用。有时候西桑家也需要给帮农的人付钱，西桑并不知道一年需要付多少钱，因为都是由女儿到组里开会的时候去算。用西桑的话说，"粮食是自己吃，钱当然要自己给"。

我问西桑知道不知道离自己家不到200米之遥有个敬老院，他表示知道，而且还去过，觉得里面特别好。但当我问他想不想去里面生活时，西桑说不想去，因为他有孩子来照顾。虽然在里面有其他老年人可以每天在一起聊聊天，但西桑表示自己一个人已经习惯了，"不喜欢聊天，人多反而拘束，不幸福"。

一个人待着的时候，西桑大部分时间在念经。有时候看看电视，在新闻节目里看到"胡锦涛、邓小平、毛主席"等国家领导人就很高兴，觉得共产党和解放军特别好。西桑认真地说，回想自己当农奴的一生，现在能过上幸福的生活，都是共产党给的。如果一个人不喜欢共产党，他就是个不懂得感恩的人。中国有很多的民族，各民族之间要团结。"大家团结我就特别高兴。我们吃的穿的全都是共产党给的，所以我要为党祈福。"西桑笑着说。

西桑说，自己每天念经不但为女儿和孙子祈福，还在用这样的方式来感谢共产党。他每天早上起来去佛堂念经，下午喂喂狗，浇浇花，看看电视，自己做饭。家里还没有入户管道水，每天需要用塑料水桶从邻居家去提水。邻居有时也会帮忙做饭，西桑表示："不需要他们来送饭给我，吃的穿的党都已经给我了，孩子也会给我买。"自己做饭的时候，他喜欢做糌粑。西桑说他喜欢吃肉，由女儿买回来，家里没有冰箱，肉煮过以后可以存放很久，加上是一个人住，每次也就不需要买很多，每个月差不多两公斤就够吃了。两公斤的酥油，则能用上四五个月。

西桑并不觉得敬老院的老人可怜，因为他们"吃的穿的也都是国家给的"。他说那些老人都没有儿女，没有儿女便没人照顾，当然要去敬老院生活。西桑说，他并不担心将来自己的腿不能走动了而只能躺着，因为自己有女儿照顾。女儿现在是为了还银行的贷款而去工作，如果银行的2000元贷款还清了，女儿就不出去打工了，到时候回家来务农，让孙子一个人出去打工就行了。女儿今早刚刚去了泽当，过几天孙子还会回来。西桑说，不希望女儿去太远的地方打工，还是离得近一些好，能在身边最好。如果女儿去了很远的地方，他就会担心她，女儿生活得如何，他会不知道，而女儿自己也会不习惯。况且，如果女儿去了远一些的地方打工，也将没人照顾他，想见女儿也就不那么容易了。我问西桑老人想念女儿吗，他说："女儿今天早上刚离开家，所以还好啦！"他说，时间长了会想念，但是更想念孙子。如果要离开家很长时间的话，孙子就会给他打电话。家里没有电话，孙子就把电话打到邻居家，邻居来叫西桑去接。西桑说，希望能到孙子打工的地方去看看，但是还没有跟孙子说起过这个想法。下次等他回来了，就会跟他说。

西桑平时一般不去寺庙，因为腿脚不好，而寺庙又离得太远。但有事需要念经时，会请僧人到家里来。西桑告诉我们，请一次僧人需要花15元。家里有个佛堂，西桑打开门带我们进去参观。佛堂里供奉了释迦牟尼和十世班禅大师等，供桌上摆着一排酥油灯，里面装满了水，藏历每月逢十五的时候会盛满酥油，点燃酥油灯。

与我们见到的其他村民家的房屋不同，西桑家的房屋不是两层高的小楼，而是只有一层，没有底层的牲畜间，院子很小，也没有围墙，西桑说将来要准备给小院盖个围墙。5间方方正正的小屋倒是整洁，只是缺少了一丝人气。西桑打开隔壁的另一扇门，带我们参观客厅。客厅屋顶上的椽木清晰可见，西桑说，这房子是2011年他们从庄园附近的旧宅搬过来时，靠政府的安居工程款修建的。房屋总建筑面积112平方米，政府出资3.8万元，他们又从银行贷了2000元，共花了4万元盖起了这幢房子。银行的债暂时没有还清。客厅墙壁上挂着国家领导人像，像上献着洁白的哈达。

领袖像的正下方桌子上，靠墙摆着一个长方形的玻璃相框，里面是西桑女儿和孙子的几张照片。西桑老人摩挲着照片给我们一一介绍照片中的合影者，女儿和儿子平日都在外打工，想念他们的时候，他就到照片这儿来，一个人看上一会儿，以寄遥思。

西桑女儿的丈夫是汉族人，跟女儿一起在泽当县打工。我问为什么找汉族结婚，西桑笑着说是缘分。他觉得那个男人很好。他有时候会来看西桑，今年回了一趟内地老家，西桑对内地不太熟悉，只说好像是在四川。女儿也跟着去过四川，但西桑没有见过女婿的父母。西桑说，等女儿还清银行的钱，就会回到家里来，不出外打工了，男人应该还会在泽当，因为他不会务农，所以不得不在外打工赚钱，他现在做的是"涂水泥和盖房子"。我问西桑，为什么不和女儿一家去泽当团聚，西桑说："这样确实很好，但是我不想去，还是待在这里好一些。国家给钱盖了房子，平时我也不愁吃穿，我不愿意离开这里，将来也会死在这里。""我不怕死"，西桑接着说，"人总是要死的。解放军打仗都会死很多人，所以我们不应该怕死。我相信有来世，如果人这辈子心地善良，做个好人，下辈子就还能做人；这辈子做坏人，下辈子就只能变成兽了。"

十三　赡养岳母的鳏夫

（访谈者：侯苗苗，翻译：德吉卓玛，访谈日期：2012 年 7 月 3 日）

2012 年 7 月 3 日，一个下着冷雨的清晨，我和我的藏语翻译德吉卓玛敲开了一户简陋的大门。开门的是个 50 多岁的大叔，简单的应和，就已让人读到他内心的忧郁。

一路被带着来到二楼的客厅里，大叔请我们落座并吩咐自己的儿子去给我们倒奶茶。两只刚出生不久的小猫在藏床上踱来踱去，好奇地打量我们，仿佛家里已经很久不曾有客人到访。客厅没有开灯，光线昏暗，外面的雨还不小，冷风有些瑟瑟。

访谈中我们得知，大叔名叫次仁久阿，1958 年生人，他的家庭共有 4人，分别是其 83 岁的老岳母、次仁久阿，以及一个 25 岁的儿子和一个 20岁的儿子。次仁久阿的妻子去年刚刚去世。

次仁久阿不太识字，平日在家务农种地，曾经外出打过工，在那曲的建筑业工地上干活。家里现在居住的这幢房屋总建筑面积 192 平方米，宅基地总面积为 320 平方米，共有两层，一层为牲畜间，二层由人居住，共 6 间房，现有的家庭成员每人一间，外加一个客厅、一个佛堂。房屋是竹木土坯结构，建造时共花费 9000 元，其中国家安居工程出资装修款 5000 元。家中有集体承包耕地 16.04 亩和 0.004 亩的温室，主要种植青稞、小麦、油菜和土豆，收获的农产品一般自食。

客厅里摆着两台彩色电视机，次仁久阿告诉我们，其中一台是国家发的，能收到的频道挺多，大约有 50 几个。电视机的上方墙壁上张贴着 3 幅不同时期不同版本的领袖像。家里接有入户管道水，水源来自山上，平时几乎不存在饮水困难。主要炊事能源为柴草和牛粪，2011 年当地政府根据国家政策，为各家户通了煤气，他家刚刚通的时候用过几次，后来就基本没有再用了。

2011 年，次仁久阿全家全年的总收入大约是 2500 元，为其大儿子和老伴去世前打工所得，他们夏天的时候在朗塞岭庄园参与修缮（建筑业）工作，工资每人每天有 20 元。已经一年多没有购买过生产工具，新添的 3 把锄头和 4 把铁锹是自己做的。去年生活消费支出有将近 8000 元，其中约 5500 元用在了食品消费上；医疗保健消费支出大约为 300 元（除去参加农村新型合作医疗报销的部分），这里面包含了老伴去世前看病的费用。宗教活动支出大约有 900 元。老伴去世时更是花了一大笔钱。

次仁久阿的大儿子从来没上过学，小儿子在 16 岁初中毕业那年退学了，主要是因为家庭经济困难。现在，小儿子大部分时候打季节工。一进门给我们倒奶茶的是他的大儿子。

次仁久阿全家从 2006 年起参加了农村新型合作医疗，并从 2010 年起参加了农村社会养老保险，83 岁的老岳母领到过集体养老金。据次仁久阿说，老人家现在"眼睛看不清"（注：可能是白内障），并患有高原地区常见的高血压病，村里每两个月会有县医院的医生来义诊一次，做全身检查，检查完身体后，再给一些药回家服用。老人家通过服药，眼睛有了一定程度的好转。因为腿脚不便，所以并未到县里的医院诊治过。次仁久阿自己则有胃病。通过几天的家户调查我们得知，胃病也是当地非常常见的病症。他曾经通过吃药治疗过，也去泽当的医院输过液，病情有所好转，但因为是慢性病，也还没有痊愈。

我们本来还想了解一下去年去世的老伴患病及当时医疗的情况，当我通过翻译，小心翼翼地提出能否请他谈谈这个问题时，次仁久阿摇摇头，对我抱歉地笑了笑，然后把眼神低下去转向了别处，忧郁旋即又浮现在脸上。

次仁久阿告诉我们，村里有个村医，一般每天都在村里，随时生病都能找到他，包括晚上。但这主要是简单的处理和治疗，如果有严重的病，就去县里的医院重新检查。村里人有病还是愿意去医院看病的。可见，参加了农村新型合作医疗后，通过民政部门和卫生部门大力的政策普及和宣传，村民们对看病报销比例的相关规定有了一定的了解，这从一个侧面逐步改善了他们过去生病一般不愿去医院治疗的传统习惯和观念。

次仁久阿父母的家也在本村，他有5个妹妹，自己排行老大，当年他和妻子结婚后，因为妻子家缺人（劳动力），就住到妻子家来了。妹妹们中间，除了一个因为是哑巴没有结婚、始终在娘家生活外，其余的三个后来都出嫁到了夫家，只有排行倒数第二的妹妹招赘了一个女婿，留在家里照顾他们的父母。被问及为什么是这个妹妹而不是别的妹妹留在家里结婚并生活、除了各家缺人与否之外还有什么样的因素来促成这样的婚姻安排时，次仁久阿想了想告诉我们，因为这个妹妹上过学，有小学五年级文化程度，是兄妹们当中最有文化的那个，也最聪明。他说，这个妹妹婚后和她的丈夫都在家务农，同时赡养父母，直到父母亲后来都去世了。

我对当地的婚姻安排产生了兴趣，因为经过几天的调研，发现村里很多男人是作为入赘的女婿来照顾女方的父母。我问次仁久阿是不是这样，他表示，确实有很多是男人住到女方家，主要是因为风俗习惯。虽然大多数是取决于男女双方各自有多少兄弟姐妹、家中是否缺人，但也不完全是。通常，在双方结婚前，就会商量好今后住在谁家。我问，在选择住男方家和女方家两种不同的情况下，结婚时男方家给女方家的聘礼会有不同吗？次仁久阿说，一般不会不同。当年他和妻子结婚时，男方家给了女方家一些田地、420斤粮食，以及棉被等物品。同时，男方去女方家住，要带一些东西；女方去男方家住，也要带一些东西。我问次仁久阿，据他所知，当地的男人一般愿不愿意去女方家住，是不是来女方家住就自然而然地意味着要赡养岳父母直到送终？他说，没有什么不愿意，只要商量好了来女方家住，就要照顾岳父母，这是当然的。

次仁久阿的妻子本有两个兄弟，但都去世了，一个在很多年前，一个是最近几年的事。所以，既然一结婚就住在了妻子家，且妻子家已经没有直系子女可以照顾老人家，于是，次仁久阿便义不容辞地承担起赡养岳母的责任。岳父在 10 多年前就去世了。现在，岳母每天在家主要是念念经，因为年纪大了，腿脚不好，即便是简单的农活也已做不动，甚至连下地走走都很困难，就在自己的屋子里待着。访问快要结束时，我们路过老人家的房间，看到她基本上只能借助双手撑地，用四肢来"走路"。因为爬上高处很困难，所以她的整个床褥都被铺设在了地上，并在卧室挖了一个旱厕厕坑，可以不用人扶自己上厕所。每到吃饭的时候，由次仁久阿做好送到卧室里去，这样，基本上平时所有的活动就可以在卧室里解决了。次仁久阿说，他农闲时会陪岳母聊聊天，岳母身体要是有不舒服的话也会跟他说。我问，老人家平时会向你提出小小的要求吗，比如想吃什么，想见谁，想去哪儿？次仁久阿说，什么要求也没有。

两个儿子都很孝顺，平时只要不出去打工，就会帮助父亲一起照顾奶奶。我问，奶奶年纪越来越大了，您会担心她将来完全走不了，只能卧床，日常起居都需要人伺候吗？次仁久阿说，也有担心，但当然还会照顾她。我接着问，您知道村里有个敬老院吗？他说，知道，敬老院里很好，有专门的管理员。那么您会把奶奶送去吗？我问。"不会"，次仁久阿斩钉截铁地回答，"别人会指指点点的。而且这个家里的责任都在我的肩上。老人由我来照顾，这是我的责任。"

"好在现在她身体还挺好，只有高血压，眼睛不太好，没有其他大病。"次仁久阿顿了顿又补充道。

整个访谈过程中，次仁久阿始终话语不多，稍一沉默便会低下头去，陷入无声的忧郁。快要结束时，我问了个轻松的话题。

——您的两个儿子现在有没有女朋友？

——都没有。

——您希望不希望他们快一点结婚？

——希望。

——希望他们找什么样的儿媳妇？

——能干的，对父母孝顺的。也要照顾奶奶。

次仁久阿笑笑说。

十四 扎其乡敬老院的老人们

（访谈者：侯苗苗，翻译：德吉卓玛，访谈日期：2012 年 7 月 5 日）

（一）一生未婚的白玛曲珍老人

在来敬老院之前，65 岁的白玛曲珍老人一个人住在扎其乡某村的六组。她无儿无女，有一个 53 岁的妹妹，也住在同村。妹妹和妹夫希望她和他们一起住，但是白玛曲珍不愿意，于是一直一个人生活。藏历新年之类逢年过节的时候，妹妹会去看看她。后来，村里的干部统计了全村孤寡老人和五保户老人的情况，上报给了县民政局，县里将需要集中供养的老人们送到了敬老院。

白玛曲珍没有结过婚，主要的原因除了家里经济困难外，还有很重要的影响是来自她的父亲。白玛曲珍 14 岁那年，她的父亲离开家，和一个女人去了拉萨，抛弃了他们母女。从那时开始，她就去母亲当佣人的那个贵族家里做小工，挣钱补贴家用。在此之前，她上过半个月的学校，直到有一天放学回家，发现父亲已经离开了家，而且从此再也没有回来。这令她的心中对婚姻留下了深刻的阴影，她担心，如果今后她找了丈夫也会遭此命运。

白玛曲珍的父亲离家后，母亲没有再找过其他男人，独自一人抚养着孩子们，直到 39 岁那年去世。白玛曲珍除了妹妹，还有两个弟弟，一个弟弟在出生时就夭折了，另一个弟弟在他们的母亲去世以后，和村里别的孩子一起游泳时溺水身亡。母亲去世的时候，白玛曲珍才不到 20 岁，养家和抚养弟弟妹妹的责任便都压在了她的肩上。

白玛曲珍年轻时曾未婚生过两个孩子，这两个孩子是异父，都已经去世了。至于孩子的父亲，其中一个现在在扎其乡的某村生活；另一个便是她的妹夫。那时，她和妹妹、妹夫一起生活，帮助妹妹抚养一个孩子，在此期间和妹夫一起生了个孩子。和妹夫所生的这个是第一个孩子，14 岁那年得了胆病去世了；第二个孩子是她在 33 岁时生的，生下当天便夭折了。现在住在扎其乡某村的那个男人是第二个孩子的父亲，他曾经要求和白玛曲珍结婚，但是她不肯，后来他便和别人结了婚，有两个孩子。在白玛曲珍来敬老院住之前，他曾去看过白玛曲珍，但白玛曲珍回避和他见面。住进敬老院之后，他就没有来看过了。白玛曲珍说，虽然一辈子没结婚，但现在想想，也没什么可后悔的。

白玛曲珍说，敬老院里现在有 3 位管理员，他们既是管理员，又是厨师，照顾着敬老院 12 位老人的日常生活。他们以前是一起做饭，现在一般轮流做饭，据白玛曲珍说，他们做的饭"很好吃"。敬老院里的老人如果生病了，可以请一位姓卢的村医来检查身体。前几天白玛曲珍感觉到不舒服，去看了村医，村医说她有很严重的肾病，建议去县里的医院治疗。于是她告诉了管理员，管理员向村委会做了反映，后来村里出面带她去县医院检查，顺便还组织其他的老人们也去检查了一下。

村主任平时有空，也会来敬老院看看老人们。现在这里常住的 12 位老人，基本上都没有子女，年纪最大的 91 岁的老奶奶是个哑巴。共有 4 位老人是哑巴，老人们彼此认识，有时会互相串串门，一起坐在院子里晒晒太阳。民政部门每个月给每位老人发 50 元补助金，老人们拿了钱后，一般用来买一些生活用品，例如洗衣粉、灯泡、火柴、白糖等。三位管理员中有一位的家恰好在敬老院隔壁，她就是敬老院 30 多岁的院长普布卓嘎，她在自家小院门口开了个小卖部，老人们一般买东西就是去那里。

白玛曲珍说自己参加了农牧区家庭合作医疗保险，看病的费用全部由国家来出，个人一点都不用出。与普通农户家参加新农合的方式不同，敬老院的老人每年不需要缴纳 20 元个人缴费的部分，而是由县民政局统一支付。从他们住进敬老院伊始，就如此执行了。

敬老院的 12 位老人除了一对兄妹之外，其他都是每人住一个单间，房间里有简单的家具配备——一张床、一个藏式双人沙发、一个藏式茶几、一台电视机。老人们平时一般不看电视，因为收不到节目，加之多数老人都患有白内障，眼睛看不清。我问白玛曲珍老人爱看电影吗，她笑着说爱看，但是很少有机会能看到，因为没有人给他们放。她还说自己虽然腿脚不那么灵活了，但是既爱唱歌又爱跳舞，只是老人们在一起几乎不会自发地组织这类活动，每逢节日有县里和地区组织群众来敬老院看望和慰问老人们时，才会一起唱歌跳舞热闹一番。我问老人平时会感觉到孤独吗，她点点头，表示还是会孤独，"一个人住在一间房子里，我担心自己哪天夜里要是突然病了，或者快死了，别人都不会知道，连口水都没有人给我端"。我问怎样才能减少些孤独感，她想了想，笑着说，要是能有个收音机就好了。

（二）共妻制下"被抛弃"的洛桑老人

今年 64 岁的洛桑老人已经在敬老院里住了 4 年。他有一个儿子，但是早早就已经分开生活。儿子现在住在扎其乡的另一个村里。被问及为什么有儿子却还选择来敬老院生活时，洛桑老人告诉我，很多年前他被老婆抛弃了，他老婆又找了一个新丈夫，他们和儿子一家在一起生活。"所以如果我和他们住在一起，会产生矛盾，不团结"。

洛桑说，不是儿子将他送到敬老院，是他自己要求来的，于是县民政局将他送到这里来了。来敬老院之前，他一个人住在扎其乡某村，后来他住的那个房子坏了，已经不能再住人。他来敬老院的事，儿子当初并不知道。后来别人告诉了儿子，儿子才知道这件事，"但是他也没说什么"，洛桑说，"也没来看过我。"我问洛桑想不想念儿子，他说不想念，也不想见，反正很多年前就已经分开生活了，来往很少。我问他喜欢不喜欢敬老院，他说："喜欢，如果一个人住，没有人照顾的话，还不如住在敬老院呢。"

洛桑是他老婆的第一任丈夫，生完孩子后，他们就分开了，后来老婆找了新的丈夫。洛桑告诉我，他儿子的老婆也找了另一个丈夫，所以现在，一大家子人——包括他原来的老婆及其新丈夫、儿子及其老婆、儿子老婆的另一个丈夫——在一起生活。看来，西藏旧时的共妻制会产生老年人的赡养问题，"被抛弃"的洛桑就是一个例子。

洛桑说，在敬老院不愁吃不愁住，国家都安排好了；一日三餐还有 3 个管理员兼厨师专门为老人们做饭，他们还定期帮老人们洗衣服。厨师们并不一直在敬老院待着，他们做完敬老院里的事，就去忙别的事了，敬老院要是遇到什么事，年轻一点、腿脚好一点的老人就会帮忙去喊家住隔壁的院长普布卓嘎。总之生活还是不错的——平日老人们从各自的房间出来，在院子里一起晒晒太阳，搓羊毛线做氆氇，"不过，听说县里的敬老院会给那里的老人隔月发不同数额的补助金，例如这月发 50 元，下月就发 100 元，再下月又发 50 元，交替着发，希望我们这里也可以这样。"洛桑笑笑说。

洛桑的眼睛患过白内障，看不清，后来自治区组织医生到农牧区义务为广大农牧民患者做了手术，现在可以看得清楚了。他说他的身体不是那么好，但自己并不怕死，"反正人活着，总有一天是要死的"。

洛桑说，自打他来了敬老院，4 年里，这里已经有 5 位老人去世。按照藏族人的传统，老百姓家要是有老人去世，一般会去寺庙里请僧人来，念上 7 天的经，然后由天葬师来举行天葬。在敬老院里，如果有老人去世，管理员就会汇报给村委会，由村委会告知乡里和县里的民政部门来处理。民政部门会依照习俗，帮忙请僧人来念经，然后天葬，"好像是念半天经，要么就是 3 天经"，洛桑说。

十五　入赘到堆龙德庆县的丹增

（访谈者：胡瑛，翻译：洛桑嘉措，访谈日期：2012 年 7 月 2 日）

我今年 31 岁，小学毕业就没读书了，因为不想读了。我们家是世代居住在这个村子的。28 岁那年我和妻子领取了结婚证，当时妻子 26 岁。我们村里的孩子一般 26、27 岁结婚。当时在拉萨工地上打工时认识了现在的老婆。我们属自由恋爱结婚。我妻子家住堆龙德庆县，离我们不算很远。太远的话父母也不会同意。我们父母对我们选择女朋友没有要求，包括地域、宗教、身份等都没要求，什么都没说过。我和我妻子还没有办婚礼，但去扎囊县派出所开证明，到女朋友一方即在堆龙德庆县领取了结婚证。我们领取结婚证主要是为了将孩子户口上到女方家。那里上户口需要我们的结婚证。我觉得领结婚证除了给孩子上户口外，没什么用，婚姻应该是互相信任的。

由于我妻子家里只有一个父亲，所以我是要入赘到女方家里。以后就到女方家里去生活，可能过节时候偶尔回来看一下我自己的父母。按道理来说，我们结婚后会分家的，但女方家里不要我们家里给任何财产，只要人就行。我 18 岁就开始外出打工，结婚之前谈过两个女朋友，都是藏族。我们白天工作完，晚上和朋友一起喝茶聊天时认识，认识后互相喜欢的话当天就可以发生性关系。但由于之前的女朋友距离太远，是其他县的，女方不愿意来就分手了。在家里以老婆的父亲为主。当然我们会互相商量，钱交给老婆管。现在我们的孩子两岁了。我觉得自己要一个孩子就可以了，我老婆想要两个孩子。我们没有计划生育，但我老婆家没有钱，经济问题，经济来源不确定，孩子的教育问题等。所以也不想要太多的孩子，要两三个孩子就行了。

我们婚前是比较自由的。男方和女方当天认识互相喜欢上对方的话，同意就可以发生性关系，这个很正常。但结婚后还是很专一的，不会发生婚外情。我们的父母由我们几个孩子一起照顾。对于选择对象的要求，现在依然有社会阶层的观念。我们只是问对方家庭是否是屠夫或铁匠。如果对方家庭是不好阶层的，我们家人不会同意。我们这有一家人，男方是不好的阶层，女方家是农奴是好的阶层，女方硬要在一起。两人自己盖了房子，毕竟是孩子，双方家里还是拿出一点钱，自立门户。他们有两个孩子了。我们都还比较忌讳和他们同吃一锅饭，同喝一碗水等。

我们先同居了 1 年，结婚时我们孩子都 1 岁多了。我们是打算先领结婚证，有了一定的经济收入，再补办一个隆重的婚礼。现在还说不定什么时候办婚礼。到时我们会先在我们家这边办一天。来的亲友会送酒、青稞（一般送 80、100 斤）。然后到女方家办两天。从我们家过去，会有我的爸爸妈妈和另外找来三个唱歌的人送我过去。第一天是邀请女方亲友来，第二天是女方比较亲的亲戚参加婚礼。在这之前我妻子的爸爸会带三个唱歌的人来我们家提亲，会带上酥油茶、青稞酒等礼物。唱歌的人是专门唱结婚吉祥的歌曲，是很传统的歌曲。他们快到门口时，一边过来一边唱歌，会先敲 3 次门。然后我们请他们进来，一起吃羊肉、牛肉等。一般杀四五只羊，一两头牛等。喝青稞酒。办婚礼时就请爸爸妈妈有来往的亲友，直接就说来"喝青稞酒"，大家就知道是来参加婚礼。我入赘到女方家去会叫我的老丈人"爸爸"。婚后，我们会继续在拉萨打工。我妻子家地比较少，所以就留她父亲在家里。

现在离婚的很多，有些老婆在外面有婚外情，男的也有婚外情。离婚时先自己解决，不行才去法院。双方家庭在一起讨论，父母出面，自己家族的有权威的老人出面讨价还价，分价差。孩子一般给妈妈，孩子成年以前，父亲会给孩子费用。

我们找对象时，只要是沾点亲戚关系的都不能选择。是不是亲戚关系，我们可以问老人。我妻子告诉我，她的妈妈会告诉女儿性知识。我们一般和自己的父母讲婚姻、性等问题是比较避讳的。村里会宣传优生优育，会每家发避孕套，没规定必须生几个孩子。我们村让女孩子去村里上性教育课，请来县里的妇科医生讲课。

十六　曲久的婚姻

（访谈者：胡瑛，翻译：洛桑嘉措，访谈日期：2012 年 7 月 2 日）

我是 1954 年出生的，今年 58 岁了。我们家有 8 口人，三代同堂。村里只有一户我们家的亲戚。我在家务农，不是党员。我们家房子是老人住偏房，大女儿住在主屋。我们有 3 个孩子。大女儿是格桑旺姆，由于家里劳力不足，没上过学。老二是丹增，是儿子，他读书到小学毕业就没读了，今年 31 岁。老三叫论珠，今年 25 岁，小学没毕业就辍学了，因为精神有点问题。家里有一个在读大学。

我 25 岁时，我妻子 22 岁，我们是那时候结婚的。我妻子是乡上的，她来我们村打工，我们就认识了。互相喜欢就在一起了。我们是比较自由的，家里都没有什么要求，只要我们合得来就行。因为我们互相的阶层背景都知道。我们那时条件不好，结婚时只办了个小小的仪式。提亲时，因为穷什么都没拿到女方家去。我父亲那一辈一妻多夫的家庭很少，普遍都是一妻一夫。我父亲结婚时，还没解放，当时兄弟共妻的只有 4 家左右，有一家是父子共妻。但现在村里全是一妻一夫的家庭。我们那时一般女孩子 20 岁左右，男子 25 岁左右结婚。我们没有成人礼，一般贵族才有成人礼。我们那时候与女孩子好也可以发生性关系。父母、长辈不会在意，没有避孕的观念。孩子多的有六七个，甚至十个的。我们选择婚姻对象没有地域的要求。我们分家是一家人一个房间，不会分出整套房子。也有分点财产，另外盖房子的。一般老大在家照顾，其他孩子分出去。他们的房子也就修在旁边。

我以前有一个弟弟，去当喇嘛了，就不可以结婚。我和妻子结婚后，两个人商量着决定家里的事情。我们家里收入支出是我做主。我们那时也只能娶藏族。以前我在生产队里工作，开大型拖拉机。一直没有婚姻登记。当时的婚礼也不隆重，没叫亲戚，就我们自己人知道的过来玩。当时会派三个会唱歌的，带着糌粑、青稞酒、肉等去把女方接过来。女方嫁过来过一个月回趟女方家，办隆重的婚礼会在婚礼上吃肉、喝酒、唱歌跳舞。

以前我们选结婚日子是去找喇嘛算。当时我们村一组有一对仁增家的兄弟会算，他们是噶举派的喇嘛。我们村里的人都去那里算。我们会带上哈达和五元去他们那里算结婚的日子。孩子取名也请喇嘛来取。一般有其他地方的法师，朝拜路过我们村就顺便给我们的孩子取名字。或者我们就到桑耶寺或敏珠林寺去给孩子们取名字。

十七　朗塞岭的裁缝仁增

（访谈者：胡瑛，翻译：洛桑嘉措，访谈日期：2012 年 7 月 2 日）

我们家世代居住在朗塞岭村。现在家里有 7 口人，4 个儿子，1 个女儿。我们家在村里有十几户亲戚。我今年已经 72 岁了。7 岁时，我就开始跟着父亲学习裁缝。到 16 岁之前都是朗塞岭庄园领主的裁缝。当时我们有 16 个人，一个师傅教剪裁，并布置工作给我们。我们专门负责给这个庄园里的主人和他们上一级庄园的喇嘛织氆氇、衣服、卡垫等。上面的人会告诉我们数目和样式。（我们 16 个人当中有 1 个会设计藏装，并和领主商量确定样式。）庄园里最大的官是"瀑素"，他是僧人。庄主上面还有一个管财政的。拉萨有一个庄园最大的官，是班觉晋美。班觉晋美主管财政，平时住在拉萨，偶尔突击检查。1959 年他卖掉了大部分财产，自己逃到印度去了。当时，我们早上 7 点就上班，晚上 8 点半下班回家，做工期间被关到庄园里管我们的岗玛巴珠的房子里。我们最慢两天缝一件藏袍，最快一天一件藏袍，没有工资，也不给饭吃。我们自己从家里带一点点糌粑，还带辣椒放清茶里喝。吃午饭时，我们 16 个人可以共享一壶青稞酒。但是这些并不够我们吃，我们每天只能饿着肚子。每逢重要庆典和节日时（主要是新年和结婚），庄园里有事就必须马上赶过去，没事就到其他农奴家里打工缝旧衣服。一天给 1 斤青稞。新年时，每户人家都要缝新的衣服，或补旧衣服。但是每次干活，都需要我自己带饭。

庄园里有专门的藏语文老师教授藏文字。庄园里有空缺的工作岗位，就会召集人手去学习。一般选 6 个奴隶去学习，给 3 年的时间，如果学不到东西，就不允许在庄园里工作。学习时也是自己带饭。学到文字后，把名单交给班觉晋美，让他分配。我 7 岁进去学习，学了 8 个月。

我 16 岁时，庄园里选僧人，我被选上了。也是有 16 个人，到村里山上那个寺庙里当僧人。庄园需要我们负责举行宗教仪式。我当了一年零六个月，1959 年 3 月就解放了。当时我很想入党，但是因为家庭背景，爸爸为庄园做过工作，就没能入党。民主改革后，村里没房子的分房子，没田的分田。我们还俗都分到了房子和田。解放前，家里只有一点糌粑，不够吃，解放后，一年至少有五袋糌粑。

在我们这里，解放前一妻多夫制的家庭很多。解放后不用交税后，一妻多夫制的家庭如果不吵架，和谐的话挺好的，因为家庭的经济来源增多。但是解放后夫妻吵架、丈夫吵架，一妻多夫制渐渐减少了，一夫多妻制的家庭我没见过。我们结婚时基本上都是一妻一夫制。民改后刚开始我还保留着僧人意识，没想过结婚。但我40多岁时，父亲生病了，家里没人照顾，有时候我们两天都没吃饭，所以才想着结婚。我和我妻子在村里打工时认识，她比我小19岁。那时只要我们愿意，家里都会同意。因为家里穷，我还有两个姐姐，是聋哑人，政府给予了补助，住在村里亲戚家里，没什么钱，结婚当天，我什么都没带，晚上偷偷去妻子家里把妻子接到我家里来住，两个人一起吃顿好的，就当作结婚了。结婚后，家里我做主。因为我岁数大，农活主要都是老婆做，我就打工当裁缝。我们有三儿一女。大儿子叫索朗旺杰，今年32岁了；二儿子叫扎西达瓦，今年31岁；老三叫赤来旺久，30岁了；小女儿叫拉姆次仁，现在25岁了。三个儿子读书时因为家里穷，劳力也不足，都没读什么书。我身体不好，大儿子12岁就开始打工，帮别人擦鞋。如今，我的三个儿子都外出打工了。

不管怎么说，现在孩子们长大了，看他们生活得好，也就无所谓了。2001年开始我生病就不干活了，两只眼睛看不清。右眼在县里有内地驻藏医疗志愿者帮我做过手术，不用给手术费，但当时害怕出问题就没做左眼的手术。但现在生活好多了，很值得，很幸福。

十八　扎西梅朵

（访谈者：胡瑛，翻译：洛桑嘉措，访谈日期：2012年7月3日）

我是1972年出生的，不识字，在家干农活。家里有6口人，三代同堂，村里亲戚较多。1992年，我20岁，就结婚了。我爸爸不是亲生爸爸。我亲生爸爸去世后，我妈妈带着我。我10岁那年，现在这个爸爸娶了我妈妈。我继父以前在扎囊县林业局上班，现在退休了，卧病在床。因为家里困难，我继父在桑耶渡口的农场工作。一天，继父到我们村里来磨糌粑，认识了我妈妈。那时我妈妈45岁，我继父48岁。因为我继父以前在朗卡孜当过僧人，所以有僧人意识没想过结婚。认识我妈妈后，他才和我妈妈结的婚。后来我爸爸把我丈夫从他们家乡带到我们家来帮忙干活。我们认识后互相喜欢了，所以就结婚了。我丈夫叫顿珠，19岁时，他就入赘到我们家来了，平时他偶尔回他家看一下。当时我们家选择对象还是要求找藏族，只要入赘的就行。当时顿珠嫁到我们家来之前，我继父就带着酥油茶、青稞酒、120斤小麦去顿珠家提亲。顿珠就过来住了。

顿珠家有5个儿子，他是老大。在这两年中顿珠家分给了我们财产，包括一头牦牛，一头牛，1690斤青稞，还有顿珠自己的衣服。两年后，我继父带着两个唱歌的人去顿珠家里办仪式，挺隆重的，办了两天。在我们家举行了3天。第一天，顿珠的爸爸和两个唱歌的人一起来。和娶女孩进门一样，他们快到门口时唱着歌，敲三下门。我们专门有个房间让入赘的人和女方还有唱歌的人和对方父母在里面聊天。边休息边吃炖好的菜。中午吃完饭，互赠礼物。我们家回赠了食用油和面粉。第二天，请来自己的亲朋好友，宰了一头肉牛，喝酥油茶、青稞酒等。下午做面片吃。我们会跳"果谐"舞。第三天，请近亲过来一起吃饭娱乐。结婚时我穿的是我妈妈织的氆氇袍，戴着帽子。

一年中顿珠会出去打两个月的工，在离家近一点的工地上打工。我们现在有3个孩子，一个孩子高中毕业了，两个孩子还在读初中。等我女儿25岁左右，我会告诉她男女之间的事情，现在她还小还不会给她讲这些事情。结婚后，家里一般都是我做主。我们去注册了婚姻登记。因为我爸爸有指示，所以我们去登记，顿珠的户口就迁到了这边。

我有个姐姐叫次仁拉姆，今年44岁了，从小就聋哑，没有嫁人，一直待在家里，有我们照顾她。以后我们都老的时候，我们的孩子要对我姐姐像对待自己的妈妈一样照顾的。

我没见过一妻多夫的家庭。对我们家的孩子选择对象没什么要求，他们都在读书，远近没关系，选什么民族也没关系，只要他们有空回来看一下就可以。当然，如果选择藏族的话，一定要看骨系。就是只要有点亲戚关系的都不能成为结婚对象，还有"屠夫""铁匠"等背景出生的都不行。我们18岁就算成人，但不会办成人礼。只是18岁后就会穿上帮典。我们家里念经请喇嘛来的话一般以前给20元，现在给50元。

我们家一年总收入大概有39000元左右。包括我继父的退休工资和老公的打工费。种了16.9亩地。有5亩青稞、6亩小麦，还有5亩油菜，土豆有0.9亩。我继父叫阿旺米珠，他患有气管炎和心脏病。我们送他去县里还有地区医院治疗过，住院7个月左右，花了17000元，现在病情有点好转了。

十九　美朵措姆

（访谈者：胡瑛，翻译：洛桑嘉措，访谈日期：2012 年 7 月 3 日）

我 1969 年出生，今年 43 岁了。家里有 5 人，三代同堂。我们那个时候一般 25、26 岁结婚。我结婚时 25 岁，我丈夫叫岗玛次瓦，是泽当的。他在砖厂里打砖，一天挣 80、90 元。因为我们家劳力不够，我丈夫是入赘到我们家的。我老公家里有 6 个兄弟姐妹，孩子比较多，所以对入赘没有意见。我们俩小时候就认识，也差不多同龄，我们是自愿在一起的。我没想过找其他地方的。我们结婚时，老公家给我们分了一些财产，包括 700 多斤小麦、桌子、衣服、一套棉被和卡垫。他们家说给我们 1.1 亩地，我们没要。

我现在的妈妈不是我亲妈妈，我是她领养的，她也一直没有结婚。我妈妈叫曲妮，1936 年出生，今年 76 岁。以前是庄园的差巴。如果庄园里有事，就会叫他们去帮忙。大事小事都会叫，她还做过掏粪的工作。以前那个时候，婚姻也是自己决定的。我姥爷是康巴的，朝拜时路过这里，和我姥姥相遇就生了 4 个孩子，但现在只剩我妈妈一个人了。我妈妈 1943 年开始进庄园帮忙，一直到民主改革前。和平解放前，我妈妈家有僧人，还有大房子。民主改革后，她们家被算成剥削主，交出了房子和土地，跟外界也没有来往，1961 年后差不多就平等了。我妈妈说解放前兄弟共妻的很多，1959 年后就大量减少了，1960 年后基本就没有一妻多夫的家庭了。我妈妈现在年纪大了，她主要吃藏药来养病，现在有点好转了。

去老公家提亲时，是我妈妈一个人带着青稞酒、酥油茶和哈达去的。然后在我们家办了一天婚礼。结婚后，我丈夫出去打工，在我们收割时就回来帮忙。我就留在家里干农活。我们结婚后没有去婚姻登记。孩子户口到派出所上到我这边。结婚证只是一张纸，我们彼此相信，所以没事。

我们家有两个孩子。我 26 岁的时候，我大儿子就出生了，叫旦达，今年 18 岁，因为家里劳力不足，念书念到初中毕业就没念了。我女儿还在小学读书。

二十　曲宗

（访谈者：胡瑛，翻译：洛桑嘉措，访谈日期：2012 年 7 月 4 日）

我 1960 年出生，52 岁了。家里有 4 口人，两代同堂。村里亲戚有 4 户。我丈夫叫多吉，今年 42 岁了。我们都是本村人。我们是 1997 年认识的。多吉两个朋友把他送到我房间来。后来我们就好上了。当时我们家里有 7 个孩子。我是老大，我家里不愿意我嫁到别人家，我妈妈不怎么让我出门，就让我待在家里。家里有 3 个兄弟，妈妈想让他们来养我，不让我找老公。我不愿意听母亲的话。因为不能一直听母亲的话，还是需要过我自己的生活。我和多吉同居后，多吉的父母就过来提亲。那时什么都没拿，就来商讨。多吉父母说什么都不要，过了一年就把我接过去了。我不会嫌老公小。我们有两个孩子。我 34 岁才生的大儿子，叫扎桑，今年 14 岁了，读初二了。我大儿子是在我自己家里生了，到丈夫家去时把孩子一起带过去的。小女儿是我 36 岁时生的，叫边巴，现在 11 岁了，读小学 4 年级。

我们一直住在公公家，2009 年就自己修房子，分出来了。家里给了我们 3 亩地。我们那时候的结婚对象必须要找藏族。丈夫每年出去打工，从 4 月起都在打工，8 月就回来帮忙收割。我丈夫性格不开朗，比较孤僻，挣的钱都是交给我做主。我们平时会聊家里的事情，我性格比较开朗，所以家里一般我做主。丈夫不喝酒的话很听我的话，喝点酒就不怎么听，会唠叨一下。平时我们不吵架的。我们这个年代，基本都不怎么吵架打架的。基本上我的同龄人都嫁在本村。只有一个嫁到措美县去了。措美县离我们这挺远的。我们村里有修路、建房之类的工作，那个女孩的丈夫到村里来打工，他们就认识了。他们家里愿意，长辈不反对就嫁走了。

对我自己的孩子，我希望他们最好还是找藏族。像回族等宗教信仰不同，不可以找。我要求老大要完成学业，也让女儿读书，如果家里劳力实在不足，就让女儿回来，找人入赘到我们家来。我们家里愿意老大待在家里的。

我们一般喜欢在藏历新年的五六号左右举行婚礼。等女儿十五六岁，我会告诉女儿男女关系的问题。希望女儿找对象找近一点的。我们这边没有成人礼。

这里离婚的家庭，要到县里分户口。分财产是先让村委和自己家人坐在一起协调。孩子大部分都是母亲带，父亲给点钱，带孩子的多分点钱，房子也给带孩子的一方。村里还有一户不知道为什么离婚，母亲再婚生了女儿。

二十一　德庆措姆

（访谈者：胡瑛，翻译：洛桑嘉措，访谈日期：2012 年 7 月 4 日）

我是 1958 年出生的，54 岁了。家里有 4 人，两代同堂。村里亲戚有四五户。我和我丈夫都是本村的。他叫嘎玛。18 岁那年村里放流动电影，我们是看电影时互相认识并喜欢上对方的。当年我就生下了孩子。由于老公家劳力不足，他妈妈就过来提亲。当时他们家条件不怎么好，就带了青稞酒、酥油茶、绵羊毛，还有 56 斤青稞来。准备了一个月后，就举行了婚礼。这一个月的准备时间，我妈妈给我织了一套氆氇衣服作为嫁妆，酿了 84 斤青稞酒。当时老公的父亲和两个唱歌的人到我们家来接新娘。他们带来一套新娘的新衣，衣服是黑色的氆氇长袍还有"帮典"。一般十五六岁就算成人了，就带"帮典"，表示担当起成人后的责任。但不会举行成人礼。结婚时，家里吃萝卜炖猪肉，喝青稞酒和酥油茶等。一般我们这边藏历新年第二天和第三天的时候在家里吃萝卜炖猪肉。结婚时还吃小麦泡完后用石头碾碎的面，煮熟后形成粥，这个粥面的意思是新郎和新娘结婚后过得幸福的意思。晚上会跳"果谐"舞。他们把我从家里接出来时，我头上盖着头巾。送亲的人是我爸爸和两个会唱歌的人，以前我们出嫁时距离远的话就会骑马，距离近的话就直接走路。我们家离我老公家很近，所以当时我直接走路就到他们家了。

我到男方家后，掀开头巾。当时我第一个孩子已经出生了，我就抱着孩子和新郎坐在一起。父母坐我们对面。来参加婚礼的亲友进来把礼物放在桌上，为我们献上哈达。4 个唱歌的人边唱歌边为我们献上哈达。他们会来来回回地唱歌。亲友们送的礼品有衬衣、帮典、砖茶等，最重要的是小麦或青稞。装在牦牛皮做的袋子里。这个袋子可以装 28 斤重的东西。上面系着哈达，缝上一块布，上面写着祝福语等。吃完饭，晚上送客人回去时，我们会用青稞酒敬客人。给唱歌的人 15 元和哈达，唱歌的每个人都有一件新衣服，回去时专门带一小桶青稞酒走。在婚礼上唱歌的人，我们村有3个，是次仁旺吉、岗玛顿珠和加雷。他们的唱法很有讲究的，现在只有他们会了。

2003年左右开始，婚礼上我们会给红包，刚开始给5元，2008年左右给30元，现在给50元。关系好的会给100元红包。家里条件好的还会带一箱啤酒。

我们家有两个孩子。大儿子叫扎西顿珠，今年23岁了，那时家里经济不好，劳力不足，他自己也不想上学，高中没毕业就辍学了。现在他和村里人一起到拉萨砖厂打工。小儿子在读大学。我希望大儿子找的老婆要孝顺，能干农活。他现在还没有心思娶老婆。

二十二　巴桑

（访谈者：胡瑛，翻译：洛桑嘉措，访谈日期：2012年7月5日）

我出生于1949年，今年63岁了。我丈夫叫色拉嘉措，今年66岁，是敏珠林村的。以前是老师，分配到这里的小学教书。那时我妹妹是我老公的学生。我们在一个老奶奶撮合下好上的。当时家里穷，老公不会干农活，我们家里不同意。我们就自立门户，家里也没给我们财产。我们有9个孩子。

大孩子是女儿，叫达曲，今年42岁，嫁到龙孜县去了。有时两年回娘家一趟，有时三年回家一趟。因为我弟弟在龙孜县。当时我弟弟的老婆带来一个亲戚，和达曲认识。他们互相喜欢上，家里同意就嫁过去了。本来想把老大留在家里，找个入赘的，但达曲老公是兽医，所以还是嫁到那边去了。

二女儿叫扎桑，40岁。她离过两次婚。第一次嫁的老公是扎囊县的藏族。生了个女儿，后来离婚了。第二个是青海的，来山南打工认识的。这个男的不懂礼貌，他们生了个儿子，今年8岁了。两个都结婚登记了。当时她和第二个离婚时打过官司，上过法庭。她现在一个人带着孩子。

老三叫米玛嘉措，是儿子。今年37岁了。他是老师。他离过婚。第一个老婆是在扎其乡杨家村认识的。他们有一个儿子。现在已经13岁了。米玛嘉措对他老婆特别好。后来他调到昌都去了，他老婆想过去就过去。结果后来他老婆在家里搞婚外情，所以就离婚了，他的家产都给了老婆。他现在另外找了一个女朋友。女朋友是山南地区的，还带了个女儿过来。

老四叫索朗次仁，34 岁了。老婆是杨家村的，是米玛嘉措第一个老婆的姐姐。他们在村里开了饭店。

老五是女儿，叫德吉央金。她大姐到龙孜县后，她也嫁到那边去了，老公人比较好。已经有了两个儿子。

老六叫普布多吉，是儿子，今年 31 岁，以前在昆明高中读书，后来读了郑州那边的军校，现在在贡嘎县的部队当连长。他老婆是拉萨的。他老婆的爸妈是退休干部，是那曲的藏族。他们有个 2 岁的女儿。老婆带着孩子住在拉萨市里。当时他老婆的表姐和他认识，就把他老婆和他介绍在了一起。结婚时他 27 岁，他老婆 28 岁。他们会来看我们，经济上也会偶尔给予帮助。

老七是女儿，叫多吉卓玛，今年 28 岁。她上学到六年级毕业。她以前的老公是四川的，到山南来打工。我女儿也到山南去打工就认识了。那时我女儿才 19 岁，但她老公 28 岁了。因为当时我们家里需要钱。我女儿让那个男的给她 1600 元来给家里买复合肥之类的，他们就拿了结婚证。他们现在有一个 7 岁的儿子。之前还生过一个儿子，生病去世了。她和她老公到四川打工，在四川待了两年。关系不好，到第三年，她也不管他了。她老公同意和多吉卓玛离婚，但男方家里不同意，害怕分家产。现在他们都不互相管的。我女儿自己在拉萨打工，认识了亚当县的男朋友，才 24 岁，想和他结婚，所以回来想和那个汉族老公离婚。

老八是儿子，今年 26 岁，上学到初二就自己辍学了。妻子是琼结县的。他们有一个 2 岁的女儿。他在山南学开车认识了他妻子。

老九是儿子，叫多吉平措，今年 20 岁。他的名字是活佛取的。他老婆叫边巴。他和他老婆在拉萨建筑工地上打工认识，19 岁就结婚了。我们如果家里条件好，就想让儿子办婚礼。条件不好就分家，不用看老人。他妻子是他二哥介绍的，还带了个儿子来。今年都 30 岁了。以前我们家里都很反对。现在他们在拉萨打工，还没有孩子。

第二编　柳村典型访谈个案（外一篇）

一　加参老人的大家庭

（访谈者：方素梅，翻译：阿卓，访谈日期：2012 年 7 月 13 日）

在西藏日喀则地区拉孜县的柳村，由于历史上盛行兄弟共妻的风俗，人口众多的大家庭在当地十分普遍。2012 年 7 月 13 日，我在翻译的带领下，来到了加参老人的家里。加参老人子孙满堂，户口本上登记的家庭人口为 16 人。当天，加参出嫁的孙女抱着孩子回来看望爷爷，邻居大娘也来串门，家里十分热闹。

加参今年 81 岁，藏族，柳村查嘎组人，祖祖辈辈都在这里生活。民主改革以前，他们家有 8 口人，租种了庄园 60 亩土地，所得收获大部分交给庄园，还要给扎什伦布寺交税。此外，还在庄园扫地，织氆氇，帮贵族种地。加参说，由于税多负担重，不够吃的时候去其他地方讨吃，或是借债，来年收获了再还。在加参的印象里，那时村里有不少人逃走了。

1959 年民主改革后，加参当了 3 年委员（相当于今村主任），1960 年至 1969 年经商，是村民推荐的，每月报酬 7.5 元。当时柳乡推举 1 人，帕如推举 1 人。加参并不想干，因为他不识字，不能记账。被村民推举后，加参只好与另一个识字的商人结伴，每月分别去一次日喀则、拉孜和帕如。那时交通不便，要骑驴、翻山，他们到日喀则来回 6 天，到拉孜来回 4 天，到帕如来回三四天。他们去上述三地只是进货，回来后交给村里，村里由 7 个人负责分配，另有 2 人专门看守货物。后来商品都收到区里，每个区设立一个商店，加参不愿再做，就回来了。

加参没有上过学，他说："庄园的活都忙不过来，上学的事情就不要提了。"村里过去没有学校，有些人家就交很多税，求扎西岗的寺庙收留自己的孩子，读些书。村后山上以前也有一个寺庙，有一喇嘛在那里念经防灾，他带过一两个小孩。还有四五个小孩去了扎什伦布寺，有两三个去了扎西岗。也就是说，加参小时候村里有十来个孩子到寺院学习经文。

加参兄弟姐妹 6 个，大姐出嫁到日喀则，二姐出嫁到南木里土木加，弟弟在家和他共妻，大妹出嫁在本村的柳普，小妹出嫁在本村的新区。加参和弟弟共有 4 个孩子，现在只有两个儿子健在，加参的老伴和弟弟也都已去世。加参因为没有读过书，知道不识字的难处，所以支持孩子读书。但是家里也需要人干活，于是大儿子只读过 3 年小学就辍学了，一直在家务农；小儿子初中毕业，当过兵，转业后在林芝工作，已经成家。

加参的大儿子今年 58 岁，生育了 11 个孩子，其中一个夭折。存活的 10 个孩子中，有 2 个儿子 8 个女儿。老大小学毕业；老三只读过一年级，然后就回家放羊了；最小的 4 个孩子或是在上学，或是刚毕业，包括 2 个小学生、1 个初中毕业生、1 个刚参加高考的应届毕业生；还有 2 个孩子没有读过书。现在，除了已经出嫁的两个女儿，其余的孩子都与父母及爷爷住在一起。

加参的两个孙子已经成家，共妻，生育了 4 个孩子，老二是男孩，其余是女孩。目前 1 个在读初二，3 个在读小学。加参一家都很支持他们上学。孙媳妇今年 34 岁，是扎西岗人，19 岁嫁给加参的孙子。她没有上过学，认为这样嫁过来很苦。当着加参及其他家人的面，她诉苦道："每天要干很多活，很累。心里也苦闷，因为孩子太多，不知道怎样抚养。"孩子们在学校寄宿，她每周去学校送些生活费。她的大丈夫在家务农，二丈夫外出打工，农忙时才回家。由于农活太多，妇女也要下地干活，孙媳妇在家里是主要劳动力。

1959 年民主改革时，加参家分到了 36 亩土地，后来修路、建学校征用了 4 亩左右。现在的承包地是按照 9 人的户口分的，有 32 亩左右。也就是说，除了被征用的部分，加参家的耕地面积从民主改革以来没有太大变化。不过，与民主改革前相比，加参家的耕地面积变少了，加参说这是因为人口增加了，没有办法。我问他："耕地少了，是不是生活水平也下降了？"老人回答："那倒没有。因为以前税多，现在没有税了，也没有差役，不用帮庄园干活，生活比以前好多了。比如说，以前如果收获 100 藏克的粮食，其中的 70 克要交给庄园或寺院，现在的收获都是归自己，吃饱穿暖是没有问题了。而且，现在孩子读书都是'三包'，负担不重。"老人说，家里最大的问题就是现金收入太少。

加参虽然已过 80 岁高龄，但他头脑清楚，仍然管理家庭的生产和生活。当地农作物主要是青稞，也种一些土豆、油菜和小麦，青稞和油菜混着种，小麦、土豆分着种。一般情况下，一藏克种子可收获 28 藏克粮食。

以前种 60 亩耕地，收获交了税后，自己可剩 20 藏克左右。现在种 32 亩耕地，可收获六七十袋粮食，每袋没有称过重量，可能在 100 斤左右。加参说："现在使用化肥和农药，产量提高很多。以前用水紧张，只能等雨水，如果天旱就只能让地荒着。现在山上修建了蓄水池，水源充足，而且制定了用水制度，大家轮流灌溉，很少因为用水发生纠纷了。"加参家每年购买化肥、农药、种子等花费 1000 多元。家里有拖拉机 1 台，主要用于运输农肥、农作物等，无机耕，因为地里石头较多。

加参家里还有 1 头奶牛、3 头役用牛、2 头驴、40 多只山羊和绵羊，由加参的大儿子放牧，牧场是村里 10 户人家共用的，加参不太清楚面积多大。农作物和畜产品均自己消费，很少出售。此外，每年还需要购买 20 多袋大米和三四袋面粉，节日时要购买蔬菜，肉类则不需要购买。

加参家有 15 人参加了新农合，加参的 1 个孙女在拉萨打工，没有参加新农合。有 5 人参加养老保险，即大儿子夫妇、两个孙子和孙媳妇。加参已经可以领取养老金，每月 50 元，因为按阳历算他才刚 80 岁，还没有领到 80 岁的养老金。旁边的邻居大娘说："实行养老金两年了，一共发放了 3 次，一次是 300 多元，一次是 495 元，一次是 165 元。"加参家人及邻居大娘都说：养老金制度很好，党和政府是恩人。我问："对于年轻的要交钱的人来说，也觉得好吗？"邻居大娘说："虽然每年他们要交 100 元，但这不算多，到 60 岁就可以领取了。村里的许多人都参加了。还有人一年交 500 元，到 60 岁时可以多领些。"加参说："我们家现金收入少，人口多，一年也交不少，还是有压力的。"邻居大娘说："交了保险，就像是把钱存进了银行，不仅可以领取本金，还有红利，我们觉得不错。"

谈到医疗卫生，加参说："以前生病了就找藏医，村里人一般都找萨迦县吉定乡或扎西岗玉夺的藏医。妇女都是在家里生产。"加参的孩子以及孙子女、重孙子女都是在家里出生，分别由加参的母亲、老伴及儿媳妇帮忙。我问道："为什么不去医院生产？"加参的孙媳妇说："这里都是这样，大家都在家里生产，不想去医院，不认识人，觉得没有安全感。"我又问："村里有没有孕产妇死亡的事例？"大家回答说好像没有，但是有个别婴儿死亡的。

加参及大家又说：尽管妇女生产都在家中，但是现在人们生病了，还是立刻到乡卫生院诊治。如果治不好或是检查不出病因，则去县医院。最近一年，加参家里没有什么人得过大病。但前年七孙女患了乙肝，吃药治疗很长时间，导致未能参加中考，药是在拉孜县防疫站拿的，家人也遵照医嘱将其餐具分开隔离，现在她已经痊愈。4个孙子女都注射了疫苗，医生每年都做宣传，以前乡政府和乡卫生院都在查嘎，最近一年才搬到三四公里外的新区。

关于兄弟共妻，在柳村非常普遍。加参家出嫁的两个孙女中，一个是三兄弟共妻，生育了3个孩子，说不打算再生了；一个是两兄弟共妻，生育了1个，正在怀第二个。我问是否还生第三个，她含笑没有回答。我又问："村里是否有姐妹共夫的情况？"大家回答没有，但听说其他地方有。我问加参的孙媳妇是否为自由恋爱？她说："不是的，是父母作主的。我出嫁的时候并不知道他们家有两兄弟，来了才知道。"村里自由恋爱的情况不多，所以人们认为这样的安排很正常，往往都会听从父母意见。不过，加参的孙媳妇并不希望自己的女儿过着像自己一样的生活，她用充满期待的眼神说："我非常希望我的孩子好好学习，将来能够走出柳村，到外面去工作。"

二　尼玛次仁和洛桑

（访谈者：杨春宇，翻译：普雄，访谈日期：2012年7月14日）

（一）尼玛次仁

尼玛次仁为柳蒲村人，54岁，小学未毕业，懂一点藏文，非党员，未担任过干部，也没有干部亲戚。一生务农，直到5年前还外出打工，一年三四个月，在拉萨、工布做砖瓦匠，最近几年腿脚不方便了才完全在家放羊。

家中有6口人，包括本人、妻子和4个孩子（一子三女）。家名德夏。

尼玛次仁的妻子45岁，萨迦县擦绒人，上过几年小学，25年前嫁入，系媒人介绍，以前之间不认识。妻子家总共有7个兄弟姐妹，她排行第三，全家务农。

他的大女儿24岁，上过小学，识些藏字，已出嫁到柳村，系媒人介绍，现务农。二儿子22岁，初中毕业，在那曲当建筑工。三女儿21岁，初中毕业，在拉萨修路。四女儿18岁，初中毕业，在拉萨当砖瓦工。几个孩子日工资均在六七十元左右。

他家房子是1982年建的，开始只建了一层，3年前加盖了二层。重建共花了3万元，建筑面积一层为6柱。建房时国家拨款未到位，后来补发了9000元，还有些木材。他家为建房向银行贷款2万元，向邻居亲朋借了2000元，现在都还没有还上。上层4间，包括一间厨房，一间卧室和一间杂物间，一间佛堂，夫妇二人睡一间卧室，孩子回来住在杂物间。楼下4间放牲畜和杂物。

家中有彩电一台，影碟机一部，共1000元，没有闭路，收不到什么台。还有一台收音机，一部固定电话，600元。

家中有自来水，但下雨时管道会出问题。烧饭用牛粪，冬天炉子取暖，厕所是旱厕。

家庭年现金收入7000元，主要开销为购买食品，买了2000公斤小麦、3袋大米、2袋面粉。

有小型拖拉机一台，2008年买的，当时国家有项目，补贴了5000元多，自己花了3000多元。

全家有4亩地，还有两亩地六七年前被水冲走了。现在的地全种了青稞，去年收获2000公斤，口粮还是不足。用牛耕地，人工播种和收获。家中有奶牛1头，犏牛2头，驴2头，山羊18只，绵羊15只。去年杀了6头山羊，自己家食用。

本人腿脚不便，去年因肺病去乡里医院看过，后来去拉萨拍了B超，花了三四百元，去日喀则住院半月花了3000元，除乡医院的花费之外都没有报销。现在病好点了，只是上下山还有点困难。家中老夫妻和大女儿、二儿子加入了养老保险，全家6口都加入了医疗保险。

国家给了扶贫款，一年有两次，一次300元，以前还给青稞。

尼玛次仁去年加入玛尼措巴，因为比较信佛，而去年以后空余时间较多。去念经时羊就交给妻子，或请别人放。

（二）洛桑

洛桑，63岁，年轻时去过拉孜当建筑工，32岁起才不去的，非干部、党员。

洛桑的老伴67岁，生于扎西冈乡。大儿子46岁，在家务农、放牧，以前出去打过工，在日喀则干建筑。后来他的女儿因事故去世了，他才回来。小学未毕业，懂些藏字。二儿子36岁，认识一些藏字，在那曲修路。

三儿子 22 岁，刚刚高中毕业于日喀则三中。儿媳 43 岁，萨迦县人，没上过学，行二，有个哥哥。经媒人介绍嫁给洛桑的老大和老二两个儿子。

孙子辈方面，大孙子 21 岁，初中毕业，在萨迦县的萨迦寺当和尚已有 3 年，与洛桑念经无关，是因左手关节脱臼无法工作，自愿去的。二孙女 19 岁，在拉孜念初中。三孙子 16 岁，在拉孜念初中。四孙子 13 岁，在扎其乡中心小学上学。五孙女 7 岁，明年上学。

家里现有 35 亩地，七八年前有 5 亩地被水冲走。去年都种青稞，收获 20 袋（解释说因为是靠山边的地，产量很低，他家住在村落边缘，靠近水库的地方）。去年现金收入 6000 元左右。买了两袋大米、两袋面粉，花费以孩子的学费占大头，向银行贷过款，主要是为了交学费，以及给外出的孩子们零花钱。

家中有 2 头犏牛，2 头黄牛，2 头奶牛，2 头小黄牛，2 头小奶牛，4 头驴和一匹马（靠山的路机器难以通过，需用马驮），30 只羊。有一台中型拖拉机。10 年前重建的房，花了不到 3 万元，向银行贷了 1 万元，朋友借了 7000 元。去年洛桑摔破了头部，去日喀则看过，未住院，花了 2000 元，他还患有关节炎。全家都加入了医保，夫妻俩有养老保险。

洛桑介绍，柳普村的玛尼措巴成立于 6 年前。以前他去查嘎村，从 15 年前就开始了，在查嘎的玛尼措巴待了有八九年。当时柳普村与他同去的还有两位老太太，现在一位已经 86 岁，另一位 74 岁了。自己当时只是想求功德，没有什么特殊的动机。那时候一个月去一次，藏历十五那天去。除非工作太忙，否则每月从不间断。

柳普村的玛尼措巴是洛桑建的，因为去查嘎的人都老了，不方便，于是就在此地念。一开头就有 26 人，都是自愿加入的，不需什么手续和资格。现在最大的是那位 86 岁的老奶奶，最年轻的是一个 32 岁的妇女，45 岁以下的就她一个。现有成员 26 人，8 个男的、18 个女的，皆来自柳普村。比较固定参与活动的有十五六人。

这里的经堂一开始就建起来了，都是村民捐款，一人 5 元、10 元，或捐砖瓦，具体数目不清。去年扩建过，每位成员出 50 元。建经堂没有专门去请人，都是自己动手，加上村民帮忙。虽然有些村干部家的老人也参加玛尼措巴，但村里并无资助。

这里的活动就是逢吉日念经，有时有人生病，他们也会聚会念经一天，当地有人去世，家属一般会请喇嘛，但是因为附近没有喇嘛，所以也请玛尼措巴的人。上门念经，主人家负责管饭，看家庭经济情况再给集体50～100元，还有些茶，收来后都作为公用。洛桑自己管钱，另有一个会管钱的负责记账，名叫顿珠。经堂的管理在会员中间轮流，每天换一人值日。

玛尼措巴没有请过喇嘛来指导，只是有个来自昌都的喇嘛是本村人的亲戚，驻村期间他们去请教过。给查嘎以指导的喇嘛格龙拉也来过这里，那次是要去雨拉，途中经过，可惜因为村里没地方，玛尼拉康建在山上，喇嘛那天身体不舒服，就没爬上去指点。他们颂念的经文与查嘎一模一样，因为洛桑自己就是从那边过来的。这边筹建玛尼措巴时查嘎并未帮忙，只是在刚建立时送来过两袋青稞。

以前这个村里没有过玛尼措巴，现在的玛尼措巴与周边的也没有联系。洛桑因为腿脚不方便，平时查嘎那边有活动来叫也不能过去，得在家照料牲口。平时念经都只念一天，有时值二十五、三十日临近月底，人会比较少。

三 奴桑的家庭和玛尼措巴

（访谈者：杨春宇，翻译：普雄，访谈日期：2012年7月13日）

奴桑，男，71岁，1941年生，住在柳村旧村（查嘎村），全家10人。包括他自己和老伴、3个孩子、儿媳、4个孙辈。

旧社会奴桑在扎西冈的私立学校里上过学，会一点藏文。小时候家里有60亩地，属于差巴。一家十多口人，都是亲人。他有4个兄弟姐妹，他是老大。

平时干农活，没有外出工作过，最远去过冈底斯山朝拜，去了两次，同去的有村里人，也有其他乡如热萨乡的人。

第一次在十六七年前，去了30多人，第二次在十一二年前，去了40多人，每人出2000元，共10天。是互相商量成行的，无人组织。到了以后绕山，朝拜沿途的寺庙，一圈52公里，身体好的话一天能够转完，老年人要花两天。同去的人最大的75岁，最年轻的30岁，还有两三个小孩。一半以上是男人。当时只是想朝佛，不是因为家里有事。

家里没有人当干部，也没有党员。老伴68岁，务农，不识字。大儿子

35 岁，小学未毕业，识些藏文，在家务农、牧羊。二儿子 33 岁，小学未毕业，识些藏文，在拉萨做建筑工。三儿子 29 岁，小学未毕业，不太懂藏文，会点汉语，在那曲做建筑工。

三个儿子一起讨的儿媳，名义上是老大的。这种婚俗在当地是传统，除非自己要求自立，分家去单过，否则都共妻。媳妇进门 20 年了，现在 33 岁，没有上过学，会认一些数字，在家务农。媳妇来自热萨乡，本来与自家不认识，当时一个男媒人知道自家有讨媳妇的意向，便上门来说亲。媳妇在家排行第三，两个姐姐当时已经嫁出去了，下面还有两个弟弟两个妹妹。当时花 3000 多元办了婚礼，给了女方 200 多元，还送了些粮食、茶叶和衣服。

奴桑有 4 个孙子女，大孙女 18 岁，初中毕业，在家等着上高中。二孙女 17 岁，在拉孜上初中。老三是孙子，13 岁；老四又是孙女，11 岁，都在乡小上小学。三兄弟不分谁的孩子。

以前本来有房子，2008 年国家安居工程实施后推倒了重建，面积不清，花了 4 万元，国家补贴 1 万元，向银行贷款 1 万元，已还完；向亲友借了 1 万元，还了 6000 多元。现在又向银行贷款 6000 元，用于孩子的教育费和买家具。房子为两层楼，楼下 7 间，放牲畜、杂物和工具；楼上 6 间，厨房、小佛堂各一间，卧室两间，杂物房两间。他和老伴住厨房，大儿子与儿媳、孙辈住一间，还有一间平时放杂物，两个儿子回来了就住在里面。

家里有电视机 1 台，影碟机 1 台，共 1000 元，国家发的酥油茶机一台。以前有电话（座机），坏了，出去的儿子各有一部手机。

家有 20 亩地，一亩被柳乡中心小学征用，4 亩被征用作 318 国道边的林地，一亩因自家宅基地扩建时后挪了点，赔给邻居了。去年种了 3 亩小麦，其他的种青稞，收获了 40 袋青稞、7 袋小麦，还是不够吃，去年买了 10 袋青稞、5 袋大米和 6 袋面粉，花了 4000 多元。两个儿子打工收入 8000 元至 1 万元，是主要现金来源。家里有 2 头黄牛，2 头奶牛，1 头小奶牛，1 头小牛，1 头毛驴，70 只羊（绵羊居多）。有 2 台拖拉机，1 台中型的，1 台小型的，中型的坏了，待修。没有收割机和播种机。井水灌溉，牛耕，人力收割。去年花 9000 元买了头黄牛，拖拉机的油也花了些钱。

奴桑前几年曾因肺炎去日喀则住院一个月，在拉萨又住了两个月，花了 2 万多元，报销了 80%，病情有好转。只是现在走快了会呼吸困难，有点虚脱。最近干不了活了。老伴前几年肚子水肿，去日喀则看病，水排出去了好多了，花了 8000 多元，报销了 20% ~ 30%。全家都加入了医保，除孙辈之外的 6 个人加入了养老保险，也没有得到资助。孙子将来上学会给家里造成负担，正在申请减免学费，但是很困难。为孩子上学零星借过一些钱，零借零还，未计数。

奴桑是柳村（查嘎）玛尼措巴的核心人物之一。玛尼措巴共有 44 人，大多为皆本村人，下面新村有 3 人；男性 11 人，女性 33 人；多数在 60 岁以上，最小的 46 岁，是个女的；60 岁以下的有十几个，年纪最大的 81 岁，是个男的。玛尼措巴没要求（不需要懂文字，会念经）什么资格。

柳村玛尼措巴成立已经 20 多年了，一个月最少一次活动，藏历逢八、十、十五、二十五、三十等吉祥的日子念，逢八、十五、三十等重要的日子还要念 4 天。六月四也念 3 天，还有四月十五（萨迦达娃）也念 3 天。经文有乔托吉切莫、卓玛和米拉姆珠（祈祷、祝愿的意思）。夏季日长，乔托吉切莫一天可以念 3 次，冬季则念两次。丧事念乔托吉切莫和米拉姆珠一天，主人家会给整个团队 50 ~ 100 元，给一脸盆青稞，一些小块的茶，拿回来公用。有时别人要远行或者生病，也会请他们去念经，得到的财物一样公用。

玛尼措巴没有在民政注册，内部也没什么区分。平时念经大家尽量过来，冬天时都能聚齐，夏天有人工作忙，就来半天。经书没有明确的派别，以格鲁巴为主。很少请喇嘛来，都是自己去向他们请教。这个经堂是 4 年前建的，以前有个小的，是 20 多年前建的。后来人数多了，需要重建。总共花了 2 万多元，主要是几家捐款，包工头扎吉家捐得最多，他有个儿子是自治区林业局的。

玛尼措巴的负责人有 3 个，即奴桑、普和明卓，三人皆普通村民，是普通人家的后代。平时一起讨论一起做决定，奴桑没有具体的工作，普负责记账，明卓负责保管财物。他们三个都会藏文，会念经，比较精通佛经，三人之间都是朋友。最开始，三人都有信仰，但发现对经书和仪式很多地方不明，于是去热萨乡请教那里的喇嘛格龙拉（属于宁玛派），喇嘛建议他们一起念经，他们就挨家挨户去邀集人，进来的每户交 50 元和一点青稞，都是自愿的。一开始是轮流在各家念，人数增加到十七八个人时，他们发现这样太不方便，于是在村里集资建了一所小经堂。当人数进一步增加时，喇嘛建议他们盖一所大的，于是再次集资在原址建了现在这所大经堂。乔托吉切莫经是喇嘛送的，其余都是自己请的。建经堂的费用主要来自平时积攒的念经的收入，向村民借的钱，成员以及村民捐的钱。经堂内主供四尊佛：乌杰仁波切、维巴米、敦巴夏嘉图、坚日思。旁边还供着几年前去世的喇嘛格龙拉的照片。四面悬有唐卡，其中包括大昭寺的乔仁波切、卓玛唐卡和宗喀巴大师。

村干部和政府对他们的活动没有帮助，也没有阻挠。据说柳普村也有玛尼措巴，因为当时柳村成立得比较早，有 3 个蒲村的人参与活动，回去后就建立了自己的，当时柳村给过他们一些东西，那是十几年前的事了，也是格龙拉去帮助建的（这一点柳普村的说法有出入）。萨别村三四年前也建了一个，经堂是去年修建的。与他们没有来往。柳乡的玛尼措巴就这3 个。

来玛尼措巴的人有富裕的，也有生活困难的。除了念经没有其他活动。念经时从早上 8 点念到傍晚太阳下山，只在下午 2 点吃饭，不会念经的就先跟着念六字真言，其他人会帮助他们学习。村里有党员的家庭并未遭受什么阻力，一来村中党员较少，二来来的人本身并不是党员，这就可以了。

关于搬迁到新区的事情，政府并没有来动员，奴桑自己也不打算搬，因为土地都在这边。老一辈都不想搬，也没有能力。搬下去欠一屁股债，留给子孙，那又何必。子孙没有明确态度，因为当时还小。

四　旺拉和藏戏队

（访谈者：杨春宇，翻译：普雄，访谈日期：2012 年 7 月 13 日）

旺拉，男，柳村人，67 岁，没上过学，不识字，不懂汉语，1967 年去吉荣修路。1969 年去亚东打过工，修路，也是一生去的最远的地方。除此之外，一直在家。

家中有 6 口人，旺拉自己、两个女儿、一个女婿和两个小孩。老伴已于 2006 年去世，是本地人，时年 70 岁。大女儿 39 岁，没上过学，不识字。二女儿 31 岁，也没上过学，曾连续 3 年去拉萨修路。二女儿的女婿是扎西冈人，是媒人上门介绍的。她 30 岁结婚，务农，今年去阿里干过砖瓦工。二女儿一家有一个小孩，不满一岁（五个月）。另一个孩子是他孙子，儿子6年前外出工布打工时去世，时年31岁，媳妇是热萨乡人，丈夫去世后嫁人。孙子9岁了，在柳乡中心小学上学。

房子是20多年前建的，前年重修过，不知道面积是多少。重修花了3万元，政府给了8000多元，乡里银行贷了8000多元，还未归还。没有向亲友借贷。房子上下两层各6间。上层包括厨房（老人常年睡在这里），小佛堂，有4个房间，一间放粮食，一间卧室大女儿住，还有两间空着，放杂物或者住人。楼下放牲畜、杂物和工具。现在二女儿在家，与孙女住一间。大孙子放假时与大女儿同住。

家有土地22亩，20亩种青稞，2亩种小麦，本来24亩地，有2亩被政府征去造护路林了，一年给1000多元补偿。去年共收获30袋青稞、5袋小麦。青稞够吃，去年买了4袋大米、4袋面粉，花了1700元。去年买了一头黄牛，花4300元，其他的零星不计。家庭一年现金收入7000元，是去年女婿出去打工挣来的，以前没有。家里有2头黄牛、1头小奶牛、1头毛驴、8只山羊、1只绵羊。去年家里杀了1只羊，买了3只羊，花了1000元。旺拉去年因抽烟咳嗽，去日喀则看过病，花了2600元，其中报销2000元，贷款600元。全家都有医保，但是那次因为医保的钱花完了，所以需要贷款。孩子都打过疫苗。家中无人参加养老保险。

旺拉从1969年就加入藏戏队了，一直坚持到现在。第一次是在十五六岁时，有个舅舅教的，边学边跳。直到舅舅1980年左右去世，旺拉才算出师。藏戏队里大家都是成员，没有明确的师徒关系，也不收学费，只是老人点拨年轻人，知无不言。旺拉当时加入主要是出于好奇和兴趣，现在依旧喜欢，藏戏越来越受重视，他很高兴。

藏戏表演主要在藏历年、柳曲沃时分，一年两次。柳曲沃是在过节的第二、三天跳。藏历年则是在初二和初三跳两天，地点在村委的院子里。自己去过日喀则和白朗表演。都是冬天的时候当地领导邀请他们去的，商业性质。日喀则那次去了20多人，白朗那次则是十八九人。表演的酬劳一般不给钱，给青稞，一年每人给20袋。统一发到藏戏队里，然后平分。旺拉去过七八次，12年前最后去过一次白朗演出，此后因为岁数大了没再去。他去年还在村子里跳，今年腿脚不好就不跳了。现在队里有4套戏服，一个面具和一个鼓，一个大钹，今年村委赞助了一套新戏服。所有行头不用时，要放在村委。

藏戏队队长叫巴次，20 多年前开始跳藏戏，识得藏字，年龄有五十一二岁，技艺并非世传。政府三四年前任命他当队长，之前没有队长，由老人们商议决定大事。队里比较固定的成员有 20 多人，冬天时人比较齐，夏天年轻人多出去打工。成员有八九个在 50 岁以上，最大的弥玛顿珠 75 岁了，以前曾有人采访过，最小的 25 岁。

舅舅没说过藏戏的来历，历史上就有，民主改革后也还在跳，只是"文化大革命"时跳得少。当时队员不想它失传，就把道具收藏了起来。旧社会的戏与现在一模一样，连衣服都是一直用到现在，去年村委才给了新衣服。舅舅没说过藏戏是跟谁学的，当时队里还有几个比舅舅更老的老人，或许是他们教的。家里除了舅舅没有人跳。现在旺拉正在教给二女儿，她很愿意学，但没什么经验。也没有刻意去学，现在上台已经一年了，记了口诀边跳边学，同时向老一辈请教。老一辈没有传下来戏本，靠的是口诀传承，识字的人会去买一些书。

常演的有五个戏目：

（1）朗萨维布。从前有个平民姑娘，有个小王国的王子看上了她，两情相悦，但姑姑和父亲不喜欢这女子，姑姑故意刁难她，借故毒打，害死了姑娘。被观音救活之后，她一心向佛，最后成仙了。

（2）伽赛奴桑。王子奴桑有 2500 个后宫妃子，其中有一个漂亮姑娘名叫雍卓，被猎人抓来送与奴桑。后来国家遭遇外敌入侵，王子出征讨伐，后宫陷入斗争。王子凯旋，和雍卓过上了幸福的生活。

（3）卓娃桑姆。从前有个国王，国中妃子掌权，国王喜欢上了卓娃桑姆并娶了她，但因为手中无权，遭到妃子的报复。她将国王入狱，还派人去杀他与卓娃桑姆生的两个王子，岂知卓娃桑姆是个仙女，救了两个王子。他们去了别的国家，成为国王，派兵攻打故国，杀了妃子，救回国王。

其他的故事都比较复杂，藏戏有 8 个戏目，其中常演的有 5 个，上面 3 个最受欢迎。旺拉老人常在第一个剧中演姑姑的手下，虐待朗萨维布的反派索朗巴杰；在第二个剧中演奴桑；在第三个剧中演谋害王子的手下，这出戏主要的环节是谋杀的过程，突出卓娃桑姆的法力高强。

藏戏队平时没有组织，也没有明确的分工，演戏时则按角色行事，由一个人负责记账。来的人比较固定。村里以前给他们一些青稞表示心意，群众也送青稞和青稞酒。今年柳曲沃村里给过 100 元，以前没有过。队员贫富都有。老一辈现在跳不动了，希望年轻人能够传承民族文化。如果没人跳，群众会觉得无聊。

本地的藏戏没有流派，与其他地方的都一样。开场没有宗教仪式。第三天跳完后会往场外空地上撒三下糌粑，分 3 把撒完，祈求吉祥圆满。传说中是唐同伽布创造了藏戏，但戏班并不拜他。今年队里买了个有他画像的唐卡，放在戏场中央的旗杆上。

五　次仁

（访谈者：胡瑛，翻译：普琼，访谈日期：2012 年 7 月 12 日）

我是 1943 年出生，现在 69 岁了，身体还行，就是腿有点问题，去拉孜县医院和日喀则医院看过，也没有好转。家里有 7 口人，是三代同堂。村里有 7 户亲戚。我不认识字，25 岁时结婚了。我和我的丈夫从小就认识。我们家对我找结婚对象没有什么要求。我和我对象因为双方家里都知道各自背景，自然同意了我们的婚事。我的母亲给我准备了嫁衣。结婚当天我的父亲把我送到男方家。父亲给了哈达和衣服。婚礼上杀了两头牛，邀请了村里的亲戚和朋友参加。他们都献给我们吉祥的哈达。嫁过来的第二天我就开始工作。但是我 32 岁的时候，我和老公离婚了，因为老公另外找了个老婆。由于当时生活困难，还得照顾孩子，我就一直没有再婚。

我有 3 个孩子。我对 3 个孩子找结婚对象基本上没要求。大儿子叫旺加，今年 44 岁，小学六年级毕业。老大的妻子叫仓拉，是扎西岗村的。他们俩打工时认识，我和仓拉的父母都同意就结婚了。他们举行婚礼时，仓拉父亲把仓拉送到我家里，还带来了仓拉的衣服和鞋。他们的婚礼上杀了两头牛和两头羊。请来村里的亲戚参加婚礼。婚礼持续办了 3 天。第一天，新郎新娘穿着新衣服坐在一起，亲戚朋友们赠送新郎新娘哈达以表祝福；第二天，亲戚们给新郎新娘 500 元；第三天，新娘的父亲把新娘的衣物留下，离开我们家。这三天我们都唱歌、跳舞，过得很愉快。他们现在已经有 3 个孩子了。

我的二儿子叫扎西平措，今年 42 岁，也是小学六年级毕业。老二在24 岁时与他的妻子在日喀则打工时认识，妻子叫央拉，是拉孜县的。婚礼和老大的差不多。

我最小的孩子是女儿，叫巴桑卓玛，39岁了，没读过书。她在日喀则打工，因为家里经济困难，不想结婚。

六 白吴

（访谈者：胡瑛，翻译：普琼，访谈日期：2012年7月12日）

我今年55岁了。现在家里有7口人，两代同堂。我和丈夫结婚时我25岁，丈夫26岁。家里要求我必须找藏族，其他要求不多。我和丈夫是在拉孜县打工时认识的，互相喜欢，就结婚了。我有5个孩子。大儿子叫米玛，30岁，因为家庭经济困难，没有上学。米玛19岁时结的婚，老婆叫顿珠，是日喀则的。他们结婚时顿珠25岁。两人打工时认识，互相喜欢，我们家人也觉得可以就结婚了。结婚时，顿珠的父亲送她过来，新郎和新娘坐在一起喝青稞酒。亲戚给新娘新郎送来衣服和鞋子等礼物。他们的婚礼办了5天。第一天就是顿珠的父亲送新娘到这里，请来亲戚参加婚礼，杀了10只羊和一头牛。我们在这里喝青稞酒、唱歌、跳舞。第二天，亲戚给新郎、新娘献上哈达表祝福，同样也少不了唱歌跳舞。第三天也是在家里唱歌跳舞。第四天，把新娘的父亲送走了。第五天，村里的亲戚过来唱歌跳舞。结婚后，丈夫出去打工，老婆就留在家里干农活。现在米玛在日喀则当保安。他们的女儿已经8岁了。

我的二女儿叫卓嘎，28岁，身体残疾，没有去治疗过。所以卓嘎没有读书，也没有结婚。三女儿叫玉珍，27岁，也是因为家庭困难没有读过书。老四叫次娃，是个男孩，今年22岁了。次娃初中毕业未被学校录取。琼拉是我最小的儿子，今年21岁，初中毕业也未被录取。现在次娃和琼拉都去拉萨打工了。

我对我的孩子找对象也没什么要求，但还是希望能找一个藏族，这样有共同的语言和风俗习惯。

七 仁青

（访谈者：胡瑛，翻译：普琼，访谈日期：2012年7月13日）

我在1956年8月出生。家里有8口人，两代同堂。村里只有一户亲戚。19岁时结的婚。我的妻子叫德庆，是本村的藏族。我们当时在打工时认识对方，当时我们没有提亲，互相喜欢了，我就去妻子家提亲。他们家同意，我们就结婚了。举行婚礼时，我老丈人把妻子送到我们家来。我妻子的哥哥也带着新娘的衣服一起送过来。还邀请了村里的亲友来参加婚礼。在我们家门口，新娘和她的父亲、哥哥先转了三圈，是"扎西德勒"的意思，然后才敲门进来。然后我和妻子坐在一起，来参加婚礼的亲戚朋友们送来哈达、衣服、鞋、羊肉、青稞、青稞酒、酥油茶、头巾等作为我们的结婚礼物。我们的婚礼举行了5天。杀了5只羊和一头牛。中间三天都唱歌跳舞，有的打麻将。第五天给新娘的父亲和哥哥献上哈达，送走他们。刚结婚的新娘，一个月后要回一次娘家，送给娘家人衣服和裤子，过一个月再回来。

我们家有4个孩子。大儿子叫达拉，今年26岁，念书念到初中毕业。二儿子叫普布，今年22岁，读书到初中毕业就没读了。三儿子叫索朗扎西，21岁，也是初中毕业。老四是女儿，叫曲珍，今年19岁，初中毕业，现在不读书了，在日喀则打工当服务员。

我的3个儿子共娶一个妻子，叫白玛曲珍，是萨迦县的。他们结婚后是不分家的。达拉和白玛曲珍打工时认识喜欢上对方，白玛同意同时嫁给达拉的两个弟弟普布和索朗扎西，所以白玛曲珍就和我的3个儿子结婚了。结婚时，白玛曲珍的父亲送她到我们家。我们邀请了村里的亲朋好友来参加婚礼。白玛曲珍和我的3个儿子坐在一起，前来参加婚礼的人们向他们献上哈达表示最真诚的祝福。婚后，他们三兄弟和白玛曲珍之间的关系都很好，不会争风吃醋吵架等，白玛曲珍和3个儿子住在一起。他们几个一般是老大达拉做主。

达拉要求结婚后自己去找工作。他在阿里打工当木工。普布生下来就是残疾，学了画画，可以给人家的屋子或家具等绘上图案，他也在阿里和达拉他们一起。白玛曲珍给他们做饭。索朗扎西是参加了职业技能培训，现在在拉萨打工。他们已经有一个3岁的女儿，是达拉和白玛曲珍生的。他们一年打工6个月，然后回家来。在家里达拉和普布也可以在我们村里给别人家做木工和画画，冬天时达拉做工一天可以挣40元，普布画画一天可以得到30元。我们家里的家具都是他们做的。现在一般达拉留在家里种青稞，其他两个儿子外出打工挣钱。

八　次仁拉姆

（访谈者：胡瑛，翻译：普琼，访谈日期：2012 年 7 月 13 日）

我今年 30 岁了，是多拉家的媳妇。我们这个家有 10 人，是三代同堂。村里有一户亲戚。我是从扎西岗村嫁过来的。多拉是我公公，他们家有两个儿子和两个女儿。大儿子叫拉巴顿珠，今年 25 岁，因为当时家里经济困难所以没有读书。二儿子叫边巴，今年 23 岁，念书念到初中毕业，当时他们家里劳力不够就没读了。老三是女儿，叫边珍，今年 21 岁，家里经济困难念书就念到小学毕业。最小的女儿叫拉珍，今年 19 岁，家里穷就只读书到小学毕业。

我是 24 岁那年嫁到他们家来的。我是同时嫁给拉巴顿珠和边巴。以前我们都不认识，是我的公公多拉介绍，我父亲同意了。可惜两个月后我父亲去世了。结婚时，我的亲戚把我送到他们家来。结婚后我和拉巴顿珠住在一起，家里由顿珠做主。两个丈夫我都喜欢。现在我们有 3 个孩子了。老大叫边巴普尺，今年 7 岁，正在读一年级，是我和拉巴顿珠的孩子。老二叫格桑旺拉，今年 6 岁。老三是女儿，叫琼拉姆，今年 2 岁。格桑旺拉和琼拉姆都是我和边巴的孩子。我们的孩子都是管拉巴顿珠叫"爸爸"，叫边巴"叔叔"。我的两个丈夫都去阿里打工了，3 个月回来一次，回来在家待 3 个月，帮忙干农活再出去打工。

结婚后，拉巴顿珠视力上有残疾，去成都治疗过，花了 16000 元，也没有治好。我的两个丈夫都对我很好，我们相处得和谐。在我们这里，基本上都是几个兄弟共娶一个妻子，是很正常的事情，所以我也能接受嫁给两个丈夫。我在家里照顾孩子和老人。我们结婚后是不分家的，一起照顾家里的老老小小。我自己家里也没有最亲的人了，所以这里就是我自己的家，过得还好。

九　尼玛

（访谈者：胡瑛，翻译：普琼，访谈日期：2012 年 7 月 13 日）

我今年 53 岁。家里有 11 人，三代同堂，村里有八九家亲戚。以前当了两届六年的村主任，今年 1 月份我刚被选上当村里的书记。如果村里有需要的，像种地等需要资金，我就去乡里申请。

我和我的妻子是亲戚介绍的。结婚时我们有提亲仪式。我父亲和介绍人带着一两百元、衣服、哈达、青稞酒等去我妻子家提亲。过了几天，去找寺庙里的喇嘛或会算的人去算好时间，包括什么时候离开家好，什么时候到我们家等。这些时间都是根据我们的年龄来算。早上6点、8点左右，我妻子家里的亲戚（妹妹、姐姐之类的）和我们的介绍人一起送新娘到我们家，当时是骑马来的。太阳出来后，我妻子的父亲等带着粮食、衣服等过来。我们村的新娘出嫁会哭一下。新娘到门口要先转3圈，表示第一次进门，运气好的意思，送新娘的人会唱"扎西德勒"的歌。然后敲门进来。我们男方家给他们献上哈达。接着我和新娘坐在一起，来参加我们婚礼的亲戚朋友会献给我们哈达。我们办了8天婚礼。我们这儿一般家庭条件好的婚礼会办8天或11天左右，不好的就三四天。当时我们的婚礼请了日喀则、拉萨、本地的亲戚。亲戚们都是不同时间会源源不断地过来玩。这八天里杀的羊就有20多只，牛有3头。结婚后，对家庭事务我和妻子都是一起商量。现在我们家还供养着一位我妻子的亲戚。她年纪大了，家里没人了，我们就把她接过来，养着她。反正她也花不了家里什么钱，还可以提供点劳力。

　　2005年统计我们村子有200多户，现在村里一妻多夫制的家庭可能有80家左右。有的是两个儿子共娶一个妻子，有的是三四个儿子共娶一个妻子。对我们藏族来说，家庭条件好的就几个兄弟娶一个老婆，比较穷的家庭才选择一夫一妻制。现在年轻人结婚的婚礼和我们以前一样，是比较传统的婚礼。我的大儿子叫罗珍，今年30岁，念书念到高中毕业，因为家中劳力不足就辍学了。二儿子叫贾巴，今年28岁，念到小学毕业。老三叫普布，今年25岁，也念到小学毕业。老四叫普琼，今年刚高中毕业，等着大学录取结果。我们家里买了车，老大和老二在外面跑车拉货挣钱，老三在家干农活。我们家大儿子、二儿子和老三共娶了一个妻子，叫多吉卓玛。儿媳妇由我来找，然后让他们相亲。我找的时候也没什么要求，差不多就行了。多吉卓玛是扎西岗村的，和我大儿子同岁，今年30岁了。扎西岗村有一个喇嘛，认识多吉卓玛，觉得她性格、孝敬等方面都比较好，就向我介绍。我也问了村里的人，知道她品性很好，觉得好，就介绍大儿子和她见面。他们自己也愿意。2001年，多吉卓玛和我大儿子结婚了。结婚时，是大儿子和媳妇举行的婚礼。其他两个儿子和多吉卓玛是后来才在一起的。多吉卓玛也愿意嫁给 3 个儿子，现在他们的关系都很好，没吵过架。他们是大儿子做主。大儿子和多吉卓玛去领了结婚证。领结婚证主要是吵架、分手时有用，其他没用。我们村有的去领了结婚证，有的没有。他们现在有 3 个孩子了，老大叫尼玛普珍，是女儿，10 岁了，在我们乡里的小学上学。尼玛普珍是大儿子和多吉卓玛的孩子。他们所有的孩子叫老大"爸爸"，叫二儿子"阿库"，叫三儿子"阿琼"。他们的第二个孩子是儿子，叫洛桑，今年 9 岁了，读一年级了。洛桑是老二和多吉卓玛的孩子。他们的第三个孩子叫扎西普拉，是老三和多吉卓玛的孩子，今年 6 岁了。还没有读书。现在孩子多了，养不了。现在我们是不分家的，以后我们老了，他们一起照顾我们。

我最小的儿子普琼就没有要求和他的哥哥们共妻。我对他以后找对象基本没要求，他能读书就供他读书，找的对象也可以找其他民族的，但是还是希望他找藏族。但是我们还是要求不能找像"屠户""铁匠"背景出生的女孩。对我们的孙子、孙女们，他们考得上大学，我们就鼓励他们，对他们找对象都没什么要求。但是考不上的话就没办法，像娶亲、房子等我们就得管了。

十 次仁次旦

（访谈者：胡瑛，翻译：普琼，访谈日期：2012 年 7 月 13 日）

我是 1974 年 5 月出生的，不识字，只会讲藏语，也不是党员，现在在外面打工。我现在打工一年也就挣 3000 多元，家里还是比较贫穷。家里有 5 口人，是两代同堂，村里有 5 户亲戚。家里种了 3 亩地。

我结过两次婚。18 岁时，结的第一次婚。我和第一个妻子之前不认识，是家里介绍的。我们不喜欢对方。当时我们有了两个儿子。大儿子叫扎西旺堆，今年 18 岁，念书念到初中毕业，因为家里经济困难就没有读高中，现在到外面打工去了。但是后来因为我在外面打工，结果我的第一个妻子另外找了一个人，所以我们就离婚了。离婚时，我的房子留给了第一个妻子，大儿子跟着我，小儿子跟着妻子。现在大儿子和他妈妈偶尔还是会见面。

我现在这个妻子是亲戚介绍的，叫卓玛，今年 33 岁了。她同意和我结婚，所以我们在 2009 年结了婚。现在我和卓玛有两个孩子，都在乡里小学读书。现在他们读书不用给钱，但我们需要给他们带上粮食，给他们买衣服等。

我们家房子比较小，地也比较少，只种了3亩青稞地。所以家里还是很贫穷，我们只有一头奶牛和一头肉牛。我一般在外面打工，就留我妻子在家里。她需要照顾上学的小孩。等到家里农活忙缺人时我就回来帮忙。虽然穷，但还是过得比较幸福吧。

十一　扎西顿珠

（访谈者：胡瑛，翻译：普琼，访谈日期：2012年7月13日）

我今年33岁，家里有12人，两代同堂，村里有5户亲戚。家里种了4亩地。因为家里经济困难，读书小学都没有毕业。我还有一个弟弟3个妹妹，我弟弟叫佳作，今年28岁；老三叫仓珠，今年26岁；老四叫次旦卓玛，今年20岁。弟弟佳作和妹妹仓珠都因为家里穷没读过书。次旦卓玛则念书念到小学毕业。现在只剩我最小的妹妹在读书，今年初中毕业了。她想好好读书，以后到外面读大学、工作，我们都很支持她。

我们家我和弟弟佳作共娶了一个妻子，叫达娃央拉。她是扎西岗村的。我们是祖父介绍的，不同意也得同意。结婚时，我们这边需要去提亲。我的父亲带上羊肉、哈达、衣服等送到妻子家。也给他们家100元。结婚时，我的妻子由她的父亲和大哥、二哥和姐姐护送着过来，他们骑着马。他们还会带上新娘穿的衣服和鞋子等。穿着传统的衣服，盖着头盖，戴的项链等都是我们给的。新娘先穿上自己的衣服，到我们这里就到房间里换上我们这边给的新衣服。新娘他们到达门口时，陪着她来的姐姐和我的母亲带着新娘转3圈。我们这边有两个人唱歌。我们的婚礼办了7天。结婚时，我和弟弟佳作，还有我们的妻子坐在一起，来参加婚礼的亲友献给我们哈达。我们是一起结的婚。结婚后我做主。我和弟弟佳作在生活方面会吵架，但是在婚姻方面不会吵架。我们三个人的关系很好。我妻子患了贫血，去日喀则看过病，住了一个月，花了20500元，现在病情好转了。我们家庭还是很和谐的。

我们有4个孩子，老大叫石曲普尺，是女儿，今年10岁了，现在读小学二年级。老二叫普布卓玛，7岁了，在读幼儿园。老三是儿子，叫次仁顿珠，今年5岁。老四刚生下来就去世了。孩子都是在村里生的。

我觉得和弟弟一起娶一个妻子挺好的。我的妻子也同意。在我们这里兄弟共妻也很正常。现在年轻人像我最小的妹妹，就是在外面读书的那个，她就不愿意同时嫁给几个兄弟。

十二　旦真

（访谈者：胡瑛，翻译：普琼，访谈日期：2012 年 7 月 14 日）

我们结婚那个时候没有一妻多夫制的家庭。我之前结过一次婚，后来老婆去世了。我就一个人在家。现在这个妻子叫仁庆，是 1953 年生的。她出去打工，30 岁回来的。亲戚介绍我们认识。现在家里有 8 人，村里有 3 户亲戚。家里种了 12 亩地。

我们家有 4 个女儿。我们对女儿们找结婚对象没什么要求。大女儿叫所南，今年 33 岁，因为家里穷，没有读过书。她嫁给了一个汉族，叫嘎子。嘎子是甘肃的汉族，他们在日喀则打工时认识。所南也去过甘肃，现在他们回来生活。他们俩互相喜欢，就算距离远我们也没有办法。他们没有领结婚证。他们会挣钱回来。我生病的时候一个月会给我们一两百元。他们平时在外面打工，冬天会回来一次。现在他们有一个女儿了，今年 2 岁。嘎子不会讲藏语，我们也不会讲汉语，所以嘎子来家里的时候有什么事情都是所南来翻译的。他们回来给我们带衣服等。嘎子对所南很好，所以我们关系都处得挺好的。

二女儿叫格卓，今年 30 岁。老公叫次旺多拉，今年 40 岁。格卓和她老公以前不认识。次旺多拉是扎西岗村的，在家里他和他的哥哥一起娶了同一个妻子。他自己不喜欢那个老婆。他和格卓在外打工认识，他就找了格卓当老婆。两个人就住在一起。我们同意他们在一起。次旺多拉家里人也同意他们在一起。他们现在有一个儿子，叫丹增，今年 6 岁了，户口是和次旺多拉在一起的。格卓和次旺多拉虽然没办婚礼，但去领了结婚证。

三女儿叫尼玛，今年 25 岁，读过小学，但是家里穷没毕业就辍学了。20 岁时，她就嫁给了一个汉族人，叫祥玉，今年 35 岁，也是甘肃的。他们也是在日喀则打工认识的。这个汉族女婿对家里还是挺好的，会说一点藏语。因为我们家里穷，跟汉族人结婚也还行，她自己喜欢就好。

老四叫次仁央金，今年 22 岁，因为家里劳力不够，念书就念到初中毕业。她老公是藏族，在日喀则打工认识的。她的老公是入赘到我们家的。

当时我带着青稞、衣服、酥油茶和哈达去提亲。结婚时，次仁央金 20 岁。婚礼持续了 7 天。杀了 6 只羊，请来村里的亲戚参加婚礼。现在他们家有一个 1 岁的女儿。结婚后，次仁央金老公做主。他们没有出去打工，现在和我们住在一起，干农活，照顾家里。

十三 巴桑

（访谈者：胡瑛，翻译：普琼，访谈日期：2012 年 7 月 14 日）

我今年 26 岁，家里有 8 人，三代同堂，村里有五六户亲戚。家里种了 16 亩地。

我读过小学，因为家里穷就没有再读，出去打工了。我是党员。我在家里是老大，还有两个妹妹两个弟弟。老二叫奔珠，今年 24 岁，因为家里穷小学没有毕业。老三叫仓琼，今年 22 岁，那时因为家里劳力不足小学未毕业就没再读书了。老三叫旺金，今年 20 岁，初中毕业就没读书了。老四叫普布次旦，今年 16 岁，正在读初中。

我今年 2 月才结的婚。我妻子叫拉巴普尺，是热萨乡的。我们去年在日喀则打工时认识，互相喜欢对方。我父亲就到妻子家去提亲。他带着一套女孩的衣服和鞋、青稞、一壶酥油茶到妻子家里去提亲。他们家里也同意，我们双方的父母算好日子决定结婚日期，过了几天，我们就结婚了。结婚时，妻子穿着我们给的新衣服，盖上头巾，还会哭一下，坐着手扶拖拉机嫁到我们家来。她的父亲、爷爷和姑姑送她过来的。到门口要转 3 圈，她的爸爸唱歌，表示吉祥如意。因为我和弟弟旺金是娶同一个妻子，所以举行婚礼时，我们三个人坐在一起，请来参加婚礼的亲戚献给我们吉祥祝福的哈达。我们办了两天婚礼，家里杀了两只羊。

在结婚之前，我父母就跟我说了结婚要和弟弟一起娶一个老婆。我和拉巴普尺都同意。老婆很善良，我们不会因为婚姻问题吵架。她也喜欢我弟弟。我们三个人我做主。我们三个不会因为婚姻问题互相吵架，关系很好。老婆想和我跟弟弟谁住都可以，她自己做主。结婚后，旺金去日喀则打工了。我和妻子就留在家里做农活，不出去打工了。旺金回来再和妻子住在一起。旺金在外面不会找其他女孩子，即使喜欢上其他女孩子，我们家里也会有意见，不会同意他另外找老婆，因为分家的话家里劳力不足。我最小的弟弟普布次旦因为还在读书，我们对他找老婆没有要求，希望他继续好好读书，以后找个工作。

十四　边巴

（访谈者：方素梅，翻译：阿卓，访谈日期：2012 年 7 月 12 日）

边巴是柳村的老村干部，1970~1975 年是村里会计，1977 年入党，1975~1987 年分别任副乡长和乡会计，1988~2005 年相继任村主任和村支书，2005~2009 年是村副书记，2011 年 10 月以后为村委委员。

边巴 19 岁结婚，老伴是本县锡钦人。

查嘎以前没有医生，有人生病则到热扎乡、扎西岗请藏医。藏医自己到山上采草药自制藏药，出诊的费用很高，没有钱的人就以青稞作为报偿。藏医都可以治疗感冒、胃病等。扎西岗的那个藏医可以治疗瞎眼（可能是白内障）。60 年代，边巴的外公请他治疗过眼病，边巴见过。治疗效果很好，只是术后 7 天内不能动弹，现在的白内障手术休息两天就可以了。这个藏医后来调到县医院，不知是否还健在，他退休后由孩子接替工作，边巴已不记得他的名字。

热扎的这位藏医达拉（柳乡卫生院院长）也会西医，可以治疗小外伤（脚趾断）。达拉的父亲也是藏医。1991 年，边巴胃不舒服，症状为疼痛，吃不下饭，总是饱胀的感觉，想吐。当时达拉才 20 岁出头，他用火灸给边巴断断续续治疗几年，1995 年后未再犯。边巴说，火灸时必须找准位置，所用的草药叫"扎"。边巴的家人也请达拉看过病。

村里以前有一个会念咒的，现在没有了。1961 年后开始有西医，当时只有一个医生，只能治疗感冒等小病，开药、打点滴。1965 年或 1966 年建立乡卫生所，卫生人员有两三个。常见病也就是感冒或流感。

边巴的 5 个孩子都是在家里出生的，那时人们不愿到医院生产。边巴说是费用负担不起，但是现在妇女生育费用全免，绝大多数还是选择在家分娩。边巴大孩子的 3 个孩子也是在家里出生的。

边巴妻子生产时，由边巴母亲照顾，边巴的大孩子生产，则由边巴妻子照顾。临产时，先烧水煮茶，准备好包婴儿的软布。50 年代没有太细软的布料，就用氆氇包裹。他只记得 1986 年前后村里有一产妇生双胞胎时，母子双亡。现在，村里妇女生孩子还是在家里分娩，如果难产，则请乡卫生院的医生来接生，或是送到医院。3 年前，边巴的女儿在家里分娩难产，然后送到了日喀则的医院。

1959 年以前，柳乡有天花流行，人们用一种药剂预防，是医疗队发的，也种牛痘。人们若是生病，也叫喇嘛过来念经，查嘎村没有喇嘛，但有人会念经。平常情况下，大多数人家会请人念经三四次，念经一天，除了包吃，还自愿付给 5～20 元的报酬。现在人们生病，一般都是去找村医，村医不在就去乡卫生院。因为乡卫生院的大夫水平不错。实在不行就到县里或地区。

十五　边巴次仁

（访谈者：方素梅，翻译：阿卓，访谈日期：2012 年 7 月 12 日）

边巴次仁，65 岁，男性。边巴次仁的祖辈都在柳村生活，既做庄园内的活，也下地劳动。父亲名多加，母亲名巴桑普次。1959 年以前，边巴次仁家就在村里，给庄园干，租住在庄园的房子，有两层，下面 3 间，上面 2 间。房主名拉巴，户名萨岗，是一个小领巴，受上面的贵族领导。民主改革时，这所房子就分给边巴次仁家了。1959 年以前，边巴次仁家的耕地面积有 8 克（边巴次仁说差不多有 8 亩），收获够两人吃饱。民主改革时，又新分了 12 亩（应该是藏克），总共约 20 亩。民主改革时，边巴次仁 12 岁，他还记得当时的一些情景。他说 1961 年有调查组来到柳村，民政部门将土地、财物分给农奴（很穷的人），被分的人只留下够吃够用的。

边巴次仁兄弟 3 人，他是老大，下面有一个弟弟和一个妹妹。他小时候没有读过书，每天放羊。庄园里没有学校，贵族子弟都是到日喀则上学。20 世纪 60 年代柳村开始建学校，边巴次仁从 1960 年到 1963 年去读了 3 年，主要学习藏语文。学校只有一个老师，是本村人，有 30 多个学生，学校就位于现今柳乡完小的老校址。他的老伴则没有上过学。

边巴次仁有 5 个孩子，老大今年 38 岁。边巴次仁当时是村支书，不能照顾家里的农活，所以孩子们除了老五读过小学，都没有上过学。那时边巴次仁的工资是每年 300 元左右，家庭经济较为困难，孩子要在家干活，十五六岁就出去打工，参加修路（318 国道），那时是 1984 年。当时上学自愿，所以没有让孩子去读书。目前，边巴次仁的老二（女儿）的孩子（3 岁）由他们照看，女儿出嫁。老大、老四、老五和两老同住。

村里现在二十六七岁的青年大多没有上过学，1997 年或 1998 年开始开办夜校扫盲。边巴次仁的子女不去打工时，也到夜校学习，现在他们可以读藏文报纸，但是写作还不行。边巴次仁对于子女们没有上学也觉得遗憾，但是那时经济困难，也没有办法。

十六　传统刀艺的守望者——次旦旺加

（访谈者：梁景之，翻译：仁钦，访谈日期：2012 年 7 月 14 日）

拉孜县素以藏刀制作著称，藏刀系列中又以该县柳乡孜隆村的孜隆刀最具代表性，特别是在拉孜藏刀被列入非物质文化遗产名录之后，拉孜藏刀更是名声大振。那么成名后的拉孜藏刀目前的生产状况如何？存在哪些问题？发展前景如何？制刀匠人的生活怎样？带着这些问题，调研组走访了居住在柳乡孜隆村 112 号的制刀名匠次旦旺加，希望从他的言谈中能够了解到拉孜藏刀的前生今世以及匠人群体的实际生活。以下为次旦旺加的讲述：

我叫次旦旺加，藏族，1950 年出生，今年 62 岁，没有上过学。全家 12 口人，三代同堂，主要从事农业和家庭制刀手工业。

因为家族世代做刀，所以从小耳濡目染，17 岁便拜师学徒，三年之后出徒，开始了我的刀匠生涯。追溯起来，我家的制刀技艺始于曾祖父丹增，丹增是我们的刀祖，以后代代相传，直到现在。具体来说，丹增亲自传给爷爷普拉，普拉再传给舅舅次仁旺加，然后传给我，到我这里已经是第四代。

我的妻子叫丹增央那，是我和弟弟共同的妻子。弟弟叫拉旺，今年 55 岁，主要负责农活和放牧，不会刀艺。我们有 3 个儿子和一个女儿，女儿已经出嫁。大儿子尼玛旺拉，今年 32 岁，小学文化，小儿子才旦扎西，今年 24 岁，没有上过学，他们兄弟二人可以说属于第五代刀匠了，而且已经完全继承了家族传统的制刀工艺。二儿子因为自身的原因，没有学习这门手艺，主要是务农。他们兄弟三人共同娶了一个妻子叫贝拉，而且为我生了 4 个孙子，长孙今年 15 岁，读初一；老二 13 岁，上五年级；老三 11 岁，读四年级；最小的刚满 4 岁。

我家现有 33 亩耕地，种植青稞、小麦、油菜等。有奶牛 2 头，犏牛 2 头，驴 1 头，黄牛 2 头，山羊 60 只，绵羊 40 只，由老二负责放牧，早出晚归。牧场不太远，离村庄有三四公里，属于集体草场，今年则计划实行草场承包。粮食可以自足，但也没有多余的可卖。收入来源主要还是制刀的收入，粗略计算，一年毛利有10万元左右，包括材料费2万元。目前在村外还没有店铺，全部靠来单定做。刀子型号大致有大、中、小三种，大的30厘米，小的十几厘米。打制一把刀子，大的要费时3天，中号的需要2天，小的1天。

2009年藏刀有幸被列入国家级非物质文化遗产名录。同年，本人获得文化部颁发认定的国家非物质文化遗产项目藏族金属锻造技艺，即藏刀锻制技艺代表性传承人称号。此后，国家每年给予5000元的资金扶持，从2011年开始增加到每年1万元。

一般而言，要成为一名真正的刀匠，需要3~4年的学徒期，和其他藏刀相比，孜隆刀的制作工艺更加复杂，技术上也有独到之处，迄今为止基本上依靠家族传承。大儿子尼玛旺拉早在1992年就跟我学徒，当时年仅12岁，小儿子才旦扎西是2004年开始学的，如今他们二人已经全部掌握了孜龙刀的制作方法和工艺，某些方面甚至还有创新。

目前我们的工作间只有十几平方米，太狭小，作业环境也差，希望将来能有一个大一些的、条件好一点的作坊，最好是能在县城附近给划出一块地方盖个作坊，有条件的话，也可以招收一些学徒，以便扩大生产规模，但前提是不能丢掉传统的制作技艺。当然，此前县里也承诺过给予一定的扶持，比如在县城为我们提供一块场地等，但迄今为止还未落实。

现在我们还没有利用互联网来进行销售，基本上都是客户几经周折打听到我们的联系方式后，直接来信或打电话来订购，一般要一个多月才能发货，要到75公里外的县城邮局寄出，所以也很不方便。由于全国各地的客户都有，所以感到最为困难的，就是内地的客户都不懂藏语，而我们的汉语也不流利，因此在生意交流上很是费劲，有时不得不借助懂汉语的第三人来进行沟通。

本人现在基本上不亲自制刀了，主要是做顾问，指导他们兄弟来做，兄弟俩现在的技术都很好，可以说已经是青出于蓝而胜于蓝了。仅从技术上而言，孜隆刀的制作，除了一些基本的工序和步骤外，经验是很重要的，要靠长期的实践和感悟，有些方面是只可意会不可言传的。所以，由于手工制刀的特殊性和复杂性，我担心一旦扩大生产规模，就很难保证质量上的一致性，但如果不扩大生产规模，又很难满足客户的需求，这是一个非常矛盾的事情。现在都是来单定做，即便这样仍是供不应求。

孜隆村现有 142 户人家，692 人，主要从事农牧业生产，从事手工业的有 20 多户，有木匠、铁匠、画匠、裁缝、石匠、鞣皮匠、编织等，但目前做刀的就我们一家，一直都是这样。县城附近也有几家做刀的，但制刀的方法，刀的质量是有差别的。像这把藏刀，单从外观看，和我们的刀很相近，但只要用我们的刀一削，软硬利钝立马就分明了，因为我们制作的刀绝不会起铁屑，而且我们的刀还有比较强的磁性，可以吸铁。当然，我们的工艺和技术也在不断改进，但本质不会改变，虽然刀鞘不是很花哨，但很实用，而且一直在沿用传统的样式。有时我们也会根据客户的要求制作少量银质或刻花的刀鞘等。

虽然本村旁边有国道经过，但我们还没有在路边做广告，你们看到的那个广告牌并不是我们的。最近一段时间以来，也越来越多地听到市面上有很多所谓的拉孜刀，但实际上，大多数不是我们本地制作的，有的甚至是组装的，如雕刻花纹的漂亮刀鞘来自日喀则或者云南等地，经销者多是来自外地的商人，听说拉孜县城的那位经销商就是云南人，路边的广告牌就是他打出来的。

前不久，拉孜县商务局打算和我们订一份合同协议书，由他们出面在县城成立一家公司，专门经营我们的孜隆刀。根据协议，我们只管制作，他们负责销售，无论盈亏，由公司按年度定额发给我们报酬。现在合同协议书就在我们手上，因为对其中的内容吃不准，所以迟迟没有答复他们。

附录二 相关文献资料

柳村村规民约

（2008 年，后附藏文原文）

2008 年 8 月 20 日柳务普村经过换届选举，村委会今后三年村规民约实施建议，决定如下：

为了很好地维护、践行本村的公益安全工作，根据本村的实际情况，本着有利于经济建设各项工作的发展，特制定此村规民约，本村广大农牧民应一心一意坚决贯彻。

第一条　抓好用水管理是经济发展的关键

1. 为节约用水；

2. 为有利于团结，有利经济发展等，任何人不得违反用水协议，如果盗水、浪费将严肃处理，具体如下：

（1）从水库中开闸盗水，每亩罚款 200～300 元；

（2）每块地只能有一个进水把口，不能有两个进水把口，如果在灌溉春耕水、青苗水、春播前的干土水时开两个进水把口，所灌溉每平方米罚款 2～4 元；

（3）上、中、下三等田地，在灌溉春耕水、青苗水、春播前的干土水时应依次灌溉，不应越过把口，如果越过，则必须等到全部地灌溉完毕之后，在空闲时间方能提供用水。如果任何人自行灌溉，则根据灌溉面积，每平方米罚款 2～4 元；

（4）不得随意铲用分水口的积土盗水，如果盗水则依灌溉面积每平方米罚款 2～4 元；

（5）灌溉播种水、青苗水时不得从高处田地开口盗水，如果开口盗水，流水灌溉面积每平方米罚款 0.5～1 元；

（6）不得从高处田地里开口盗水，也不得从高处田地里故意放水给低处田地，如果故意放水给低地灌溉，则放水者、灌溉者双方均罚款每平方米 0.5～1 元；

（7）灌满地后如果不及时关闭把口，溢出之水视面积大小每平方米罚款 1～2 元；

（8）播种灌溉开始到青苗水结束之前，打制土坯砖者不得开把口引水，只要打开把口则罚款 5～25 元；

（9）平时不得随意往柳园、菜园中放水，如果放水则罚款 50～100 元。

第二条　禾苗保护管理

1. 春耕是田地里只能有耕种的耕牛和驮运种子的驴子，多余的耕牛和驴子必须拴住，凡未拴住的牲口每个罚款 3～5 元；

2. 自开始春耕时，所有牲口必须走夏季道路，不得踏入田地，如果践踏田地，放牧负责人罚款 20～50 元；

3. 播种完毕后，大小牲畜必须走夏季道路，不得到处行走，如果违反规定，大牲畜每个罚款 1～2 元，小牲畜如果违反规定，放牧负责人罚款 20～30 元；

4. 自播种之后到收割完毕之前，不得在田间小道、田间沟渠中放牧大小牲畜，如果违背规定，大牲畜罚款 5～6 元，小牲畜罚款 0.5～1 元，包括新生牛犊和羊羔；

5. 牲畜从山上下到田地中吃庄稼，大牲畜每个罚款 3 元；

6. 田地附近人家之家禽、牛犊、羊羔等如果不善照料，进入别人田地或拴在他人田地中，每个罚款 1～6 元；

7. 所有大小牲口，大的如马等、小的如羊等，不得以任何理由拴在田间沟渠或田地里，如果违反，每个牲口罚款 1～6 元；

8. 饲养种羊的家庭，除非自村的种羊，如果饲养别村之种羊，每个种羊缴纳 5～20 元的食草费。

第三条　民事纠纷

维护公民的人身权益，公民的私有财产，任何人不得侵犯，如果发生危害别人权益的事件，则按照《治安管理条例》《乡规民约》《村规民约》严肃处理如下：

1. 相互发生口角，每人罚款50元，然后，根据是非情节严肃处理；

2. 但凡动手打架斗殴者，罚款60元，流血、伤人而去医院就医，付给血价、医药费、护理费、误工补助、交通费用等，然后，根据是非情节依法处理；

3. 任何人在公益活动场所、会议场所、劳动场所发生口角、打架现象，按上述条款—倍罚款。

第四条　全体公民要按照《中华人民共和国婚姻法》，办理完整手续

1. 男女双方均应自愿；

2. 未办理完整手续者，发生任何问题均由该户负责；

3. 凡违反公共道德的偷情行为本身就违反了婚姻法规定，男女双方各罚款500元，然后双方共同商议决定子女抚养问题。

第五条　会议制度是很有必要的，会议制度是一切事务能否完成之关键

凡事先通知开会，未有合适的人来参会，罚款7元；任何会议吹哨后，凡迟于80名后到达者每人罚款1~2元；集体劳动时，男子年满虚岁18~55岁之间为上等劳动力，男子56~63岁之间者为半个劳动力，男子从64岁起不算劳动力。女子年满18~52岁之间为上等劳动力，53~60岁算半个劳动力，61岁起不算劳动力，按照村规如果多余人员参加不算劳动力。劳动时如果吹哨后，晚于30分钟到达者，则不计劳动量。

第六条　文化和卫生

1. 学龄儿童必须上学，如果未上学，依法惩处；

2. 人人保障清洁卫生，马、驴等大小牲畜，死后不能食用，饭馆、商店的白色垃圾必须扔到垃圾桶内；

3. 根据人均国民经济所有人员参加合作医疗；

4. 畜牧业方面，如果未按照兽医指导打防疫针，大牲畜每个罚款5元，小牲畜罚款2元，一切责任由该户承担。

第七条　村集体荒地、国有土地、公路、街道随意侵占和自行私吞，每平方米罚款 8 元，将地方恢复原状

第八条　土地管理

原则上不得在田地上盖房，打土坯，不得取土，不得买卖，如果违背规定，出现上述情形，将按《土地法》惩处。

第九条　人为损害

1. 除非统一捡摘油菜嫩叶，如果自行捡摘，没收所捡摘的嫩叶，并罚款 7 元；

2. 除非统一割草和除草，自行割草和除草，草没收，并罚款 5 元。如需在自家地里拔萝卜、挖土豆，必须走请示程序，不得擅自而为。如果偷盗他人之萝卜、土豆，及时处治。灌溉人员在灌溉时，化肥必须用纤维袋，不得用背篓和竹篮，如果用上述器具则罚款 5 元。

2008 ལོའི་ཟླ 8 ཚེས 20 ཉིན་ལ།

སྣེ་ཕུ་གྲོང་ཚོའི་ས་ནགས་རྟེའི་འཛིམས་བསྒྲིའི་ལས་དོན་བཅུད།

གྲོང་ཚོ་ཡུལ་ལྗོན་སྐྱེ་ཁང་གི་སྐྱང་ཕྱེན་ལོ་གསུམ་གྱི་ཚོན་སོལ་དངངས་འཛིགས་ལག་ལྟར་བསམས་འཆར་གཏན་འབེབས་བྱེད་རྒྱར།

རང་གྲོང་ཚོའི་སྐྱེ་ཕན་བདེ་འཇགས་ལས་དོན་སྒྲུབ་ཚིག་ལག་སྐྱར་གང་ལེགས་ཡོངས་ཆེད་དང་།

གྲོང་ཚོའི་དོན་དངོས་གཞིར་བཟུང་ཕན་ཡོད་ཀྱི་དཔལ་འབྱོར་འཛུགས་སྐྱུན་བྱེད་རྒྱུའི་ཐ་བཞག་ཁག་ཡག་པོ་ཡོང་ཆེད། ཚོན་སོལ་དངངས་འགས་ཀྱི་སྒྲིག་སོལ་འདི་ཆེད་བཟྐསས་བཟོ་ཐ་ཡིན།

རང་གྲོང་ཚོའི་རྒྱ་ཆེའི་ཞིང་འབྲོག་མི་སམངས་རྣམ་གྱི་སེམས་ཐག་ཆོད་བཅད་དང་ཟྤོ་ཚ་གཆིག་སྒྲིག་ཀྱི་སྤོ་ནས་གནམས་གསལ་གྱི་སྒྲིག་སོལ་ལག་ལག་ལྟར་ཡོངས་བ་བྱེད་དགོས།

དང་པོ། ཆུ་དང་འཛོད་བྱེད་རྒྱུ་ནི་དཔལ་འབྱོར་འཕེལ་རྒྱས་གཏོང་རྒྱུའི་འགགས་ཆ་ཞིག་རེད།

1. ཆུ་སྒོན་ཆུང་ཡོང་བ་དང་།

2. མཐུན་སྐྱེལ་ལ་ཕན་ཐོགས་ཡོང་ན། དཔལ་འཕོར་འཕེལ་རྒྱས་ཡོངས་སྐྱར་ཕན་ཐོགས་ཆེ་པོ་ཡོངས་བ་བཞན་ཡིན། དེར་བརྟེན། མི་སུ་འད་ཞིག་གིས་ཆུའི་ཁྲིམས་ལས་འགལ་བ་མི་ཆོག ག་སྲིད་རྒྱུ་པ་དང་། འགྲོ་བཟྐགས་བཏད་ཚེ་ཟ གག་ཀོན་པོ་བྱེད་རྒྱུ། གཞག་གལ།

1. རྟིང་བཏང་ནས་རྒྱུ་རྐུས་ཚེ། ས་ཆ་མྱུའི་རེར་ཆད་པ་སྒོར 200—300 བར་གཆོད་རྒྱུ།

2. ས་ཞིང་གཆིག་ལ་ཀ་གག་པ་ཐེབ་ན་གཆིག་ལས་ལག་ག་པ་ཐེབ་ན་གཆིག་ཤྲི་མི་མཆོག གལ་སྲིད་འདེབས་རྒྱུ་དང་། ཕྱིན་རྒྱུ།

སྐུ་རྒྱ་བཅས་ལ་གགགས་པ་ཐེངས་གཅིག་ལ་བྱེ་ཆེ་མཐའ་འཁོར་ཀུན་ཁྲི་རེར་ཆད་པ་སྒོར 2—4 བར་ཆད་པ་གཅོད་རྒྱུ།

3. ས་ཞིང་རབ་འབྲིང་ཐ་གསུམ། སྐུ་ཀྱ། ཤོན་ཀྱ། འདེབས་རྒྱ་བཅས་ཕ་ཁ་མདའ་མི་མཆོག གལ་སྲིད་ཕ་ཁ་མདའ་ཆེ། ས་ཞིང་ཆོང་ཆུ་བཏང་ཆོར་ནས > བར་ལག་དོན་ཆེ་ཆུ་སྟོང་རྒྱུ་ཡིན། གལ་སྲིད་ཆུ་འདུ་ཞིག་གི་རང་ཆོམས་ཀྱིས་རྒྱ་བཏང་ཆེ། ཆད་པ་ས་ཞིང་མཐའ་འཁོར་ཀུན་ཁྲི་རེར་སྒོར 4—2 བར་ཞེས་ཆད་གཅོད་པ་ཡིན།

4. ཕ་ཏུག་བཀྱག་ནས་རྒྱ་བཀྱས་མི་མཆོག གལ་སྲིད་རྒྱ་བཀྱས་པ་ཡིན་ན་རྒྱ་བཏང་བའི་མཐའ་འཁོར་རེར་ཆད་པ་སྒོར 4—2 བར་ཆད་པ་གཅོད་རྒྱུ་ཡིན།

5. འདེབས་རྒྱ། ཤོན་རྒྱ་བཅས་ལ་ཟ་ཁུ་སྟོན་མི་མཆོག གལ་སྲིད་ཟ་ཁུ་སྟོན་ཆེ། ཆུ་རྒྱག་ཁུ་ཀུ་ང་ཁྲི་རེར་ཆད་པ་སྒོར 1—0.50 བར་ཞེས་ཆད་གཅོད་རྒྱུ་ཡིན།

6. ཟ་ཁུ་སྟོན་མི་མཆོག་ལ་ཟ་ཁུ་འགུལ་ཡང་མི་མཆོག གལ་སྲིད་ཟ་ཁུ་སྟུད་པ་དང་། འགུག་ནས་བཏང་བ་ཡིན་ཆེ། ཟ་ཁུ་སྟོན་མཁན་དང་། ཟ་ཁུ་འགུག་མཁན་གཉིས་ལ་མཐའ་འཁོར་ཀུན་ཁྲི་རེར་སྒོར 1—0.50 བར་ཆད་པ་གཅོད་རྒྱུ་ཡིན།

7. རྒྱ་བཞུགས་དབྱུག་པ་དང་རྒྱ་མཆོམས་མ་བླགས་ཆེ། རྒྱ་རྒྱག་ཁུལ་ཀུན་ཁྲི་རེར་སྒོར 2—1 བར་ཆད་པ་གཅོད་རྒྱུ།

8. འདེབས་རྒྱ་འགོ་གཚུགས་པ་ནས་ཤོན་རྒྱ་བཏང་མ་ཆར་བར་ས་ཕག་རྒུས་མཐན་གྱིས་གཤ་པ་ཁ་བྱེ་མི་མཆོག གལ་སྲིད་གཤ་པ་སྤད་པ་ཚམ་གྱིས་ཆད་པ་སྒོར 50—25 བར་ཆད་པ་གཅོད་རྒྱུ།

9. རྒྱུན་ཏེན་སྲུང་རྒྱ་དང་ཆལ་ཞིང་བཅས་ལ་རྒྱ་གཏུང་བཏང་མི་མཆོག གལ་སྲིད་རྒྱ་བཏང་ཆེ་ཆད་པ་སྒོར 100—50 བར་གཅོད་རྒྱུ།

དོན་ཚན་གཉིས་པ། སྦྱང་སྦྱང་དོ་དག་བསྐོར།

1. ཞིང་འདེབས་སྐབས་སྦོ་ཕྱུགས་དང་། སོ་ཕོང་གཉིས་ལས་འདོད་མི་མཆོག སྦོལ་ཕྱུགས་ཐེར་པ་དང་སོ་ཕོང་བཏག་དགོས། མ་ཏུགས་ཆེ་ཆད་པ་སྒོར 5—3 བར་ཆད་པ་གཅོད་རྒྱུ།

2. ཞིང་འདེབས་འགོ་བཙུགས་པ་ནས་ནས་རྒྱུ་ནོར་རིགས་འབྱུར་ལས་རྒྱུ་ནས་འགྲོ་དགོས་པ་ལས་ས་ཞིང་སྟང་ལ་ཕྱིན་མི་མཆོག དེ་ལས་འགལ་ན་ཆེ་ཕྱུགས་རྟེ་འགགས་འབྱུར་མི་རྟ་དེར་ཆད་པ་སྒོར 50—20 བར་ཞེས་ཆད་གཅོད་རྒྱུ།

3. ས་ཞིང་བདབ་ཆོར་རྟེས་ཕྱུགས་རིགས་ཆེ་རྒྱུད་ཆོང་མ་དབྱུར་ལས་རྒྱུད་ནས་འགྲོ་དགོས་པ་ལས་གང་བྱུང་དུ་གྱུལ་མི་མཆོག གལ་སྲིད་དེ་ལས་འགལ་ཆེ་ཆེ་ནོར་རེར་ཆད་པ་སྒོར 2—1 བར་གཅོད་རྒྱུ།

ཆུང་ནོར་ལས་ཀ་འགྲོ་ས་དེ་ལས་འཕལ་ཆེ་ཕྱུགས་རྟེ་བ་དེར་ཆད་པ་སྒོར 30—20 ཆད་པ་གཅོད་རྒྱུ་ཡིན།

4. ཆེ་ནོར་དང་རྒྱུ་ནོར་ཞིང་བདབ་ཆོར་བ་ནས་སོག་ལ་མ་བཏང་བར་ཁག་ལས་ནས་བཏང་མི་མཆོག་པ་དང་། རོང་ཆོམས་ལཝང་བཏང་མི་མཆོག དེ་ལས་འཕལ་ཆེ་ཆེ་ནོར་རེར་ཆད་པ་སྒོར 6—5 བར་ཆད་པ་གཅོད་རྒྱུ་ཡིན། ཆུང་ནོར་རེར་ཆད་པ་སྒོར 1—0.50 བར་ཆད་པ་གཅོད་རྒྱུ། དེའི་ནང་སྐྱ་བསད་ཆོང་མ་ཆུང་ཡོད།

5. ཕྱུགས་རིགས་རེ་ནས་བབས་པའི་ཆེ་ནོར་ས་ཞིང་སྐད་དུ་སྐྱབས་ཆེ་རེར་བབས་ཆད་སྒོར 3 ཆད་པ་གཅོད་རྒྱུ་ཡིན།

7. ས་ཞིང་ནེ་འགས་དུ་ཡོད་པའི་ཁྲིམས་ཆང་གི་བུ་དེ་དང་། བ་ཞེ།

རེབ་ཀྱུ་ཀྱུ་བཅས་བདག་མེད་ས་ཞིང་ནང་རྟགས་པ་དང་བཏང་པ་ཡིན་ཆེ་རེར་ཆད་པ་སྒོར 6—1 བར་འཐེལ་རྒྱུ་ཡིན།

8. མཚོ་ས་དྲ་ནས་དཀའ་ས་ར་ལུག་ནས་བརྩིའི་ཕྱུགས་རིགས་ཆེ་ཀྲུང་ཚང་ས་གནས་ཚུལ་གང་དང་གང་གི་ཀྲེན་པའི་རོང་ཚ་དང་འོང་སྐྱིལ་ལ་བརྟགས་མི་མཆོག་ གལ་སྲིད་དུག་ཆེ་ཆད་པ་སྦོར་ 6—1 བར་ཆད་པ་གཙོད་ཆུ་ཡིན།

9. ར་ཕྱུག་བརྟེན་མཁན་ཁྲིམ་ཚད་ཡིན་ཆེ། རང་ཚོ་ཀྱི་ར་ཕྱུག་ཕུད་གཞན་ཀྱི་ར་ཕྱུག་བརྟེ་ཆེ། ར་ཕྱུག་རེར་རྩ་རིན་སྦོར་ 20—5 བར་གཙོད་ཆུ་ཡིན།

དོན་ཚན་གསུམ་པ།   དབངས་དོན་ཀྱོང་གཞིའི་བཀོར།

ཁྱི་དམངས་གི་མི་ལུས་ཤེ་དབང་།

ཁྱི་དམངས་གི་རང་བདག་རྒྱ་ནོར་ལ་སྲུང་སྐྱོབ་བྱེད་དགོས་པ་ལས་མི་སུ་འདི་ཞིག་གི་གཙོད་འཚོ་བདང་མི་མཆོག གལ་སྲིད་གཙོད་འཚོ་བདང་བའི་གནད་དོན་བྱུང་ཆེ།   བདི་འཛགས་སྒོལ་ཡིག་དང་།   ཤང་སྒོལ་དམངས་འཁྲིམ་དང་།
ཚོན་སྒོལ་དམངས་ཁྲིམས་ལྟར་ཆད་པ་ནན་པོ་གཙོད་ཆུ་གཤམ་གསལ།

1. ཁ་ཁྱུག་རྒྱུབ་པ་ཚམ་ཀྱིས་ཕན་ཚུན་མི་རེར་ཆད་པ་སྦོར་ 50.0 གཙོད་ཆུ་དང་།
དེ་རྗེས་བདེའི་གཞན་དབྱེ་བ་བཅད་ནས་ཐབ་གཙོད་ནན་པོ་གཙོད་ཆུ།

2. རྒྱག་རེས་རྒྱབ་ནས་ལགས་པ་ཆད་པ་ཚམ་ཀྱིས་ཆད་པ་སྦོར་ 60.0 གཙོད་ཆུ་དང་།
ཁྱག་དོན་པ་དང་རྣམ་སྐྱོན་ཕོག་ནས་སྣན་ཁང་ལ་ལས་ཆེ།   ཁྱག་རེན་དང་།   སྐྱན་རེན།   ནད་གཡོག་ཟླ་ཆ།
ལས་ཐེབ་བཅག་པའི་ཁ་གསལ།   སྐྱེལ་འདྲེན་སླ་ཆ་བཅས་སྦོང་དགོས་པ་དང་།
དེ་རྗེས་བདེའི་དོན་དབྱེ་བ་བཅད་ནས་ཁྲིམ་ལུག་སྣར་ཐབ་གཙོད་བྱེད་རྒྱུ་ཡིན།

3. མི་སུ་འདི་ཞིག་གི་ཁྱི་ཕན་བྱེད་སྣོ་སྙེལ་པ་དང་།   ཚོགས་འདུ་དང་།   ངལ་རྩོལ་བྱེད་ས་བཅས་སྣབས་བཏུག་ཁྱག་རྒྱུབ་པ་དང་།
རྒྱག་རེས་བརྒྱབ་པ་ཡིན་ཚེ་གོང་གསལ་ཀྱིས་ཤེས་ཆད་ལས་སླབ་གཅིག་གི་མང་བ་ཆད་པ་གཙོད་རྒྱུ་ཡིན།

དོན་ཚན་བཞི་པ།   ཁྱི་དམངས་ཡོངས་ཀྱིས་ཀྱུང་དུ་མི་དབངས་ཁྱི་མཐུན་རྒྱལ་ཁབ་ཀྱིས་གནན་འགྲིག་ར
ཁྲིམས་ཀྱིས་ཏན་འབེབས་སླར་འགྲོ་ལུག་ཆ་ཚོད་གནེར་དགོས།

1. ཕོ་མོ་གཉིས་ཀ་ཕན་ཚུན་ཚོས་མཐུན་ཡོངས་བ་བྱེད་དགོས།

2. འགྲོ་ལུགས་ཆ་ཚོད་མ་བྱུང་ཚེ་གནད་དོན་གང་འདུ་བྱུང་ཀྱང་ཁྲིམ་དེའི་འཁན་ཁྲི་འཁྱེར་དགོས།

3. ཁྱི་པའི་ཀུན་སྤྱོད་དང་འགལ་བའི་ན་ལེ་རྒྱལ་མཁན་ལ་དང་ཕོག་གཉེན་སྐྱི་གི་ཁྲིམས་སླར་འགལ་བར་བརྟེ།

ཕོ་མོ་ཕྱོགས་གཉིས་ཀ་ལ་ཕྱོགས་རེར་ཆད་པ་སྦོར་ 500.0 གཙོད་ཆུ་དང་།
དེ་རྗེས་ཕྱོགས་གཉིས་མཉམ་གྲོས་ཁྱབ་ནས་ཕྱུ་གུས་སོལ་དེན་བརྟེ་འཕལ་བྱེད་རྒྱུ།

དོན་ཚན་ལྔ་པ།   ཚོགས་ཁྲིམས་ནི་དགོས་རེས་ཞིག་ཡིན་པར་བརྟེ།

ཚོགས་ཁྲིམས་ནི་ལས་དོན་ཁ་དག་ལེགས་སྒྲུབ་ཀྱི་ཡོངས་མིན་ཀྱིས་དགག་རྩ་ཞིག་ཡིན།

ཚོགས་བདག་སྤོན་ལ་བཏང་རྗེས་ཚོགས་འདུད་སྦོར་མི་ཚོ་ཚོགས་འདུད་མ་ཡོངས་ཚེ།   ཆད་པ་སྦོར་ 7.0 གཙོད་ཆུ་ཡིན།
ཚོགས་འདུག་འདུ་ཞིག་ཡིན་ཀྱིས་མི་རྒྱུབ་ནས་མི་གནས་ 80 མན་རྗེས་ལ་ལུག་རྗེས་ཆད་པ་སྦོར་ 1—2 བར་གཙོད་རྒྱུ།
མཐུན་མོང་གི་ངལ་རྩོལ་བྱེད་སྐབས་ཕོ་རང་ལོ་ 18 ནས་ 55 བར་དང་ཚོལ་རང་ཀྱིས་ཕོབ་ཐབ་སྦོད་རྒྱུ་དང་།   ཕོ་རང་ལོ་ 56 ནས

63 བར་ངལ་རྩོལ་ཕྱེད་ཀར་ཆིས་རྒྱུ།   རང་ལོ་ 64 ནས་ངལ་རྩོལ་ཆིས་མེད་ཡིན།   ཨ་རང་ལོ་ 18 ནས་ 52

བར་ངལ་རྩོལ་རབ་ཀྱིས་ཐོབ་ཐང་སྤྲོད་རྒྱུ་དང་།   53 ནས་ 60 བར་ངལ་རྩོལ་ཕྱེད་ཀ་ཆིས་རྒྱུ་དང་།   61 ནས་ངལ་རྩོལ་ཆིས་མེད།

ཚོན་ཀྱིས་གཏན་འབེབས་ལྟར་ངལ་རྩོལ་མི་གནས་ནས་སྐྱ་བ་ཡིན་ཚེ་ངལ་རྩོལ་ཆིས་མེད་ཡིན།

ངལ་རྩོལ་དུས་ཚོན་ནི་སི་རྒྱབ་ནས་རྩ་ཚོན་སྐྱར་མ་གསུམ་བརྒྱ་རྩེན་ལ་ཕྱུན་ངལ་རྩོལ་ནས་མར་སློག་རྒྱུ་ཡིན།

དོན་ཚོན་དྲུག་པ། རིག་གནས་དང་འཕྲོན་བསྟེན་བཀོར།

1. སློབ་ལོན་ཀྱི་པ་སྐོབ་གྲུར་གཏོང་དགོས་པ་དང་།   གལ་སྲིད་སྐོབ་གྲུར་མ་བཏང་ཚེ་ཁྲིམས་སྐར་ཆད་པ་གཅད་རྒྱུ་ཡིན།

2. གཙང་སྐྱ་འཕྲོད་བསྟེན་ལ་མི་ཆེང་ནས་འགན་སྲུང་བྱེད་དགོས།   ཆུ་དང་། ཁོང་།

ཕྱུགས་རིགས་ཆེ་ཆུང་ཆང་མ་ཤེ་ནས་བཟའ་ཉེན་མེད་པ་དང་།   བཟང་ཁང་དང་།

ཚོང་ཁང་བཅས་ཀྱིས་ཁུག་རྩེ་བཅས་ཚོང་མ་འདེ་ཕྱུ་ནས་དཔྱགས་དགོས།

3. མཐའ་ལས་སྐྱ་བཙོས་ནན་རྒྱལ་དབངས་དཔལ་འབྱོར་ཀྱིས་མི་འདོར་གཞིར་བཟ

ང་མི་ཚོ་མ་མཐའ་ལས་སྐྱན་བཙོས་ནན་བཞུགས་དགོས།

4. འབྲོག་ལས་བད་ཕྱུགས་རིགས་སྐྱ་བའི་བགང་སྐར་སྟོན་འདེག་ཁབ་མ་རྒྱབ་ཆེ་ཆེ་ནོར་རེ་ཆད་པ་སློར་ 5 དང་།

ཆུང་ནོར་རེ་སློར་ 2 བཅད་པའི་ཆད།   འབན་ཡོངས་ཚོགས་ཁྱིན་དེའི་ཁྱིར་དགོས།

དོན་ཚོན་བདན་པ།   ཚོན་མ་ཐུན་ཁོང་ལ་དབང་བའི་ས་སྟོང་དང་།   རྒྱལ་ཁབ་ལ་དབང་བའི་ས་ཆ་དང་།   གཞུང་ལས།

སྲང་ལས་སོགས་གང་བྱུང་གི་ཉེས་བརྒོང་བྱས་པ་དང་།   རང་ཚམ་གི་སྟེར་གི་དབང་ཆེ་སྤྱི་སྤྱུ་བཞི་རེར་ཆད་པ་སློར་ 8.0

འགོལ་རྒྱུ་དང་།   ས་ཆ་སྐྱར་སྐྱར་རང་ས་རང་གནས་སུ་བཞག་རྒྱུ་ཡིན།

དོན་ཚོན་བརྒྱད་པ།   ས་ཞིང་དོ་དམ་བཀོར།

སྙེའི་ཚ་དོན་ནི་ས་ཞིང་ཐོག་ཁང་པ་རྒྱབ་མི་མཆོག་པ།   ས་ཕགས་རྒྱུ་མི་མཆོག་པ།   ས་སྐྱང་མི་མཆོག་པ།

ས་ཞིང་རྩོང་མི་མཆོག་པ།   གལ་སྲིད་གནས་ཚོལ་དེ་ལས་འགལ་ཚེ་ས་ཞིང་ཁྲིམས་ལུགས་སྐར་ཕག་གཅད་བྱེད་རྒྱུ་ཡིན།

དོན་ཚོན་བརྒྱད་པ།   མི་སྐྱའི་གནོད་ཚེ་སློར།

1. གཅིག་འགྱུར་ཀྱིས་སྲི་ལོ་བཏང་ན་ཨ་རྟོགས་གང་བྱུང་གི་སྲི་ལོ་ཚོགས་པ་ཡིན་ན།   སྲི་ལོ་གཞུང་བཞེས་དང་ཆད་པ་སློར་ 7

གཅོད་རྒྱུ་དང་།

2. གཅིག་ཀྱིས་གི་ཆ་དང་ཡུར་མ་སྟེང་རྒྱལ་བཏང་ན་ཨ་རྟོགས་རང་ཚམ་གི་ཆ་སྲིང་པ་དང་ཡུར་མ་རྒྱལ་པ་ཡིན་ན།

ཆ་གཞུང་བཞེས་དང་ཆུ་རིན་སློར་ 5.0 ཆད་པ་གཅོད་རྒྱུ་ཡིན།

ཁྲིམ་ཚོང་ས་སོའི་ལག་ཞིང་དང་ཞི་ལོག་འདེན་དགོས་ཆེ་དགོས་བཟུ་ལས་ལུགས་བྱེད་དགོས་པ་ལས་གང་བྱུང་བསློག་མི་མཆོག

ཁྲིམ་གཞན་ཀྱི་ལ་ཕྱུག་དང་ཞི་ལོག་རྐུས་པ་ཡིན་ཚེ།   སྐབས་ཕྱུག་ཀྱིས་ཐག་གཅོད་བྱེད་རྒྱུ་དང་།

ཆུ་གཏོང་མཁན་ཀྱིས་རྒྱ་མ་ཀྱིས་རྒྱ་གཏོང་སྐབས་རྫུད་འཕྲིར་འཕྲིར་བའི་ཀྱིས་ཕར་འཕྲིར་མ་ལས་སྐྱ་ལོ་དང་སྐྱམ་ཆེ་ཕྲིར་མི་མཆོག

གལ་སྲིད་འཕྲིར་པ་ཡིན་ན་ཆད་པ་སློར་ 5 འགོལ་རྒྱུ་ཡིན།

སྤྱི་ལོ་ 2012 ལོའི་སྤྱི་ཚོན་ཀྱི་དང་ཡོན་ཚོགས་འདུ་ཚོགས་ཏེ་ས་ཞིང་ནང་ལ་འདེབས་རྒྱུ་འཛིན་རྒྱུ་དང་།

ཚོ་ཆུ་བཏང་ཀྲུལ་ཚ་བཞི་བཅོས་པ།

སྐྱེ་ཁྲ 4 ཚས 22 ཉིན་འདེབས་རྒྱ་བཏང་རྒྱུ་དང་། སྐྱེ་ཁྲ 4 ཚས 5 ཉིན་དཔོན་སུ་འབེབས་རྒྱ་ཡིན།

ཉིན་དེ་ནས་ཚེ་དེ་ཉིན་གནས 45 སོང་རྗེས་ཚོ་ཆུ་བཏང་རྒྱུ་ཡིན། སྐྱེ་ཁྲ 6 ཚས 18 ཉིན་བཏང་རྒྱུ།

འདི་ལོའི་ལས་ཞིབ་བསྒྲུབས་མཚོན་རྗེ་ལྐོག་ཁྲིགས་བཅོས་པ། སྐྱེ་ཁྲ 5 པའི་ཚས 15 ཉིན་དེ་ནས་ཚེ་ཕྱུགས་རིགས་ཆེ་ཆུང་དང་།

ཕྱལ་འཁོར་ལ་ཁྲིགས་ལུགས་བཅོས་པ། རྒྱུ་ནོར་སྣོན་དང་། སྐམ་སོག

ས་ཞིང་བབྲབ་མཚར་རྗེ་སྐམ་ལ་བཏང་པ་ཡིན་ཚེ། རྟི་པོ་རེ་སྒོར 50 ནས་སྒོར 100 བར་འགོག་རྒྱུ།

ས་ཞིང་སྐམ་ལ་ཕྱལ་རིག་བཏང་ཚ་རེ་སྒོར 20 ཆེ་ནོར་གང་ཕྱུག་བཏང་ཚ་སྒོར 5 བཙལ་འགོག་རྒྱུ།

ས་མཚམས་དོ་བཀགས་པོ་ཡག་ལ་ཡོང་ན་པོ་རྒྱག་རྒྱུ་དང་། མར་སོག་ཚ་གྲགས་བཞི་ཕོ་རྒྱག་རྒྱུ། མེ་མ་ཚང་ས་མགོག་རྒྱུ།

拉孜县柳乡柳村村规民约

（2012 年）

为了推进我村民主法制建设，维护社会稳定，树立良好的民风、村风，创造安居乐业的社会环境，促进经济发展，建设文明卫生新农村，经全体村民讨论通过，制定本村规民约。

一 社会治安

1. 每个村民都要学法、知法、守法、自觉维护法律尊严，积极同一切违法犯罪行为作斗争。

2. 村民之间应团结友爱，和睦相处，不打架斗殴，不酗酒滋事，严禁侮辱、诽谤他人，严禁造谣惑众、搬弄是非。

3. 自觉维护社会秩序和公共安全，不扰乱公共秩序，不阻碍公务人员执行公务。

4. 严禁偷盗、敲诈、哄抢国家、集体、个人财物，严禁赌博、严禁替罪犯藏匿赃物。

5. 严禁非法生产、运输、储存和买卖爆炸物品；经销烟火、爆竹等易燃易爆物品须经公安机关等有关部门批准。不得私藏枪支弹药，拾得枪支弹药、爆炸物品，要及时上缴公安机关。

6. 爱护公共财产，不得损坏水利、道路交通、供电、通信、生产等公共设施。

7. 严禁非法限制他人人身自由或非法侵犯他人住宅，不准隐匿、毁弃、私拆他人邮件。

8. 严禁私自砍伐估价、集体或他人的林木，严禁损害他人庄稼、菜地及其他农作物，加强牲畜看管，严禁放养牛、羊。

对违反上述社会治安条款者，触犯法律法规的，报送司法机关处理。尚未触犯刑律和治安处罚条例的，由村委会批评教育，责令改正。

二 消防安全

1. 加强野外用火管理，严防山火发生。

2. 家庭用火做到人离火灭，严禁将易燃易爆物品堆放户内、寨内，定期检查，排除各种火灾隐患。

3. 加强村寨防火设施建设，定期检查消防池、消防水管和消防栓，保证消防用水正常。

4. 对村内、户内电线要定期检查，损坏的要请电工及时修理、更新，严禁乱拉乱接电线。

5. 加强村民尤其是少年儿童安全用火用电知识的宣传教育，提高全体村民消防安全知识水平和意识。

三 村风民俗

1. 提倡社会主义精神文明，移风易俗，反对封建迷信及其他不文明行为，树立良好的民风、村风。

2. 不请神弄鬼，不搞封建迷信活动，不听、看、传淫秽书刊、音像，不参加非法组织。

3. 建立正常的人际关系，不搞宗派活动，反对家族主义。

4. 积极开展文明卫生村建设，搞好公共卫生，加强村容村貌整治，严禁随地乱倒垃圾、秽物，修房盖屋余下的垃圾碎片应及时清理，柴草、粪土应定点堆放。

5. 建房应服从村庄建设规划，经村委会和上级有关部门批准，统一安排，不得擅自动工，不得违反规划或损害四邻利益。

拉孜县柳乡柳村

2012 年 4 月 9 日

朗塞岭村与农事活动有关的仪式

李　威

在藏民族的社会生活中，仪式无疑占据着相当重要的地位。从最具普遍意义的种种大型节日庆典到极富个人色彩的日常转经祈祷，从绝无浪漫情愫的、纯粹现实主义的田间劳作到思维可以无限放大的、激情与想象力共舞的静坐冥想，一个善于观察的研究者会惊讶地发现，这一独特的人类群体就像量子实验室里的精密仪器一样，巧妙地——甚至可以说毫无情面地应用着他们的智慧，把每一个生活细节压榨出来，耐心细致地进行分类并且贴上各种便签，最后把这些令人头痛的琐碎之物赋予美感或是欢笑，将它们转化为使一个外部观察者足以瞠目结舌的种种仪式。

如果沿着这一思路继续就相关问题深入探讨下去的话，无疑会导致跑题太远的灾难性结果，因此，暂时回到悲惨的现实世界——这篇报告中是很有必要的一种预防性举措。作为雅鲁藏布江冲积平原地带众多村落中的一员，以仪式为主线对朗塞岭村的民俗文化进行一番梳理也就具备着某种程度上的典型意义，就卫藏大多数以农业为主的地区而言，在农作物从播种到送达餐桌被吃掉或者变成酒精被喝掉的一个完整的农业季节里，自然法则无疑是左右这些仪式的决定性因素。例如，播种之初对无法预知的未来丰收的期盼，遇到不可抗拒的自然灾害时对某种神秘力量的祈愿，还有最重要的——在收获时的感恩、喜悦以及对终于结束了一年辛苦劳作的感慨，当然，如同公司年会一样，这种感慨最终都以完全可以宽容和谅解的纵酒狂欢作为结束。

然而，值得特别注意的一点是，我们是在一个相当特殊的背景下探讨这一问题的，亦即在西藏，宗教的影响力远远地超出了大多数外部观察者所能理解的范畴。回到主题，朗塞岭村的"典型性"同时也意味着另一种含义，平淡无奇。这是因为大多数仪式，如同之前我所提到的，并非特例，而是普遍存在于以农业为主的卫藏地区，地区之间的差异在很大程度上仅仅表现为海拔上的不同，这一因素直接决定了农作物播种和收获的时间。当然，由于某一特定的地区所经常遭受的自然灾害千差万别，因此，某些仪式也就理所当然地表现出与其他地区不同的特色。此外，由于传统习俗等其他一些因素所造就的仪式上的地区差异，在其后的描述中也将有特别的说明。

一 播种那些事儿

在农事活动大事年表上，当然，如果有这种年表的话，开镰播种无疑是首当其冲的一件要事。对于从事这种特殊职业的人们而言，各种新年，无论藏历、汉历或是西历新年，只具有表面上的象征意义，而开耕播种才是他们真正新的一年的开始，因此，善于创造并从中自得其乐的藏族人隆重而体面地将其转化为一种被称为 gnya'-gro 的仪式。在朗塞岭村，这一仪式的时间为藏历一月二十三号左右（非固定），当天开始的具体吉祥时刻则由该地负责卜卦的僧人推算而得。

仪式分两天进行，第一天的活动是所有专业或业余的民俗学家所津津乐道的内容，因为这一天象征色彩最为浓厚，参加仪式的村民均需身着节日盛装，事先选取一块较大的田地作为活动场所，内容主要包括两项，首先祭祀田地中一块白色的石头，通常的做法则为用酥油在白石头上点三下，这块白色的石头是土地女神——鲁姆（klu-mo）[①] 的化身，作为谷物的守护神，人们希望通过这种供奉得到她的佑护。第二项活动的主角则为两头梳妆打扮得堪称华丽的公牛，按照转经的方向并排抬着一只犁在田地间顺时针绕行，其后有一位妇女在犁过的地里象征性地撒下种子，这位扮演者有一个专门的称谓，叫作 son-rgu-ma。之所以用华丽这个词来形容，这是由于我优秀的小翻译索朗卓玛好心地在她家中应我的要求——展示了所有牛头上的装饰之后我被迫得出的结论：从牛角正中直垂下来的一条类似绶带的物体被称为 gyel-ka，这条"绶带"由染色牛毛制成，中心为圆形，从内到外为黑、黄、红三色印染；鼻环处的饰物藏语中称为 sna-thig，与通常的鼻环相比，漂亮自不用说，痛苦依旧；而环绕在这无数饰物之间的铃铛被称为 ting-ting（很显然，是叮叮的象声词），外部由黄铜制成，中间为一铁制的圆球，我曾经试着摇了一下，所发出的声音远比"叮叮"暗

---

① Klu，西藏本波时代神祇之一，主管水界，经常被误译为"龙神"，而在藏文中，龙有着专门的称谓，且与汉地之龙神职司并不相同。因此，译为鲁神更为恰当。文中之 klu-mo 或可译为鲁神之女或女性鲁神，主管农作物丰歉。

哑。此外，还有一些按照人类的审美观所加入的饰物。所以总体说来，结果只有一个：人很快乐，牛很无奈。

仪式的第二天，是此前象征性活动结束之后的世俗聚会，在1959年之前，这项活动大多以家庭为单位进行，而之后，则以新的行政管理单位"生产队"以及现行的"组"代替。2007年之后，在朗塞岭村，曾经有某一组的负责人试图在形式上做出一些新的尝试，用拖拉机这种铁牛代替之前的双牛布阵，并以各种现代典礼上经常被文辞欠佳的记者冠以"彩旗飘飘"的辞藻所形容的物体代替牛头上的传统装饰，对于这一尝试，由于我没能亲眼看见，所以很难从美学角度加以判断并得出结论，但是在向我描述这一变化的人们的脸上，我经常能看到一丝揶揄的微笑。

二 朗塞岭的妇女节

在枯燥而严肃的叙述中导入一些插曲，也许并不是一个太坏的主意，特别是在没有偏离主旨的前提之下。大约在藏历四月间，有一个不大引人注目的小型仪式——skyu-mag-go-vdres，松土仪式。如同这里很多仪式一样，并没有固定的举行时间，而比较特别的一点是：谢绝一切男士。

顾名思义，这一仪式是在青稞长成后不久，松土工作结束之后进行的，其专业名称，在网上搜索的结果显示为"锄划松土"，是一种促进麦苗提早返青、健壮生长的重要措施。而只有在田间劳作的妇女才能参加的理由也很简单：这活儿是我们干的。

此前的调查资料表明，在藏地农区的劳动分工中，妇女所承担的劳动量，包括重体力劳动，几乎与男性持平，甚至从工作的繁复性而言，还要高于男性。而在这一特别的节日中，她们可以抛开一切辛苦，享受充分的放松。仪式的内容与普通的过林卡并没有太大的差别，在当天上午，她们带来并享用一种用青稞、奶渣和红糖制成的被称为 pa-tsha-mar-khu 的食品，下午则在村内的公共林卡欢聚畅饮，作为前一段时间辛勤劳作的补偿。在西藏，妇女饮酒是一种不会引起任何舆论非议的正常行为，当然，酗酒除外。很难考证这一习俗究竟肇始于何时，然而，从受访者的描述来看，它一直是当地古老传统的一部分。如果把女权运动的兴起作为现代文明的一个重要标志的话，那么很不幸，我们都是同时代的野蛮人。

三 言归正传——dpyid-rims

从字面意义解释，这一广泛流传于卫藏农区的仪式可以被直译为集体性的法事活动，而在农业生产中，这种仪式则主要用来应对种种不可抗拒的自然灾害给人们带来的恐惧。尽管从形式上而言，地区性的差异并非如同所想见的那样明显，但由于地理位置、气候条件的不同，在实际操作中则会导致种种时间及内容上的差异。

在朗塞岭村的所在地，旱灾为主要的常发性灾害，因此，祈雨也就成了本地 dpyid-rims 仪式的固定保留节目。通常而言，旱情比较严重的时间为藏历四五月间，每年这一仪式的举行时间也大致固定于此，举行的规模则根据灾害的严重情况决定。从我们接触的受访者处所获得的信息表明，他们所描述的只是一种持续两天左右的小型仪式，对于当地居民而言，这无疑是一个利好消息。而在其他地区所进行的大型仪式中，仅仅请僧人念经一项，往往都需要花费至少 5~6 天时间。

朗塞岭的小型仪式大体遵循着这样的流程，在正式法事活动的前一天，村民们需要把制作一种被称为 son-tshogs 的食品（当地人俗称"喇嘛蛋糕"）所需要的各种原料——主要为酥油、糌粑、奶渣和红糖——送达做法事的地点，这些原料所需要的花费则由每户按人头出资，每人 15~20 元不等。进行法事活动的地点由当地条件决定，如果离寺庙较近，则可以直接送到寺庙中，如果附近没有寺庙，则需要将僧人请到村中安住。朗塞岭算是幸运的第一种，因此，只需要把这些原料汇集起来送到山上的寺庙即可。制造这种特殊食品所需要的器具叫作 zhong-pa，其形状很像一只小巧的平底船，在酥油加热融化之后，各种原料的拌和工作都要在这种容器中进行。除去上述四种主要原料之外，一种生长在沙地的叫作 dmar-tsi 的草药也是必不可少的原料之一，但是，它的功能并不表现在药效上，而是在磨成粉后，作为一种涂色剂涂抹在做好的 son-tshogs 上，使其顶端呈现为一种特殊的绛红色。如果僧人人数较少，则需要村里派出部分男性成员代表协助共同制作。初步完工之后，僧人还要专门对其念诵叫作 tshogs-bthang 的经文予以加持，直到这项工作完成之后，这一准备工作才宣告结束。

在仪式的第二天，全体村民来到寺庙，僧人将已经做好并经过加持的

son-tshogs 分发给大家，之后便回到大殿中举行念诵经文等正式的法事活动，而领取了食物的村民则在寺庙庭院内将这种特殊的蛋糕与随身携带的青稞酒一同饮用。[①] 在面对共同的敌人之时，平日看似平行的两个世界在这一天，通过这样一种方式实现了它们和谐而自然的交汇，同时，也使我们在这些古老仪式直到今天仍然能够保持着强大的生命力的这一问题上有了更为启发性的认识。

四　朗塞岭的情人节

在拉萨，藏历十月二十五日的甘丹昂却（dga'-ldan-rngam-mchod，格鲁派创始人宗喀巴大师圆寂纪念日）无疑是最为著名的宗教节日之一。夜幕降临之后，大昭寺所有的窗棂上都要点燃酥油灯以示纪念，如同一座灯火勾勒而成的美丽宫殿，因此，这一节日又被俗称为燃灯节。

在梳理朗塞岭一年之中所有重要宗教节日的访谈中，我很意外地发现了在当地家喻户晓的一首四句短语，与拉萨描述甘丹昂却的两句短语相比较，除了一两个由于方言所造成的词语上的出入外（如锅一词），二者在前半部分并无任何分别，唯一不同的是朗塞岭多出的后两句为拉萨所绝无，现将其全部内容记录如下：

> dga'-ldan-rngam-mchod-thog-kha'i-gang-la-yod
>
> thug-pa-bag-thug-thug-khog-nang-la-yod
>
> do-dgong-ma-yong-sang-dgong-shog
>
> sang-dgong-a-ma'i-skog-la-shog

大体可以译为：

〔在甘丹昂却这一天〕
酥油灯在屋顶燃起，
突巴在锅里沸腾。

---

① 为了核实这一似乎不合常理的细节，我曾经访问多人，包括寺庙中的僧人，但事实确乎如此。

今晚不要来，明天再说吧，
明晚要背着阿妈来哦。

多出来的这两句表明，甘丹昂却之后的第二天，即藏历十月二十六日，是当地情侣私订终身的约会节日，算是这次调查中的一个意外的小小插曲了。

主要关键词

西藏乡村

社会变迁

回访研究

山南

日喀则

泽当

扎囊县

拉孜县

扎其乡

柳乡

朗塞岭乡

朗塞岭村（rnam-sres-gling）

朗塞岭谿卡

班觉晋美

柳村（sle'u）

柳谿卡

扎什伦布寺

宗嘎村（rdzong-dkar）

门卡绒村（mon-dga'-rong）

雅鲁藏布江

藏族社会历史调查

封建农奴制

谿卡

谿本

农奴主

农奴

差巴

朗生

堆穷

乌拉

民主改革

"三反双减"

"三反两利"

"三反三算"

克（藏克，度量衡）

哲（度量衡）

琶毪

青稞

德吉新村

朗塞岭提灌站

村庄治理

公共服务

后藏

扎西岗

柳普（sle-phu）

查嘎（gra-kha）

萨贝（sa-spe）

杂（rdza）

春门村

林卡

驻村工作队

生产方式

养老观念

新型农村社会养老保险

集中供养

扎其乡敬老院

家庭养老

宗教设施

宗教生活

藏传佛教

宁玛教派

萨迦教派

噶举教派

格鲁教派

布东教派

混合教派

寺庙

拉康（Lha khang）

日追

拉则（ལ་རྩེ）

白塔

桑耶寺

敏珠林寺

寺庙管理委员会（寺管会）

桑阿曲郭林寺

萨迦寺

曲德寺

兴龙寺

民间信仰

诵经

煨桑

点供灯

磕头

朝拜寺院

转佛塔

布施

宗教用品

法事活动

宗教捐资

密咒师

防雹师

神山崇拜

主要参考文献

一

西藏社会历史调查资料丛刊编辑组：《藏族社会历史调查》（三），西藏人
    民出版社 1987 年版。

西藏社会历史调查资料丛刊编辑组：《藏族社会历史调查》（二），西藏人
    民出版社 1988 年版。

西藏社会历史调查资料丛刊编辑组：《藏族社会历史调查》（五），西藏人
    民出版社 1989 年版。

西藏社会历史调查资料丛刊编辑组编、《中国少数民族社会历史调查资料
    丛刊》修订编辑委员会《藏族社会历史调查》（二），民族出版社
    2009 年版。

西藏社会历史调查资料丛刊编辑组编、《中国少数民族社会历史调查资料
    丛刊》修订编辑委员会《藏族社会历史调查》（五），民族出版社
    2009 年版。

格桑卓嘎、洛桑坚赞、伊苏编译《铁虎清册》，中国藏学出版社 1991 年版。

段克兴：《西藏奇异志》，商务印书馆 1931 年版。

郭克范：《扎囊县民主改革时期档案整理与研究》，社会科学文献出版社
    2014 年版。

《关于土改方案的几点说明》，1959 年 9 月 29 日，扎囊县档案馆所藏西藏
    工委扩大会议文件之三十二，打印稿。

中共扎那县委员会：《在扎那县第三次农民代表会议上关于民主改革运动
    的总结报告》，1959 年 11 月 17 日，扎囊县档案馆藏，手抄稿。

《扎期区朗色岭、充堆人口统计表》，中共扎囊县委档案馆，全宗号 XW42，

案卷号 35。

西藏山南地区革委会卫生局、河南省第一批赴西藏医疗队编《西藏山南地区卫生工作资料汇编》,内部资料,第 83 页,1975 年。

扎其区委、扎其区公所:《关于朗色岭乡生活调查的情况报告》,1986 年 4 月 11 日。中共扎囊县委档案馆,全宗号 XW42,案卷号 129。

《朗塞岭乡一九八九年国民经济统计年报表》,中共扎囊县委档案馆,全宗号 XW42,案卷号 129。

《柳区各乡基本情况统计表》(1964 年),中共拉孜县委档案馆藏。

《柳区各类互助组情况统计表》(1964 年),中共拉孜县委档案馆藏。

《柳区农业生产互助组情况统计表》(1965 年),中共拉孜县委档案馆藏。

《柳区单干户农牧业生产情况统计表》(1972 年 1 月),中共拉孜县委档案馆藏。

《柳区农村政社组织情况》(1990 年),中共拉孜县委档案馆藏。

扎囊县卫生系统工作队:《自治区创先争优强基惠民活动驻扎囊县朗塞岭村调研报告》,2011 年 10 月 23 日。

扎囊县草场承包办公室制《朗塞林村草场划分明细表》,2012 年 1 月 4 日。

《日喀则地区一高驻拉孜县柳乡柳村工作队工作总结》,2012 年 6 月 15 日。

李玉凤、李松主编《山南卫生事业发展史》,西藏山南地区卫生局内部资料,上海新亚印刷厂印刷,1991 年。

山南地区地方志编纂委员会编《山南地区志》(上、下),中华书局 2009 年版。

《中国共产党西藏自治区日喀则地区党史大事记》(上册),中共日喀则地委党史研究室编印,1994 年 8 月。

二

黎明志:《简明婚姻史》,群众出版社 1989 年版。

邓正来:《国家与市民社会 一种社会理论的研究路径》,中央编译出版社 1999 年版。

孙怀阳、程贤敏:《中国藏族人口与社会》,中国藏学出版社 1999 年版。

何增科主编《公民社会与第三部门》,社会科学文献出版社 2000 年版。

王洛林、朱玲主编《市场化与基层公共服务——西藏案例研究》,民族出版社 2005 年版。

西藏社会科学院：《西藏发展报告（2005 年）》，西藏人民出版社 2005 年版。

西藏自治区对外文化交流协会：《西藏人口》，五洲传播出版社 2007 年版。

陈波：《生活在香巴拉——对西藏五十年间一个文明化村落的实地研究》，社会科学文献出版社 2009 年版。

张迎秀：《结婚制度研究》，山东大学出版社 2009 年版。

埃莉诺·奥斯特罗姆（Elinor Ostrom）：《公共事物的治理之道》，余逊达、陈旭东译，上海译文出版社 2012 年版。

曾宪荣：《西藏自治区卫生防疫站三十年回顾》，《中国卫生事业管理》1991 年第 10 期。

白玛次仁：《谈谈西藏的农村教育》，《西藏研究》1993 年第 1 期。

王金洪：《当代西藏妇女的婚姻状况与家庭地位——对拉萨市与山南地区 200 户家庭的调查》，《民族研究》1999 年第 3 期。

马戎：《试论藏族的"一妻多夫制"婚姻》，《民族研究》2000 年第 6 期。

潘守永：《重返中国人类学的"古典时代"——重访台头》，《中央民族大学学报》2000 年第 2 期。

扎呷、刘德瑞：《西藏昌都四种传统社会组织调查》，《中国藏学》2001 年第 4 期。

陈立明：《藏族传统婚俗文化及变迁》，《西藏大学学报（汉文版）》2002 年第 2 期。

张建世：《20 世纪藏族多偶家庭调查研究述论》，《中国藏学》2002 年第 1 期。

何乃柱：《试论 NGO 在西藏社会经济发展中的作用及政府应对 NGO 的策略》，四川大学、中国藏学研究中心合编《"西藏及其他藏区经济发展与社会变迁"会议论文集》，2006 年 11 月。

郑洲：《西藏德吉新村扶贫综合开发绩效研究——基于农村公共产品供给的视角分析》，《西藏研究》2007 年第 4 期。

尕藏加：《藏传佛教寺院内部管理体制的演进》，《世界宗教研究》2009 年第 2 期。

赵利生、谢冰雪、江波：《扩大的家族——藏族民间组织沙尼调查》，《民族研究》2009 年第 2 期。

谢冰雪：《甘南藏族家族结构研究——基于卓尼藏族民间组织沙尼与汉族

家族比较的视角》,《北方民族大学学报》2011 年第 2 期。

陈默:《西藏农村社会保障现状研究——以南木林县艾玛乡农村社会救助和养老保险为例》,《中国藏学》2013 年第 3 期。

梁景之、李利:《西藏跨越式发展中的非物质文化遗产保护——以传统生产工具为中心》,《西藏大学学报》2014 年第 2 期。

秦永章:《当代西藏农户的宗教生活考察——以扎囊县朗色林村、拉孜县柳村为例》,《沈阳师范大学学报》2014 年第 6 期。

方素梅:《西藏乡村的土地改革及经济变迁——以朗塞岭村为中心的考察》,《中国藏学》2015 年第 3 期。

马丹丹、王晟阳:《中国人类学从田野回访中复兴(1984 – 2003 年)》,《广西师范大学学报》2015 年第 5 期。

赵旭东《八十年后的江村重访——王莎莎博士所著〈江村八十年〉书序》,《原生态民族文化学刊》2016 年第 4 期。

扎洛:《西藏农村的用水制度研究——囊色林村、柳务村的案例分析》,《西藏民族大学学报》2017 年第 4 期。

朱玲:《农牧区基本医疗保障的社会公平性问题——康藏农牧区调查报告》,中国经济学教育科研网,2005 年 11 月 23 日,http://www.cenet.org.cn/article.asp? articleid = 36272。

尼玛潘多:《西藏自治区妇女儿童健康状况不断改善》,中国西藏新闻网,2012 年 5 月 2 日,http://www.tibet.cn/holiday/xxzx/201205/t20120502_1739131.htm。

张以瑾、周飞、韩晓悟、张晨:《光耀雪域天地新——西藏自治区贯彻落实教育规划纲要采访纪行》,中国教育新闻网,2012 年 12 月 15 日,http://www.jyb.cn/china/gnxw/201212/t20121215_521501.html。

《2012 年西藏社会建设取得新突破奏响幸福民生最强音》,中华人民共和国中央人民政府网站,2013 年 1 月 18 日,http://www.gov.cn/gzdt/2013 -01/18/content_2314812.htm。

《民族区域自治制度在西藏的成功实践》白皮书,中华人民共和国国务院新闻办公室网站,2015 年 9 月 6 日,http://www.scio.gov.cn/zfbps/32832/Document/1447092/1447092_5.htm。

后 记

　　本书是国家社科基金重大特别委托项目"西藏历史与现状综合研究项目"子课题"西藏乡村五十年社会变迁——对拉孜县柳乡、扎囊县囊色林乡的回访调查"的最终成果。

　　本课题组由 8 位学者组成，即中国社会科学院近代史所扎洛研究员，民族学与人类学所梁景之研究员、秦永章研究员、杨春宇博士和方素梅研究员；中国西藏网胡瑛女士，中国社会科学出版社侯苗苗女士，中国藏学研究中心李威先生。感谢课题组的每一位成员，他们不计名利，勤恳工作，以良好的学术素养和高度的社会责任感，克服困难，完成了田野工作并撰写出研究报告。同时，还要特别感谢中国社会科学院民族学与人类学研究所张少春博士，在他的热忱帮助下，课题组顺利完成了居民问卷数据分析，使之成为本书不可或缺的组成部分。在田野回访过程中，课题组得到了西藏自治区民族事务委员会，扎囊县和拉孜县相关部门，调研地驻村工作队、村党支部和村委会，以及当地学校、卫生机构、寺庙、敬老院、合作社的支持。必须指出的是，两村的居民对于课题组的深度访谈予以极大的关照和配合，当地的一批青年作为课题组的翻译，不辞辛劳地联络村民，带领我们入户访谈，为田野回访的开展提供了重要保证。在此，谨向上述部门、机构和个人表示衷心的感谢！

　　本书分工如下：方素梅撰写导言、第一章、第六章、第七章、后记和编辑附录，主编全书及定稿。梁景之撰写第二章。扎洛撰写第三章，翻译附录二之《柳村村规民约（2008 年）》。杨春宇撰写第四章。胡瑛撰写第五章。侯苗苗撰写第八章。秦永章撰写第九章。李威撰写附录二之《朗塞岭村与农事活动有关的仪式》。

本书在编写过程中，参阅吸收了相关研究成果和资料，中国社会科学院民族学与人类学研究所周竞红研究员、社会科学文献出版社周志静女士提出了宝贵的修改意见，在此一并致谢！对于书中的缺点和错误，欢迎读者批评指正！

2017 年 12 月 31 日

图书在版编目（CIP）数据

西藏乡村五十年社会变迁：朗塞岭村和柳村的回访
研究／方素梅主编． -- 北京：社会科学文献出版社，
2019.12

西藏历史与现状综合研究项目
ISBN 978 - 7 - 5201 - 2578 - 9

Ⅰ．①西… Ⅱ．①方… Ⅲ．①乡村 - 社会变迁 - 研究
- 西藏 Ⅳ．①C912.82

中国版本图书馆 CIP 数据核字（2019）第 296595 号

·西藏历史与现状综合研究项目·

西藏乡村五十年社会变迁
—— 朗 塞 岭 村 和 柳 村 的 回 访 研 究

主　　编／方素梅

出 版 人／谢寿光
组稿编辑／宋月华　周志静
责任编辑／周志静　孙以年

出　　版／社会科学文献出版社·人文分社（010）59367215
　　　　　地址：北京市北三环中路甲 29 号院华龙大厦　邮编：100029
　　　　　网址：www.ssap.com.cn
发　　行／市场营销中心（010）59367081　59367083
印　　装／三河市东方印刷有限公司

规　　格／开 本：787mm × 1092mm　1/16
　　　　　印 张：23　字 数：376 千字
版　　次／2019 年 12 月第 1 版　2019 年 12 月第 1 次印刷
书　　号／ISBN 978 - 7 - 5201 - 2578 - 9
定　　价／198.00 元

本书如有印装质量问题，请与读者服务中心（010 -59367028）联系